Der Wahrheitsbegriff in Über Gewißheit

Shogo Hashimoto

Der Wahrheitsbegriff in Über Gewißheit

Ein Kommentar zu Wittgensteins Bemerkungen über den Gebrauch von »wahr/Wahrheit«

J.B. METZLER

Shogo Hashimoto
Nishinomiya, Japan

Dissertation, Georg-August-Universität Göttingen, 2021

ISBN 978-3-662-65683-9   ISBN 978-3-662-65684-6   (eBook)
https://doi.org/10.1007/978-3-662-65684-6

Die Deutsche Nationalbibliothek verzeichnet diese Publikation in der Deutschen Nationalbibliografie; detaillierte bibliografische Daten sind im Internet über http://dnb.d-nb.de abrufbar.

© Der/die Herausgeber bzw. der/die Autor(en), exklusiv lizenziert an Springer-Verlag GmbH, DE, ein Teil von Springer Nature 2022
Das Werk einschließlich aller seiner Teile ist urheberrechtlich geschützt. Jede Verwertung, die nicht ausdrücklich vom Urheberrechtsgesetz zugelassen ist, bedarf der vorherigen Zustimmung des Verlags. Das gilt insbesondere für Vervielfältigungen, Bearbeitungen, Übersetzungen, Mikroverfilmungen und die Einspeicherung und Verarbeitung in elektronischen Systemen.
Die Wiedergabe von allgemein beschreibenden Bezeichnungen, Marken, Unternehmensnamen etc. in diesem Werk bedeutet nicht, dass diese frei durch jedermann benutzt werden dürfen. Die Berechtigung zur Benutzung unterliegt, auch ohne gesonderten Hinweis hierzu, den Regeln des Markenrechts. Die Rechte des jeweiligen Zeicheninhabers sind zu beachten.
Der Verlag, die Autoren und die Herausgeber gehen davon aus, dass die Angaben und Informationen in diesem Werk zum Zeitpunkt der Veröffentlichung vollständig und korrekt sind. Weder der Verlag, noch die Autoren oder die Herausgeber übernehmen, ausdrücklich oder implizit, Gewähr für den Inhalt des Werkes, etwaige Fehler oder Äußerungen. Der Verlag bleibt im Hinblick auf geografische Zuordnungen und Gebietsbezeichnungen in veröffentlichten Karten und Institutionsadressen neutral.

Planung/Lektorat: Anna Pietras
J.B. Metzler ist ein Imprint der eingetragenen Gesellschaft Springer-Verlag GmbH, DE und ist ein Teil von Springer Nature.
Die Anschrift der Gesellschaft ist: Heidelberger Platz 3, 14197 Berlin, Germany

*The truth is rarely pure
and never simple.*

*– Oscar Wilde, The Importance of Being
Earnest*

Danksagung

Die vorliegende Untersuchung ist die überarbeitete Fassung meiner Dissertation, die im Sommersemester 2020 mit dem ursprünglichen Titel „*Der Wahrheitsbegriff in Wittgensteins ÜBER GEWIßHEIT*" von der Philosophischen Fakultät der Georg-August-Universität Göttingen angenommen wurde. An dieser Stelle möchte ich die folgenden Personen dankend erwähnen, die zum Entstehen dieser Arbeit beigetragen haben.

Allen voran möchte ich meinem Erstgutachter Prof. Dr. Felix Mühlhölzer danken. Dankbar bin ich zunächst für seine Ermutigung, das Dissertationsprojekt in Angriff zu nehmen, und für das Vertrauen, das er ihm von Vornherein entgegengebracht hat. In vielen Hinsichten war seine intensive Betreuung für die Fertigstellung dieser Arbeit sehr hilfreich und ergiebig. Vor allem durch seine Kommentare und Anregungen zu ihren früheren Fassungen habe ich über den Inhalt hinausgehend generell philosophische Methoden im Hinblick auf das Schreiben, das Denken und den Umgang mit philosophischen Texten gelernt. Wertvoll waren zudem die Wittgenstein-Oberseminare, die er zu verschiedenen Themen inklusive des Themas meiner Arbeit angeboten hat. Durch die dortigen Diskussionen und das akribische Lesen von Wittgensteins Schriften konnte ich im großen Umfang seine Philosophie kennenlernen und mein Wissen erweitern. Ohne diesen ganzen Prozess hätte ich sowohl seinen Schriften, die für meine Arbeit relevant sind, als auch meinem Dissertationsprojekt nicht richtig gerecht werden können.

Prof. Dr. Christian Beyer hat als Zweitgutachter aus verschiedenen philosophischen Perspektiven, vor allem, aus Sicht des aktuellen Forschungsstandes der Erkenntnistheorie zahlreiche kritische und hilfreiche Anmerkungen zu meiner

Arbeit gegeben. Überdies hat er mir auch zusammen mit Prof. Dr. Bernd Ludwig bei den erfolgreichen Bewerbungen um die Stipendien geholfen. Bei ihnen bedanke ich mich herzlich.

Prof. Dr. Stefan Majetschak hat als dritter Prüfer in der Prüfungskommission an der Disputation meiner Doktorprüfung teilgenommen und dabei nicht nur kritische Fragen gestellt, sondern auch seine gedankenvollen Kommentare gegeben, die bei der Überarbeitung meiner Dissertation hilfreich waren. Dafür danke ich ihm recht herzlich.

Mein besonderer Dank gilt auch Hans Biesenbach dafür, dass er mir seine Transkription von Wittgensteins *Nachlass* zur Verfügung gestellt hat. Ihre Übersichtlichkeit und Praktikabilität haben den Umgang mit seinem *Nachlass* viel leichter gemacht.

Ohne das großzügige Stipendium der JASSO (Japan Student Services Organization) und das Exposé-Stipendium sowie das Abschluss-Stipendium der GSGG (Graduiertenschule für Geisteswissenschaften Göttingen) hätte diese Arbeit kaum entstehen können. Zudem gilt mein Dank der GSGG für die Zuschüsse zu den Tagungsreisen, die mir gute Gelegenheiten verschafft haben, mit den Teilnehmenden produktive Diskussionen zu haben.

Weiterhin danke ich herzlich den Teilnehmenden an den Wittgenstein-Oberseminaren für die Diskussionen und auch die themenübergreifenden Gespräche, die wir außerhalb der Oberseminare geführt haben. Unter anderem sind Julian Habermann, Roman Kirk und Tobias Scheffler zu nennen. Sie haben nicht nur sprachliche Korrekturen meiner Arbeit vorgenommen, sondern auch hilfreiche Anmerkungen dazu gegeben.

Hier sei auch die Stelle, an der ich meiner Familie den besten Dank für ihre langjährige, allseitige Unterstützung ausdrücken kann.

Nishinomiya, Japan   Shogo Hashimoto
April 2022

Einleitung

Die vorliegende Arbeit beschäftigt sich mit der Untersuchung des Wahrheitsbe-griffs in Ludwig Wittgensteins allerletzten Schriften, die er zwei Tage vor seinem Tode am 29. April 1951 geschrieben hat. Sie bestehen aus den Passagen in den fünf Manuskript-Bänden MSS 172 und 174–177. Es ist zwar unklar, ob Wittgen-stein die Absicht hatte, sie zu publizieren, sie wurden aber posthum von G. E. M. Anscombe und G. H. von Wright, unter dem Titel *Über Gewißheit* veröffentlicht, wobei die Nummerierung der einzelnen Abschnitte in ÜG von ihnen herrührt[1].

In seinen allerletzten Schriften hat Wittgenstein darum gekämpft, ans Licht zu bringen, wie Begriffe wie „Wissen", „Irrtum", „Sicherheit", „Evidenz", etc. aussehen, und nach meiner Lesart ist darin auch der Wahrheitsbegriff enthalten. Bevor wir auf dessen genaue Untersuchungen in ÜG eingehen, bedarf es noch einiger Erklärungen über das Leitmotiv, die Terminologien, die Methodologie und die Struktur dieser Arbeit.

1. Warum „Wahrheit" in ÜG?

Hier stellt sich die naheliegende Frage: Geht es in den mit *Über Gewißheit* betitelten Schriften überhaupt um den Wahrheitsbegriff? Über den Ursprung der Titelbenennung gibt es zwar von einigen Interpreten Bemerkungen, zu beachten ist aber vor allem Michael Kobers Bericht als „Mündliche Mitteilung G. H. von Wrights. März 1989":

> Die Herausgeber [= Anscombe und von Wright] sagen zum Beispiel nirgendwo explizit, daß schon der Titel „*Über Gewißheit*" nicht von Wittgenstein selbst, son-dern von ihnen stammt. Georg Henrik von Wright berichtete mir diesbezüglich einmal

---

[1] ÜG, S. 116.

IX

(sinngemäß): 'Als wir an der Edition dieser Bemerkungen arbeiteten, sprachen wir nur Englisch, und wir nannten sie immer nur ›those remarks on certainty‹. Gegen Ende der Arbeit kamen wir bei der Suche nach einem Titel auf die Idee, die englische Edition auch *On Certainty* zu nennen, und dann erst haben wir dies auf den deutschen Text übertragen und ihn *Über Gewißheit* genannt.'[...] Diese Mitteilung ist über den Ursprung und die Autorenschaft des Titels hinaus auch deswegen von Interesse, weil er sich vom deutschen Text her weit weniger anbietet als es seine englische Übersetzung tut.[2]

Dieser Mitteilung eines der Herausgeber zufolge geht es beim Titel: *Über Gewißheit* nicht unbedingt um den Inhalt von ÜG. Wenn dieser Titel einfach eine deutsche Übersetzung von *On Certainty* sein soll, dann stellt sich auch die Frage, warum die Herausgeber die Übersetzung: *Über Sicherheit* nicht gewählt haben, weil die für „sicher" einschlägigen Wörter in ÜG viel öfter als „Gewißheit/gewiß" vorkommen. Ähnlich wie im Falle des *Tractatus* hat Wittgenstein selbst seine allerletzten Schriften nicht mit dem Namen „*Über Gewißheit*" versehen. Dabei lässt sich auch wohl vermuten, dass er sich mit diesem Titel nicht zufriedengeben würde.

Tatsächlich ist in der Sekundärliteratur fast unumstritten, dass ÜG nicht bloß von ‚Gewißheit', sondern auch von ‚Wissen' und anderen Themen handelt[3]. Kober schlägt z. B. den Titel „*Über Wissen und Gewißheit*" vor, weil er diesen Titel für angemessener für den Inhalt von ÜG hält.[4] Einer von Wittgensteins Schülern, Rush Rhees, kritisiert sogar den Titel selbst: „The title is not an altogether happy one. 'Certainty' is no more prominent a theme than 'knowledge', 'mistake' or 'what it is to say anything at all'"[5]. Laut anderer Sekundärliteratur sollen in ÜG außerdem die Begriffe ‚Glauben', ‚Skeptizismus',

---

[2] Kober, M. (1993), S. 16. Siehe auch Boncompagni, A. (2016), S. 78; Coliva, A. (2013a), S. 7, Fn.12; Hamilton, A. (2014), S. xiv und 51; Stern, D. G. (1996), S. 447; Rhees, R. (2003), S. 3 und 150.

[3] Es gibt aber auch die Lesart, nach der die ‚Gewissheit' sowie die ‚Sicherheit' in ÜG doch ins Zentrum gerückt werden. Siehe z. B. Stroll, A. (2005), S. 41: „For him [= Wittgenstein] scepticism is *less a challenge to the existence of knowledge than to the existence of certitude.* This is why students of this text should understand that, as the title indicates, *On Certainty* is essentially about certainty and only tangentially about knowledge. Its demonstration that certainty exists as a foundation to the language game is what makes it such an important contribution to philosophy."

[4] Kober, M. (1993), S. 16 f.

[5] Rhees, R. (2003), S. 3. Vgl. auch ebd., S. 150.

Einleitung XI

‚Begründung/Rechtfertigung‘, ‚Zweifel‘, etc. thematisiert werden[6]. In der Sekun-
därliteratur zählen jedoch das Wort „wahr" sowie der Wahrheitsbegriff kaum zur
Thematik in ÜG.
Wie aber die Herausgeber von ÜG im Vorwort erwähnen, beschäftigt sich
Wittgenstein in der betreffenden Zeit auch aufgrund des Einflusses des Gesprächs
mit Norman Malcolm intensiv mit G. E. Moores „Behauptung, von einer Anzahl
von Sätzen *wisse* er mit Sicherheit, daß sie wahr seien; z. B.: »Hier ist eine
Hand – und hier eine zweite« [...]"[7]. Dies ist meines Erachtens nicht bloß das
Urteil der Herausgeber, sondern es geht in ÜG nach meiner Lesart tatsächlich
sowohl um das Wissen mit Sicherheit, dass diese Sätze *wahr* sind, als auch um
die *Wahrheit* selbst. Zu beachten ist, dass der Wissensbegriff in Moores Kontext – und meines Erachtens auch in ÜG – nicht außer Zusammenhang mit dem
Wahrheitsbegriff steht.
Darüber hinaus kommen die Wörter „wahr" sowie „Wahrheit" in ÜG eigentlich häufig vor. Das Wort „Gewißheit/gewiß", das sich auf den Titel von ÜG
bezieht, kommt in ganz ÜG – außer dem Vorwort – nur 50-mal vor, und Moores Name auch nur 56-mal, obwohl sich Wittgenstein in ÜG offensichtlich mit
Moores Gedanken auseinandersetzt. Unter *epistemisch* relevanten Wörtern finden sich z. B. „Begründung/begründet/unbegründet" 15-mal, „Evidenz" 32-mal,
„Rechtfertigung/rechtfertigen" 11-mal und das Wort „skeptisch" sogar nur einmal. Hingegen tritt „Wahrheit/wahr/wahrheitsgemäß" in ÜG außer dem Vorwort
60-mal auf, während die auf „Wahrheit" bezogenen Wörter im Hauptwerk des
späten Wittgenstein, den *Philosophischen Untersuchungen*, nur 40-mal (15-mal
davon alleine in den für das Wort „wahr" thematischen §§136 f. in PU) erscheinen[8]. In diesem Verhältnis liegt die Deutung nahe, dass Wittgenstein in seinen
allerletzten kurzen Schriften mehr Wert auf den Wahrheitsbegriff als in PU legt.
Und dieser Punkt sollte meines Erachtens nicht unterschätzt werden. Wenn auch

---

[6] Siehe etwa: Brice, R. G. (2014), S. xi: „*On Certainty* is a work that contains many new and
important ideas regarding our notions of belief, knowledge, skepticism, and certainty". Child,
W. (2011), S. 212: „*On Certainty* records Wittgenstein's last thoughts about knowledge, certainty, and justification". Hermann, J. (2015), S. 40: „Having presented some central concepts
of the later Wittgenstein, I shall now consider in greater detail his reflections on knowledge,
doubt and certainty".

[7] ÜG, S. 115. Diese Beschreibung lässt sich als eine Übersetzung dessen verstehen, was
Moore zu Beginn in seinem Aufsatz ‚Defence of Common Sense‘ schreibt: „they [= obvious
truisms] are, in fact, a set of propositions, every one of which (in my own opinion) I *know*,
with certainty, to be true" (Moore, G.E., (1925/1993), S. 106). Moore gebraucht selbst in
diesem Aufsatz im Hinblick auf diese „*truisms*" den Ausdruck „know ... to be true" 23-mal.

[8] An dieser Stelle zähle ich den Teil II von PU in Anscombe-Rhees' Edition oder die sogenannte *Philosophie der Psychologie – Ein Fragment* in Hacker-Schultes Edition nicht.

XII   Einleitung

die Häufigkeit eines Wortgebrauchs in Rechnung zu stellen wäre, hätte ÜG auch
mit „*Über Wahrheit und Gewißheit*" betitelt werden können, so wie Kober den
Titel „*Über Wissen und Gewißheit*" vorschlägt.

So gesehen gibt es beim Titel: *Über Gewißheit* keine besondere Bedeutung,
die Wittgenstein in seine Schriften einbringen wollte. Aus diesem Grund lässt
ÜG eigentlich verschiedene Deutungen zu, die sich nicht nur auf den Begriff der
Gewissheit, sondern auch auf verschiedene Themen, die in ÜG zu finden sind,
beziehen. Obwohl der Wahrheitsbegriff in vieler Sekundärliteratur zu ÜG nicht
richtig im Fokus steht, gehe ich davon aus, dass es doch wert ist, ihn genauer
unter die Lupe zu nehmen.

2. Geht es in ÜG nicht doch um *Epistemisches*?

Man kann nun dennoch einwenden, dass das häufige Vorkommen der Wörter
„wahr", „Wahrheit" in ÜG nicht unbedingt meine Arbeitshypothese stützt. Man
könnte vielmehr, wie fast alle Interpreten anzunehmen scheinen, behaupten wollen, dass es in ÜG in erster Linie um das *Wissen* um die Wahrheit von Sätzen,
die *Beurteilung* eines Satzes als wahr, darauf bezogene Rechtfertigung usw. geht,
also um Epistemisches. Die – nach meiner Einschätzung weitverbreitete – Lesart,
dass es in ÜG gar nicht um die *Wahrheit* gehe, erscheint mir zwar in gewissen
Hinsichten richtig, aber im Großen und Ganzen als eine gerechte Lektüre von
ÜG zu stark, wie wir unten sehen werden.

Zunächst will ich festhalten, dass es kein Anliegen beim späten Wittgenstein ist, das Wesen philosophischer Begriffe wie „Zeit", „Bewusstsein" und
auch „Wahrheit" zu ergründen. Er konstatiert „das Suchen nach Formeln, die das
innerste Wesen der Begriffe aussprechen sollen" als „die grosse Verführung aller
bisherigen Philosophie"[9]. *Seine* Philosophie hingegen besteht nicht darin, auf die
Frage „Was ist das Wesen der Wahrheit?" zu antworten, noch zu definieren, was
Wahrheit ist. Diese Haltung durchzieht seine späte Philosophie einschließlich seiner Überlegungen in ÜG. In dieser Hinsicht ist es verfehlt, zu behaupten, dass
es in ÜG um die Untersuchung der Wahrheit in diesem Sinne gehe, also um das
Suchen nach deren „innerstem Wesen".

Wer von der von Wittgenstein genannten „bisherigen Philosophie" zu sehr
geprägt ist, neigt dazu, zunächst das innerste Wesen der Wahrheit oder deren
Substanz aufzusuchen, um letztlich deren Begriff zu erfassen. Aus Sicht der Wittgensteinschen sogenannten „Ordinary Language Philosophy" kann man jedoch
auch die mittels philosophischer Termini bezeichneten Begriffe einfach verwenden, ohne dabei nach irgendeinem „innersten Wesen" zu suchen. Wie ich PU

---

[9] VB, S. 488; vgl. auch PU §116.

Einleitung   XIII

§135 verstehe, geht Wittgenstein davon aus, dass wir einen Begriff wie etwa
„Satz" auf dieselbe Weise haben, wie wir in unserem Alltag – nicht im „philosophischen" Sinn – die Begriffe von „Spiel" bzw. „Zahl" haben. Der Begriff,
den wir im alltäglichen Sinn haben, lässt sich nämlich nicht durch die defini-
torische Explikation gegebener Wörter klären, sondern durch die Angabe einer
Reihe von Beispielen, in denen sie vorkommen. Diese Begriffsauffassung über
„Begriffe" gilt auch beim Wahrheitsbegriff, den wir im Alltag haben. Er ist demnach ebenfalls dadurch klarzumachen, dass wir eine Reihe von Beispielen unserer
Verwendungen der Wörter „wahr" und „Wahrheit" angeben.

Meines Erachtens zielt Wittgenstein bei den häufigen Verwendungen der Wörter „wahr" und „Wahrheit" in ÜG keineswegs auf eine Erklärung des „innersten
Wesens" sowie der Substanz der Wahrheit ab. Vielmehr zählen auch diese zu
Beispielen der richtigen Verwendungen dieser Wörter im Alltag. Dass man solche alltäglichen Beispiele angeben kann, läuft eigentlich darauf hinaus, dass man
einen Begriff davon hat, was man unter „wahr" im Alltag versteht. Der Einwand
war aber, dass es bei der – häufig auftretenden – Rede von „wahr" in ÜG nicht
um Wahrheit gehe, sondern schließlich um das *Wissen* im Falle wahrer Sätze
oder die *Beurteilung* eines Satzes als wahr. Wenn es bei diesem Einwand auch
nicht um ein philosophisches Verständnis von *Begriff*, sprich, um dessen inners-
tes Wesen geht, erscheint mir dennoch die Frage legitim: Stellen wirklich die von
Wittgenstein angegebenen Verwendungen von „wahr" sowie „Wahrheit" in ÜG
nur eine Reihe von Beispielen unseres Gebrauchs von „wissen" und fernerhin
den *Wissen*sbegriff dar?

Um dieser Frage gerecht zu werden, betrachten wir nun zwei gegensätzliche
philosophische Erläuterungen über Wahrheit, die von Realisten und Antirealisten
gemacht werden. Unter ihnen herrscht – grob und einfach gesagt – die bis zum
Überdruss diskutierte Debatte, ob es vor Vornherein Wahrheiten gibt, die sozusagen warten, bis sie von Menschen entdeckt werden. Entsprechend dieser Debatte
gibt es auch den interpretatorischen Disput, ob Wittgenstein ein Realist ist. In
Anlehnung an Michael Dummett, der selbst ein Antirealist ist, vertritt z. B. Sara
Ellenbogen die Meinung, dass nach Wittgenstein das Wahre auf Epistemischem
wie ‚Wissen', ‚Rechtfertigung', etc. basiere: „In Wittgenstein's view, our concept of truth is internally related to our concept of knowledge, since we use the
word ‚true' when we can confirm or disconfirm statements"[10]. Solch eine antirea-
listische, epistemische Auffassung über Wahrheit ist auch nach Annalisa Coliva

---

[10] Ellenbogen, S. (2003), S. xiv. Siehe auch ebd., S. 116, wo Ellenbogen Dummetts antirea-
listische Behauptung mit kleinen Abänderungen zitiert:

XIV   Einleitung

einigen Passagen in ÜG zu entnehmen. Sie bemerkt: „whenever he [= Wittgen-
stein] seriously addresses the issue of *truth* in OC, he does give an epistemic twist
to it. Only contingent propositions can in fact be true or false because they are
the only ones which can be confirmed or disconfirmed by empirical evidence"[11].
Zu beachten ist hierbei, dass es in der Tat einige Interpreten gibt, die ÜG auf
‚Wahrheit' bezogen lesen und den dort gezeigten Wahrheitsbegriff mit *Epistemischem* – ‚Wissen', ‚Evidenz', ‚Rechtfertigung' – verknüpft verstehen. Wenn unter
anderem Ellenbogen und Coliva in ihren Deutungen Recht hätten oder Wittgenstein sogar eine Art der ‚*Evidenztheorie* der Wahrheit'[12] vertreten würde, wäre es
nicht angemessen, ÜG so zu lesen, dass es sich ausschließlich um *Epistemisches*,
und überhaupt nicht um Wahrheit handle.

Überdies ersieht man auch nach meiner Einschätzung tatsächlich aus Wittgensteins Diskussionen, dass unser Gebrauch des Wortes „wahr" in gewissen
Fällen eng verknüpft mit unserem Gebrauch des Wortes „wissen" ist. Dies wird
u. a. deutlich, wenn es um solche Sätze geht, deren Wahrheit zu begründen –
prüfen, beweisen, etc. – ist. Die Sätze, die sinnvoll begründbare Erfahrungssätze darstellen, nenne ich wie Coliva einfachheitshalber „kontingente Sätze"
(„*contingent propositions*"). In der vorliegenden Arbeit spielen kontingente Sätze
neben „Mooreschen Sätzen", die ich gleich unten erläutern werde, eine wichtige
Rolle.

Obwohl ich an entsprechenden Stellen in dieser Arbeit immer wieder erläutern werde, wie sich beide Begriffe „wahr" und „wissen" im Falle gegebener
kontingenter Sätze zueinander verhalten, führe ich nun bereits einige Beispiele
an. So wie ich z. B. die §§13 und 21 verstehe, kann man aus der richtigen
Behauptung „Ich weiß, dass p" schließen, dass p wahr ist. Zudem bemerkt Wittgenstein von kontingenten Sätzen in §243: „»Ich weiß« bezieht sich auf eine

---

If a statement … is true, it must be true in virtue of the sort of fact which we have been
taught to regard as justifying us in asserting it. It cannot be true in virtue of some quite different sort of fact of which we can have no direct knowledge for then ['is true'] would not
have the meaning that we have given it. [Einfügung von Ellenbogen].
    Sie hat nämlich im ersten Satz im Zitat Dummetts Ausdruck „Jones was brave" durch „…
is true" ersetzt. Ich denke aber auch, wie sie in der entsprechenden Fußnote meint, dass er
mit dieser Ersetzung zufrieden wäre (Vgl. ebd., S. 136, Fn.4; Dummett, M. (1978), S. 16.).
[11] Coliva, A. (2010), S. 228, Fn.37; vgl. ebd., S. 114 und Coliva, A. (2013a), S. 5, Fn.8. Siehe
auch Williams, M. (2004a), S. 268, obwohl dieser Aufsatz eigentlich auf die Zwischenposi-
tion hinauswill: „while it might be going too far to say that Wittgenstein is not tempted *at
all* by an epistemic conception of truth (though I am not entirely sure even about this), he is
much less tempted than we might think" (ebd., S. 270 f.).
[12] Siehe dazu z. B. Sundholm, G. (2004), S. 438: „according to [the *evidence theory* of truth]
what is true is what can be made evident (that is, known)".

Einleitung   XV

Möglichkeit des Dartuns der Wahrheit". Meines Erachtens dient dieses *Wissen*
nicht bloß zum „Dartun" der Wahrheit, sondern beide Begriffe hängen miteinander in gewissen Fällen tatsächlich derart zusammen, dass das Begründete als
das Wahre gilt[13], wie Wittgenstein über „[Bertrand] Russells System" bemerkt,
das Wahre sei in diesem mathematischen System das Bewiesene (BGM, S. 318).
Auch in ÜG kommen einige mathematische Beispiele solcher Art vor, die meines
Erachtens so zu lesen sind, dass das Wahre – bzw. das Wahre, auf das aus der
richtigen Behauptung von „Ich weiß" geschlossen werden kann – das Geprüfte
bzw. das Begründete ist (§50). Zudem ist nicht zu übersehen, dass Wittgenstein
in ÜG häufig juristische Beispiele im Gerichtssaal ins Spiel bringt.[14] In unserer
Sprachpraxis stellen gerechtfertigte Wahrheitsurteile im Gerichtssaal weder bloße
Beurteilungen von Sätzen als wahr noch bloßes *Fürwahrhalten* dar, sondern sind
in diesem juristischen Sprachspiel des Gerichtssaals tatsächlich wahr, sofern die
Urteile durch Gegenevidenz nicht zurückgezogen werden. Für diese Sprachpraxis ist es schlicht Unsinn, an der – vielleicht vom philosophischen Realismus
gefärbten – Meinung festzuhalten, dass die Gerichtsurteile nichts anderes als das
Fürwahrhalten seien, und dabei die *echte* Wahrheit noch nicht erreicht worden
sei. Diese Haltung mutet mir an, als zweifle man am alltäglichen richtigen Reden
von „Wahrheit" und erscheint mir folglich ebenso wenig „vernünftig" wie wenn
man an allem „zweifelte" (vgl. z. B. §§219 f. und 450–453).
    Wie sollte man aber einige Paragraphen, in denen der Wahrheitsbegriff eng
mit Epistemischem verkuppelt zu sein erscheint, verstehen? Lässt sich doch
aus ihnen schlussfolgern, dass Wittgenstein eine realistische Auffassung über
Wahrheit zurückweise und eine Art Evidenztheorie der Wahrheit vertrete, wie
Interpreten wie Ellenbogen zu behaupten scheinen? Meines Erachtens geht auch
diese Schlussfolgerung einfach an Wittgensteins Anliegen gänzlich vorbei. Einige
„Wahrheitsparagraphen", in denen sich „wahr" oder „Wahrheit" befindet, verstehe ich zwar in der Weise, dass es in unserer Sprachpraxis solche Fälle wie
im Gerichtssaal gibt, in denen das Begründete als das Wahre gilt. Dies bedeutet aber nicht, dass diese Wahrheitsauffassung omnipräsent sei, sondern dass es
auch solche Fälle gibt, in denen man zwischen ‚Wahrheit' und ‚Beurteilungen
von Sätzen als wahr' klar unterscheidet. Man denke hierbei etwa an solche alltäglichen Spiele wie Schatzsuche-Spiele oder Eierspiele zu Ostern, in denen man
sagen will, dass die Wahrheit „Die verborgenen Eier stecken unter dem Baum in

---

[13] In §205 findet sich tatsächlich die Wahrheitsauffassung, dass „das Wahre das Begründete
ist". Wie wir in Kap. 10 sehen werden, ist §205 eigentlich ein problembehafteter Paragraph
in ÜG. Nach meiner Einschätzung trifft jedoch diese Wahrheitsauffassung selbst, wie ich
bereits hier betonen möchte, auf einige Beispiele in ÜG zu.

[14] Siehe etwa §§8, 335, 441, 485, 500, 557 und 604; vgl. auch §§453 und 607.

unserem Garten" unabhängig davon besteht, wie die daran teilnehmenden Kinder urteilen und ob sie wahre oder falsche Urteile treffen. (Ähnlich kann man sich solche Wissenschaftlerinnen und Wissenschaftler denken, die insbesondere Naturwissenschaften als die Suche nach der *reinen Wahrheit*, die von unserem Urteilen unabhängig dastehe, auffassen und von ihnen analog zu Schatzsuche-Spielen reden.) Wichtig an ÜG ist schließlich, dass die *Wahrheit* ,Moorescher Sätze' als unabhängig von Wahrheitsurteilen zu begreifen ist, wie wir ab Kap. 2 in dieser Arbeit genauer sehen werden. An Wittgensteins Beispielen zeigt sich, so lese ich ihn, keine *einheitliche* Begriffsauffassung, sondern eher die *Vielfalt* unserer Sprachverwendungen des Begriffs „wahr".

Meines Erachtens passt es grundsätzlich nicht zum Anliegen des späten Wittgenstein, eine Theorie über einen bestimmten Begriff zu entwickeln und dies ist auch der Fall beim Wahrheits- und Wissensbegriff. Man ist sozusagen in *einem* Bild gefangen, wenn man nicht nur solch *eine* Theorie zu basteln geneigt ist, sondern auch, wie in einiger Sekundärliteratur zu finden ist, ÜG als ein Traktat über eine Art *Erkenntnistheorie* lesen und einigen Bemerkungen in ÜG „Wittgensteins erkenntnistheoretische Gedanken" entnehmen will. Worauf er aber abzielt, verstehe ich in derselben Weise als therapeutisch wie in seinen anderen späten Werken, wobei er ausdrücklich in PU sein „Ziel in der Philosophie" als „[d]er Fliege den Ausweg aus dem Fliegenglas zeigen" (PU §309) beschreibt. Das Ziel zeigt sich nämlich darin, uns von *einem* Bild, von dem wir besessen sind, um damit *alles* erklären zu wollen, zu befreien und uns darauf aufmerksam zu machen, wie wir tatsächlich die Sprache verwenden.

Es ist dementsprechend auch kein wesentliches Ziel der vorliegenden Arbeit, Wittgenstein irgendeine Wahrheits- bzw. Erkenntnistheorie zuzuschreiben sowie seinen Standpunkt mit verschiedenen – von klassischen bis zu modernen – Erkenntnistheorien zu vergleichen. Einige Bemerkungen in ÜG sowie in der vorliegenden Arbeit könnten vielleicht gewisse Erkenntnistheorien, die sich z. B. als „epistemischer Kontextualismus" (Michael Williams), „konventionalistischer Kontextualismus" (Christian Beyer), „semantischer Kontextualismus" (Keith DeRose) bezeichnen, nahezulegen scheinen. Es ist aber ebenso eine große Verführung, einheitliche theoretische Bilder zu fassen oder sie ggf. durch neue Bilder zu ersetzen, indem man immer wieder Gegenbeispiele aufsucht und dafür auch Gedankenexperimente anstellt, was in der Forschung der Erkenntnistheorie nicht selten zu finden ist. In dieser Arbeit werde ich Wittgensteins Denken folgend vielmehr darstellen, dass unsere Verwendungen von „wahr/Wahrheit" vielfältig sind und diese Vielfalt, die nicht unter *einem* Bild zusammengefasst werden kann, einfach als solche zu akzeptieren ist. Darin geht es demnach insbesondere um therapeutische Untersuchungen, z. B. in welchem Bild über Wahrheit

Einleitung   XVII

man beim Philosophieren gefangen sein kann, welche Fehler man dann zu begehen neigt bzw. wie diese Fehler aussehen. Genau diese Untersuchungen des Wahrheits*begriffs* – sprich unserer alltäglichen vielfältigen Verwendungen der Wörter „wahr", „Wahrheit" – zeichnen die Neuheit der vorliegenden Arbeit aus.

3. Die Benennung: „Mooresche Sätze"

In den beiden Aufsätzen, ‚A Defence of Common Sense' (1925) und ‚Proof of an External World' (1939) zählt Moore solche Sätze auf, die er als bloße Binsenwahrheiten oder Selbstverständlichkeiten ansieht. Wie bereits oben gesehen, befasst sich Wittgenstein in ÜG laut den Herausgebern mit Moores „Behauptung, von einer Anzahl von Sätzen *wisse* er mit Sicherheit, daß sie wahr seien", und sie behaupten weiterhin: „Das Buch, das wir hier vorlegen, enthält alles, was Wittgenstein von jener Zeit bis zu seinem Tod zu diesem Thema schrieb"[15]. Obwohl ÜG in §1[16] mit Moores Beispielsatz „Hier ist eine Hand" beginnt, sind die Sätze, die Wittgenstein in ÜG behandelt, eigentlich vielfältiger als die Sätze, die Moore als Beispiele für Binsenwahrheiten genannt hat. In mancher deutscher Sekundärliteratur zu ÜG werden Wittgensteins Beispielsätze „Moore-Sätze" genannt, aber diese Benennung könnte irreführend sein, als wählte er nur dieselben Beispiele wie Moore aus. Daran stört sich z. B. Wilhelm Beermann:

> Diese Benennung [= die bislang gebrauchte Benennung ‚Moore-Sätze'] ist unpassend, wenn wir damit nicht mehr nur die Sätze meinen, die Moore in seinen Aufsätzen auflistet, sondern diejenigen, von denen Wittgenstein sagt, Moore habe „ein paar Beispiele solcher Fälle gegeben" [in §674], also gewissermaßen die Wittgensteinschen Moore-Sätze[17].

Zu den Sätzen, mit denen sich Wittgenstein auseinandersetzt, gehören auch, wie wir später sehen werden, „Weltbild-Sätze", die von *Methodischem* handeln, deren Idee aber Moore nicht hatte.[18] Wittgenstein selbst versteht Moores Beispiele als „solche, die, beiläufig gesprochen, wir Alle wissen, wenn er sie weiß" (§100), aber nimmt auch solche Sätze als Beispiele in ÜG, die nicht jeder von uns, sondern einzelne Individuen offensichtlich als *wahr* einschätzen, z. B. in Bezug auf ihre Wohnadresse (vgl. die §§70 f.).

---

[15] ÜG, S. 115.

[16] In dieser Arbeit wird normalerweise auf Paragraphen in ÜG einfach z. B. durch „§1" ohne die Angabe „ÜG" Bezug genommen.

[17] Beermann, W. (1999), S. 99.

[18] Siehe dazu, Kap. 3 und 8.

In anderer Sekundärliteratur wird oft der Ausdruck „Angelsätze" oder *hinge-propositions*" auf Englisch verwendet. Obwohl ich nicht weiß, wer diese Benennung zum ersten Mal gebraucht, kann man sie bereits in Crispin Wrights Aufsatz von 1985 finden[19]. Sie lässt sich zwar als ‚Wittgensteins erweiterte Beispiele auf Grundlage von Moores ursprünglichen Beispielen' auseinandernehmen, aber mir scheint die Benennung mit „Angelsätze" vor allem für die vorliegende Arbeit aus den folgenden Gründen nicht geeignet zu sein.

Erstens hat Wittgenstein in ÜG das Wort „Angelsätze" niemals verwendet. Obwohl das Wort „Angel" in ÜG – nur – dreimal in den §§341, 343 und 655 vorkommt, ist es nur eine von verschiedenen Metaphern wie „Rotationsachse" (§152), die er in ÜG gebraucht. Das Wort „Angelsätze" oder *hinge-propositions*" ist dann nichts anderes als eine Worterfindung in der Sekundärliteratur. Man sollte aber auch berücksichtigen, dass sich der späte Wittgenstein, wie ich ihn zumindest lese, mit der Untersuchung beschäftigt, wie wir im Alltag unsere Sprache gebrauchen. Diese Arbeit fokussiert sich auch auf diesen Punkt, und es sollte dabei eher vermieden werden, neue Terminologien zu erfinden und mit ihnen Wittgensteins Werke zu analysieren.

Zweitens involviert das Wort „Angel" in ÜG bereits eine bestimmte Bedeutung. Wittgenstein gebraucht es in einem ähnlichen Sinn wie das Wort „Rotationsachse". Mit diesen metaphorischen Wörtern weist er darauf hin, dass man z. B. beim Anblick eines Körpers, der sich um eine „Rotationsachse" dreht (§152) oder beim Anblick einer Tür, die sich in der „Angel" bewegt (§§341 und 343), zugleich betrachten kann, dass sich die Rotationsachse oder die Angel nicht bewegt. Dass sie feststeht, ist nicht an sich selbst, sondern erst in Ansehung der Bewegungen anderer Dinge ersichtlich. Analog dazu beschreibt Wittgenstein gewisse Sätze in unserer Sprache in der Weise, dass sie nicht „an sich offenbar oder einleuchtend" sind, sondern „von dem, was darum herumliegt, festgehalten" werden (§144). Hingegen hat Moore diese Idee nicht, wenn er seine Beispielsätze auflistet, sondern hält sie eher nur für selbstverständlich, oder, Wittgensteinsch gesagt, für „an sich offenbar oder einleuchtend". Die Eigenschaft gewisser Sätze, sich wie „Angeln" zu verhalten, ist also eines der wichtigen Ergebnisse von Wittgensteins Untersuchungen in ÜG. Darin zeigt sich der gedankliche Übergang von der Betrachtung über gewisse Sätze als ‚an sich offenbar feststehend' zur Betrachtung über sie als ‚von um sie Herumliegendem festgehalten'. Und dieser Übergang ist auch ein wichtiger Punkt in meiner Arbeit, also, für das Verständnis des Wahrheitsbegriffs in ÜG. In dieser Arbeit sollte der Ausdruck „Angelsätze" auch deshalb vermieden werden, weil er den Eindruck erweckt, als würden auch

---

[19] Wright, C. (1985).

Einleitung   XIX

die Sätze, die Moore aufgezählt hat, von Vornherein wie ‚Angeln' betrachtet, obwohl er dies nicht im Sinn hatte, sondern erst Wittgenstein es entdeckt hat. Aus diesen Gründen gebrauche ich in dieser Arbeit im Allgemeinen weder „Moore-Sätze" noch „Angelsätze". Statt die von Beermann vorgeschlagene, ein wenig weitschweifig klingende Alternative „Wittgensteinsche Moore-Sätze" zu gebrauchen, möchte ich in dieser Arbeit einfach den Ausdruck „Mooresche Sätze" übernehmen, so wie er von anderen deutschen Interpreten wie Kober, Andreas Krebs und Timo-Peter Ertz verwendet wird. Dabei habe ich aber nicht die Absicht, diesen Ausdruck als eine neue Terminologie einzuführen, sondern damit nur einfachheitshalber solche Sätze zu bezeichnen, die Wittgenstein in ÜG zusammen mit den von Moore aufgelisteten Sätzen thematisiert.

4. Der dritte Wittgenstein?
In der Wittgenstein-Forschung ist es nicht ungewöhnlich, Wittgensteins Philosophie in zwei Phasen – „den frühen Wittgenstein" und „den späten Wittgenstein" – zu unterteilen. Wittgenstein ist dementsprechend als „der späte Wittgenstein" zu kennzeichnen, nachdem er am Ende eines großen Zeitsprungs nach dem Abbruch der Philosophie infolge der Verfassung des TLP begonnen hat, wieder Philosophie zu treiben und dabei sein Frühwerk kritisch zu behandeln. Es gibt dann vor allem bei Danièle Moyal-Sharrock den Deutungsversuch, Wittgenstein im Zeitraum ungefähr ab 1946, sprich nach der Niederschrift von PU Teil I, als „den dritten Wittgenstein" zu bezeichnen[20], wobei der frühe Wittgenstein und der späte Wittgenstein in der anderen Phase jeweils der erste und zweite Wittgenstein heißen würden. Zwar kann man auch vor Moyal-Sharrock ähnliche Lesarten bei

---

[20] Siehe z. B. Moyal-Sharrock, D. (2004a), S. 228, Fn.10: „I take the *third* Wittgenstein corpus as essentially consisting of all of Wittgenstein's writings from approximately 1946. This includes Part II of *Philosophical Investigations, On Certainty, Remarks on Colour, Zettel* and all his writings on philosophical psychology". Eines der Merkmale, die für Moyal-Sharrocks „dritten Wittgenstein" charakteristisch sind, beschreibt sie wie folgt:
The third Wittgenstein further realized that *contingent* facts such as the world existing or my sitting here can also belong to *grammar*[...]. This *is* a new direction; indeed, it is something even the *third* Wittgenstein finds difficult to recognize [Moyal-Sharrock, D. (Hg.) (2004), S. 4; siehe auch S. 2 und 5 f.].
Nach meiner Einschätzung rührt diese Idee vor allem von ÜG §401 her.

XX   Einleitung

anderen Interpreten wie Wright[21] und Avrum Stroll[22] finden, aber sie schlägt
explizit die neue Unterteilung von Wittgensteins Philosophie in drei Phasen vor.
In der vorliegenden Arbeit geht es jedoch nicht um die Frage, ob Wittgenstein zu seiner letzten Lebenszeit eine neue Philosophie entfaltet hat. Wichtiger
ist für meine Arbeit vielmehr die *Kontinuität* der philosophischen Methode, die
Wittgensteins Denken in seiner späten Phase durchdringt, als die *Diskontinuität*
bzw. *Unähnlichkeiten*, die vor allem die Vertreter der These eines „dritten Wittgenstein" zwischen PU und ÜG zu finden trachten. Nach meiner Lesart setzt sich
der späte Wittgenstein durchgehend mit *grammatischen* Untersuchungen auseinander. Sie widmen sich nämlich der Untersuchung der Fragen, wie wir z. B.
in unserem Sprachspiel[23] Wörter, Ausdrücke, Sätze, etc. gebrauchen, unter welchen Umständen wir sie mit Recht verwenden können, worauf deren Gebrauch
in unserer Sprache hinausläuft, und worauf nicht. In Anbetracht unserer Praxis
der Sprache behandelt der späte Wittgenstein rein philosophische Gedanken kritisch, und seine Kritik richtet sich auch oft gegen Gottlob Frege, Russell und
sogar den frühen Wittgenstein. In ÜG behält er weiterhin diese antiphilosophi-
sche Haltung bei. In ÜG setzt er sich zwar an einigen Stellen ausdrücklich mit
Moore kritisch auseinander, aber seine Bemerkungen in ÜG erhalten meines
Erachtens ebenso wie in seinen früheren Werken mit Bezug zu Frege, Russell
und dem frühen Wittgenstein oft mehr Bedeutung, obwohl er ihre Namen nicht
immer explizit nennt. Die *Unähnlichkeiten* zwischen PU und ÜG, die für meine
Arbeit wichtig sein können, äußern sich darin, dass Wittgenstein bei den grammatischen Untersuchungen in PU die Wörter „verstehen", „denken" „vorstellen",

---

[21] Moyal-Sharrock schreibt eine Passage Wrights zitierend (siehe Wright, C. (1985),
S. 452 f.; Moyal-Sharrock, D. (2004a), S. 229, Fn.13):

Crispin Wright concurs: 'What is novel in *On Certainty* is the extension of [the suggestion
that such propositions are best viewed as rules] to propositions outside logic and mathematics, propositions which we should not normally deem to be capable of being known a
priori but which have instead, as Wittgenstein says, the appearance of empirical propositions'
[Moyal-Sharrocks Einfügung].

Nach meiner vorangehenden Fußnote lässt sich wohl vermuten, dass diese Erläuterung
Wrights Moyal-Sharrocks Lesart von ÜG beeinflusst hat.

[22] Zwar sieht Moyal-Sharrock ÜG als Wittgensteins drittes Meisterwerk an (z. B. Moyal-
Sharrock, D. (2004b), S. 1), aber Stroll behauptet dies bereits 1994 (Stroll, A. (1994), S. 5;
vgl. auch Gennip, K. v. (2008), S. 57, Fn.125: „Moyal-Sharrock follows Stroll, who was the
first to make such a claim").

[23] Der für Wittgensteins späte Philosophie zentrale Begriff „Sprachspiel" kommt auch oft
in ÜG vor. In ÜG charakterisiert er ebenso wie in PU, grob gesagt, entweder das gesamte
Sprachsystem „der Sprache und der Tätigkeiten, mit denen sie verwoben ist" (PU §7) oder
auch dessen Teilsysteme. Dieser Terminus wird hingegen vom frühen Wittgenstein nicht
gebraucht.

Einleitung   XXI

„ich/mein", „wollen", „meinen", aber in ÜG vielmehr die Wörter „wissen", „begründen", „Prüfung", „Evidenz", „Sicherheit", „Irrtum", „wahr" – das für diese
Arbeit wichtig ist! – behandelt. Gemäß dem Ziel meiner Arbeit reicht es aus,
ÜG als eine Fortsetzung des Projekts *des zweiten Wittgenstein* zu lesen, ohne den
späten Wittgenstein in zwei Phasen zu unterteilen.

5. Die Methode der Analyse

In dieser Arbeit werde ich die für den Wahrheitsbegriff einschlägigen Paragraphen
in ÜG – vor allem – diejenigen, in denen das Wort „wahr" vorkommt, entnehmen
und dazu einzelne Analysen vornehmen. Dies ist meines Erachtens die angemes-
senste Methode dafür, den Wahrheitsbegriff in ÜG herauszuarbeiten. Aus diesem
Grund verhält sich diese Arbeit auch teilweise wie ein Kommentarbuch zu ÜG.

Die Herausgeber behaupten im Vorwort in ÜG: „Es [= ÜG] besteht ganz aus
ersten Aufzeichnungen; er [= Wittgenstein] kam nicht mehr dazu, dieses Mate-
rial zu sichten und zu überarbeiten"[24]. Dies stimmt jedoch meines Erachtens nicht
völlig. Denn wenn man sich Wittgensteins Manuskripte, auf denen ÜG basiert,
genau anschaut, kann man eigentlich oft nicht nur seine sorgfältigen Wortwahl,
sondern auch seine nachträglichen Änderungen sowie Streichungen der Passagen
ersehen. Obwohl die Herausgeber im Vorwort behaupten, der von ihnen veröffentlichte Text sei „keine Auswahl", spiegelt sich darin nicht gänzlich wider, was
in den Manuskripten steht.

In jedem Kapitel nehme ich einen oder mehrere einschlägige Paragraphen, die
miteinander thematisch verknüpft sind, in Angriff. Ich entnehme sie aber nicht
aus ÜG, sondern direkt aus den entsprechenden Manuskripten, die Wittgensteins
Überlegungen im ursprünglichen Zustand darstellen. Außerdem beziehe ich mich
auf die Deutungen in der Sekundärliteratur, die von den „Wahrheitsparagraphen"
in ÜG handeln, insbesondere auf solche, die meinen Deutungen entgegenstehen,
um erstens den Forschungsstand über den Wahrheitsbegriff in ÜG zu veranschaulichen und zweitens die Ergebnisse dieser Arbeit in Kontrast mit ihnen zu setzen
und deutlich zu machen.

Wittgenstein schrieb im Jahre 1929 über seine Tendenz beim Philosophieren:

> Meine Art des Philosophierens ist mir selbst immer noch, und immer wieder, neu, und
> daher muss ich mich so oft wiederholen. Einer anderen Generation wird sie in Fleisch
> und Blut übergegangen sein, und sie wird die Wiederholungen langweilig finden. Für
> mich sind sie notwendig.[25]

---

[24] ÜG, S. 115.
[25] VB, S. 451.

Nach meiner Einschätzung hat Wittgenstein zur Zeit der Niederschrift von ÜG weiterhin diese Tendenz. Da ich in dieser Arbeit seine einzelnen Bemerkungen in ÜG herausnehme und analysiere, könnte ich seiner Tendenz entsprechend auch oft gleiche oder ähnliche Punkte wiederholen. Aber diese Wiederholung ist nicht nur für Wittgenstein, sondern für mich und sicherlich für die Lesenden notwendig für das Verständnis von ÜG und des Wahrheitsbegriffs darin.

6. Die Struktur dieser Arbeit

Ich folge in dieser Arbeit der gewöhnlich rezeptierten Gliederung von ÜG in vier Teile: Teil I (§§1–65 aus MS 172), Teil II (§§65–193 aus MS 174), Teil III (§§193–299 aus MS 175) und Teil IV (§§300–676 aus MSS 176 und 177). In mancher Sekundärliteratur wird diskutiert, wann und wo Wittgenstein einzelne Teile geschrieben hat, mit welchem Werk Moores in welchem Teil in ÜG sich Wittgenstein besonders beschäftigt und es kritisch behandelt, oder wann er seine neuen Gedanken z. B. über „Weltbilder" in §94 entwickelt, etc.[26]. Solche Untersuchungen, wie sich ÜG historisch herausgebildet hat sowie wie der Hintergrund der Texterstellung aussieht, können selbst wichtig sein, es ist aber kein Ziel dieser Arbeit, auf diese Fragen zu antworten. Diese Arbeit widmet sich vielmehr der Auslegung und der Analyse von ÜG unter dem Aspekt von ‚wahr‘. Dementsprechend gilt es unter diesem Aspekt ÜG erneut zu rekonstruieren.

Interessant ist dann, dass man auch im Hinblick auf den Wahrheitsbegriff in diesen vier Teilen gewisse thematische Tendenzen finden kann, obwohl in ihnen auch einige gemeinsame Themen behandelt werden. Aufgrund von Wittgensteins zwei Briefen an Malcolm trifft Kim van Gennip das folgende Urteil über ÜG: „Apparently Wittgenstein considered the first parts of his writings dull, yet he was seemingly satisfied with §§ 300–676"[27]. Meines Erachtens trifft dieses Urteil nicht völlig zu, wenn es um den Wahrheitsbegriff in ÜG geht. Vor allem zeigt der Teil II in ÜG so beträchtliche Einsichten Wittgensteins in den Wahrheitsbegriff wie die Teile III & IV. Mir scheinen seine Bemerkungen über den Wahrheitsbegriff trotz seiner Briefe an Malcolm durchgehend in ÜG nicht an Wichtigkeit zu verlieren. Im Folgenden soll dann kurz skizziert werden, wie der Wahrheitsbegriff in den vier Teilen aussieht.

---

[26] Siehe z. B. Hamilton, A. (2014), S. 64–73. Vgl. auch Wright, C. (2004b), S. 54, Fn.13: „Actually, as Michael Williams has pointed out to me, the four parts of the text display something of a thematic division: the first and second parts, comprising respectively §§1–65 and §§66–192, are naturally read as manly centered on Moore's ‚Proof‘, while the rest of the book – §§193–299 and 300–676 – is primarily reaction to the ‚Defense‘".

[27] Gennip, K. v. (2008), S. 19. Siehe auch Malcolm, N. (2001), Briefe 50 und 57 (jeweils S. 127 f. und 134 f.).

Einleitung   XXIII

In Teil I (§§1–65) kommt das Wort „Wahrheit" nur einmal in §21 vor und das
Wort „wahr" kein einziges Mal. Es geht auch in §21 weder besonders darum, wie
der Wahrheitsbegriff aussieht noch wie wir das Wort „wahr" gebrauchen, sondern
vielmehr um Moores Gebrauch von „Ich weiß". Um den Wahrheitsbegriff in ÜG
herauszuarbeiten, gilt es jedoch auch ans Licht zu bringen, wie das Wort „Wissen" gebraucht wird. Wie oben gesehen, richtet ÜG nach meiner Lesart auch
den Fokus auf die Fälle in unserem alltäglichen Reden, in denen beide Begriffe
„wahr" und „wissen" eng verknüpft sind. Wenn Wittgenstein uns davor warnt,
zu übersehen, „wie sehr spezialisiert der Gebrauch von »Ich weiß« ist" (§11)
und bemerkt, dass man häufig vom Wort »wissen« „behext" wird, betrifft dies
auch den Gebrauch „wahr" in diesen Fällen. Man könnte nämlich beim Gebrauch
des Wortes „wissen" sowie des Wortes „wahr", das mit dem Ausdruck „Ich
weiß" zusammenhängt, in die Irre geführt werden und ggf. nichtpraxisbezogene
philosophische Theorien basteln wollen.

Erst ab Teil II geht Wittgenstein genauer auf die Wahrheitsthematik ein. Die
wichtigen Themen in Teil II (§§65–193) lassen sich wie folgt auflisten: Der
fundamentale Charakter der Wahrheit Moorescher Sätze, Relativismus, Kohärenztheorie, Fundamentalismus/Präsuppositionstheorie und das Verhältnis zwischen
Weltbildern und dem Wahrheitsbegriff.

In Teil III (§§193–299) geht es um Wittgensteins kritische Untersuchungen
über Wahrheitstheorien wie die Korrespondenztheorie, das Verhältnis zwischen
unserem *Handeln* und dem Wahrheitsbegriff und die Wahrheit kontingenter Sätze.
Wittgensteins Überlegungen in Teil III hängen meines Erachtens besonders mit
Frege, Russell und dem frühen Wittgenstein eng zusammen.

In Teil IV (§§300–676) findet man zwar teilweise Wittgensteins Wiederholung
dessen, was er in ÜG vorher geschrieben hat, und dessen Vertiefung, aber auch
wichtige Überlegungen über den Wahrheitsbegriff. Es handelt sich nämlich um
die unaussprechbare Wahrheit Moorescher Sätze und deren Unbeschreiblichkeit
durch sprachliche Ausdrücke.

Am Ende dieser Arbeit werde ich auch auf die meist akzeptierte Auffassung
über Wittgenstein als einen Deflationisten der Wahrheit eingehen. An der Stelle
werde ich mit Hilfe der Ergebnisse der Untersuchungen in dieser Arbeit erwägen, inwiefern es sich auf ihrer Grundlage sagen lässt, dass Wittgenstein eine
„deflationäre" Sichtweise vertritt.

Inhaltsverzeichnis

Teil I   Zwei Verwendungen von „Ich weiß" und Moores Fehler

1   §21 3
1.1   Zwei richtige Verwendungen von „Ich weiß" und Moores
      erster Fehler 3
1.2   Die richtige Gebrauchsweise von „Ich weiß" im Sinne
      von „Ich bin sicher" und Moores zweiter Fehler 7
1.3   Moores dritter Fehler: Die Vermengung von „Ich weiß"
      und „Ich glaube/habe Schmerzen" 9
1.4   Die Kluft zwischen ‚Wissen' und ‚Glauben/sichersein' 12
1.5   Fazit 18

Teil II   Der fundamentale Charakter der Wahrheit
         Moorescher Sätze, Relativismus, Kohärenztheorie,
         Fundamentalismus/Präsuppositionstheorie,
         das Verhältnis zwischen Weltbildern und dem
         Wahrheitsbegriff

2   §§80–83 25
2.1   Zu Wittgensteins Gebrauchsweisen von „Prüfung",
      „Irrtum" und „geistesgestört" 25
2.2   Die Wahrheit Moorescher Sätze 28
      2.2.1   Warum wir Mooresche Sätze nicht (auf ihre
              Wahrheit hin) prüfen können 28
      2.2.2   Der Zusammenhang zwischen dem Verstehen
              und der Wahrheit Moorescher Sätze 33
      2.2.3   Mooresche Sätze als Teil des „Bezugssystems" 34

XXV

	2.3	Interpretationen der „Wahrheit" Moorescher Sätze in der Sekundärliteratur	37
	2.4	Anhang zu ‚Prüfung' in ÜG	41
3	**§94**		**45**
	3.1	Weltbilder und deren Grundlosigkeit	45
	3.2	„Mythologie"	49
	3.3	Beispiele für Weltbild-Sätze und ihr methodischer Charakter	56
	3.4	„Der überkommene Hintergrund" und der Wahrheitsbegriff	61
4	**§108**		**65**
	4.1	Die Vorgeschichte in den §§106 f.	65
	4.2	Wittgensteins Reaktion auf die Frage des Gesprächspartners in §108	67
	4.3	Relativismus-Debatte	69
		4.3.1 Der Zusammenhang zwischen ‚objektiver Wahrheit' in §108 und ‚Argumenten'	70
		4.3.2 Der metalogische/normale Gebrauch von „objektiv/relativ wahr"	72
5	**§§137 f.**		**77**
	5.1	Der logische Status Moorescher Sätze vs. ihre „eigentümliche logische Rolle"	77
		5.1.1 Der logische Status	78
		5.1.2 Die „eigentümliche logische Rolle"	80
	5.2	Die Rollen der Wörter „Irrtum" und „Wahrheit" und die Begriffsbestimmung	85
6	**§145**		**91**
	6.1	Zwei Fragestellungen in §145	91
	6.2	„Alles spricht dafür, nichts dagegen"	93
		6.2.1 Das „Prinzip des Dafür- und Dagegensprechens"	94
		6.2.2 Kohärenztheorie der Wahrheit?	97
	6.3	Sind Mooresche Sätze Interpretationen von Erfahrungen?	99
		6.3.1 Der Satz „Alle meine Erfahrungen zeigen, daß es so ist."	99
		6.3.2 Unterschiede zwischen den §§145 und 149	101

Inhaltsverzeichnis   XXVII

7 §153 105
7.1   Das Lernen im Hinblick auf Mooresche Sätze 105
7.2   Mooresche Sätze sind keine Voraussetzungen 108
      7.2.1   Die Bedeutung von „Voraussetzung/Annahme" 108
      7.2.2   Präsuppositionstheorie? 110
7.3   Analysen zum Ausdruck „während er erst durch unser
      anderweitiges Behaupten Sinn erhält" 112
      7.3.1   Malcolms Übersetzung/Deutung 112
      7.3.2   Hamiltons Übersetzung/Deutung 114
      7.3.3   Die Bedeutungen von „Sinn erhalten" 115
      7.3.4   Mit Bezug zu §152 118
7.4   Fazit 119

8 §§162 f. 121
8.1   Erneut zum Weltbild 121
8.2   Weltbild-Sätze, ‚Prüfen' und ‚Voraussetzung' 124
      8.2.1   Der Zusammenhang zwischen Weltbild-Sätzen
              und ‚Prüfung' 124
      8.2.2   Der Zusammenhang zwischen ‚Prüfung' und
              ‚Voraussetzung' 126
8.3   Ist ein Weltbild wahr oder falsch? 129

**Teil III   Die Kritik an Wahrheitstheorien anhand der
Korrespondenztheorie, das Verhältnis zwischen unserem
Handeln und dem Wahrheitsbegriff, die Wahrheit
kontingenter Sätze**

9 §§193, 197, 199 f., 191/203 & 214 f. 135
9.1   Die Gewissheit der Wahrheit und der Kontrast zwischen
      „objektiv gewiß" und „subjektiv gewiß" in den §§193 f. 135
9.2   „Sichere Evidenz" und deren bestimmte/spezielle Rolle
      in unseren Sprachspielen 139
9.3   Zwei Aspekte der Bemerkung in §197 140
      9.3.1   Die erste Variante: Falschheit 140
      9.3.2   Die zweite Variante: Unsinnigkeit 141
9.4   Die Analyse des §203 146
      9.4.1   Wittgensteins Durchstreichung in §203 146
      9.4.2   „Log. Phil. Abh." und die Idee der
              ‚Übereinstimmung' 148

9.5	Lehnt Wittgenstein die Idee mit ‚Übereinstimmung' gänzlich ab?	150
9.5.1	Gegensätzliche Deutungen	150
9.5.2	Unterschiede zwischen dem metalogischen und dem normalen Sprachgebrauch und zwischen Mooreschen und kontingenten Sätzen	152
9.5.3	Die ‚Übereinstimmung' ohne Zirkularität	154
9.6	Fazit und vielfältige Verwendungen von „wahr"	155

10   §§204–206 159
10.1 Die Analyse des §204 159
    10.1.1 „Die Begründung/Rechtfertigung der Evidenz des Sprachspiels" 159
    10.1.2 „Handeln" gegen „Sehen" als das Ende der Rechtfertigung 162
10.2 Wittgensteins Streichung des §205 166
    10.2.1 Verschiedene Deutungsversuche des §205 167
    10.2.2 Gründe für Wittgensteins Unzufriedenheit mit §205 170
10.3 Der Wahrheitsbegriff im Hinblick auf das Handeln 172
    10.3.1 Jenseits der ‚Propositionalität'- ‚Nichtpropositionalität'-Dichotomie 172
    10.3.2 Der Zusammenhang zwischen ‚Handeln' und ‚Lernen' 174
    10.3.3 Das Verhältnis zum Weltbild in §162 174

11   §243 177
11.1 Der richtige Gebrauch von „Ich weiß" im Sinne von „Ich bin sicher" und dessen drei Bedingungen 177
    11.1.1 Die erste Bedingung: die Möglichkeit/Methode des „Dartuns der Wahrheit" 178
    11.1.2 Die zweite Bedingung: Man ist durch Gründe überzeugt 179
    11.1.3 Die dritte Bedingung: Die Gründe sind sicherer als die Behauptung selbst 179
11.2 Warum erfüllen Mooresche Sätze die Bedingungen nicht? ... 181
11.3 §243 in der Sekundärliteratur 183

Inhaltsverzeichnis   XXIX

**Teil IV   Die unaussprechbare Wahrheit Moorescher Sätze und
            deren Unbeschreiblichkeit durch sprachliche Ausdrücke**

12 §§300–305 191
12.1 Der Status Moorescher Sätze und ihre „Korrekturen" 191
12.2 Die Annahmen, die uns nicht weiterbringen 193
      12.2.1 Bsp. 1: Mooresche Sätze seien nicht wahr 193
      12.2.2 Bsp. 2: Keiner Evidenz sei zu trauen 195
      12.2.3 Bsp. 3: Wir haben uns immer verrechnet 197
12.3 Der kategoriale Unterschied zwischen „Verwirrung" und
      „Irrtum" 198
12.4 Der Schritt der Relativitätstheorie 199

13 §§403–405 203
13.1 Die Analyse des §403 203
      13.1.1 Die Wahrheit Moorescher Sätze als eine
              „unwankende Grundlage" 203
      13.1.2 §403 in der Sekundärliteratur 205
13.2 Die Analyse der §§404 f. 210
      13.2.1 Der Zusammenhang zwischen „vollkommener
              Sicherheit" und „Einstellung" 210
      13.2.2 §404 in der Sekundärliteratur 211
13.3 Wittgensteins „Kampf gegen Windmühlen" 214

14 §§419 & 423–425 219
14.1 Erneut: Mooresche Sätze als unbegründete Fundamente 219
      14.1.1 Das Wissen als „Blindheit gegen mein eigenes
              Unverständnis" 219
      14.1.2 Die Gefahr des Mitreißens aller anderen Urteile 221
14.2 Verschiedene Umstände bzgl. der Äußerung von „Ich
      weiß" 222
      14.2.1 Die Umstände in den §§420–422 222
      14.2.2 Zu den Ausdrücken „verdächtig" und „Ob mit
              Recht?" in §423 225
14.3 Zwei verschiedene Verwendungen von „Ich weiß" und
      Moores Intention 226
      14.3.1 Die Funktion der Verstärkung 227
      14.3.2 Die Vermengung der zwei Verwendungen von
              „Ich weiß" 229

14.4	„Wahrheit" und „Fehlbarkeit"	231
	14.4.1 Erneut zum Ausdruck „unbedingt die Wahrheit"	231
	14.4.2 Unterschiede zwischen „Irrtum" und „Fehlbarkeit"	235

15 §426 239

15.1	Der Rückgriff auf BF I	239
	15.1.1 „Sinnesdaten" und „Dinge"	240
	15.1.2 Ob ÜG und BF I wirklich miteinander zusammenhängen?	241
	15.1.3 Die Analyse von „Wahrheiten über Sinnesdaten"	243
15.2	Worin zeigt sich das Wissen im Falle Moorescher Sätze?	245

16 §§464, 466 & 470 247

16.1	Wittgensteins „Schwierigkeit" und zwei relevante Aspekte	247
16.2	Der erste Aspekt: ‚Mitteilung'	249
	16.2.1 Die Unmöglichkeit für Bemerkungen/Mitteilungen im Falle Moorescher Sätze	249
	16.2.2 Der Hintergrund der Bemerkung/Mitteilung	250
	16.2.3 Andere alltägliche Beispiele	251
16.3	Der zweite Aspekt: ‚Wahrheit'	252
	16.3.1 Die Spannung zwischen dem Wahrsein Moorescher Sätze und deren Unaussprechbarkeit	252
	16.3.2 §466 in der Sekundärliteratur	256
16.4	Ein Deutungsversuch des §470 im Zusammenhang mit den §§464 und 466	258

17 §§500 & 514 f. 263

17.1	Die seltsame Spannung in §498	263
17.2	„Das ›Gesetz der Induktion‹" vs. „gewisse partikulare Sätze" in §499	265
17.3	Die Analyse des §500	267
	17.3.1 Das ›Gesetz der Induktion‹ und „Ich weiß"	267
	17.3.2 Das ›Glauben‹ ohne Verbindung mit dem Vermuten	269
	17.3.3 Zum Ausdruck „Richtiger wäre"	270
17.4	Erneut zu Revisionsfällen	272

Inhaltsverzeichnis

17.4.1 Der Zusammenhang zwischen der Revision
eines Sprachspiels und dessen Sicherheit 273
17.4.2 Der Unterschied zwischen dem „Fundament"
und dem „Fundamentalismus" 275

18 §§532, 544, 549 & 578 277
18.1 Die Kluft zwischen Tatsachen und unserer
Sprachverwendung in §532 277
18.1.1 Wittgensteins damaliger verwirrter Zustand 277
18.1.2 Die Parallelität der §§531 f. und deren zwei
Fragestellungen 278
18.1.3 Der „gegenwärtige/damalige" Zustand vs. der
Wissenszustand 280
18.1.4 Die Ergebnisse meiner Analyse und die
Sekundärliteratur 284
18.2 Die Kluft im Falle von „Ich weiß, wie ... heißt" im
Hinblick auf Mooresche Sätze 287
18.3 Die Kluft im Falle von „Ich weiß" im Hinblick auf
kontingente Sätze 289
18.4 Die Kluft im Falle von „Ich heiße N.N." 291
18.4.1 Der eigentümliche Charakter von „Ich heiße
N.N." und die Revidierbarkeit des Sprachspiels
mit den Personennamen 292
18.4.2 Die Fehlbarkeit in „Ich heiße N.N." vs. die
Sicherheit, mit der auszusagen ist, „Ich kann
mich nicht irren" 294

19 §§602, 604 & 607 297
19.1 Der „Ich glaube"-„Ich weiß"-Kontrast 297
19.1.1 „Weiß ich oder glaube ich nur?" 297
19.1.2 „Weiß ich oder glaube ich?" 301
19.1.3 Antworten auf die Frage in §602 307
19.2 Die Annahme, dass man dem Satz „Wasser kocht bei ca.
100 °C" misstraute 310
19.2.1 Die drei entstehenden Fragen 310
19.2.2 Die Notwendigkeit eines Systems für das
Beweisen und das Entkräften 311
19.3 Die Wahrheit Moorescher Sätze ohne Bedingung 313
19.3.1 Die „R-Bedingung" und zwei Fälle 313

19.3.2 »beyond all reasonable doubt« 314

19.3.3 Der Zusammenhang zwischen den §§604 und
607 315

Schluss 319

Literaturverzeichnis 335

Teil I
Zwei Verwendungen von „Ich weiß" und Moores Fehler

§21

1

1.1 Zwei richtige Verwendungen von „Ich weiß" und Moores erster Fehler

Bevor wir auf das Thema ‚Wahrheit' zu sprechen kommen, gilt es zunächst klarzustellen, wie Wittgenstein Moores Gebrauch des Wortes „Wissen" sowie der Worte „Ich weiß" überhaupt versteht. In der ersten Hälfte von §6 klärt es sich kurz und bündig:

> Kann man nun (wie Moore) aufzählen, was man weiß? So ohne weiteres, glaube ich, nicht. – Es wird nämlich sonst das Wort [besser: der Ausdruck] »Ich weiß« gemißbraucht.

Moores Gebrauch besteht dementsprechend für Wittgenstein darin, mit „Ich weiß" aufzuzählen, was man weiß, so wie er dies in seinem Aufsatz ‚A Defence of Common Sense' mit dem Satz tut: „I begin, then, with my list of truisms, every one of which (in my own opinion) I *know*, with certainty, to be true"[1]. Als „truisms" bezeichnet er solche Sätze, die nach ihm bloß triviale Binsenwahrheiten ausdrücken, z. B. „Die Erde hat schon lange vor meiner Geburt existiert", „Ich habe zwei Hände", usw. usf. Was in diesem Zitat deutlich wird, ist, dass sich hier Moores Gebrauch von „Ich weiß" auf Mooresche Sätze, die er als Beispiele nannte, beschränkt, und dass ihn Wittgenstein eigens im Hinblick auf diese Sätze als Unsinn einschätzt. Wie Moore normalerweise im Falle kontingenter Sätze, die bezweifelbar sind, die Worte „Ich weiß" gebraucht, wird weder in ÜG noch in dessen oben genannten Aufsatz thematisiert.

---

[1] Moore, G.E. (1925/1993), S. 107 f.

© Der/die Autor(en), exklusiv lizenziert an Springer-Verlag GmbH, DE, ein Teil von Springer Nature 2022
S. Hashimoto, *Der Wahrheitsbegriff in Über Gewißheit*,
https://doi.org/10.1007/978-3-662-65684-6_1

Betrachten wir nun genauer, was Wittgenstein von Moores Gebrauch von „Ich weiß" im Falle Moorescher Sätze hält. Hierfür finde ich es besonders hilfreich, Malcolms Aufzeichnungen seiner Gespräche mit ihm aus dem Jahre 1949 in Ithaca[2] in Betracht zu ziehen. Obwohl Malcolm schreibt, dass sie keine authentische Wiedergabe von Wittgensteins Gedanken darstellen mögen[3], denke ich, dass man sie mit einigen Paragraphen zu Beginn von ÜG, die allein teilweise nicht sehr klar sind, in Einklang bringen kann. Einige Paragraphen in ÜG scheinen mir darüber hinaus tatsächlich auf den damaligen Diskussionen in Ithaca zu basieren.

In diesen Gesprächen kamen Wittgenstein und Malcolm zum folgenden Urteil über Moores Gebrauch von „Ich weiß" im Falle Moorescher Sätze:

> Instead of saying that Moore's statement ‚I know that this is a tree' is a misuse of language, it is better to say that it has no clear meaning, and that Moore himself doesn't know how he is using it.

Der Satz „This is a tree" ist hier als Moorescher Satz anzusehen. Wenn Moore dazu sagt, „Ich weiß, dass ...", ist er sich Wittgenstein und Malcolm zufolge nicht im Klaren darüber, wie unser gewöhnlicher Gebrauch von „Ich weiß" aussieht. Seine Fehler rühren so gesehen von dieser Unwissenheit her.

Wie gebrauchen wir dann den Ausdruck „Ich weiß" sinnvoll? Nach Malcolms Aufzeichnungen unterscheidet Wittgenstein explizit zwischen zwei verschiedenen sinnvollen Verwendungen von „Ich weiß". Beide sind jeweils wie folgt beschrieben:

> In the ordinary use of ‚know' it is always sensible to speak of ‚making sure'. [...] There is an ordinary use of ‚I know' when there isn't any *making sure*.[4]

Die Umstände, unter denen "it is always sensible to speak of ‚making sure'" oder "there is a *making sure*" gilt, sind Malcolms Aufzeichnungen zufolge als diejenigen zu verstehen, unter denen man gegebene Sätze durch Evidenz, Gründe, etc. sicherer als zuvor machen kann. Unter diesen Umständen ist es möglich, die Sätze in Zweifel zu ziehen, und insofern von ihnen zu sagen, „Ich weiß". Kurzgesagt: Man sagt in diesem Sinne „Ich weiß", „wo es Zweifel gibt" (LS I

---

[2] Malcolm, N. (2001), S. 71–75.

[3] Ebd., S. 75.

[4] Malcolm, N. (2001), S. 72. Siehe auch Malcolms Brief an Moore, der auf diese zwei richtigen Verwendungen von „Ich weiß" aufmerksam macht: „[...] in its first use it made sense for me to *make sure*. In its second use it would *not* make sense for me to make sure" (Rothhaupt, J. G. F., A. Seery & D. McManus (Hg.) (2001/2002), Letter 16, S. 272).

1.1 Zwei richtige Verwendungen ... 5

§834[5]; vgl. auch ÜG §10), oder: „[m]an sagt nicht »Ich weiß, daß es regnet« einfach als Mitteilung, es regne; sondern, etwa wenn diese Aussage angezweifelt wurde; oder auf die Frage ob ich auch sicher sei. [...]" (BPP II §277). Unter den Umständen, unter denen die zweite Verwendung Sinn hat, kann es hingegen keinen vernünftigen Zweifel an den gegebenen Sätzen geben. Selbstverständlich zählen dazu Mooresche Sätze, die für uns unbezweifelbar sind. Diese zweite Verwendung wird in Malcolms Aufzeichnungen „logische Rechtfertigung" (*„logical justification"*)[6] genannt. Nur wenn man eine Rechtfertigung dieser Art geben will, kann man trotz des widersprüchlichen Anscheins auch in Hinblick auf Mooresche Sätze mit Recht sagen, „Ich weiß". Einmal abgesehen davon, ob es angemessen ist, dies eine „Rechtfertigung" zu nennen, drückt „Ich weiß" im Sinn der „logischen Rechtfertigung" die „*logische* Feststellung" (*„logical statement"* oder auch *„logical statement/status/remark/point"*) aus, dass nichts als Gegenevidenz gegen Mooresche Sätze angesehen werden würde. So dient sie nach den Aufzeichnungen zu etwas anderem als einer „psychologischen Prophezeiung" (*„psychological prediction"*)[7], die ich ähnlich wie in §364 als den bloßen Glauben verstehe, dass nichts in Zukunft Mooreschen Sätzen zu widersprechen scheinen werde.[8] So gesehen ist diese „Rechtfertigung" natürlich alles andere als eine *epistemische*, weil sie nichts mit ‚Begründung', ‚Überzeugung', etc. zu tun hat. Und dessen Erklärung steht wohl im Einklang mit gewissen Paragraphen in ÜG (siehe vor allem §447; vgl. auch die §§48, 53, 59 f., 136, 308 und 353).

Die im Gespräch mit Malcolm eingeführte Unterscheidung scheint mir Wittgenstein erneut in §8 in Angriff zu nehmen und mit eigenen Worten zu rekapitulieren. Hier zitiere ich die dem §8 entsprechende Passage im MS172, 2–3:

---

[5] Der ganze Paragraph lautet:
834. Man sagt „Ich weiß ...", wo man zweifeln kann, während die Philosophen gerade dort sagen, man wisse etwas, wo es keinen Zweifel gibt und wo daher die Worte „Ich weiß" als Einleitung der Aussage überflüssig sind.
Diese Beschreibung passt gut zum Gebrauch von „Ich weiß" im Sinne von „Ich bin sicher", wie in ÜG erklärt.

[6] Malcolm, N. (2001), S. 74. Außerdem hat Wittgenstein im Hinblick auf den Ausdruck „I am sure" bereits in einer Vorlesung aus den Jahren 1931–32 auf denselben Unterschied hingewiesen, wobei er dort dessen zwei verschiedene Verwendungen als „a grammatical expression" und „a statement or proposition" bezeichnet (LWL, S. 82).

[7] Malcolm, N. (2001), S. 72.

[8] Vgl. auch die §§380–385. Ähnliche Ausdrücke wie „Vorhersage" und „Prophezeiung" kommen auch in ÜG vor („Vorhersage" in §385; „Prophezeiung" in den §§492 und 652). Mehr dazu siehe Kap. 19.

Der Unterschied des Begriffs "wissen" vom Begriff 'sicher / überzeugt / sein' ist gar nicht von großer Wichtigkeit, außer da wo "Ich weiß |...|" ~~bedeuten~~ |heißen| soll: <u>"</u> Ich <u>kann</u> mich nicht irren. Im Gerichtssa|al|l z. B. könnte in jeder Zeugenaussage statt "Ich weiß" "Ich bin sicher" gesagt werden. Ja, man könnte es sich denken, daß das "Ich weiß" |dort| verboten wäre. [...]

Der Ausdruck „Ich weiß" wird hier ebenso in zwei verschiedenen Verwendungen beschrieben. Die eine ist vom Charakter her anders als ein „sicher/überzeugt sein" und soll heißen „Ich *kann* mich nicht irren". Bei der anderen Verwendung hingegen hat „Ich weiß" ebendiesen Charakter von einem „sicher/überzeugt sein" und sie ist z. B. im Gerichtssaal gängig, wo es vernünftige Zweifel an gegebenen Sätzen gibt und diese durch die Begründung sicherer gemacht werden sollen. Was in Malcolms Aufzeichnungen diesen zwei Verwendungen entspricht, ist offensichtlich klar: „Ich weiß" im Sinne von „Ich *kann* mich nicht irren" verhält sich zu der „logischen Rechtfertigung" wie „Ich weiß" im Sinne von „Ich bin sicher" zu dem gewöhnlichen Gebrauch von „Ich weiß", bei dem „making sure" Sinn hat.

Hierzu ist noch zu bemerken, dass Wittgenstein im MS als Variante von „sicher" im ersten Satz von §8 „überzeugt" geschrieben hat. Aus anderen Textstellen ist ersichtlich, dass es im gewöhnlichen Fall keinen großen Unterschied zwischen „überzeugt sein" und „wissen" gibt, außer es geht um ein „Ich *kann* mich nicht irren". Er schrieb z. B. „Ich habe mich von etwas überzeugt, nun weiß ich es" (BPP II §284), wobei sich dieses „nun weiß ich es" im Sinne von „nun bin ich sicher" verstehen lässt. An anderer Stelle impliziert er, dass „überzeugt sein" im Unterschied zu „Ich weiß" im Sinne von „Ich *kann* mich nicht irren" nicht mit Mooreschen Sätzen vereinbar ist (vgl. §148). Unter Umständen – z. B. im Gerichtssaal – unter denen es Sinn hat, sich über die Wahrheit einer vorliegenden Aussage zu versichern oder sich von ihr zu überzeugen, gibt es gemäß §3 (siehe auch §23) die Möglichkeit des „Sichüberzeugens". Dort kann, formaler und simpler ausgedrückt, die Gleichung: „Ich weiß, dass es so ist" = „Ich bin sicher, dass es so ist" gelten (siehe §176; vgl. auch LS II, S. 80). Fortan unterscheide ich einfachheitshalber gemäß §8 zwischen diesen beiden richtigen Verwendungen von „Ich weiß" jeweils mit „Ich weiß" im Sinne von „Ich bin sicher" und „Ich weiß" im Sinne von „Ich *kann* mich nicht irren". Diese Unterscheidung sollte man durchgehend bei der Lektüre von ÜG im Hinterkopf behalten und von Fall zu Fall genau beachten, welcher Sinn mit den Worten „Ich weiß" gemeint wird.

Wo genau kommt Moore dann vom Weg ab? Malcolm beschreibt seinen ersten Fehler auf schöne Weise:

1.2 Die richtige Gebrauchsweise ...   7

Now Moore says, e.g. 'I know that this is a shoe' in circumstances where it doesn't
have any sense to 'make sure'. [...][9]
Moore might have given such examples [as a logical justification of the use of 'I
know']. But he doesn't give such examples: he prefers to gaze at a tree and say 'I
know there's a tree there.' And this is because he wants to give himself the *experience*
of knowing.[10]

Demzufolge gibt Moore gar kein Beispiel für den zweiten Gebrauch von „Ich
weiß" im Sinne von „Ich *kann* mich nicht irren", sondern nur für dessen ersten
Gebrauch im Sinne von „Ich bin sicher". Und dies ist auch der Fall im Hinblick
auf Mooresche Sätze wie „Das ist ein Schuh" und „Dort ist ein Baum", die man
in einer offensichtlich klaren Situation – etwa vor dem Schuh oder dem Baum
stehend – äußert. „The *experience* of knowing", die sich Moore verschaffen will,
geschieht wesentlich im Falle kontingenter Sätze, die belegbar sind, so dass man
etwa sagen kann, „Ich habe durch Evidenz *erfahren*, dass N.N. zu Hause ist.
Und ich weiß es jetzt". Er jedoch gebraucht den Ausdruck „ich weiß" in diesem
Sinne im Hinblick auf Mooresche Sätze. Aus diesen Betrachtungen geht hervor,
dass sein Fehler einmal darin besteht, zwischen beiden Verwendungen von „Ich
weiß" nicht zu unterscheiden und diese Verwendungen irrtümlich zu vermengen,
indem er „Ich weiß" im Falle Moorescher Sätze im Sinne von „Ich bin sicher"
gebraucht.

1.2 Die richtige Gebrauchsweise von „Ich weiß" im Sinne von „Ich bin sicher" und Moores zweiter Fehler

Wie soeben gesehen, läuft Moores Gebrauch von „Ich weiß" lediglich auf dessen
Gebrauch im Sinne von „Ich bin sicher" hinaus, obwohl er nicht zu Mooreschen
Sätzen passt. Nun gilt es genauer zu betrachten, wie unser normaler Gebrauch
von „Ich weiß" im Sinne von „Ich bin sicher" eigentlich aussieht, um Moores
weitere Fehler zu analysieren.

In §13 spricht Wittgenstein die Logik oder Grammatik des Ausdrucks „Ich
weiß" an und untersucht, ob man aus der Äußerung von „Ich weiß" schließen
kann, dass wer dies sagt, das betreffende Wissen auch tatsächlich besitzt. Wichtig ist im jetzigen Kontext, wie es auch in den §§21–23 thematisch ist, eigens
der Fall, in dem eine dritte „glaubwürdige" Person – also solch eine, die sich im

---

[9] Malcolm, N. (2001), S. 72.
[10] Ebd., S. 73.

Reden nicht verstellt, sondern gegenüber anderen ehrlich und wahrhaftig bleibt – im Sinne von „Ich bin sicher" äußert, „Ich weiß". Schauen wir nun Wittgensteins Betrachtung, was in diesem Fall aus der bloßen Äußerung „Ich weiß" folgt. Wenn jemand glaubwürdig versichert, etwas zu wissen, kann er andere nach Wittgenstein durch diese Versicherung nicht zur Überzeugung bringen, dass er das Wissen besitzt. Dies lässt sich nach §13 wie folgt skizzieren:

- Man kann aus der – obwohl glaubwürdigen – Äußerung eines anderen „Ich weiß, dass p" nicht schließen, dass p.
- Aus der Äußerung eines Anderen „Ich weiß, dass p" folgt nicht, dass **er** weiß, dass p.

Beide Formulierungen sind darin analog, dass sie die Dritte-Person-Perspektive thematisieren. Warum folgt nach Wittgenstein aus der glaubwürdigen Äußerung eines anderen „Ich weiß, dass p" nicht, dass p? Es liegt meines Erachtens genau darin, dass die bloße Äußerung „Ich weiß" hier nur darauf hinausläuft, zu äußern, „Ich bin sicher" oder „Ich glaube zu wissen", wie wir unten sehen werden. Wenn jemand nur sagt, „Ich bin sicher, dass p", folgt daraus natürlich nicht, dass er weiß, dass p, und mit dieser Aussage kann er niemandem zeigen, dass er dieses Wissen tatsächlich besitzt.

Unter welchen Umständen kann aber aus der Äußerung eines anderen „Ich weiß, dass p" folgen, dass er weiß, dass p? Wittgenstein bietet gleich darauf in §14 an: „Es muß erst erwiesen werden, daß er's weiß". Im Zusammenhang mit anderen Paragraphen wird nahegelegt, dass hierfür Gründe neben der Versicherung „Ich weiß" angegeben werden müssen (§§18, 40, 243, 484 und 550). Erst nach der Angabe zwingender Gründe sowie von entsprechender Evidenz kann man auch aus der Aussage eines anderen „Ich weiß, dass p" – sprich, aus der Dritten-Person-Perspektive – schließen, dass er weiß, dass p, und weiterhin, dass p der Fall ist, wenn die Gründe als objektiv gültige anerkannt werden.

In diesem Lichte bedarf die Äußerung „Ich weiß, dass p" im Sinne von „Ich bin sicher, dass p" triftiger Gründe oder Evidenz, damit man jemandem zeigen kann, dass man weiß, dass p. Wenn Moore die Absicht hat, in diesem Sinne zu sagen, „Ich weiß", dann muss er zusätzliche Gründe oder Evidenz vorweisen können. Er tut dies aber nicht, und er glaubt auch nicht, dies tun zu müssen, sondern er *sagt nur*, „Ich weiß". Sein zweiter Fehler ist daher so zu beschreiben, dass er den Ausdruck „Ich weiß", im Sinne von „Ich bin sicher" ausgesprochen, anders gebraucht, als wir ihn normalerweise verwenden, nämlich unter Zuhilfenahme von Gründen oder Evidenz für solches Wissen.

1.3 Moores dritter Fehler: Die Vermengung ...   9

1.3   Moores dritter Fehler: Die Vermengung von „Ich weiß" und „Ich glaube/habe Schmerzen"

Betrachten wir nun §21, die obigen zwei Fehler im Hinterkopf behaltend. Sie sind nicht nur hilfreich für das Verständnis dieses Paragraphen, sondern auch eng verknüpft mit Moores drittem Fehler, der sich darin finden lässt.

Zu §21 (MS172, 7)
[a.1.] Moore's Ansicht läuft eigentlich darauf hinaus, der Begriff 'wissen' sei den Begriffen 'glauben', 'vermuten', 'zweifeln', 'überzeugt sein' darin analog, daß die Aussage "Ich weiß ...." kein Irrtum sein könne. [a.2.] Und ist es so, dann kann aus einer Äußerung auf die Wahrheit einer Behauptung geschlossen werden. [a.3.] Und hier wird \ übersehen /, daß es ein Idie Forml "Ich glaubltle zu wissen" gibt↓. [a.4.] – Soll es aber das Iso etwasl nicht geben, Iaber das Idiesel nicht zugelassen sein werdenl, dann muß listl ein Irrtum Iauchl in der Behauptung, die aus der Äußerung "Ich weiß ..." folgt, logisch müsse[?] ausgeschlossen sein Iunmöglich seinl. [a.5.] Und dies muß einsehen, wer das Sprachspiel kennt; /– / und[¹] Ider Glaube anl die Versicherung eines Glaubwürdigen "Ich weiß es", kann ihm dabei nicht helfen. //; /, / die Versicherung des Glaubwürdigen, er wisse es, /...., / kann ihm dabei nicht helfen. //

Da Moore in seinen beiden Aufsätzen[11] den Zusammenhang zwischen Mooreschen Sätzen wie „Die Erde existiert" und der Äußerung „Ich weiß" thematisiert, ist Wittgensteins Einwand gegen ihn in §21 so zu verstehen, dass er die Verwendung von „Ich weiß" im Falle Moorescher Sätze und die Verwendungen psychologischer Wörter wie „glauben", „vermuten" etc. vermengt. Er ist nämlich der Ansicht, dass man sich z. B. ebensowenig in der Aussage „Ich weiß, dass die Erde existiert" irren könne, wie man sich in der Äußerung „Ich vermute, dass p" nicht irren kann, wenn man tatsächlich vermutet, dass p. In unserem normalen Sprachgebrauch – nicht nur im kartesischen Modell – ergibt es offenbar keinen Sinn, rational daran zu zweifeln, dass man glaubt/vermutet/überzeugt ist/..., wenn man tatsächlich glaubt/vermutet/überzeugt ist/.... Dies rührt von der Unbezweifelbarkeit seelischer Zustände aus der ersten-Person-Perspektive her. Wenn jemand wahrhaftig sagt, „Ich vermute, dass p", kann man aus seiner bloßen Äußerung schließen, dass er tatsächlich vermutet, dass p, weil er sich in

---

[11] Moore, G.E. (1925/1993); Moore, G.E. (1939/1993), siehe vor allem S. 168.

10 1 §21

seiner Zuschreibung nicht irren kann. Und dies gilt generell im Falle der psychologischen Begriffe „glauben", „vermuten" und „überzeugt sein"[12], wie es Wittgenstein in (a.1.) feststellt. Dazu gehören auch Sätze, mit denen die jeweils eigenen Emotionen offenbart werden, wie „Ich habe Schmerzen". Anhand dieses Satzes gilt nun im Gegensatz zu dem, was Wittgenstein in §13 festhält:

> Man kann aus der glaubwürdigen Äußerung eines anderen „Ich habe Schmerzen" schließen, dass er Schmerzen hat.

Moores dritter Fehler, sprich, die Vermengung des Wissensbegriffes mit dem Gebrauch psychologischer Begriffe, liegt offenbar darin, das Schlussfolgerungsschema, das z. B. im Falle des Satzes „Ich habe Schmerzen" gilt, weiterhin auf die Äußerung „Ich weiß" im Falle Moorescher Sätze anzuwenden. §21 zufolge schließt Moore fälschlicherweise, dass aus der bloßen Äußerung eines anderen von „Ich weiß, dass die Erde existiert" folgt, dass der Satz „Die Erde existiert" wahr sei, wie es Wittgenstein in (a.2.) anerkennt.

Betrachten wir nun anhand anderer Stellen genauer, inwiefern Moore „Ich weiß, dass die Erde existiert" und „Ich habe Schmerzen" für gleichartig hält. Bei ihren Gesprächen in Ithaca weisen bereits Wittgenstein und Malcolm darauf hin, dass Moore seine Äußerung „Ich weiß" ähnlich wie die Äußerung „Ich habe Schmerzen" verwendet. Im Text heißt es:

> Moore treats the sentence 'I know so & so' like the sentence 'I have a pain.' The criterion that he knows that so & so will be that he says that he does.[13]

Der Satz „Ich weiß so und so" bezieht sich dem Kontext nach offenbar auf Mooresche Sätze. Vor allem finde ich das Wort „Kriterium" in diesem Zitat wichtig. Obwohl es nicht wenige Diskussionen[14] gibt, wie Wittgensteins Gebrauch des Wortes „Kriterium" zu verstehen ist, habe ich hier nicht die Absicht, seinen Kriteriumsbegriff herauszuarbeiten, sondern es genügt in dieser Arbeit, „Kriterium" etwa als „evidence for something's being an X" aufzufassen, wie

---

[12] Hier lasse ich aber offen, ob man nach Wittgenstein aus der bloßen Äußerung eines anderen „Ich zweifle" schließen kann, dass er tatsächlich an etwas zweifelt, auch wenn er glaubwürdig ist. Denn Wittgenstein weist an mehreren Stellen in ÜG auf die Notwendigkeit der *Gründe* für Zweifel hin (vgl. §322; auch die §§4, 122 f., 288, 458 und 600).

[13] Malcolm, N. (2001), S. 71.

[14] Siehe z. B. Albritton, R. (1959). Rogers Albritton beschreibt insbesondere Wittgensteins Gebrauch von „Kriterium" im Sinne von „Evidenz" als kennzeichnend für dessen Gebrauch in BGM und PU (ebd., S. 854).

1.3 Moores dritter Fehler: Die Vermengung ...   11

Hans-Johann Glock kurz schildert.[15] Es entspricht in der Tat unserem normalen Sprachgebrauch, die bloße Äußerung eines anderen „Ich habe Schmerzen"
als hinreichendes Kriterium für seine Schmerzen, also als Evidenz dafür, dass
er gerade Schmerzen hat, anzusehen, während allein die Feststellung „Ich weiß"
nicht als Kriterium für ein Wissen gilt[16]. Dem Zitat zufolge gebraucht Moore
jedoch „Ich weiß es" im Falle Moorescher Sätze auf ähnliche Weise als Kriterium
dafür, dass er es tatsächlich weiß.

Warum könnte man aber wie Moore dazu geneigt sein, „Ich habe Schmerzen"
und „Ich weiß" im Falle gewisser Sätze für analog zu halten? Betrachten wir hierfür §178. In einem anderen Werk[17] zitiert Malcolm aus seinen Aufzeichnungen
erneut die Passagen, welche das obige Zitat enthalten, und verweist auf deren
Parallelität zu §178 in ÜG. Dies suggeriert, dass §178 eine Art von Rekapitulation oder Ergänzung vonseiten Wittgensteins ist. Ich finde es nicht unwichtig,
hier die MS-Passage des §178 zu zitieren (MS174, 37v–38r):

> Der ~~F~~falsche Gebrauch, den M. vom|n| der|m| ~~Äußerung~~|Satz| "Ich weiß ...." macht,
> liegt darin, daß er ihn als eine Äußerung betrachtet, die so wenig anzuzweifeln ist wie
> etwa "Ich habe Schmerzen" / "Ich glaube, daß ...."/. Und da aus "Ich weiß, daß es so
> ist" folge~~rllt~~|t| "Es ist so", so kann also auch dies nicht angezweifelt werden.

Malcolms Deutung entsprechend lässt sich auch diese Passage so lesen, dass
Moore „Ich weiß" und Sätze über Inneres/Psychisches wie „Ich habe Schmerzen"
als gleichartig ansieht[18]. Warum wir aus der bloßen Äußerung eines anderen „Ich
habe Schmerzen" ohne Täuschungsabsicht in unserem Sprachspiel schließen können, dass dieser andere tatsächlich schmerzen hat, liegt genau darin begründet,
dass eine glaubwürdige Äußerung von „Ich habe Schmerzen" in unserer normalen
Sprachpraxis nicht anzuzweifeln ist. §178 zufolge glaubt aber Moore fälschlich,
dass seine Aussage „Ich weiß" im Hinblick auf Mooresche Sätze deshalb gleich
funktioniere, weil auch sie unbezweifelbar ist. An dieser Stelle kann man sehen,
dass seine falsche Schlussfolgerung hier von der Idee herrührt, dass sowohl Mooresche Sätze als auch die Äußerung „Ich weiß" im Hinblick auf Mooresche Sätze
in jedem Fall so unbezweifelbar wie die Äußerung „Ich habe Schmerzen" sind.

---

[15] Glock, H.-J. (1996), S. 93. Zu bemerken ist auch, dass das Wort „Kriterium" eigentlich in
ÜG niemals vorkommt, sondern die Wörter „Grund", „Evidenz" oft verwendet werden.

[16] Siehe auch §389, der so zu lesen ist, dass man zwar sinnvoll sagen kann, „Ich habe jetzt
da Schmerzen", aber nicht „Ich weiß, dass das ein Baum ist", um jemandem zu zeigen (oder
versichern), dass dies jeweils der Fall ist.

[17] Malcolm, N. (1977), S. 190.

[18] Siehe ebd., S. 187–193.

Zu bemerken ist noch, dass im MS als Variante von „Ich habe Schmerzen"
steht: „Ich glaube, daß …". Da liegt Wittgensteins Meinung nahe, dass „Ich
glaube, dass p" gleichermaßen wie „Ich habe Schmerzen" funktioniert. Wenn
jemand also wahrhaftig sagt, „Ich glaube, dass p", dann kann man dies auch
als Kriterium dafür gelten lassen, dass er glaubt, dass p. Auch wenn er, obwohl
das manchmal erwünscht sein kann, keine Gründe für seinen Glauben anführt,
heißt seine Äußerung doch im Gegensatz zu dem Fall von „Ich weiß" im Sinne
von „Ich bin sicher" nicht, dass er diesen Glauben nicht besitzt (vgl. die §§175
und 550). In dieser Hinsicht könnte man sagen, dass auch die ehrliche Äußerung
eines anderen von „Ich glaube, dass p" nicht anzuzweifeln ist und dass man aus
ihr schließen kann, dass er tatsächlich glaubt, dass p.

Die wahrhaftige Äußerung „Ich habe Schmerzen" und Mooresche Sätze wie
„Die Erde existiert" können vor allem darin als analog angesehen werden, dass
beide vom Zweifel ausgeschlossen sind und dass in unserem Sprachspiel jeweils
kein Irrtum möglich, kein Zweifel zugelassen ist.[19] Dies heißt aber nicht, dass
man einem anderen im Falle des Mooreschen Satzes „Ich weiß, dass die Erde
existiert" – ebenso wie im Falle von „Ich habe Schmerzen" – als hinreichendes
Kriterium allein diesen Satz angeben kann, um zu zeigen, dass man dies tatsächlich weiß. Und diese Verwendung ist z. B. angesichts der §§520 f. genau
diejenige, welche Moore gegenüber demjenigen zeigt, der Mooresche Sätze
anzweifeln würde. Dies ist aber nach Wittgenstein ein falscher Gebrauch von
„Ich weiß".

1.4 Die Kluft zwischen ‚Wissen' und ‚Glauben/sichersein'

Worauf läuft dann Moores Gebrauch von „Ich weiß" eigentlich hinaus? Wie in (1)
und (2) gesagt, ist dessen Gebrauch im Sinne von „Ich bin sicher" ohne Angabe
triftiger Gründe als falsch anzusehen. So betrachtet, gibt uns Moore nichts anderes als die bloße Äußerung „Ich bin sicher", die aber nicht genügt, einem anderen
zu zeigen, er besitze tatsächlich das behauptete Wissen. Dieser Gebrauch fungiert
meines Erachtens in gleicher Weise wie derjenige von „Ich glaube zu wissen" in
(a.3.) sowie „Ich glaubte, ich wüßte es" in §12. Alleine diese Form des „Ich
weiß" beschreibt jedoch, wie ich §12 verstehe, keinen „Tatbestand […], der das

---

[19] Obwohl mir scheint, dass Wittgenstein an manchen Stellen in ÜG (z. B. in den §§178, 389,
417 und 503 f.; vgl. auch die §§41 und 371) gewisse Vergleiche zwischen Mooreschen Sätzen
und Sätzen über eigene Empfindungen vornehmen will, finde ich weiterhin erklärungsbe-
dürftig, inwiefern sich Sätze beider Arten ähnlich verhalten. In dieser Arbeit gehe ich jedoch
nicht auf diese Thematik ein, weil sie vom eigentlichen Ziel abweicht.

1.4 Die Kluft zwischen ‚Wissen' und ‚Glauben/sichersein'   13

Gewußte als Tatsache verbürgt"[20]. Und dies passt zur obigen Feststellung, dass die Äußerung „Ich weiß, dass p" in diesem Sinne nicht als Evidenz dafür gilt, dass man tatsächlich weiß, dass p. Wenn man aber diese Form des „Ich weiß" vergisst (§12) oder übersieht (a.3.), neigt man wie Moore dazu, zu denken, dass die Äußerung „Ich weiß" solch einen Tatbestand beschreibe, so dass angenommen wird, dass, wenn jemand sagt „Ich weiß, dass p", daraus geschlossen werden könne, dass er wisse, dass p, und weiterhin, dass es wahr sei, dass p.

Anschließend an den oben zitierten §178 macht uns Wittgenstein auf den Unterschied zwischen „Ich weiß" und „Ich glaube" aufmerksam:

179. Es wäre richtig zu sagen:»Ich glaube ...« hat subjektive Wahrheit; aber »Ich weiß ...« nicht.
180. Oder auch:»Ich glaube ... « ist eine Äußerung, nicht aber »Ich weiß ...«.

Die Äußerung „Ich glaube" wird hier von Wittgenstein im Gegensatz zu „Ich weiß" als echte „Äußerung" aufgefasst, so wie meines Erachtens auch solche Sätze über Inneres/Psychisches wie „Ich habe Schmerzen" so genannt werden können (siehe auch z. B. §178). Was aus solchen Äußerungen folgen kann, ist laut §179 nicht mehr als eine ‚subjektive Wahrheit'. Und zu einer Äußerung von „Ich glaube" gehören natürlich auch Äußerungen von „Ich glaube zu wissen" (a.3.), „Ich glaubte, ich wüßte es" (§12) und „Ich bin sicher" (siehe auch die Wortwahl „Äußerung" in den §§ 13 und 21). Man kann also aus der Äußerung eines anderen „Ich glaube zu wissen, dass p" nur auf die subjektive Wahrheit schließen, dass er glaubt zu wissen, dass p. Das ist aber fernab davon, dass er tatsächlich weiß, dass p.

Es wäre daher geboten, wenn Moore bei der Verwendung von „Ich weiß" im Falle Moorescher Sätze die Form „Ich glaube zu wissen" oder auch „Ich bin sicher" beiseite lassen würde, oder, wie in (a.4.) gesagt, wenn die Form nicht zugelassen würde. Bei dieser Verwendung muss dann, so in (a.4.), „ein Irrtum auch in der *Behauptung* logisch unmöglich sein". Dies verstehe ich so, dass in so einem Fall die Verwendung z. B. von „Ich weiß, dass die Erde existiert" darauf hinausläuft, zu sagen, dass ein Irrtum in der *Behauptung* „Die Erde existiert"[21] logisch unmöglich sein muss, während dies bei den wahrhaftigen Äußerungen

---

[20] Auf die naheliegende Frage, ob „das Gewußte" einfach als „Tatsache" aufgefasst werden kann, gehe ich nicht ein, weil Wittgenstein wegen seiner Unzufriedenheit in der MS-Passage den Ausdruck „als Tatsache" mit einer Wellenlinie versehen hat (MS172, 4).

[21] Aus der MS-Passage des §21 ist ersichtlich, dass Wittgenstein ursprünglich anstelle von „Behauptung" „Behauptung, die aus der Äußerung ‚Ich weiß ...' folgt" geschrieben hatte, obwohl er danach diesen Ausdruck durchgestrichen hat. Dies verstehe ich so, dass er diese

„Ich glaube", „Ich vermute", etc. der Fall ist. Das Wort „logisch" hat in ÜG durchgehend einen spezifischen Gebrauch und ist hier wie auch an anderen Stellen in Bezug auf „Sprache" bzw. „Sprachspiel" zu lesen[22]. Diese Verwendung von „Ich weiß" ist dann, wie oben gesehen, genau als dessen zweite richtige Verwendung im Sinne von „Ich *kann* mich nicht irren" zu lesen, die auf den logischen Charakter Moorescher Sätze hinweist, wobei ich auch dieses *„kann"* als Ausdruck *logischer* Möglichkeit verstehe. So gelesen hat das Wissen im Hinblick auf Mooresche Sätze nichts mit *Psychologischem*, sondern ausschließlich mit *Logischem* zu tun. Dieses Wissen besteht sozusagen im Sprachspiel, und man gelangt weder durch Gründe noch Evidenz zu diesem Wissen, sprich, dazu, dass man sich in Mooreschen Sätzen nicht irren *kann*.[23]

Auch an anderen Stellen verweist Wittgenstein explizit auf eine unüberbrückbare Kluft zwischen einem ‚Wissen' im Falle Moorescher Sätze und einem inneren/psychischen Wissen wie im Falle von ‚Glauben', ‚Schmerzen haben' etc. Dieser Punkt zeigt sich zunächst im letzten Satz von §6, dessen erste Hälfte ich oben bereits zitierte. Hier sein Zitat aus dem entsprechenden MS 172, 4:

> Und durch diesen Mißbrauch [= Moores falschen Gebrauch von „Ich weiß" in Hinblick auf Mooresche Sätze] scheint ׀sich ein׀ seltsamer & höchst wichtiger Geisteszustand // Seelenzustand // zu zeigen.

Ob dieses Wissen überhaupt als eine Art von Geistes- oder Seelenzustand anzusehen ist, lässt sich natürlich fragen. Den Anfang der Konversation mit Wittgenstein in Malcolms Aufzeichnungen könnte man tatsächlich, so scheint mir, einmal als die Bejahung dieser Frage, einmal als deren Verneinung lesen.[24] Und in Wittgensteins eigenen Schriften findet sich zudem einmal die Bemerkung: „[…] das Wissen ist ja sein eigener Seelenzustand" (BPP II §303; Z §408), dann aber auch im Kontrast zu solchen Seelenzustände aufweisenden Ausdrücken wie „aware of" diejenige: „knowledge is not a state of mind" (LPP, S. 185). Und auch diese: „[…]

Formulierung zwar für unangemessen hält, aber im gegebenen Kontext mit dem Wort „Behauptung" Sätze der Form „Ich weiß, dass p" meint, wobei p für Mooresche Sätze steht.

[22] Mehr dazu, siehe Kap. 2.

[23] Die §§15 f. könnten den Eindruck erwecken, als müsste auch *erwiesen* oder *objektiv* festgestellt werden, dass kein Irrtum möglich wäre. Um diesen scheinbaren Widerspruch auszuräumen, kann es helfen, diese Paragraphen im Unterschied zu §17 nicht als auf das Wissen im Falle Moorescher Sätze gerichtet zu lesen, also nicht auf die *logische* Unmöglichkeit des Irrtums, sondern eher in Hinblick auf das Wissen im Falle kontingenter Sätze, die bezweifel- und begründbar sind.

[24] Malcolm, N. (2001), S. 71.

1.4 Die Kluft zwischen ‚Wissen' und ‚Glauben/sichersein' 15

uns handelt sich's nicht um Vorgänge oder Zustände des Geistes" (§230)[25], wobei es um eine Aussage von „Ich weiß ...", also um den Gebrauch des Wortes „Wissen" geht. Hierbei möchte ich mich nicht direkt auf diese Frage, sondern nur auf den Punkt konzentrieren, ob das Wissen im Falle Moorescher Sätze solchen Seelenzuständen gleicht, die mit den Wörtern „glauben", „sicher sein", „vermuten", etc. ausgedrückt werden.

Nach dem obigen Zitat wurde Moore durch seinen Gebrauch von „Ich weiß" dazu verleitet, das Wissen im Hinblick auf gewisse Sätze als „einen seltsamen & höchst wichtigen Geisteszustand//Seelenzustand//" zu betrachten. Anders ausgedrückt versucht er mit „Ich weiß" nur sein „Gefühl des Wissens/the *feeling* of knowing" zu zeigen.[26] Auch wenn dieser Geisteszustand „seltsam und höchst wichtig" sein sollte, ist er nach wie vor Ausdruck von etwas *Psychologischem*, und nicht etwas *Logischem*. Solch ein Gefühl ist, so Wittgenstein, nichts anderes als der Zustand der eigenen Gewissheit, die mit einem Ausdruck aus §30 gesprochen, „*gleichsam* ein Ton" ist. Wie ist aber diese Bemerkung bzw. dieser Vergleich zu verstehen? Malcolm antizipiert diese Frage in seinen Aufzeichnungen und bemerkt dazu:

> Doubt, belief, certainty – like feelings, emotions, pain, etc. – have characteristic facial expressions. Knowledge does *not* have a characteristic facial expression. There is a *tone* of doubt, and a tone of conviction, but no tone of knowledge[27].

Hier unterscheiden sich subjektive Seelenzustände – wie Zweifel, Glaube, Gewissheit, etc. – und Wissenszustände. §42 ist dann offenbar erneut auf diesen Punkt gerichtet und besagt von einem Zustand der ersten Art: „»Seelenzustand« kann man etwa nennen, was sich im Ton der Rede, in der Gebärde etc. ausdrückt" (vgl. auch Z §513). In Anbetracht dieser beiden Zitate wird nahegelegt, dass man

---

[25] Nebenbei bemerkt: Das angesprochene Wissen in ÜG handelt nicht von dem *Gesetz einer Reihe* – z. B. der Reihe A, B, C, ... –, die in PU §§148–151 diskutiert wird, sondern von klaren *Fakten*, wie in ÜG §159 genannt, die in Mooreschen Sätzen angesprochen werden. Hierbei kommt es also nicht auf die Frage an, ob es ein Geisteszustand sei, der als „Disposition" für die Fortsetzung einer gesetzmäßig bestimmten Reihe anzusehen ist (PU §149). Außerdem ist ein Wissen im Allgemeinen kategorial verschieden von einem Bewusstheitszustand – Eindrücke, Schmerzen, das An-etwas-Denken –, von dem man sozusagen eine „echte Dauer", z. B. seinen Anfang und sein Ende, angeben kann. Dies wird vor allem in PU S. 315 (a), Z §§71–85 und 472 thematisiert.

[26] Malcolm, N. (2001), S. 71 und 73; LS II, S. 80: „Er [= Moore] schaut auf die Hand, gibt sich das Gefühl des Wissens und sagt nun, er habe es".

[27] Malcolm, N. (2001), S. 75.

subjektive Seelenzustände durch Gesichtsausdrücke, Betonungen, Gebärden, – z. B. ein unsicheres Gesicht machen, mit gedämpfter Stimme sprechen, mit den Schultern zucken, usw. usf. – zeigen kann, ohne weitere Gründe für sie anzuführen. Beim Wissen ist das aber nicht der Fall. Nehmen wir an, jemand versucht, durch die bloße Betonung von „Ich weiß, dass p!" – etwa sehr laut sprechend und die Faust ballend – seinen Wissenszustand auszudrücken (vgl. auch §379). Dieser Versuch führte doch nur dazu, einen seelischen, subjektiven Zustand der Überzeugtheit oder der Gewissheit auszudrücken, der unabhängig davon ist, ob man wirklich weiß, dass p, oder nicht. Hier läge wiederum das gleiche Resultat vor wie bei der bloßen Äußerung von „Ich weiß" im Sinne von „Ich bin sicher" im Falle Moorescher Sätze.

Den Unterschied zwischen dem Wissen im Falle Moorescher Sätze und dem Wissen im Falle der obigen subjektiven Seelenzustände beschreibt Wittgenstein in §308 als *kategorialen*:

> „›Wissen‹ und ›Sicherheit‹ gehören zu verschiedenen *Kategorien*. Es sind nicht zwei ›Seelenzustände‹ wie etwa ›Vermuten‹ und ›Sichersein‹". (Hier nehme ich an, daß es für mich sinnvoll sei zu sagen, »Ich weiß, was das Wort ›Zweifel‹ (z. B.) bedeutet« und daß dieser Satz dem Wort »Zweifel« eine logische Rolle anweist.) Was uns nun interessiert ist nicht das Sichersein, sondern das Wissen. D. h. uns interessiert, daß es über gewisse Erfahrungssätze keinen Zweifel geben kann, wenn ein Urteil überhaupt möglich sein soll. Oder auch: Ich bin geneigt zu glauben, daß nicht alles, was die Form eines Erfahrungssatzes hat, ein Erfahrungssatz ist.

Zu bemerken ist zunächst, dass in der Sekundärliteratur Uneinigkeit darüber besteht, wie dieser §308 zu deuten ist, vor allem dahingehend, was „Wissen" und „Sicherheit" genau zu bedeuten haben und wie beide Begriffe *kategorial* verschieden sind. Es ist nicht ungewöhnlich, „Sicherheit" wie in §194 als „objektive Gewißheit", die man im Hinblick auf Mooresche Sätze besitzt, also wobei – grob gesagt – kein Irrtum im vorliegenden Sprachspiel möglich ist,[28] und „Wissen" als bezogen auf kontingente Sätze, die sinnvoll begründbar sind, zu lesen.[29]

---

[28] Genaueres dazu, siehe Kap. 9.

[29] Siehe z. B. Baldwin, T. (2011), S. 560; Gennip, K. v. (2008), S. 22; Glock, H.-J. (1996), S. 77; Glock, H.-J. (2004b), S. 76; Moyal-Sharrock, D. (2004a), S. 15 f., 30 und 79 f.; Moyal-Sharrock, D. (2005), S. 76–78; Moyal-Sharrock, D. (2017), S. 548; vgl. auch Garber, N. (1996), S. 149. Zu bemerken ist zudem, dass Robert Greenleaf Brice von diesem Verständnis – vor allem von Moyal-Sharrocks Lesart – ausgehend erwähnt, dass sich der *kategoriale* Unterschied zwischen „Wissen" als propositionalem/rationalem einerseits und „Sicherheit" als *nicht*propositionalem/*nicht*rationalem *Handeln* andererseits ausdrücken lasse (Brice, R. G. (2014), S. xiii und 7).

1.4 Die Kluft zwischen ‚Wissen' und ‚Glauben/sichersein'   17

Hingegen sagt Kober von den zwei verschiedenen *Kategorien* in §308: „Eine naheliegende Interpretationsmöglichkeit ist natürlich die, daß er [= Wittgenstein] dabei Wissen als eine logische [im Wittgensteinschen Sinn], Sicherheit dagegen als eine psychologische Kategorie versteht. Dies wäre mit dem Text der Bemerkung ÜG 308 gut vereinbar [...].[30] Beide Deutungen verhalten sich zumindest darin einander entgegengesetzt, dass das, was den logischen Status Moorescher Sätze bezeichnet, in der ersten Deutung „Sicherheit", in der zweiten Deutung „Wissen" ist. Zugegeben, Wittgenstein gebraucht an nicht wenig Stellen in ÜG nicht nur „Wissen", sondern auch „Sicherheit" gemäß der ersten Interpretation[31], aber ich denke, dass sie nicht gut zu §308 passt, und dass die zweite Interpretation, wie sie von Kober vertreten wird, angemessener ist.

   ‚Wissen' und ‚Sicherheit' sind nach §308 zwar keine ‚Seelenzustände', aber nach der zweiten Deutung kann ‚Sicherheit' doch als ein ‚Seelenzustand' gesehen werden, während ‚Wissen' ein nichtgeistiger ‚Wissenszustand' wäre. Die in Klammern gesetzte Anmerkung in §308 lässt sich dann so verstehen, dass die angesprochene sinnvolle Verwendung von „Ich weiß" im *logischen* Sinne von „Ich *kann* mich nicht irren" gemeint wird, so dass der betreffende Satz darin heißen soll: „Ich *kann* mich nicht irren, was das Wort ›Zweifel‹ bedeutet". So gelesen erhält Wittgensteins Bemerkung die Bedeutung, dass uns das Sichersein als Seelenzustand nicht interessiert, sondern vielmehr das Wissen, das auf den logischen Punkt Moorescher Sätze hinweist, nämlich dass es über sie keinen Zweifel geben kann. Wenn man aber wie in der ersten Deutung das Wissen nicht im logischen Sinn versteht, dann ist schwer nachzuvollziehen, warum dieses Wissen Wittgenstein im Kontext des §308 interessiert. Obwohl „Sicherheit" und „Sichersein" in §308 in der meistgebrauchten Übersetzung von ÜG mit zwei verschiedenen Ausdrücken, einmal als „*certainty*" und einmal als „*being sure*", übersetzt werden[32], denke ich, dass diese „*certainty*" nicht als „objektive Gewißheit" („*objective certainty*") wie in §194, sondern eher als parallel zum psychologischen Sichersein

---

[30] Kober, M. (1993) S. 198, Fn.1; vgl. auch Coliva, A. (2010), S. 75; Krebs, A. (2007), S. 61. Abgesehen von Kobers anschließender Bemerkung in derselben Fußnote – „nur wäre es erstaunlich, wenn Wittgenstein damit nur eine neue antipsychologische Bemerkung formulieren wollte" – scheint er mir doch eigentlich mit dieser Deutung nicht zufrieden zu sein, sondern an anderen Stellen vielmehr eine ähnliche Deutung wie die erste zu unterstützen (z. B. Kober, M. (1993), S. 140; Kober, M. (1996), S. 413, 416 und 425; Kober, M. (2005), S. 228 und 246).

[31] Siehe etwa die §§67, 196, 233, 264, 337, 357 f., 360, 404, 425, 430, 446, 457, 579, 599 und 651.

[32] OC, §308.

(„*being sure*") zu lesen ist. Beide bezeichnen nämlich in §308 den gleichen Seelenzustand, und aus diesem Grund interessiert Wittgenstein die ‚Sicherheit' im
Sinne des ‚Sicherseins' nicht, wie er explizit sagt. Das Wissen im Falle Moorescher Sätze sollte man eher mit §389 so beschreiben: „Es hat eben hier nicht
ein persönliches Erlebnis für uns Interesse". Da es in §308 auf den *kategorialen* Unterschied zwischen ‚Wissen' im Sinne von „Ich *kann* mich nicht irren"
und ‚Sichersein' ankommt, besteht eigentlich kein Widerspruch zum Wortlaut
der Bemerkung in §8, wo „sicher sein" mit ‚wissen' im Sinne von „sicher sein"
gleichgesetzt wird, wobei sich die bloße Äußerung „Ich weiß" im Sinne von „Ich
bin sicher" nur auf subjektive Sicherheit, die z. B. im Satz „Ich glaube zu wissen"
ausgedrückt wird, bezieht.

1.5   Fazit

Betrachten wir noch kurz, was in §18 und (a.5.) gesagt wird. Wer unser
Sprachspiel kennt, muss demzufolge einsehen, wie man unsere Sprache legitim gebraucht. Im Hinblick auf das Wort „wissen" im Sinne von „sicher sein"
behauptet Wittgenstein in §18: Wer es kennt, muss sich generell „[…] vorstellen
können, *wie* man so etwas wissen kann". Er muss nämlich dieses „*wie*" verstehen – als Bezug auf Grund, Methode, Prüfung, Evidenz, etc. –, dass uns im
betreffenden Sprachspiel hinreichend zu einem Wissen führen kann, oder einfa-
cher: was als geeigneter Grund („*wie*") für ein Wissens gilt. Im Rahmen eines
alltäglichen Sprachspiels kann jemand z. B. sagen, „Ich weiß, dass N.N. gestern
zu Hause war", wobei es für diese Aussage als geeignete Begründung gilt, zu
sagen, „Ich habe gestern mit ihm gesprochen" (vgl. §483). Und so gesehen muss
man weiterhin einsehen, wie Wittgenstein in (a.5.) sagt, „die Versicherung des
Glaubwürdigen er *wisse* es, kann ihm dabei nicht helfen", wobei die „Versicherung" vom Kontext her als die bloße Äußerung „Ich weiß" im Sinne von „Ich
bin sicher" zu lesen ist. Aus dieser Versicherung eines anderen, dass er es weiß,
folgt nicht, dass er es tatsächlich weiß, auch wenn er glaubwürdig ist.

Wer unser Sprachspiel nicht kennt, sieht dies vielleicht nicht ein. In ÜG
werden oft die Gegner ins Spiel gebracht, die an Mooreschen Sätzen, die für
uns unbezweifelbar sind, doch zweifeln wollen – der König in §92, der wilde
Volksstamm in den §§106 und 264, etc. Dabei geht es nicht um den Kampf
zwischen Philosophen und Skeptikern, sondern vielmehr um den zwischen demjenigen, der das Sprachspiel kennt und dem, der es nicht kennt. Für beide ist im
Grunde genommen signifikant unterschiedlich, wie sie Sprachen gebrauchen, was

1.5 Fazit   19

z. B. als Begründung für ein Wissen gilt, in welchen Sätzen ein Irrtum *logisch* ausgeschlossen sein muss, etc.[33]

Wenn es um den Gebrauch von „Wissen" sowie „Ich weiß" geht, könnte man auch ähnlich sagen, dass Moore unser Sprachspiel nicht hinreichend versteht, weil er, nach Malcolm und Wittgenstein, nicht versteht, in welchem Sinn er im Hinblick auf Mooresche Sätze den Ausdruck „Ich weiß" zu verwenden hat. Aus ihrer Analyse von Moores Fehlern kann man drei verschiedene Aspekte ersehen: (**1**) Er unterscheidet nicht genau zwischen zwei richtigen Verwendungen von „Ich weiß", sprich, im Sinne von „Ich bin sicher" einerseits und im Sinne von „Ich *kann* mich nicht irren" andererseits. Im Hinblick auf Mooresche Sätze kann man nicht im Sinne von „Ich bin sicher" sagen, „Ich weiß", weil es dabei keine Möglichkeit des Sich-Überzeugens gibt. Sinnvoll wäre dabei lediglich die zweite Verwendung, die auf den *logischen* Punkt Moorescher Sätze hinweist, dass kein Irrtum in ihnen möglich ist, dass es über sie keinen Zweifel geben kann, etc. Bei der Verwendung von „Ich weiß" im Hinblick auf Mooresche Sätze ist sich Moore nach Malcolm und Wittgenstein dieses Unterschieds nicht bewusst. (**2**) Wenn man überhaupt im Sinne von „Ich bin sicher, dass p" sagen will, „Ich weiß, dass p", um jemandem zu zeigen, man wisse tatsächlich, dass p, dann muss man zusätzlich zwingende Evidenz oder Gründe anführen können. Ansonsten fungiert es nur als eine bloße Versicherung, zu sagen: „Ich bin sicher" oder „Ich glaube zu wissen", und daraus folgt natürlich nur, dass man sich sicher ist oder etwas zu wissen glaubt. Angenommen, dass Moore diese Verwendung im Sinn hatte, dann ist auch dies ein falscher Gebrauch von „Ich weiß", weil er keine Gründe anführt – und nicht anführen kann –, sondern es bei der bloßen Versicherung belässt. (**3**) Moores Tendenz ist zudem so zu beschreiben, dass solch eine bloße Versicherung durch ein „Ich weiß" im Falle Moorescher Sätze für ihn genauso funktioniere, wie die Versicherung über Inneres/Psychisches, wie etwa durch „Ich habe Schmerzen" oder „Ich glaube". Wenn nämlich jemand z. B. sagte, „Ich weiß, dass die Erde existiert", gilt das für Moore als Kriterium dafür, dass er tatsächlich wisse, dass die Erde existiert, ebenso wie wir die Äußerung „Ich habe Schmerzen" als Kriterium dafür gelten lassen, dass jemand Schmerzen hat. Das ‚Wissen' im Falle Moorescher Sätze ist aber *kategorial* verschieden von solchem über Seelenzustände, das in Sätzen über Inneres/Psychisches ausgedrückt wird.

---

[33] Ich lese ÜG durchgehend so, dass es im Konfliktfall eigens um Unterschiede zwischen dem der unser Sprachspiel kennt, und dem der es nicht tut, geht und so gesehen dass die ‚Skeptizismus'-Thematik nicht besonders wichtig – vor allem für den Wahrheitsbegriff – ist.

Es ist bemerkenswert, dass Moore in einem Briefwechsel auf Malcolms Kritik[34] in der Weise reagiert, dass er sich eigentlich der zwei verschiedenen sinnvollen Verwendungen bewusst ist. Dort weist er jedoch den Malcolmschen Einwand als absurd zurück, dass sein Gebrauch von „Ich weiß" im Falle Moorescher Sätze deshalb ein Missbrauch oder inkorrekt ist, weil er die Worte „Ich weiß" dort gebraucht, wo sie unter normalen Umständen nicht verwendet werden.[35] Er hebt dagegen hervor, dass der Unterschied vielmehr zwischen dem Gebrauch „in the ordinary/usual sense" und dem Gebrauch mit „a useful purpose" in Hinblick auf Mooresche Sätze wie „That is a tree" liege.[36] Läuft aber der Gebrauch, der „zu einem nützlichem Zweck" dienen soll, auf eine „logische Rechtfertigung" hinaus? Mir erscheint fragwürdig, ob Malcolm und Wittgenstein damit solch eine Idee von „Nützlichkeit" im Sinn haben. Auch finde ich Moores Unterscheidung irreführend, weil sie den Eindruck erweckt, als identifiziere er, wie die Pragmatisten, Wahrheit mit Nützlichkeit, wenn er gegen den Skeptiker die Wahrheit Moorescher Sätze verteidigen wollte. Obwohl Malcolm auch an weiteren Stellen Moores Verwendungen von „Ich weiß" diskutiert[37], gehe ich auf diese Malcolmschen Diskussionen nicht ein, weil ich vom Thema dieser Arbeit nicht weit abschweifen und mich eher auf Wittgensteins Gedanken über den Wahrheitsbegriff konzentrieren möchte.

Was den Wahrheitsbegriff anbetrifft, so kann man zusammenfassend Folgendes sagen. Wie gesehen, ist der Gebrauch von „Ich weiß" im Sinne von „Ich bin sicher" nur dann legitim, wenn dies im Hinblick auf kontingente, bezweifelbare Sätze geschieht, bei denen es die Möglichkeit eines Sich-Überzeugens gibt. Bei dieser Verwendung müssen zusätzlich zur Äußerung zwingende Evidenz oder Gründe angeführt werden, um einem anderen zu zeigen, man wisse tatsächlich, dass p, und fernerhin, dass es wahr ist, dass p, wobei p ein kontingenter Satz ist. Ohne Angabe triftiger Gründe oder Evidenzen folgt daraus nur die subjektive Wahrheit, dass man sich sicher ist/glaubt zu wissen, dass p, so wie man aus der glaubwürdigen Äußerung eines Dritten über seine Geistes-/Seelenzustände, wie z. B. „Ich habe Schmerzen", „Ich vermute es", schließen kann, dass er Schmerzen hat, es vermutet, etc. Da das betreffende Wissen beim richtigen Gebrauch von „Ich weiß, dass p" hinreichend begründet wird, kann man den Satz p als

---

[34] Malcolm, N. (1949).

[35] Moore, G.E. (1949), S. 216.

[36] Ebd.

[37] Z. B. Malcolm, N. (1977).

1.5 Fazit

„begründet wahr"[38] ansehen. Wie steht es aber im Falle Moorescher Sätze, die unbezweifelbar und unbegründet sind? Kann man sie überhaupt sinnvoll als wahr ansehen, obwohl darauf die soeben genannte Deutung von „Ich weiß" nämlich, u. a., als Begründung verlangend nicht sinnvoll anwendbar ist? Und wenn ja, wie zeigt sich, dass sie wahr sind? Dieses Verfahren muss ein anderes sein als im Falle kontingenter Sätze, die sich durch Begründung oder Rechtfertigung als wahr erweisen lassen. Dies ist einer der wichtigen Punkte, die wir in den weiteren Diskussionen unter die Lupe nehmen werden.

---

[38] Um Missverständnisse zu vermeiden, will ich hier nochmal betonen, dass ich überhaupt nicht darauf abziele, ‚Wahrheit' und ‚begründetes Fürwahrhalten' miteinander begrifflich gleichzusetzen. Immer wenn ich in dieser Arbeit den Ausdruck „begründet wahr" o. ä. verwende, habe ich eigens unsere tatsächliche Praxis etwa im Gerichtssaal im Sinn, in dem die Wahrheit eines kontingenten Satzes erst nach seiner Begründung als richtig deklariert werden kann. Dabei geht es natürlich nicht bloß um sein Fürwahrhalten, sondern vielmehr um seine Wahrheit, wie dies meines Erachtens an einigen Beispielen in ÜG der Fall ist.

Teil II

Der fundamentale Charakter der Wahrheit
Moorescher Sätze, Relativismus,
Kohärenztheorie,
Fundamentalismus/Präsuppositionstheorie,
das Verhältnis zwischen Weltbildern und
dem Wahrheitsbegriff

§§80–83

2

2.1 Zu Wittgensteins Gebrauchsweisen von „Prüfung", „Irrtum" und „geistesgestört"

Zu den §§80–83 (MS174, 17r–17v)

[§80] Man prüft an der Wahrheit meiner Aussagen mein Verständnis /Verstehen/ dieser Aussagen.
[§81] D. h., |:| wenn ich gewisse falsche Aussagen mache, wird es dadurch unsicher, daß /ob / ich sie verstehe.
[§82] Was als ausreichende Prüfung einer Aussage gilt, – gehört zur Logik. Es gehört zur Beschreibung des Sprachspiels.
[§83] Die Wahrheit gewisser Erfahrungssätze gehört zu unserm Bezugssystem.

Betrachten wir zunächst §82. Genauso wie das Wort „logisch" z. B. in §21, wird das Wort „Logik" von Wittgenstein in ÜG durchgehend sehr spezifisch gebraucht. Ohne definieren zu wollen, was es bedeutet, erwähnt er auch in den §§56 und 628: Was zur Beschreibung des Sprachspiels gehört, gehört zur Logik. Allein aus dieser Bemerkung folgt zwar nur, dass alles was zur Beschreibung des Sprachspiels gehört, zur Logik gehört und nicht unbedingt umgekehrt, aber man kann im jetzigen Kontext „Logik" einfach so verstehen, dass es sich dabei eigens um die Beschreibung des Sprachspiels handelt. Und diesen Beschreibungscharakter hat auch sein ebenso spezifisch gebrauchter Terminus „Grammatik". In dieser Hinsicht kann man „Logik" und „Grammatik" als gewissermaßen analog ansehen, so wie es Kathrin Glüer tut.[1]

Zu beschreiben, was als ausreichende Prüfung einer Aussage gilt, lässt sich gemäß diesem Verständnis des Wortes „Logik" verstehen als Beschreibung, wie das betreffende Sprachspiel aussieht. Betrachten wir nun konkrete Fälle solcher

---

[1] Glüer, K. (2000), S. 84 f. Vgl. auch Kober, M. (1993), S. 65.

© Der/die Autor(en), exklusiv lizenziert an Springer-Verlag GmbH, DE, ein Teil von Springer Nature 2022
S. Hashimoto, *Der Wahrheitsbegriff in Über Gewißheit*,
https://doi.org/10.1007/978-3-662-65684-6_2

Beschreibungen. Es genügt z. B. im mathematischen Sprachspiel, eine Multiplikation nur zweimal zu rechnen, um sicherzustellen, dass eine Rechnung wie „25 × 25 = 625" wahr ist – so Wittgenstein in §77. Da es in diesem Sprachspiel als ausreichende Prüfung angesehen werden kann, diese Rechnung zweimal nachzuprüfen, wird die Sicherheit bei zwanzigfacher Nachprüfung nicht größer. In einem anderen Sprachspiel hingegen, etwa im Sprachspiel des Durchführens eines Crashtests in der Automobilindustrie[2], muss angesichts des Insassenschutzes, der Kindersicherheit etc. deutlich öfter – mitunter mehr als zwanzigmal – geprüft werden, ob nämlich ein neues Automodell den Ansprüchen genügt. Erst durch mehrmaliges Prüfen kann man zu der festen Überzeugung gelangen, dass der Satz „Ein neues Automodell ist sicher" wahr ist. Man wird in diesem Sprachspiel sicher als fahrlässig beurteilt, wenn man nur zweimal testet. Was als ausreichende Prüfung gilt, ist ein Charakteristikum des Sprachspiels, und demnach von Sprachspiel zu Sprachspiel verschieden bzw. kann von Sprachspiel zu Sprachspiel verschieden sein.

Andersherum kann man mit §66 sagen, dass, wer ein Sprachspiel beherrscht, auch weiß, „welche Prüfung mich eines Irrtums überweisen könnte". Eine Prüfung dieser Art verstehe ich als eine solche, die ausreichend bestätigt, dass z. B. der von mir gebildete Satz „Die Schlacht bei Austerlitz begann 1804" falsch ist, und folglich, dass ich mich in ihm geirrt habe. Zur ausreichenden Prüfung im Sprachspiel mit den – unumstrittenen – Jahreszahlen von Geschichtsereignissen zählt z. B. das

---

[2] Vielleicht könnte man sich daran stören, das Durchführen eines Crashtests als ein „Sprachspiel" zu beschreiben. Wie aber Wittgenstein in PU §7 schildert, sind auch einzelne konkrete Vorgänge – gleichsam Teilsysteme des Gesamtsystems der Sprache –, wie der Vorgang des Gebrauchs der Wörter „Würfel" etc. in PU §2, „Sprachspiele" zu nennen, wobei er selbst tatsächlich diesen Vorgang in PU §2 „Sprachspiel mit Bausteinen" nennt (ÜG §566). Auch neben den mannigfaltigen Beispielen der Sprachspiele in PU §23 finden sich in Wittgensteins Schriften viele andere Beschreibungen einzelner konkreter „Sprachspiele", z. B.:

„Sprachspiel mit den Personennamen" (ÜG §579; vgl. PU §44);
„Sprachspiel der Mitteilung" (Z §160);
„Sprachspiel mit den Worten»er hat Schmerzen«" (ebd. §552; vgl. PU §300);
„Sprachspiel mit der Stoppuhr" (BPP II §54);
„Sprachspiel mit den Farbnamen" (ebd., §199);
„Sprachspiele des Ordnens" (BF III §110);
„Sprachspiel des Lügens" (MS119, 85);
„Sprachspiel des Aussprechens des Motivs" (MS138, 23b).
Diesen verschiedenen Verwendungen des Wortes „Sprachspiel" nach finde ich es ebenso legitim, vom „Sprachspiel des Durchführens eines Crashtests" – allen Ernstes – zu sprechen.

2.1 Zu Wittgensteins Gebrauchsweisen von „Prüfung", „Irrtum" ...   27

Nachschauen „in einem bekannten Geschichtswerk" (§66). Aufgrund der dortigen, historischen Erläuterung, dass die Schlacht 1805 begann, muss der von mir angegebene Satz als falsch beurteilt werden. Mithilfe dieser Evidenz erkenne ich nicht nur, dass diese meine Ansicht ein Irrtum war, sondern auch, dass ich sie ändern sollte.[3] Anders ausgedrückt: Ein *Irrtum* lässt sich durch die im Sprachspiel anerkannten Prüfungen „in das richtige Wissen des Irrenden einordnen" (§74), oder – orientiert am Wahrheitsbegriff – in die wahren Überzeugungen einordnen.[4]

Es gibt aber andererseits fälschlichen Glauben, der nicht in das richtige Wissen eingeordnet werden kann. Er kann in solchen Fällen vorliegen, in denen man das als falsch ansähe, was man tagtäglich gelernt – unzählige Male gehört, gesehen, gelesen – hat (vgl. die §§67, 70 und 75). Dies Gelernte wurzelt gleichsam in unserem Leben, und dazu zählen offenbar generell Mooresche Sätze. Aufgrund der Ähnlichkeit mehrerer Bemerkungen in ÜG[5] lese ich die Aussage in §69, die mit dem Zusatz „Ich möchte sagen" beginnt, eher wörtlich: Wenn ein – vernünftiger – Mensch den Zweifel erheben würde, dass er sich *darin* – in einem Mooreschen Satz – irrte, dann hätte er „*keine* Gewähr, daß irgend etwas, was [er sagt], wahr ist" (§69). Hier schreibt Wittgenstein zwar nur vage „irgend etwas", aber die angesprochene Gewährlosigkeit betrifft eigentlich, wie vor allem in den §§514 f. nahegelegt, die Begriffe „wahr" und „falsch" inklusive der Evidenz, Prüfungen, Gründe, etc. dafür, dass z. B. Sätze über Geschichtsereignisse wahr oder falsch sind. So gesehen hätten wir dann auch „*keine* Gewähr" für die Sicherheit dessen, was noch als Evidenz für ‚wahr' zu trauen

---

[3] Zwar erwähnt Wittgenstein in §66, „so würde ich meine Ansicht ändern und würde dadurch nicht an allem Urteilen irre werden", aber das erscheint mir zu stark. Wie ich §185 deute, geriete „unser System der Evidenz" nicht in Gefahr, auch wenn sich solche Sätze wie „Napoleon Bonaparte hat existiert", „Die Schlacht bei Austerlitz begann 1805" z. B. durch historische Untersuchungen als falsch herausstellten. Sondern es geriete vielmehr dann in Gefahr, wenn Mooresche Sätze wie „Die Erde hat vor 150 Jahren existiert", an denen zu zweifeln uns nicht bloß „lächerlich" vorkäme, sondern in unserem Sprachspiel ausgeschlossen ist, falsch wären. Siehe auch Kap. 8.

[4] Den Zusammenhang zwischen ‚Irrtum' und ‚Wahrheit' hat Wittgenstein, wenngleich etwas kurz, bereits in den als Basis von BFGB fungierenden Nachlass-Schriften MS110 (1930–31) und TS211 (1931–32), in Auseinandersetzung mit dem Ethnologen und klassischen Philologen James George Frazer prägnant dargestellt:
Man muss beim Irrtum ansetzen und ihn in die Wahrheit überführen.
D. h. man muss die Quelle des Irrtums aufdecken, sonst nützt uns das Hören der Wahrheit nichts. Sie kann nicht eindringen, solange // wenn // etwas anderes ihren Platz einnimmt.
(Einen von der Wahrheit zu überzeugen, genügt es nicht, die Wahrheit zu konstatieren, sondern man muss den Weg vom Irrtum zur Wahrheit finden.) [TS211, 313; vgl. auch MS110, 58; BFGB, S. 234].
Diese Bemerkungen sind sicherlich ohne Schwierigkeit in Einklang mit ÜG zu bringen.
[5] Siehe etwa die §§419, 490, 494 und 514 f.; vgl. auch BF III §348/LS II, S. 106.

28   2 §§80–83

wäre, wenn schon Mooresche Sätze angezweifelt würden.[6] Ein fälschlicher Glaube
dieser Art lässt sich deshalb nicht ins richtige Wissen einordnen, weil er vonseiten
unseres Sprachspiels weder Prüfung noch Grund besitzt, und innerhalb dessen nicht
korrigierbar ist. Der Glaube des Königs in §92, dass die Welt mit ihm begonnen habe,
ist ein Beispiel dafür, dass ein Glaube in *unserem* System falsch ist, aber zugleich
kein Irrtum genannt werden kann, weil unsere Art von Evidenz und Prüfung in
Bezug auf ihn nicht als gültig anerkannt würde, sodass dieser Glaube damit nicht zu
korrigieren wäre. Von diesem Fall könnte man vielleicht sagen, dass der König und
wir zwei verschiedene Glaubenssysteme oder, wie in §144 ausgedrückt, „Systeme
von Geglaubtem" besäßen. Wie wäre es aber mit dem Fall in den §§70 f., in dem
jemand plötzlich an dem zweifeln würde, was er dauerhaft erlebt hat, sich z. B. eines
Tages einbildete, nicht im von ihm bewohnten Haus seit langem gewohnt zu haben?
Da uns nicht klar wäre, was bei ihm noch sicher wäre, wäre sein Glaube nicht nur
extrem unterschiedlich von unserem, sondern erschiene uns auch unsystematisch
und könnte, so Wittgenstein, einfach als „Geistesstörung"[7] angesehen werden.

2.2 Die Wahrheit Moorescher Sätze

2.2.1 Warum wir Mooresche Sätze nicht (auf ihre Wahrheit hin) prüfen können

Gehen wir nun zu dem für den Wahrheitsbegriff zentralen §83 über, Wittgensteins
Bemerkungen über ‚ausreichende Prüfung' und ‚Irrtum' im Hinterkopf behaltend.
Bemerkenswert ist zunächst, dass der Ausdruck „die *Wahrheit* gewisser Erfahrungssätze" zu verstehen ist als die *Wahrheit* der oben erwähnten Mooreschen
Sätze, die untrennbar mit unserem Leben verbunden sind. Sollte man aber Mooresche Sätze überhaupt „Erfahrungssätze" nennen? Betrachten wir zunächst kurz
diese Thematik.

---

[6] Vgl. auch z. B. die §§231, 302 und 672.

[7] Siehe die §§71, 73 und 155; vgl. auch §217. Die Reihe von Paragraphen §§66–83 stammt
zwar aus MS174, aber Wittgenstein thematisiert bereits im vorangehenden MS173 die Unterscheidung zwischen „Irrtümern, die ich als gewöhnlich hinnehme" und solchen, „die andern
Charakter haben und von meinen übrigen Urteilen als eine vorübergehende *Verwirrung* abge-
kapselt werden müssen" (BF III §349/LS II, S. 106). Beachtenswert ist zudem im MS173,
dass er damals statt „Geistesstörung" „*Verwirrung*" verwendet und auch als eine Art „Irrtum"
angesehen hat, aber im MS174 diese Sichtweise aufgab.

2.2 Die Wahrheit Moorescher Sätze 29

Wie schon allein aus dem §308 ersichtlich ist, bezeichnet Wittgenstein Mooresche Sätze einerseits tatsächlich als „gewisse Erfahrungssätze", erweckt jedoch andererseits den Eindruck, als wolle er sie doch nicht so nennen, wenn er etwas vorsichtig schreibt, „Ich bin geneigt zu glauben, daß nicht alles, was die Form eines Erfahrungssatzes hat, ein Erfahrungssatz ist" (§308). Wenn man z. B. bei dem Wort „Prüfung", das explizit in den §§109–112 thematisiert wird, an solche Sätze denkt, die – sinnvollerweise – ‚an der Erfahrung geprüft' werden können, wie man zu sagen geneigt ist, scheint es zweifelhaft zu sein, ob man dazu Mooresche Sätze rechnen kann. Zu ihrem eigentümlichen Status erwähnt Julia Hermann: „that the respective propositions [= Mooresche Sätze] are empirical is ultimately not Wittgenstein's position"[8] mit der Anmerkung: „Of course this too is disputed amongst interpreters"[9]. Mir scheint jedoch, dass die meisten Interpreten ähnlich wie sie die Beschreibung Moorescher Sätze als „Erfahrungssätze" für unangemessen halten.[10]

Nennenswert sind die folgenden Deutungen. Meiner Einschätzung nach sind Moyal-Sharrock und Coliva darin einig, dass der auf Mooresche Sätze bezogene „Ausdruck »Sätze von der Form der Erfahrungssätze«", wie im §402 formuliert, deshalb irreführend sei, weil diese *Form* den Eindruck erwecken könne, als seien sie Erfahrungssätze, obwohl sie nicht so seien.[11] Allerdings differenzieren sich ihre Deutungen im Wesentlichen darin, dass Mooresche Sätze Moyal-Sharrock zufolge überhaupt keine *Sätze* („*propositions*") seien[12], während Coliva bemerkt, dass sie zwar Sätze, aber keine *Erfahrungs*sätze seien[13]. Hingegen vertreten Erz und Krebs den §309 heranziehend die Meinung, dass Mooresche Sätze

---

[8] Hermann, J. (2015), S. 46; vgl. auch S. 49, wo Hermann bemerkt: „Contrary to appearance, these propositions [= Mooresche Sätze] are only apparently empirical". Dort stützt sie sich explizit auf PU §251, in dem Wittgenstein von dem spricht, „was uns durch seine Form einen Erfahrungssatz vortäuscht, aber in Wirklichkeit ein grammatischer Satz ist", es dennoch meines Erachtens nicht um die in ÜG behandelten Mooreschen Sätze geht.

[9] Ebd., Fn.19. Allerdings erwähnt Hermann dort nicht, wie die Deutungen verschiedener Interpreten aussehen.

[10] Dazu gehören auch noch z. B. Kober (Kober, M. (1993), S. 374) und Hamilton (Hamilton, A. (2014), S. 6 und 99).

[11] Siehe z. B. Coliva, A. (2010), S. 78 und 155; Moyal-Sharrock, D. (2004a), S. 86.

[12] Moyal-Sharrock, D. (2004b), S. 47: „as Wittgenstein recognizes, so-called Moore-type or 'hinge propositions' are not propositions at all, empirical or otherwise (cf., for example, OC 204, 308) – they have a logical or grammatical status (for example, OC 52)".

[13] Coliva, A. (2010), S. 157: „Yet, even when they [= Mooresche Sätze] express rules, they do express propositions, but propositions that aren't subject to verification and control, that is, propositions which aren't empirical but normative ". Eine ähnliche Deutung findet man in Pleasants, N. (2008), S. 250–253.

zwischen Regel/Grammatik und Erfahrung stünden und dass einige Interpreten wie Moyal-Sharrock ihre eigentümliche Zwischenstellung schlicht verkannten.[14] Zudem beschreibt Stefan Giehring Mooresche Sätze in ähnlicher Weise als „eine Klasse von Sätzen [...], die zwischen Grammatik und Erfahrungssätzen anzusiedeln ist"[15]. Er scheint sich jedoch eigentlich nicht dagegen zu wehren, sie „Erfahrungssätze" – etwa spezifischer Art – zu nennen, wenn er behauptet, sie „sind selbst keine grammatischen Sätze; aber es sind auch keine Erfahrungssätze **im gewöhnlichen Sinne**"[16]. Mit Bezug auf den §308 liest dann Rhees Mooresche Sätze ausdrücklich als „comparatively restricted empirical judgements"[17]. Zwar vermeidet er dabei den Ausdruck „Sätze" („*proposition*"), ich denke aber, dass er unter den oben genannten Interpreten dem Ausdruck „Erfahrung" („*empirical*") am getreusten bleibt.

Es ist ohne Zweifel nicht zu übersehen, dass sich Mooresche Sätze anders als solche Sätze verhalten, die ‚an der Erfahrung' sinnvoll zu prüfen sind, daraus folgt aber meines Erachtens nicht, dass sich Wittgenstein durchweg weigern will, Mooresche Sätze „Erfahrungssätze" zu nennen. Zu dieser Deutung passt auch die Bemerkung im §213: „Unsre ›Erfahrungssätze‹ bilden nicht eine homogene Masse", die sich auf das im vorangehenden §212 Angesprochene bezieht, an dem wir „[...] mit dem Rechtfertigen Schluß machen [müssen]", also auf Mooresche Sätze. Zu beachten ist außerdem, dass Wittgenstein die von einigen Interpreten herangezogene ‚Regel'-‚Erfahrungssatz'-Unterscheidung im §309 (vgl. auch §319) bereits im *Big Typoscript* thematisiert und dass er dort auch eine grammatische Regel über unsere Farbwörter dahingehend beschreibt: „dies ist natürlich ein Satz, Erfahrungssatz über unsere tatsächliche Sprache" (BT, S. 193). In dieser Hinsicht scheint mir der Hinweis auf diese Unterscheidung sowie den

---

[14] Ertz, T.-P. (2008), S. 190; Krebs, A. (2004), S. 61. Krebs zufolge unternimmt auch Morawetz den Deutungsversuch mit dem Fokus auf den Zwischenstellungscharakter Moorescher Sätze, der aber von ihm in Anlehnung an Immanuel Kant als „synthetisch *a priori*" aufgefasst wird. Weiteres zu dieser Diskussion und zu Krebs' Kritik an dieser Kantischen Lesart fident sich in Krebs, A. (2004), S. 61.

[15] Giehring, S. (2005), S. 179. Giehring charakterisiert grammatische Sätze (und vom Kontext her auch Grammatik) als solche Sätze, „mit denen wir jemandem die Bedeutung eines Ausdrucks, d. h. Regeln eines bestimmten Sprachspiels erklären" (ebd., S. 178).

[16] Ebd., S. 179, Hervorhebung von mir. Allerdings erwähnt Giehring kurz zuvor auch, dass Mooresche Sätze „wesentlich keine Erfahrungssätze sind".

[17] Rhees, R. (2003), S. 42.

2.2 Die Wahrheit Moorescher Sätze   31

Status der Zwischenstellung – angenommen dass Mooresche Sätze zwischen ‚Regel' und ‚Erfahrungssatz' stünden, wie in mancher Sekundärliteratur gedeutet[18] – nicht unbedingt die Auffassung zu untermauern, dass sie nicht als „Erfahrungssätze" bezeichnet werden sollten. Meines Erachtens sind vielmehr einige Bemerkungen über „Erfahrungssätze" z. B. in den §§83, 136 und 273[19] auch so zu lesen, dass Mooresche Sätze, die in unserer Sprache unverrückbar feststehen (vgl. die §§111 f.), in gewissem Sinne als eine Art „Erfahrungssätze über unsere tatsächliche Sprache" fungieren. Dies zeichnet sich jedoch durch den für Wittgensteins Denken charakteristischen harmlosen Wortgebrauch ohne weiteren philosophischen Anspruch aus.

Aus diesen Gründen verstehe ich Mooresche Sätze in der Weise, dass sie sich nicht wie solche Erfahrungssätze verhalten, die ‚an der Erfahrung' sinnvoll zu prüfen sind, sondern vielmehr solche „Erfahrungssätze […], die wir ohne besondere Prüfung bejahen, also die Sätze, die im System unsrer Erfahrungssätze eine eigentümliche logische Rolle spielen" (§136) sind, wie wir dies in Kap. 5 genauer sehen werden. Sie spielen, kurz gesagt, ihrem Wesen nach eine logische Rolle, nach der „gewisse Sätze vom Zweifel ausgenommen sind, gleichsam die Angeln, in welchen jene [= Fragen und Zweifel] sich bewegen".[20] Als dazugehörig sehe ich nicht nur die Sätze an, die Moore in seinen Werken aufzählt, wie etwa „Die Erde hat schon lange vor meiner Geburt existiert", sondern auch solche unbezweifelbaren Sätze, die mit unzähligen Wahrnehmungen im tagtäglichen Leben verwoben sind. Es handelt sich dabei also sowohl um solche Sätze, deren Wahrheiten, wie Wittgenstein schreibt, „beiläufig gesprochen, wir Alle wissen, wenn er [= Moore] sie weiß"[21], als auch solche Sätze, die nicht jeder von uns, sondern nur einzelne Individuen als offensichtlich *wahr* einschätzen, z. B. solche in Bezug auf ihre Wohnadresse (vgl. die §§70 f.).

---

[18] Sowieso muss man sich fragen, wie eng Mooresche Sätze mit Regeln bzw. Grammatik zusammenhängen. Denn beide sind meines Erachtens trotz einiger Ähnlichkeiten vom Charakter her wesentlich verschieden. Siehe dazu Kap. 5.

[19] Hermann behauptet den §400 heranziehend, dass Wittgenstein ganz und gar mit den Bemerkungen in den §§1–299 in ÜG und deshalb auch mit der Bezeichnung „Erfahrungssatz" unzufrieden sei (Hermann, J. (2015), S. 46, Fn.19.). Im Gegensatz zu dieser, sozusagen, etwas nihilistischen Lesart gehe ich davon aus, dass man auch der ersten Hälfte in ÜG wohl Glauben schenken kann und dass einige prima facie unklare Ausdrücke sowie Bemerkungen in ÜG angesichts seiner früheren Schriften doch guten Sinn ergeben können, wie sich dies nun zeigt.

[20] §341; vgl. auch die §§88, 112, 308 und 628.

[21] §100; vgl. auch die §§84, 116, 151 und 462.

Wie gezeigt worden ist, haben wir in manchen Sprachspielen hinreichende Methoden der Prüfung für die Wahrheit von Sätzen z. B. über Geschichtsereignisse. Wie sähe aber die Prüfung der *Wahrheit* eines Mooreschen Satzes aus? Kann es sie überhaupt geben? – Diese naheliegende Frage stellt sich eigentlich etwas später als in den §80–83, nämlich in §110, in dem es in Anknüpfung an §108 um die Stellung des Mooreschen Satzes „Kein Mensch war je auf dem Mond" im damaligen „System der Physik" geht. Wichtig dabei ist, dass Wittgenstein im Hinblick auf Mooresche Sätze das Lernen im Gegensatz zum Prüfen nicht als eine Art von Begründung ansieht (vgl. §295 mit Bezug auf ‚*Beweis*'). Denn beide Begriffe sind im folgenden Sinne kategorial verschieden: Wie §110 suggeriert, steht die Begründung auch im Zusammenhang mit hinreichenden Prüfungen.[22] Das liegt seinerseits darin begründet, dass das positive Ergebnis einer Prüfung als Grund dafür betrachtet werden kann, dass eine Aussage p wahr ist. Und die Begründung, für die eine „ausreichende Prüfung" als konstitutiv angesehen werden kann, kommt zu einem Ende (vgl. auch §164; PU §217). An diesem Ende stehen wesentlich Mooresche Sätze, die unter normalen Umständen weder anzuzweifeln noch zu begründen noch zu prüfen sind. Dass sie *wahr* sind ist nämlich unbegründet, aber, so wie ich §110 verstehe, nicht im Sinne einer „unbegründeten Voraussetzung", sondern in dem Sinne, dass ihre Wahrheit mit „der unbegründeten Handlungsweise" gekoppelt ist (vgl. auch §204). Anders ausgedrückt: Ihre *Wahrheit* ist in unsere Handlungsweise – aufgrund dessen, was wir im Leben unzählige Male gehört, gesehen, gelesen haben, etc. – bereits eingebettet. Für diese Handlungsweise sind – um §206 vorwegzunehmen[23] – Lernprozesse wichtig, in denen wir nicht nur unser ganzes „System" erworben, sondern auch zusammen mit ihm unhinterfragt gelernt haben, dass Mooresche Sätze einfach *wahr* sind. Andersherum betrachtet beruht ihre *Wahrheit* auf dem ‚Lernen' oder, wie Wittgenstein es in §279 nennt, auf dem „Aufnehmen", wobei es sich nicht um irgendeine *epistemische* Bewertung mithilfe von Prüfung, Evidenz, Begründung, etc. handelt.

---

[22] Genaueres zu Wittgensteins Gebrauch von „prüfen/überprüfen" in ÜG, siehe den Anhang zu diesem Kapitel.

[23] Mehr zur ‚Lernen'-Thematik, siehe Kap. 10.

2.2.2 Der Zusammenhang zwischen dem Verstehen und der Wahrheit Moorescher Sätze

Zu hinreichenden Prüfungen zählen dann nicht nur solche dafür, dass Sätze wahr sind, sondern auch dafür, ob man sie versteht. Wie sieht es im Fall Moorescher Sätze aus, deren *Wahrheit* ihrem Wesen nach weder geprüft noch gerechtfertigt werden kann? Dies veranschaulichen vor allem die §§80 f. In der Literatur lesen manche Interpreten, wie Andy Hamilton und Krebs, diese Paragraphen in Verknüpfung mit anderen als Verweis darauf, dass es unsicher wäre, ob *wir jemanden* verstünden, wenn er an Mooreschen Sätzen zweifelte.[24] Man muss jedoch beachten, dass es in den §§80 f., genau betrachtet um die Prüfung geht, ob „ich meine Aussagen verstehe", sprich, ob *jemand seine eigenen Aussagen* versteht, nicht die Aussagen anderer. §80 lässt sich dann wie folgt lesen, wobei ich den Unterschied zwischen dem im MS unterstrichenen Wort „Verständnis" und dem darüber hingeschriebenen Wort „verstehen"[25] einfach ignoriere: Ob jemand gewisse von ihm gemachte Aussagen *versteht*, bemisst sich daran, ob sie *wahr* sind. In §81 macht Wittgenstein, ohne diesmal im MS die Wörter „falsch" und „verstehen" unterstrichen zu haben, die logisch komplementäre Aussage: Wenn jemand falsche Aussagen von sich gibt, werden wir „unsicher", ob er sie versteht.

Das hervorgehobene Wort „*Wahrheit*" in §80 lese ich wie in §83 als auf Mooresche Sätze bezogen. So betrachtet macht Wittgenstein in den §§80 f. logische/grammatische Bemerkungen dazu, wie wir das Wort „verstehen" im Hinblick auf Mooresche Sätze gebrauchen. Wenn jemand eine interpretationsbedürftige Aussage macht, etwa Friedrich Nietzsches „Wenn du lange in einen Abgrund blickst, blickt der Abgrund auch in dich hinein"[26] zitiert, dann prüft man, ob er sie versteht, z. B. dadurch, dass man ihn erläutern lässt, was sie bedeuten soll, und diese Erläuterung kann als Evidenz für sein Verständnis gelten. Aber was Mooresche Sätze anbetrifft, so sind sie für diejenigen, die das Sprachsystem gelernt haben, ohne jede Erläuterung bereits klar und *wahr*. Ob

---

[24] Hamilton, A. (2014), S. 190; Krebs, A. (2007), S. 37. Außer auf §81 bezieht sich Hamilton auch auf §32 (und nebenbei die §§53 und 56), Krebs auf die §§157, 306 und 526. Außerdem ist §231 ähnlich gestaltet, obwohl sie diesen nicht nennen. In diesen genannten Paragraphen kommt das Wort „Prüfung" selbst nicht vor.

[25] Wittgenstein hat das Wort „Verstehen" *über* das unterstrichene Wort „Verständnis" geschrieben, und man kann es nach meiner Einschätzung als ebenfalls unterstrichen deuten. Damit macht Wittgenstein vielleicht einfach nur den sprachlichen Punkt, dass es womöglich besser ist, hier „Verstehen" zu sagen als „Verständnis". Ich glaube jedoch, dieser Unterschied ist an dieser Stelle nicht besonders wichtig.

[26] Nietzsche, F. (1999), Nr.146, S. 98.

34   2 §§80–83

jemand Mooresche Sätze *versteht*, bemisst sich darum nicht an dessen Kompetenz, sie zu erläutern, was in anderen Fällen mit Begründung oder Evidenz verknüpft wäre, sondern lediglich daran, ob er *wahre* Aussagen macht. Es gilt in unserem Sprachspiel z. B. schon als ausreichende Evidenz für sein *Verständnis* Moorescher Sätze, wenn er „bloß" behauptet, „Die Erde hat schon lange vor meiner Geburt existiert".

2.2.3 Mooresche Sätze als Teil des „Bezugssystems"

Im Zusammenhang mit §110 verstehe ich das „Bezugssystem", auf das Wittgenstein in §83 Bezug nimmt, als für „die unbegründete Handlungsweise" konstitutiv. Diese Sichtweise passt auch zur Bemerkung in PU §206: „Die gemeinsame menschliche Handlungsweise ist das Bezugssystem, mittels dessen wir uns eine fremde Sprache deuten", und vielleicht auch zu der etwas dürftigen Erläuterung in VB über das „Bezugssystem" als „eine Art des Lebens, oder eine Art das Leben zu beurteilen" (VB S. 541). In Malcolms Aufzeichnungen seiner Gespräche mit Wittgenstein im Jahre 1949 in Ithaca findet sich auch eine Bemerkung mit dem Ausdruck „*frame of reference*", der als die englische Übersetzung von „Bezugssystem" anzusehen ist: „Certain propositions belong to my ‚frame of reference'. If I had to give *them* up, I shouldn't be able to judge *anything*".[27] §83 fokussiert sich zwar, genauer betrachtet, nicht auf ‚gewisse Propositionen/Sätze' selbst, sondern vielmehr auf ihre *Wahrheit*, aber man kann ihn ähnlich wie Malcolmsche Zitat als eine logische Bemerkung lesen, nämlich so: Wenn man die *Wahrheit* Moorescher Sätze aufgäbe, dann könnte man gar kein Urteil mehr treffen. Anders gesagt, müssen Mooresche Sätze *wahr* sein, weil sie sozusagen das „System unsrer empirischen Urteile" (§137) oder „die Grundlage alle[n] Urteilens" (§614) bilden, die ein Urteilen überhaupt erst ermöglichen. Es steht wohl im Einklang mit der Bemerkung in Malcolms Aufzeichnungen, wenn man das Wort „Bezugssystem" so liest, dass es nicht nur die unbegründete Handlungsweise darstellt, sondern (auch) unser Urteilen ermöglicht. In diesem Lichte heißt §83, dass die *Wahrheit* Moorescher Sätze in unserem „Bezugssystem" qua Bezugssystem bereits unbegründet fest-, oder eben am Ende der Gründe steht.

In §83 sagt Wittgenstein jedoch nicht einfach, dass Mooresche Sätze am Ende der Gründe stehen, sondern er gebraucht den spezifischen Terminus „Bezugssystem". Wie ist er genau zu verstehen? Meines Erachtens beinhaltet er mehr

---

[27] Malcolm, N. (2001), S. 74 f. In ÜG findet man auch Wittgensteins ähnliche Bemerkungen in den §§308, 419 f. und 490; vgl. auch die §§66, 150, 492 f., 519 und 558.

2.2 Die Wahrheit Moorescher Sätze 35

Nuancen als andere Ausdrücke in ÜG wie „Fundament"[28], weil Wittgenstein
ansonsten einfach „System" o.ä. hätte schreiben können. Zu diesem „Bezugssystem" bemerkt Anna Boncompagni: „The expression 'framework', or more
precisely 'frame of reference', only appears once in OC (§83), although many
interpreters often bring up this concept. The 'framework reading' is in fact one
of the kinds of readings of OC according to the classification proposed by Moyal-
Sharrock and Brenner (2005)"[29]. Allerdings scheinen mir solche Interpreten, die
ihre Thesen aus dem Begriff des „Bezugssystems" entfalten wollen, auch in
der von ihr genannten Literatur[30] einfach als selbstverständlich vorauszusetzen,
was er bedeuten soll, und es gibt meines Wissens noch keinen Versuch, ihn zu
beleuchten, obwohl er sicherlich unter die Lupe genommen werden sollte.

Der Terminus „Bezugssystem" hat seine ursprüngliche und klare Bedeutung
in der Physik und ist vor allem durch die Relativitätstheorie in den Vordergrund
gerückt worden. Der Grundgedanke der Relativitätstheorie spielt meines Erachtens in Wittgensteins Philosophie in verschiedener Hinsicht eine wichtige Rolle.
Obwohl in §305 vor allem der „Schritt der Relativitätstheorie" thematisiert wird
und *dieser Ausdruck* mit §83 verknüpft zu lesen ist, verweist Wittgenstein in
§83 insbesondere auf das „Bezugssystem". Wichtig daran ist meines Erachtens
die Idee von der ‚Abhängigkeit von Bezugsystemen' in der Speziellen Relativitätstheorie, in deren Sinne sich Albert Einstein über die *voreinsteinsche* Physik
kritisch äußert: „In der Tat ist die Zeit gemäß der klassischen Physik absolut,
d. h. von der Lage *und dem Bewegungszustande* des Bezugssystems unabhängig"[31]. Demgemäß sollte man nach meiner Lesart an dieser Stelle eher diese
Eigenschaft des Bezugssystems in Fokus nehmen.

Es geht in der Speziellen Relativitätstheorie nach Einstein vor allem darum,
dass gewisse Dinge nur ‚relativ zu einem Bezugssystem ' bestimmt sind, etwa
die Geschwindigkeit eines Körpers, dessen Länge und die Gleichzeitigkeit zweier

---

[28] In einiger Literatur wird das Wort „Bezugssystem" mit Hilfe folgender Ausdrücke gedeutet: „der überkommene Hintergrund" (§94), *„Methode* unseres Zweifelns und Untersuchens" (§151), „Substrat alles meines Forschens und Behauptens" (§162), *„Gerüst* aller unsrer Betrachtungen" (§211), „Logik unsrer wissenschaftlichen Untersuchengen" (§§341 f.),
„Grund aller Erkenntnis" (§380), „Fundament alles Operierens mit Gedanken (mit der Sprache)" (§401; vgl. auch die §§211, 342, 411), „Grund aller Fragen und alles Denkens" (§415),
„selbstverständliche Grundlage" (vgl. die §§167, 246, 403, 411, 414, 558 und 614). Siehe,
z. B. Ertz, T.-P. (2008), S. 189 f. Hamilton, A. (2014), S. 129; Kusch, M. (2010), S. 223.
Morawetz, T. (1978), S. 36; Moyal-Sharrock, D. (2004a), S. 68; Moyal-Sharrock, D. (2005),
S. 80.

[29] Boncompagni, A. (2016), S. 118, Fn.28.

[30] Moyal-Sharrock, D. & Brenner, W. H. (Hg.) (2005).

[31] Einstein, A. (2009), S. 37.

36 2 §§80–83

Ereignisse sowie deren zeitlicher Abstand. Zwar ist es nötig, im Vorhinein zu definieren, was ‚gleichzeitig' ist[32], aber dann ergibt sich wegen des Speziellen Relativitätsprinzips und des Prinzips der Konstanz der Lichtgeschwindigkeit, dass Gleichzeitigkeit und zeitlicher sowie räumlicher Abstand vom Standpunkt Bezugssysteme verschieden sind. Ob z. B. zwei Ereignisse an voneinander getrennten Orten gleichzeitig erfolgt sind oder nicht, hängt vom Bezugssystem ab, in dem sich der Beobachter befindet. Die „Gleichzeitigkeit von Ereignissen" zeigt sich in dem einen Bezugssystem anders als in einem langsamer oder schneller bewegten Bezugssystem.

Diese Einsteinsche Idee lässt sich mit Wittgensteins Bemerkung über das „Bezugssystem" in §83 gut vereinbaren. Im Kontext des §83 heißt es, dass, was *wahr* ist, von Sprachsystemen abhängt. In unserem Sprachsystem steht z. B. der Satz „Die Erde hat so lange existiert" aus §91 als *wahr* fest, während der Satz „Die Erde existiert erst seit kurzem, etwa erst seit seiner Geburt" in §92 als *wahr* festzustehen scheint, wenn man auch diese Äußerung als Teil eines „Systems" begreift. Darüber hinaus kann man auch im Hinblick auf die vorangehenden Paragraphen sagen, dass worin man sich *irren* kann (§74), was als *Grund* dient (§78), was man *versteht* (§80) – diese Wörter sind ebenfalls hervorgehoben! – von Sprachsystem zu Sprachsystem verschieden ist. Ähnlich kann man dann auch den letzten Absatz von PU §206 lesen: Das Deuten einer fremden Sprache ist nur relativ zu der gemeinsamen menschlichen Handlungsweise inklusive unserer gemeinsamen Verwendung von Wörtern möglich.[33] Die Bemerkung über das „Bezugssystem" lässt sich in diesem Lichte als der Verweis auf solche Begriffsbestimmung lesen, die von Systemen abhängt, und auch als Hinweis auf die Vielfalt verschiedener Systeme, so wie man in der Relativitätstheorie z. B. im Hinblick auf die „Gleichzeitigkeit" verschiedene Bezugssysteme in Rechnung stellt. Diese Vielfalt verschiedener Systeme wird tatsächlich an manchen Stellen in ÜG thematisiert und Wittgenstein stellt bereits in §85 solch einen Menschen vor, der eine Sichtweise hat, die von unserer extrem verschieden ist.

---

[32] Siehe dazu Kap. 12.

[33] Siehe auch die Bemerkung im MS 123, datiert am 05.10.1940:
Ich möchte sagen: Jede Beschreibung benützt ein Bezugsystem. Eine Regel & ihre Anwendungen gehören zum Bezugsystem.
Wenn Wittgenstein hier dieselbe Idee wie im §83 in ÜG im Sinn haben sollte, könnte man ebenso sagen, dass das, was als ‚Regel', ‚ihre Anwendungen' sowie ihre ‚Beschreibung' gilt, von Bezugs- oder Sprachsystemen abhängt.

2.3 Interpretationen der „Wahrheit" Moorescher Sätze in der Sekundärliteratur

In Anbetracht der obigen Überlegungen über den mit dem Sprachspiel eng verknüpften Charakter der *Wahrheit* Moorescher Sätze erscheint die Deutung des §83 von Wright nicht überzeugend. Die problematische Stelle sieht wie folgt aus:

> The [sic: The] *truth*
> – he had better mean not the fact of the truth but our *acceptance* as true –
> of certain empirical propositions belongs to our frame of reference.[34]

Hier ist vor allem Wrights Einfügung „– ... –" bemerkenswert. Der Ausdruck „our *acceptance* as true" ist aus einigen Gründen nicht leicht akzeptierbar. Erstens kann man es als unproblematisch ansehen, das als „Faktum" zu benennen, was z. B. am Grunde aller Erkenntnis steht, so wie Wittgenstein dies in §380 tut. Wenn man, zweitens, das Wort „*acceptance*" als „*Annahme*" deuten wollte, klingt es, wie Wittgenstein in §411 schreibt, sonderbar, dass man die *Wahrheit* Moorescher Sätze *annehmen* sollte. Zu ihrer Beschreibung passt weder „*Annahme*" noch „*Akzeptanz*", wie immer man die Wörter gewöhnlich deuten mag, sondern beide Wörter sind hier eher irreführend. Denn sie erwecken den Eindruck, als ob wir nach Belieben *akzeptieren* könnten, welche Sätze zu unserem Bezugssystem gehören und also *wahr* sind. In §317 wird nahegelegt, dass wir uns nach Wittgenstein unser Sprachspiel nicht aussuchen. Unter diesem Aspekt ist dann die *Wahrheit* ebensowenig wählbar wie das Sprachspiel, das wir unhinterfragt gelernt haben, eben weil sie untrennbar zu diesem zugrundeliegenden Sprachspiel gehört, mit anderen Worten, in unserem tagtäglichen Leben sowie in unseren unbegründeten Handlungsweisen wurzelt. In dieser Hinsicht verstehe ich das in den §§80 und 83 kursiv geschriebene Wort „*Wahrheit*" eher wortgetreu in der Weise, dass dabei tatsächlich von der Wahrheit, die zum Sprachspiel gehört, die Rede ist, und nicht bloß vom Fürwahrhalten, so wie es Wright mit „our *acceptance* as true" zu meinen scheint.

Zu beachten ist abschließend, dass umstritten ist, wie Wittgensteins Hervorhebung des Wortes „*Wahrheit*" in §83 zu lesen ist. Einigen Interpreten zufolge bedeutet es in gar keinem „echten" Sinne Wahrheit. Moyal-Sharrock erwähnt in Bezug auf §83, z. B., „Notice that *truth* here is italicized; it does not refer to

---

[34] Wright, C. (2004b), S. 32. Im deutschen Text steht „Die *Wahrheit*". „The" ist aber in der abgekürzten Version von Wright, C. (2004b) nicht hervorgehoben (Wright, C. (2004c), S. 239).

truth at all, but to Moore's mistaking for truth (and calling 'truth') what is in fact objective certainty".[35] Sie liest dann mehrere Paragraphen inklusive des §83 als Betonung des nichtpropositionalen Charakters der „objektiven Gewißheit", obwohl diese in §83 mit dem Ausdruck „gewissen Erfahrungs*sätzen*" bezeichnet sei. Moyal-Sharrock bestärkt damit die Lesart, dass diese „objektive Gewißheit" weder wahr noch falsch sei, weil sie keine Proposition sei.[36] Coliva hingegen vertritt zwar keine solche *nichtpropositionale* Lesart,[37] liest aber doch §83 wie folgt: „[…] in context, it is clear that he [= Wittgenstein] is not thereby affirming that those propositions are true. Rather, he is denying that anything could move him to regard them as false".[38] Ihr zufolge werden Mooresche Sätze nicht nur von epistemischen Bewertungen durch die Angabe triftiger Evidenz sowie von Gründen ausgenommen, sondern sie seien prinzipiell weder wahr noch falsch, weil sie normative Regeln darstellen würden.[39] Außerdem zweifelt auch Peter Winch an der *Wahrheit* Moorescher Sätze, indem er behauptet, „And is there room here for the question: Is what he believes [= that the earth has existed since long before he was born] true or false? I think not".[40] Darüber hinaus bemerkt Martin Kusch von Mooreschen Sätzen, die er „certainties" nennt: „Wittgenstein characterises certainties in puzzling and sometimes even contradictory terms" und insbesondere im Hinblick auf deren Wahrheit in Anknüpfung an die §§83 und 205: „He writes that certainties are both true and neither true nor false (83, 205)"[41]. An dieser Stelle scheint sich Kusch dagegen zu wehren, §83 dahingehend ernst zu nehmen, dass Mooresche Sätze nichts anderes als wahr sind.

Entgegen dieser Deutung akzeptieren einige Interpreten wie Krebs, Frederick Stoutland und Williams die *Wahrheit* Moorescher Sätze, wobei Williams sie ausdrücklich als „unproblematically *true*" oder „straightforwardly true" beschreibt.[42] Kann man dagegen nicht, wie die obigen Interpreten wie Moyal-Sharrock, sagen, dass Wittgensteins Tendenz zur Ablehnung des Wahrheitsbegriffs in diesem Kontext offensichtlich ist? Diesbezüglich bemerkt Williams:

---

[35] Moyal-Sharrock, D. (2004a), S. 218, Fn.23.

[36] Ebd., S. 68, wo sich Moyal-Sharrock auch auf die §§57–9, 95, 98, 151, 167, 318 und 494 bezieht; vgl. auch Moyal-Sharrock, D. (2017), S. 552 und 584. Der Ausdruck „objektive Gewißheit" selbst kommt in §194 vor.

[37] Coliva, A. (2010), vor allem §3.2.

[38] Ebd., S. 183.

[39] Siehe z. B. ebd., S. 136, 163, 171 und 183; Coliva, A. (2012), S. 348.

[40] Winch, P. (1988), S. 275.

[41] Kusch, M. (2010), S. 223.

[42] Williams, M. (2004a), S. 255 und 267.

2.3 Interpretationen der „Wahrheit" Moorescher Sätze ...

Notice that this argument [= in den §§80f.] depends on a straightforward attribution of truth to Moorean judgements. At the same time, Wittgenstein is tempted to deny that propositions belonging to the 'background' of enquiry are properly thought of as true or false. Let me just say what I take to be the source of Wittgenstein's hesitation: he is torn between a deflationary view of truth (in the form of a redundancy theory) and an epistemic account (the true/false as what we can confirm/disconfirm). What these two approaches to truth have in common is that on neither can we explain why certain proposition [sic: propositions] 'stand fast' by saying that they 'correspond to reality'.[43]

Ohne der interpretatorischen Frage nachzugehen, ob die §§80 f., wie Williams meint[44], wirklich als Einwand gegen die Korrespondenztheorie der Wahrheit gelesen werden sollten, möchte ich an dieser Stelle eigens seinen – für die folgende Diskussion wichtigen – Hinweis auf „epistemische Rechtfertigungen" von Wahrheit in den Fokus nehmen. Dieser Punkt wird bei Krebs' Interpretation in den Vordergrund gerückt, um die zwei gegensätzlichen Meinungen von Winch und Stoutland über Wittgensteins Wahrheitsbegriff miteinander zu versöhnen. Er unterscheidet nämlich zwischen der *Wahrheit* Moorescher Sätze und der Wahrheit kontingenter Sätze – er nennt sie „Erfahrungssätze" –, die sicherzustellen, d. h. *epistemisch*, durch Gründe sowie Evidenz zu rechtfertigen sind: „nennt man Erfahrungssätze ‚wahr', sofern sie durch Evidenzen begründet sind, kann man Moore'sche Sätze tatsächlich nicht in diesem Sinne als ‚wahr' (oder ‚falsch') bezeichnen, weil sie dem nicht weiter zu rechtfertigenden Fundament der Begründungen angehören".[45] Mir erscheint es angebracht, der Unterscheidung von Krebs folgend, das ‚Wahre' im Hinblick auf Mooresche Sätze zwar sozusagen nicht als ‚begründet wahr', aber als ‚unbegründet wahr' zu verstehen. In dieser Arbeit stütze ich mich auch an anderen entsprechenden Stellen immer wieder auf diese Unterscheidung.

Obwohl, wie oben gesehen, Coliva in ihrem Buch aus dem Jahre 2010 eher die Tendenz hatte, Mooresche Sätze für weder wahr noch falsch zu halten, bemerkt sie in einem späteren Aufsatz aus dem Jahre 2013 etwas moderater:

Their [gemeint: Mooresche Sätze oder „hinges", wie Coliva schreibt] being true, therefore, wouldn't depend on there being evidence in favor of them and, thus, they wouldn't be true in the same sense in which, for Wittgenstein, genuinely empirical propositions can be true, viz. when evidence speaks in favor of them. I think this is an extremely subtle issue, one for which OC doesn't provide a clear-cut view. For what

---

[43] Williams, M. (2004b), S. 96, Fn.5.

[44] Ähnlich deutet Kober §83 als Kritik an der Korrespondenztheorie der Wahrheit.

[45] Krebs, A. (2007), S. 122.

is worth [sic: For what it is worth], there are passages in OC (80–83, 193, 206) which suggest the idea that for Wittgenstein hinges are *minimally* true (cf. [Williams, M. (2004a)]). It remains, however, that several other ones suggest the idea that for Wittgenstein truth is epistemically constrained. Therefore hinges couldn't be either true or false (OC 162–3, 204–205, 222, 404, 500). In a conciliatory spirit one may thus put forward the idea that while for Wittgenstein hinges aren't true in this latter sense, they are true in the former, minimal sense. But, to stress, the issue is extremely subtle and difficult to adjudicate.[46]

Obwohl hier Coliva auf Krebs' Literatur keinen Bezug nimmt, stimmen sich ihre Unterscheidungen bzgl. des Wahrheitsbegriffs in Grundzügen überein. In dieser Phase sieht sie dem Zitat entsprechend Mooresche Sätze – meines Erachtens zu Recht – nicht als wahr im epistemischen Sinn oder ‚begründet wahr' an, sondern akzeptiert – vielleicht in Anlehnung an Williams – deren *Wahrheit*. Sie beschreibt diese *Wahrheit* jedoch im Gegensatz zu Krebs nur als „*minimally* true". Diese Auffassung könnte den Eindruck erwecken, als wäre die Wahrheit im *epistemischen* Sinn genuin und die *Wahrheit* Moorescher Sätze vielmehr sekundär. Ich denke aber, dass es weder mit einer textgetreuen Lektüre von ÜG noch mit Wittgensteins Auffassung des Wahrheitsbegriffs gut vereinbar ist, den besagten *Wahrheitsbegriff* einfach abzulehnen oder höchstens im *minimalen* Sinn zu verstehen. Denn Wittgenstein beschreibt tatsächlich in mehreren Paragraphen Mooresche Sätze nicht nur als „*wahr*" mit Emphase, sondern auch als „wahr" ohne Emphase.[47] Sollte man deshalb auch diese zwei Verwendungen von „wahr" als primär oder sekundär, o.ä., klassifizieren, wenn man zwischen „begründet wahr" und „unbegründet wahr" unterscheidet? Vom „*Begriff* des Verstehens" behauptet Wittgenstein in PU §532:

---

[46] Coliva, A. (2013a), S. 5, Fn.8. Siehe auch Coliva, A. (2013b), S. 89, wo Coliva dies kurz formuliert:

I have the impression, however, that there are two different notions of truth in play in OC. One, more epistemically-oriented, which prevents hinges from being true (or false), for they can't be warranted or justified; and one more minimalist,[Fn.11] which may apply to hinges too, for it doesn't ascribe any substantial property to them (OC 80–3, 193, 206).

In beiden Aufsätzen bezieht sie sich auf Williams, M. (2004a) als Interpreten, der die Idee von einer „minimalen" *Wahrheit* Moorescher Sätze entwickelt, obwohl sie in der entsprechenden Fn.11 sagt, „he develops this idea in ways which I would resist". Dort gebraucht Williams selbst kein einziges Mal den Term „minimal" und hält, so scheint mir, die *Wahrheit* nicht für „minimal".

[47] Zu „wahr" ohne Emphase, siehe z. B. die §§193 und 403; vgl. auch BF III §348/LS II, S. 106.

2.4 Anhang zu ‚Prüfung' in ÜG

532. So hat also »verstehen« hier zwei verschiedene Bedeutungen? – Ich will lieber sagen, diese Gebrauchsarten von »verstehen« bilden seine Bedeutung, meinen *Begriff* des Verstehens.
Denn ich *will* "verstehen" auf alles das anwenden.

Diese Auffassung Wittgensteins ist meines Erachtens auch in Bezug auf das Wort „wahr" relevant und gültig. Da dieser Punkt für die Untersuchungen des Wahrheitsbegriffs in ÜG und für die vorliegende Arbeit wichtig ist, finde ich es lohnenswert, PU §532 mit Bezug auf den Wahrheitsbegriff wie folgt zu umformulieren:

So hat also „wahr" hier zwei verschiedene Bedeutungen? – Ich will lieber sagen, diese Gebrauchsarten von „wahr" bilden seine Bedeutung, meinen Wahrheits*begriff*.
Denn ich *will* „wahr" auf alles das anwenden.

Dass wir das Wort „wahr" einmal im *epistemischen* Sinn, nämlich im Hinblick auf kontingente Sätze, und einmal im *nichtepistemischen* Sinn, im Hinblick auf Mooresche Sätze gebrauchen, heißt nicht, dass nur der eine Gebrauch gängig oder wichtiger als der jeweils andere sei, sondern dass nur beide zusammen den Wahrheitsbegriff in unserem Sprachspiel bilden. In diesem Lichte denke ich, dass man bei der textgebundenen Erörterung von ÜG die Idee der *Wahrheit* Moorescher Sätze ernstnehmen sollte. Wie genau sie in ÜG aussieht, ist eine Untersuchung wert, auch wenn sie sich, wie Coliva sich im obigen Zitat ausdrückt,„als „extremely subtle and difficult to adjudicate" erweisen dürfte.

2.4 Anhang zu ‚Prüfung' in ÜG

In ganz ÜG sind die folgenden Merkmale des Gebrauchs von „prüfen/überprüfen" ersichtlich.

1. So wie ich die §§355 f. verstehe, ist eine Prüfung/Überprüfung nur dort möglich, wo keine Sicherheit besteht, mit anderen Worten, „wo ein Zweifel ansetzen" kann (§356). Ähnlich dem Gebrauch von „Ich weiß" im Sinne von „Ich bin sicher" kann man also von „prüfen" nur dann sinnvoll reden, wenn es eine Möglichkeit des Sich-Überzeugens gibt (vgl. die §§3 und 23; siehe auch Kap. 1). Und tatsächlich hängen diese Verwendungen von „Ich weiß" und ‚Prüfung' so eng zusammen, dass man in gewissen Fällen – z. B. im Falle der Rechnung – sagen kann, „Ich weiß p", wenn man p geprüft hat (§§50 und 574; vgl. auch

§524[48]), wobei dieses „Ich weiß" bedeuten soll: „Ich bin sicher" oder „Ich habe mich davon überzeugt". Es ist also wie beim Gebrauch von „Ich weiß" Unsinn, von einem „Prüfen/Überprüfen" im Falle Moorescher Sätze zu reden.

2. §163 ist zwar der einzige Paragraph in ÜG, in dem die Wörter „wissen", „Evidenz", und „Prüfung" gemeinsam auftreten, aber diese drei Begriffe sowie ‚Begründung/Rechtfertigung' (siehe die Zusammenstellung in §204 „Die Begründung aber, die Rechtfertigung der Evidenz") sind im epistemischen Sinn eng miteinander verbunden. Wie Wittgenstein schreibt, muss man bei der Äußerung von „Ich weiß" – im Sinne von „Ich bin sicher" – Gründe angeben können (§§18, 40, 243, 484 und 550), aber man kann, wie gezeigt worden ist, in gewissen Fällen, wie z. B. bei der Rechnung, eine ‚ausreichende Prüfung' als Teil der Begründung ansehen (vgl. auch §111). Und als ‚Grund' gilt natürlich auch ‚Evidenz', zu der Wittgenstein sich ähnlich äußert, insofern er sagt, dass die Äußerung von „Ich weiß" – im Sinne von „Ich bin sicher" – erst in Verbindung mit Evidenz Sinn hat (§§432 und 504). Wenn nämlich jemand im diesem Sinne sagt, „Ich weiß p", dann müssen Gründe – Prüfungen, Evidenz – dafür angegeben werden, ob er Recht hat.

3. Generell geht es in solchen Fällen, in denen Prüfungen bzw. Begründungen benötigt werden, wo es also einen Zweifel und folglich eine Möglichkeit des Sich-Überzeugens gibt, nicht unbedingt um *eine Aussage p selbst*, sondern eher darum, *p zu glauben oder sich von p zu überzeugen*. (Und meines Erachtens gilt dies sogar in ganz ÜG für „Begründung/Rechtfertigung/Prüfung/...".[49]) Hierbei ist aber zu beachten, dass dieser ‚Glaube'/diese ‚Überzeugung' keine bloße subjektive Vermutung ist, weil bei Prüfungen für sie nur solche Gründe, die im gemeinsamen Sprachspiel als gültig anerkannt sind, richtig angeführt werden können.

---

[48] In §524 ist nicht nur von „Ich weiß", sondern sogar von „Ich bin sicher" die Rede: „Tut er dies [Wenn jemand in Hinblick auf eine von ihm gemachte Meldung sagt, ‚Ich bin sicher'], so wird man zuerst geneigt sein, seine Angabe zu überprüfen".

[49] Auch sollte man hier berücksichtigen, dass der Fokus der Philosophie des späten Wittgenstein nicht auf der Untersuchung von Naturtatsachen selbst, sondern auf unserem Sprachhandeln liegt (Siehe PU §§124–126; vgl. auch PU §§89,109 und 392). Und beim *Handeln* spielt nicht die – möglicherweise endlose – Begründung selbst, sondern vielmehr die Begründung für einen Glauben bzw. eine Überzeugung eine entscheidende Rolle. Wichtig wird dann die Wittgensteinsche Idee vom Ende der Begründungen. Genaueres dazu, siehe Kap. 10.

2.4 Anhang zu ‚Prüfung' in ÜG

Nach diesen Betrachtungen ist dann die „Prüfung einer Aussage" so zu verstehen, dass hinsichtlich einer vorliegenden Aussage p erstens vorausgesetzt ist, dass sie bezweifelbar ist, und zweitens, dass man das Ergebnis einer Prüfung als Begründung bzw. Evidenz dafür gebrauchen kann, ob man zur Überzeugung, dass p wahr ist, mit Recht gelangt ist.

§94

3

3.1 Weltbilder und deren Grundlosigkeit

Zu §94 (MS174, 21r–21v)

Aber mein Weltbild habe ich nicht, weil ich mich von seiner Richtigkeit überzeugt habe; auch nicht weil ich von seiner Richtigkeit überzeugt bin. Sondern es ist der überkommene Hintergrund, auf dem / welchem / ich zwischen wahr & falsch unterscheide.

Als Erstes könnte man sich fragen, ob man wirklich nicht deshalb ein Weltbild hat, weil man von dessen Richtigkeit überzeugt ist oder sich von dessen Richtigkeit überzeugt hat. In der Tat kann es solche Fälle geben, in denen man sicherlich sagen kann, dass man sich von der Richtigkeit eines Weltbildes überzeugt habe, und dass man DESHALB dieses Weltbild habe, so wie sich z. B. Johannes Kepler von der Richtigkeit des Kopernikanischen Weltbildes durch die Untersuchung der Planetenbewegungen überzeugt hat. Es scheint jedoch nicht nur in §94, sondern in ÜG insgesamt nicht um den Erwerb eines neuen Weltbildes durch die Überzeugung von dessen Richtigkeit z. B. durch wissenschaftliche Untersuchungen zu gehen, wie in §94 gesagt wird. Wittgenstein scheint vielmehr, wenn man so will, die Beziehung zwischen Wahrheit und unserem Weltbild umzudrehen: Wir haben unser Weltbild nicht wegen unserer Überzeugungen, sondern unsere Überzeugungen orientieren sich am Weltbild.

Wie sieht dann das Weltbild gemäß ÜG genauer aus? Um dies zu erhellen, ist es hilfreich, §92 in Betracht zu ziehen. Obwohl in §92 das Wort „Weltbild" nicht vorkommt, geht es um die Betrachtungsweisen der Welt, und so gesehen liegt es nahe, auch §92 auf 'Weltbilder' bezogen zu lesen. In §92 wird das Szenario ins Spiel gebracht, in dem Moore und der König, der glaubt, dass die Erde mit ihm begonnen habe, zusammenkämen und diskutierten. Diese „Diskussion" stellte sozusagen

---

© Der/die Autor(en), exklusiv lizenziert an Springer-Verlag GmbH, DE, ein Teil von Springer Nature 2022
S. Hashimoto, *Der Wahrheitsbegriff in Über Gewißheit*,
https://doi.org/10.1007/978-3-662-65684-6_3

46　　　　　　　　　　　　　　　　　　　　　　　　　3 §94

den Zusammenstoß zweier verschiedener Weltbilder dar. Diese Beschreibung des
Königs rührt ohne Zweifel von Frazers Erläuterung über einen „Regenkönig" her,
den Wittgenstein in eigenen Worten als einen solchen, „zu dem die Leute um Regen
bitten *wenn die Regenperiode kommt*"[1], kennzeichnet. Mit der Bezugnahme zu seiner Frazer-Rezeption erhält auch die Diskussion in §94 und dessen Umkreis mehr
Bedeutung.

　　In der Tat könnte Moore, so Wittgenstein, den König zu seiner Anschauung
bekehren, dazu bringen, die Welt anders zu betrachten, oder, wie in §262 gesagt,
ihm sein/unser Weltbild geben. Diese „Bekehrung besonderer Art" oder diese „Art
Überredung"[2] charakterisiert Wittgenstein nach meiner Einschätzung in zwei Punkten, die sich gegenteilig verhalten. Zum einen weist er gleich im zweiten Absatz
des §92 auf solche Fälle hin, in denen „man von der *Richtigkeit* einer Anschauung manchmal" überzeugt wird. Dieser zweite Absatz lässt sich auch als auf „eine
Bekehrung besonderer Art" bezogen lesen, da das Wort „überzeugen" im ersten
Absatz des §92 im Sinne von „dazu bringen, zu einer gewissen Anschauung überzugehen" gebraucht wird. Dort scheint dann Wittgenstein im Ernst von zwingenden
Gründen für solch eine Bekehrung zu sprechen, wie auf dies im dortigen letzten Satz
„Man sagt dann etwa einfach:»*So* muß es sein.«" hingedeutet werden mag. Nach ihm
erfolgt eine Bekehrung dieser Art etwa durch Verweis auf *Einfachheit* oder *Symmetrie*, wobei Einsteins wesentliche Argumente, die eine Änderung bisheriger Theorien
erzwungen haben, tatsächlich aus genau solchen *Einfachheits*- und *Symmetrie*-
Betrachtungen bestehen. Zum anderen scheint mir jedoch diese von Wittgenstein
genannte Art der Bekehrung oder Überredung doch keine Überzeugungsänderung
im *epistemischen* Sinne, sprich, eine Überzeugung von der Richtigkeit des Weltbildes durch Angabe zwingender Gründe. Diese zweite Beschreibung entspricht
eher der in §94 geschilderten Passage. Wie bereits zu Beginn dieses Kapitels kurz
erwähnt, besitzt man nach §94 das dort angesprochene Weltbild nicht durch jegliche
Überzeugung seiner Richtigkeit im epistemischen Sinne, sondern diese Richtigkeit ist eher gleichsam grundlos. Ob Wittgenstein jedoch gerade in §94 solch eine
Überzeugung durch Verweis auf *Einfachheit* oder *Symmetrie* als Ausnahme der
genannten Grundlosigkeit im Sinn hat oder nicht, bleibt mir in seinem Text unklar.
Ab jetzt werde ich aber einfachheitshalber zugunsten mehrerer Paragraphen wie §94
im Hinblick auf die in ÜG thematisierten Weltbilder deren „Bekehrung besonderer

---

[1] BFGB, S. 243.

[2] Als Variante des Wortes „Bekehrung" gebraucht Wittgenstein auch „Überredung" (§§262,
612 und 669).

3.1 Weltbilder und deren Grundlosigkeit 47

Art" sowie „Überredung" als nichtepistemisch auslegen, obwohl ich im Allgemeinen die Möglichkeiten der auf Gründen basierenden Weltanschauungsänderungen nicht leugnen will.

Betrachten wir nun §93 und dessen einschlägige Passagen die Idee der Grundlosigkeit der Richtigkeit des Weltbildes im Hinterkopf behaltend. In §93 drückt sich Wittgenstein in der Weise aus: „Alles, was ich gesehen oder gehört habe, macht mich der Überzeugung, daß kein Mensch sich je weit von der Erde entfernt hat. Nichts spricht in meinem Weltbild für das Gegenteil". Die Aussage „Alles, was ich gesehen oder gehört habe" ist meines Erachtens in seinen Augen nicht als eine richtige Rechtfertigung für den Satz „Kein Mensch hat sich je weit von der Erde entfernt" bzw. das mit diesem Satz beschriebene Weltbild anzusehen. Denn durch das *Lernen* – Hören, Sehen, Lesen – haben wir zwar unser Weltbild herausgebildet, das heißt aber nach Wittgenstein nicht, dass wir von dessen Richtigkeit im epistemischen Sinn – durch Begründungen wie Beweise, etc. – überzeugt worden sind (§240; vgl. auch die §§75, 144 und 600). So gesehen hat diese „Überzeugung", worauf in §91 hingewiesen wird, keinen rechten *Grund*, sondern sie ist unbegründete Überzeugung, die Wittgenstein bisweilen auch als „unerschütterliche Überzeugung" (§§86 und 103; vgl. auch §210) bezeichnet. An anderen Stellen gebraucht er auch im Hinblick auf Mooresche Sätze in gleichem Tenor den Ausdruck „alles spricht dafür nichts dagegen"[3], aber dieser Ausdruck taugt wiederum nicht zu einer *epistemischen* Rechtfertigung, wie wir später insbesondere in Bezug auf §145 sehen werden.

An Wittgensteins Ausdruck „mein Weltbild" in den §§93 f. könnte man sich vielleicht stören, weil der in §93 angesprochene Satz „Kein Mensch hat sich je weit von der Erde entfernt" als einer der für das genannte Weltbild konstitutiven Mooreschen Sätze anzusehen ist, die Wittgenstein als solche Wahrheiten beschreibt, „die, beiläufig gesprochen, wir alle wissen, wenn er [Moore oder auch jemand, der in der damaligen Gemeinschaft lebt] sie weiß".[4] In der Tat hat Wittgenstein in ÜG die Tendenz, nicht nur den Ausdruck „unser Weltbild" (§262), sondern auch die auf Personalpronomina bezogenen Ausdrücke „Ich habe ein Weltbild" (§162) und „Er ergreift ein bestimmtes Weltbild" (§167) zu gebrauchen. Dies heißt aber nicht, dass er dabei zwischen persönlichen und allgemeinen Weltbildern unterscheidet, sondern, wie mir scheint, vielmehr, dass die Unterscheidung zwischen ‚persönlich' und ‚allgemein' im Hinblick auf das hier relevante Weltbild einfach verschwommen ist.[5] Das Weltbild, das in ÜG thematisiert wird, ist zumindest ein gemeinsames

---

[3] Siehe etwa die §§4, 89, 118 f. 191 und 203.

[4] §100; vgl. auch die §§84, 116, 151, 298 und 462.

[5] Als eine Sorte Moorescher Sätze zählt Glock zwar „person-specific propositions which are part of my subjective world-picture, for example that I have spent most of my life in

Weltbild für diejenigen, die mehr oder weniger Gleiches wie wir gelernt haben oder gelehrt wurden. In diesem Sinne bemerkt Kober meines Erachtens mit Recht, dass „der Ausdruck ‚mein Weltbild' [...] aufgrund seines Zusammenhangs mit der Praxis des Forschens und Behauptens sicherlich so zu verstehen [ist], daß er damit ‚das Weltbild der Gemeinschaft, in der ich lebe' meint"[6]. Diese Erläuterung betrifft nicht nur die §§93 f., sondern ÜG in Gänze, insbesondere des §162, den wir später genauer ansehen werden.

Betrachten wir nun näher, wie Wittgenstein in §95 den Begriff des Weltbilds versteht. Solche Sätze, die dafür konstitutiv sind, bezeichnet er in §95 zunächst als „die Sätze, die dies Weltbild beschreiben"[7], die ich fortan Hamiltons Ausdruck „*world-picture propositions*"[8] folgend „Weltbild-Sätze" nenne. Von diesen Sätzen sagt Wittgenstein weiterhin: „ihre Rolle ist ähnlich der von Spielregeln, und das Spiel kann man auch rein praktisch, ohne ausgesprochene Regeln, lernen". Unter dem Aspekt des Lernens eine relevante Ähnlichkeit zwischen Weltbild-Sätzen und Spielregeln gesehen werden. Meines Erachtens hat der Ausdruck „rein praktisch" hier zwei verschiedene Aspekte. Erstens kann man sowohl ein Weltbild als auch ein Spiel durch *Praxis* lernen: Das Schachspiel kann man, ohne dessen einzelne Regeln explizit zur Kenntnis zu nehmen z. B. durch das Beobachten der Verläufe einiger Partien lernen, während man als Kind nach gewissem Glauben handeln lernt und dadurch nach und nach das Weltbild ergreift, ohne dabei einzelne Weltbild-Sätze vor Augen zu haben.[9] Zweitens lässt sich der Ausdruck „rein praktisch" etwa als Gegenteil von „theoretisch" lesen, sodass man das Weltbild sowie das Spiel weder theoretisch noch rational durch irgendeine Überzeugung von der Richtigkeit – z. B. durch „ausgesprochene Regeln", wie es in §95 heißt – lernen oder ergreifen kann. Wie oben gesehen, hat der König in §92 sein Weltbild eher in diesem Sinne „rein praktisch" erhalten, weil er ohne *epistemische* Rechtfertigung einfach im entsprechenden Glauben erzogen wurde.

Germany" (Glock, H.-J. (1996), S. 78), ich bin jedoch aufgrund des Folgenden unsicher, ob dies ein Weltbild in Wittgensteins Sinn darstellt, und ob es, wenn überhaupt, nur ein *persönliches/subjektives* ist.

[6] Kober, M. (1993), S. 150.

[7] Mit dem Wort „beschreiben" war Wittgenstein hier nicht zufrieden, sodass er es an der Manuskriptstelle in §163 mit einer Wellenlinie unterstrichen hat. Für die Untersuchungen des Wahrheitsbegriffs erscheint es mir nicht besonders wichtig, zu erwägen, was genau dieses „Beschreiben" heißen mag.

[8] Hamilton, A. (2014), z. B. S. 140.

[9] Dabei lässt sich besagtes Weltbild auch als „ein System von Geglaubtem" lesen. Siehe die §§141, 144, 274; zu „nie ausgesprochen", siehe die §§87 und 159.

In anderen Paragraphen klärt Wittgenstein näher, wie man ein Weltbild „rein praktisch", ohne Überzeugung von seiner Richtigkeit erwirbt. Für diesen Erwerb spielt wiederum, wie in §93 steht, „alles, was ich gesehen oder gehört habe", also das, was sich aus unseren tagtäglichen Handlungen oder dem im Leben verwurzelten Handeln ergibt, eine entscheidende Rolle. §167 wirft am Beispiel des Chemikers Antoine de Lavoisier mehr Licht auf das Lernen/Ergreifen eines Weltbildes. Demzufolge ergriff er als Kind sein Weltbild und lernte unhinterfragt, dass, was bis jetzt immer so und so passiert ist, ein andermal nicht anders zugehen kann. Dieses Induktionsprinzip hat er nach meiner Lesart in seiner Kindheit unzählige Male erfahren – gehört, gesehen, gelesen, etc. –. Solch ein Prinzip charakterisiert dann Wittgenstein in der Weise, dass es, wie er in §135 sagt, nicht „ein Glied in unsrer Überlegung" ist, oder, wie man mit §475 sagen könnte, „nicht aus einem Raisonnement hervorgegangen" ist (vgl. auch §287). Weiterhin bemerkt er sogar, dass die Menschen auf den sozusagen am „Raisonnement" fehlenden Charakter ihrer Handlungen hin gleichsam als „animalisch" oder „tierisch" zu betrachten seien, wie es §§135 und 475 nahelegen könnten. Ob man aber fernerhin auch das Ergreifen eines Weltbildes animalisch oder tierisch nennen kann, scheint mir weiterer Diskussionen zu bedürfen, die zu weit vom jetzigen Thema abschweifen.

Soweit kann man zwar ersehen, wie ähnlich „ein Weltbild ergreifen" und „ein Spiel lernen" sind, aber charakterisiert dies schon die Äquivalenz ihrer Rollen? Ein naheliegender Grund, dies zu bejahen, ist natürlich, dass Weltbild-Sätze und Spielregeln das jeweilige Weltbild und Spiel sowohl teilweise zum Ausdruck bringen und zugleich ausmachen. Meines Erachtens wird dies aber erst in anderen Zusammenhängen klarer. Weiter unten werde ich auf diese Thematik zurückkommen.

3.2 „Mythologie"

Weltbild-Sätze ohne rationale Basis beschreibt Wittgenstein in §95 weiterhin metaphorisch: sie „könnten zu einer Art Mythologie gehören" oder sie „könnte man mythologisch nennen", wie es in der MS-Passage heißt (MS174, 21r).[10] Was meint er aber mit „Mythologie/mythologisch" im Kontext der §§95 und 97? Zu diesem Term bemerkt Coliva: „This is an undoubtedly puzzling remark, which

---

[10] Mir scheint diese abgeschwächte Variante im MS angemessener, weil sich Weltbild-Sätze zwar ähnlich einer Mythologie verhalten, aber nicht unbedingt – sogar kaum – ein Teil jeglicher Mythologie sind.

we need to clarify. Doing this will have, in my opinion, rich and somewhat sur-
prising implications"[11], und tatsächlich ist er so rätselhaft, dass er verschiedene
Deutungen zulässt. Betrachten wir zunächst, wie unterschiedlich er interpretiert
wird.

Coliva selbst interpretiert Wittgensteins Gebrauch von „Mythologie" unter
zwei Aspekten. Erstens deutet sie ihn in Anspielung auf *Zettel* in der Weise, dass
Wittgenstein Philosophie als eine Art Mythologie ansieht, wobei sie behauptet:
„*bad philosophy produces myths*, and becomes itself a mythology, by misunder-
standing the actual grammar of our language".[12] Ich vermute, dass sich Coliva
dabei auf den Satz in Z §211 bezieht: „Man ist in der Philosophie immer in
Gefahr, einen Mythus des Symbolismus zu erzeugen, oder einen der seelischen
Vorgänge".[13] Es liegt in diesem Zitat tatsächlich nahe, dass Wittgenstein etwas
Rätselhaftes als „Mythus" benennt, dass man z. B. beim Philosophieren das Denken als einen geistigen Vorgang im Kopf ansieht (z. B. Z §§605–607). Zweitens
zieht Coliva bei der Analyse des Wortes „Mythologie" Wittgensteins Aussage aus
seinen *Bemerkungen über Frazers ,Golden Bough'* (abgekürzt: BFGB) heran – „In
unserer Sprache ist eine ganze Mythologie niedergelegt"[14] –, um zu behaupten,
„a mythology is deposited in our language and every speaker can't but inherit
it".[15] Ebenso wie Coliva nehmen andere Interpreten auf diese Bemerkungen über
Frazer Bezug, um das Wort „Mythologie" zu deuten. Diesen zufolge beurteilt
Wittgenstein im Gegensatz zu dem Ethnologen Frazer ,Mythologien' nicht wie
wissenschaftliche Theorien. In diesem Zusammenhang deuten einige Interpreten
ein Weltbild als eine Art Mythos, der von wissenschaftlichen Theorien geson-
dert ist[16], wobei z. B. Kober auch auf ÜG §236, in dem das Wort „mystisch"
vorkommt, Bezug nimmt. In eine ähnliche Richtung bewegt sich auch Moyal-
Sharrock, ohne sich aber dabei auf Wittgensteins Bemerkungen über Frazer zu
beziehen: „Wittgenstein refers to [our world picture] as a 'mythology' (OC §95),
not in the sense that it is a mystifying picture, but in the sense that it is a picture
that is not *grounded in* – that is, *justified by* – science (knowledge)".[17]

---

[11] Coliva, A. (2010), S. 203.

[12] Ebd., S. 206. Hervorhebung von Coliva.

[13] Vgl. auch BT, S. 145.

[14] BFGB, S. 242; vgl. auch BT, S. 434.

[15] Coliva, A. (2010), S. 204.

[16] Siehe z. B. Hamilton, A. (2014), S. 135; Kober, M. (1993), S. 151. Vgl. auch Kober, M.
(1996), S. 418 und 439, Fn.15.

[17] Moyal-Sharrock, D. (2017), S. 549.

3.2 „Mythologie"   51

Dass Wittgenstein das Wort „Mythologie" o. ä. an mehreren Stellen in seinen
Schriften verwendet, scheint mir jedoch nicht zu heißen, dass er es in einheitli-
chem Sinn verwendet, sondern eher zu dokumentieren, dass er es je nach Kontext
in verschiedenen Sinnen gebraucht. An einer Stelle schreibt er z. B. „bloße Hypothese (Mythologie)"[18], und man könnte in diesem Ausdruck möglicherweise das
Wort „Mythologie" als synonyme Alternative von „bloße Hypothese" lesen. Aber
diese Bedeutung von „Mythologie" lässt sich mit dem Weltbildbegriff sowie mit
seinen Weltbild-Sätzen in ÜG schwerlich vereinbaren, weil das in ÜG angesprochene Weltbild keine Hypothese darstellt und tatsächlich viel in ÜG gegen die
Bezeichnung von Weltbildern als „Hypothesen" im Hinblick auf das Weltbild
spricht.[19] Unter diesem Aspekt könnte man auch infragestellen, wie viel der
Verweis auf *Zettel* und BFGB zum Verständnis von „Mythologie" im Kontext
des §95 beitragen kann. Zumindest scheinen mir zwei Punkte in den Deutungen der Sekundärliteratur zur Klärung des Weltbildbegriffes in ÜG nicht stimmig
zu sein. Erstens hat dieser Begriff meines Erachtens weder etwas mit „*bad philosophy*", wie Coliva schreibt, noch mit einem „Mythus", den man, wie in Z
§211, damit womöglich erzeugen würde, zu tun. Zweitens stellt sich die Frage,
wie angemessen die Auffassung von Weltbildern als „Mythologien", die keine
wissenschaftlichen Theorien sind, angesichts der §§95 und 97 ist. Wie gezeigt
wurde, gründet der Begriff des Weltbildes, der in ÜG thematisiert wird, nicht
auf *epistemischer* Rechtfertigung, aber zu dieser Rechtfertigung zählen offenbar nicht nur wissenschaftliche, sondern auch alltägliche, nicht-wissenschaftliche
Begründungen, wie sie etwa mit der Aussage „Ich habe mit ihm gesprochen" als
Begründung für den Satz „Er war gestern zu Hause" (vgl. §483) vorliegen.

Es stellt sich auch die Frage, ob es in ÜG durchgehend angebracht ist, das
Weltbild als unwissenschaftliche Mythologie zu deuten. §236 selbst ist in der
Tat so zu lesen, dass der unserem Mooreschen Satz entgegengesetzte Glaube
„Die Erde hat *nicht* schon lange vor meiner/unserer Geburt existiert" nicht
wissenschaftlich sein muss, sondern „mystisch" sein kann, so dass er z. B.
weder geschichtlichen noch geographischen Tatsachen zwingend widerspricht.
Wenn man dies aber so versteht, dass solch ein Glaube oder Zweifel unbedingt ein „mystischer" sei, lässt sich dies nicht mit der Bemerkung in §259
vereinbaren, dass der Zweifel auch ein wissenschaftlicher (oder auch philoso-
phischer/skeptizistischer Zweifel, wobei sich fragt, ob auch er „mystisch" zu
nennen ist) sein könnte. Meines Erachtens läuft §236 nur darauf hinaus, dass
ein „mystischer" Glaube nicht mit wissenschaftlichen Tatsachen verwoben ist,

---

[18] TS211, 202; MS110, 120.
[19] Siehe z. B. die §§87, 92, 167, 209 und 402.

sondern nur mit Mythen oder vielleicht auch mit „religiösem" Glauben, wie in §239 thematisch wird. Heißt das aber, dass ein Weltbild nach Wittgenstein nicht mit wissenschaftlichen Tatsachen zusammenhängt und in diesem Sinne gänzlich unwissenschaftlich ist? Wie oben gesehen, haben wir zwar unser Weltbild dadurch ergriffen, dass wir als Kinder eine Unmenge von Dingen gelernt haben, aber zu diesem Lernen gehörten natürlich auch Unterricht sowie Lehrbücher über Geographie, Chemie, Geschichte, etc.[20] In dieser Hinsicht könnte man wohl sagen, dass unser Weltbild und gewisse Weltbild-Sätze auch auf wissenschaftlichen Tatsachen beruhen und in diesem Sinne nicht bloß „mystisch" sind. Wenn man das Wort „Mythologie" in §95 im Sinne des „mystisch" aus §236 oder als „nicht wissenschaftlich" lesen wollte, könnte man das Weltbild des Königs in §92 und dessen Weltbild-Sätze als „Mythologie" oder sogar, mit einem Ausdruck Moyal-Sharrocks, als „mystifying picture" auffassen, obwohl sie das Weltbild nicht in dieser Weise deutet. Daraus folgte aber nicht, dass alle Weltbilder sowie Weltbild-Sätze in diesem Sinne „mystisch" sind. In diesem Lichte scheint mir die Kontrastierung von ‚Mythologie' und ‚Wissenschaft' bei der Klärung des Weltbildbegriffes in ÜG nicht hilfreich zu sein.

Andererseits finde ich es jedoch auch nicht unangebracht, sich bei der Lektüre der §§94–97 auf BFGB zu beziehen, wie es Coliva mit der Behauptung „a mythology is deposited in our language and every speaker can't but inherit it" tut. Dabei hebt sie hervor, „according to Wittgenstein, in our own language there are elements which originally belonged to a mythological and magic way of conceiving of reality", obwohl sie auch bemerkt, „the reference to mythological an [sic: and] magical conceptions of the world isn't very useful in order to understand OC 95, 97"[21]. Wie Wittgenstein in §92 den Regenkönig, dessen Lebenspraxis Frazer analysierte, in die Diskussion einbrachte, wird ebenfalls die Lesart nahegelegt, dass die Überlegungen in den §§94–97 teilweise auf dem Kontext in BFGB beruhen. Hierbei möchte ich aber eher auf die Stelle in BFGB, die Coliva nicht nannte, verweisen und das dort angesprochene Verhältnis zwischen alten Mythen bzw. Riten und „Wandlungen der Bedeutung" betrachten. Genauer behauptet Wittgenstein in BFGB:

> Und wenn ich in Frazer lese, so möchte ich auf Schritt und Tritt sagen: Alle diese Prozesse, diese Wandlungen der Bedeutung, haben wir noch in unserer Wortsprache vor uns. Wenn das, was sich in der letzten Garbe verbirgt, der 'Kornwolf' genannt

---

[20] Siehe z. B. die §§141–147, 159–162, 170, 262 f., und die §§599 f.
[21] Coliva, A. (2010), S. 205.

3.2 „Mythologie"   53

wird, aber auch diese Garbe selbst, und auch der Mann der sie bindet, so erkennen
wir hierin einen uns wohlbekannten sprachlichen Vorgang.[22]

An dieser Stelle macht Wittgenstein nicht deutlich, was er genau mit diesem „uns
wohlbekannten sprachlichen Vorgang" behaupten will. Jedoch lässt sich dieses
Zitat meines Erachtens wohl im Zusammenhang mit Mythen bzw. Riten in folgender Weise verstehen. Eine Menge der Wörter, die in unserer gegenwärtigen
Sprache verwendet werden, etwa „Kornwolf", waren nämlich ursprünglich mit
dem auf Mythen bzw. Riten bezogenen Sprachhandeln eng verknüpft, wobei mir
im Gegensatz zu Coliva scheint, dass die Leute in der alten Zeit nicht wirklich
auf „mythologische und magische" Weise die Realität oder die Welt betrachtet
haben.[23] Gewisse Wörter finden dann nach und nach verschiedene Anwendungen. Ihre Bedeutungen haben sich im Laufe der Zeit so gewandelt, dass es uns
nicht mehr klar vor Augen steht, was die Wörter ursprünglich bzw. etymologisch
bedeuten, obwohl wir davon in unserer Sprache weiterhin Gebrauch machen.
Zu dieser Art der „Erbschaft" passend hat Wittgenstein in der Tat an einer
Manuskriptstelle, an der auch die gleiche Passage im obigen Zitat aus BFGB
vorkommt, direkt anschließend daran die folgenden zwei Sätze hinzugefügt: „Unsere Sprache ist eine Verkörperung alter Mythen. Und der Ritus der alten Mythen
war eine Sprache"[24]. Wegen dieser Übernahme der alten Sprachpraxis sind alte
Mythen in unserer Sprache noch gegenwärtig. Genau in diesem Sinne könnte
man vielleicht mit Wittgenstein wohl sagen, „In unserer Sprache ist eine ganze
Mythologie niedergelegt"[25].

---

[22] BFGB, S. 242 f.

[23] Siehe z. B. Wittgensteins Kritik an Frazer, dass „[der primitive Mensch] nicht aus *Meinungen* handelt" und seine daran anschließende Bemerkung:
Ich lese, unter vielen ähnlichen Beispielen, von einem Regenkönig in Afrika, zu dem die
Leute um Regen bitten *wenn die Regenperiode kommt*. Aber das heißt doch, daß sie nicht
eigentlich meinen, er könne Regenmachen, sonst würden sie es in den trockenen Perioden
des Jahres, in der das Land 'a parched and arid desert' ist, machen." (ebd., S. 243 f.)
Dieses Bitten um Regen ist entsprechend keine *Meinung* der betreffenden Leute, sondern
lässt sich vielmehr bloß als ein Ritus etwa in einem Mythos verstehen. Ebenfalls liegt in Wittgensteins Augen nahe, dass die Benennung dessen, „was sich in der letzten Garbe verbirgt"
als „Kornwolf" nicht aus der *Meinung* herrührt, dass wirklich in der Realität sich ein Wolf
in der letzten Garbe verbirgt o.ä.

[24] MS110, 256. Vor Beginn dieser MS-Passage steht das Zeichen „Ø". Viele der Passagen, die im MS110 mit diesem Zeichen versehen wurden, sind zwar in TS211 bzw. BFGB
übernommen worden, dies betrifft aber die gerade zitierte MS-Passage nicht.

[25] BFGB, S. 242; vgl. auch BT, S. 434.

Im gleichen Verhältnis kann man meines Erachtens auch Weltbild-Sätze sowie Weltbilder in gewisser Hinsicht als „mythologisch" ansehen. Denn es ist ebenfalls denkbar, dass unser Weltbild eine gewandelte Form der alten Weltbilder darstellt, die ursprünglich mit gewissen Mythen und Riten verbunden waren, aber dass es nun wegen dieser Prozesse, sprich, der allmählichen Wandlungen ihrer Formen nicht mehr klar ist, welche mythologische Bedeutungen sie ursprünglich hatten. Diese Deutung von „Mythologie/mythologisch" in §95 passt gut zur Auffassung über „mein/unser Weltbild" als „überkommenen Hintergrund" in §94, weil wir die ursprünglich an gewisse Mythen bzw. Riten gebundenen Weltbilder „überkommen", sprich, als Erbe erhalten haben, und auch zur Charakterisierung von Weltbild-Sätzen als „Mythologie" in §97 aufgrund der Wandelbarkeit ihrer Gestalt. Mehr ist aber meines Erachtens bei Wittgensteins Wortwahl von „Mythologie/mythologisch" in ÜG nicht zu holen. Es geht nämlich dem Weltbildbegriff in ÜG weder um hypothetische noch unwissenschaftliche Mythologien, die vielleicht eigens im Kontext in BFGB thematisch sein könnten.

Ohne auf den oben erwähnten Kontrast zwischen Mythos und wissenschaftlichen Theorien zu einzugehen, erscheint es mir sonst noch angebracht und ausreichend genug, die Metapher der „Mythologie" so zu lesen, dass der Glaube an Mythologie nicht auf rationalen Überzeugungen basieren muss. Unter diesem Aspekt kann man nicht nur Weltbild-Sätze, sondern auch das ganze Weltbild „mythologisch" nennen, weil wir auch zu ihm nicht durch rationale Überzeugung gelangt sind. An dieser Stelle kann man dann §148, der als eine Bemerkung über das Weltbild und Weltbild-Sätze zu lesen ist, heranziehen, und dort wird die infrage stehende Eigenschaft geklärt, die eng mit einem für den späten Wittgenstein charakteristischen Standpunkt verbunden ist: „Es gibt kein Warum. Ich tue es [= überzeuge mich davon, daß ich zwei Füße habe, wenn ich mich vom Sessel erheben will] einfach nicht. So handle ich" (§148; vgl. die §§254, 284, PU §217, BGM S. 326 und 397). Dieser Bemerkung zufolge basiert die charakteristische Grundlosigkeit von Weltbildern und entsprechender Weltbild-Sätze auf unserem Handeln, das am Ende der Gründe steht.[26]

Nebenbei ist vielleicht bemerkenswert, dass sich ein ähnlicher Ausdruck wie „zu einer Art Mythologie gehören" in §95 von Freges ‚Logik'-Manuskript findet, das 1897 niedergeschrieben worden sein soll. Da es erst 1969 veröffentlicht wurde, hat Wittgenstein die Publikation unzweifelhaft nicht lesen können. Allerdings hat Frege viele der in diesem Manuskript entworfenen Überlegungen, vor

---

[26] Wie in den §§146–148 ersichtlich ist, gibt es eigentlich keinen scharfen Unterschied zwischen ‚Weltbild' und ‚Weltbild-Sätzen'. Aus diesem Grund lese ich die Bemerkung in §148 auch gültig für das betreffende Weltbild.

3.2 „Mythologie"   55

allem zum Wort „wahr", in seinem späteren Aufsatz ‚Der Gedanke' aus dem
Jahre 1918 noch einmal aufgenommen.[27] Weil sich Wittgenstein mit diesem Text
auskannte, ist es gut vorstellbar, dass er auch mit Freges Gedankengang im vor-
hergehenden Manuskript vertraut war, ungeachtet der naheliegenden Vermutung,
dass Wittgenstein bei seinen mehrmaligen Besuchen bei Frege mit ihm über
‚Logik' diskutierte und vielleicht eine Kopie oder eine vorläufige Version des
Manuskripts erhalten haben könnte.

An einer Stelle des genannten Manuskripts thematisiert Frege „Mythologie"
so:

> Das von unserem Seelenleben Unabhängige, das Objektive braucht durchaus nicht
> räumlich, stofflich, wirklich zu sein. Wenn man das nicht beachten wollte, würde
> man leicht in **eine Art von Mythologie** verfallen. Wenn man sagte: „Die Gesetze
> der Gravitation, der Trägheit, des Parallelogramms der Kräfte bewirken, daß die Erde
> sich so bewegt, wie sie sich bewegt", so könnte das den Schein erwecken, als ob
> jene Naturgesetze die Erde, sozusagen, beim Ohre nähmen und zu pflichtmäßigem
> Wandel anhielten. Ein solcher Gebrauch der Wörter „wirken", „bewirken" wäre irre-
> leitend. Dagegen kann man wohl sagen, daß die Sonne und die Planeten nach dem
> Gravitationsgesetze aufeinander wirken [Hervorhebung von mir].[28]

Ohne auf Details eingehen zu wollen, kann hierbei der Ausdruck „eine Art von
Mythologie" so verstanden werden, dass die Naturgesetze, im Sinne einer ‚Mythologie' gedeutet, als zum Bereich des Physischen gehörig aufgefasst werden
könnten. Sie wären dann im Wesentlichen räumlich, zeitlich und in gewissem
Sinne „wirklich", als sie auf andere physische Dinge Einfluss nehmen oder nach
Frege „bewirken" könnten. Wenn die Naturgesetze als „wirklich" in diesem Sinne
betrachtet würden, dann hörte es sich so an, als ob sie sich wie göttliche Körper
verhielten, so dass z. B. die Erde erst unter ihrer Kontrolle entstanden wäre, sich
so und so bewegen würde etc. Frege selbst weist diese „mythologische" Auffassung der Naturgesetze zurück und versteht sie in seinem Sinne als „Gedanken",
die zeitlich nicht beschränkt, sondern „zeitlos, ewig, unveränderlich" sind[29]. Von
Wittgenstein hingegen wird der mythologische Charakter von Weltbild-Sätzen
in §95 weder für negativ noch für positiv gehalten, sondern als neutraler Vergleich angeboten. Meines Erachtens bietet sich – hier ignoriere ich aber die
Eigenschaften „wirklich", „zeitlos" etc. – hier auch der weiterführende Vergleich
zwischen Weltbildern und der herrschenden Macht von etwas Göttlichem an, um

---

[27] Vgl. die erste Fußnote in: Frege, G. (1897), S. 137.

[28] Frege, G. (1897), S. 149. Im Aufsatz ‚Der Gedanke' finden sich jedoch weder diese
Passage noch das Wort „Mythologie".

[29] Frege, G. (1918–19), S. 76 (zitiert nach Originalpaginierung).

erstere sowie entsprechende Weltbild-Sätze zu charakterisieren. Erst durch sie als überkommenen Hintergrund wird nämlich, wie wir unten genauer sehen werden, unterschieden, was im vorliegenden Sprachspiel wahr und falsch ist, und diese Unterscheidung steht sozusagen unter Kontrolle dieses Hintergrundes.[30]

3.3 Beispiele für Weltbild-Sätze und ihr methodischer Charakter

Wie sehen aber das Weltbild und die Weltbild-Sätze eigentlich konkret aus? In Anbetracht ihres Charakters, vor allem ihrer Grundlosigkeit, könnte man vielleicht dazu geneigt sein, Weltbild-Sätze mit Mooreschen Sätzen schlicht gleichzusetzen. Hierbei könnte man, vielleicht mit Interpreten wie Hamilton und Thomas Morawetz, und ohne auf die Unterschiede zwischen Sätzen beider Art hinzuweisen, sagen wollen, „Wittgenstein suggests that they [= Moorean propositions] make up what he calls a *world-picture*"[31], oder „propositions like 'There are physical objects' can *masquerade* as moves within knowing-games when they are at least 'mere descriptions'. They describe, in Wittgenstein's words, our 'world-picture'"[32]. Jedoch erläutert Wittgenstein nicht explizit, welche Sätze eigentlich zu Weltbild-Sätzen gehören, wie auch Kober hervorhebt: „Die Bedeutung dessen zu bestimmen, was Wittgenstein mit ‚Weltbild' wohl gemeint haben könnte, ist jedoch nicht ganz einfach, denn das, was er dazu explizit sagt, ist sehr vage und mehrdeutig"[33], Um die Weltbild-Sätze näher zu beleuchten, gilt es genauer zu betrachten, welche Beispiele er in den Paragraphen über Weltbilder ins Spiel bringt.

Obwohl Kober weiterhin sagt, „Dabei sollte man bedenken, daß das Wort ‚Weltbild' in *Über Gewißheit* auch nur sieben Mal verwendet wird (*ÜG* 93–95,

---

[30] An mehreren Stellen in Freges Schriften charakterisiert er ‚Mythologie' so, dass alle entsprechenden Sätze keinen Wahrheitswert – ‚wahr' oder ‚falsch' – besitzen (vgl. z. B. Frege, G. (1906)). Diese Beschreibung passt aber nicht zu Weltbild-Sätzen, weil ihnen meines Erachtens durchaus Wahrheitswerte zugeordnet werden können (Vgl. den Satz „Die Erde ist rund/eine Kugel" (vgl. §§146 f. und 291)).

[31] Hamilton, A. (2014), S. 4. Vgl. auch ebd., S. 4, 74 und 94; Child, W. (2010), S. 196; Gennip, K. v. (2008), S. 47 und 173; Glock, H.-J. (1996), S. 78 und 138; Glock, H.-J. (2004b), S. 69; Krebs, A. (2003), S. 126; Kusch, M. (2010), S. 223; Pritchard, D. (2016), S. 199.

[32] Morawetz, T. (1978), S. 66.

[33] Kober, M. (1993), S. 150. In der ersten Fußnote auf S. 150 stimmt Kober Joachim Schultes Urteil zu: „we know extremely little about what Wittgenstein meant by this word 'world-picture'" (Schulte, J. (1988), S. 326).

3.3 Beispiele für Weltbild-Sätze und ihr methodischer Charakter   57

162, 167, 233, 262)"[34], lassen sich auch andere Paragraphen als solche lesen, die zwar nicht das Wort „Weltbild" enthalten, aber doch inhaltlich von Weltbildern handeln, und dazu gehören z. B. die §§146 ff., 209 und 291 ff. Den genannten und umliegenden Paragraphen sind die folgenden Sätze als Beispiele für Weltbild-Sätze zu entnehmen, und die sich grob in zwei Arten – einmal *wissenschaftliche* und einmal auf den Alltag bezogene – einteilen lassen:

Erste Art

- „Die Erde hat schon lange vor meiner Geburt existiert" (§§91 f. und 262)
- „Kein Mensch hat sich je weit von der Erde entfernt" (§93)
- „Die Erde ist rund/eine Kugel" (vgl. §§146 f. und 291)
- „Die Erde existiert" (§209)
- „Was in Lehrbüchern, der Geographie z. B., steht" (§162)

Zweite Art

- „Ich habe zwei Füße, wenn ich mich vom Sessel erheben will" (§148)
- „Dieser Tisch bleibt hier stehen, wenn niemand auf ihn achtgibt" (§163)
- „Nicht alle Berichte über Napoleons Geschichte beruhen auf Sinnestrug, Schwindel u. dergl." (ebd.)
- „Hier steht wirklich der Apparat, welchen ich zu sehen glaube (u. dergl.)" (ebd.)
- „Meine Hände verschwinden nicht, wenn ich auf sie nicht aufpasse" (§153; wegen der Ähnlichkeit mit §163, vgl. auch die §§101, 134, 214 und 234)
- „Was *immer* geschehen ist, wird auch wieder geschehen, oder kann kein andermal anders zugehen" (§§135 und 167).

An dieser Liste kann man unschwer erkennen, wie eingeschränkt die Zahl der Beispiele für Weltbild-Sätze ist, und auch, dass sich die Tendenz ihrer Auswahl eher auf unsere Weltanschauung bezieht. Bemerkenswert ist zudem, dass typische Mooresche Sätze wie „Hier sind zwei Hände", „Das ist ein Baum" nicht zu ihnen zählen, obwohl manche Weltbild-Sätze sich auch als Mooresche Sätzen lesen lassen, die im System unverrückbar feststehen. Aufgrund dieser beschränkten Beispiele und der Tendenz ihrer Auswahl schlage ich vor, Mooresche Sätze und Weltbild-Sätze nicht zu identifizieren, sondern sie so zu verstehen, dass nicht alle Mooreschen Sätze Weltbild-Sätze sind. Ob nach Wittgenstein alle Weltbild-Sätze Mooresche Sätze sind, sprich, ob also auch kontingente Sätze, die keine

---

[34] Kober, M. (1993), S. 150, Fn.1.

58   3 §94

Mooreschen Sätze sind, zu Weltbild-Sätzen gehören, lässt sich am Text von ÜG
der geringen Beispiele wegen nicht feststellen. Aus diesem Grund lasse ich diese
Frage beiseite.

Den Charakter des Weltbildes kann man auch dadurch näher beleuchten, dass
man sich den Kontrast zwischen dem trivialerweise klaren Mooreschen Satz „Das
ist ein Tisch" – wenn man diese Äußerung etwa vor einem Tisch stehend äußert
(vgl. §532) – und dem Weltbild-Satz „Dieser Tisch bliebt hier stehen, wenn niemand auf ihn achtgibt" vor Augen führt. Das Weltbild ist nämlich nicht nur ein
Sammelsurium trivial klarer Sätze, sondern hat auch den Charakter von, sozusagen, Methodischem. Der Mooresche Satz „Das ist ein Tisch" stellt bloß eine klare
Wahrheit dar, die man, wie in §161 gesagt wird, „durch eigene Erfahrung bestätigt", z. B. durch den Anblick des Tisches, finden kann, obwohl diese Erfahrung
weder als rechte Begründung für den Satz gelten noch ihn sicherer machen kann
(§250). Der gegebene Weltbild-Satz drückt hingegen aus, wie man über den Tisch
nachdenkt, wenn man nicht auf ihn achtgibt, während man also keine Erfahrung
davon machen kann, wie er indessen aussieht.[35] Die spezifische Eigenschaft von
Weltbild-Sätzen stellt sich explizit in §211 heraus, der mit dem gerade erwähnten
§209 für diesen Kontext als einschlägig gelten kann. Ich zitiere ihn aus MS175,
6v–7r:

Es [= Manches, das uns festzustehen scheint, z. B., dass die Erde existiert (s. §210)]
ist nun die Form unserer Betrachtungsweise & charakterisiert alle unsre Fragen & Forschungen. // Es gibt nun unsern Betrachtungen, unsern Forschungen ihre Form. // Es
war vielleicht einmal umstritten. Vielleicht aber ist lhatl es seit unvordenklichen Zeiten
zum Gerüst aller unsrer Betrachtungen gehört. (Jeder Mensch hat Eltern.)

Abgesehen davon, dass der Zusatz „Jeder Mensch hat Eltern" nicht nur aus religiöser, sondern auch aus evolutionsbiologischer Sicht ein angemessenes Beispiel
für „unsere Betrachtungen" darstellt, gilt diese Bemerkung nicht nur für den Satz
„Die Erde existiert", sondern generell bei Weltbild-Sätzen, etwa für das Beispiel
eines Weltbild-Satzes zweiter Art, welches gleich in §214 vorkommt. Weltbild-
Sätze sowie Weltbilder stellen gewisse Erklärungsweisen – die Form unserer
Fragen, Betrachtungen, Forschungen, etc.[36] – bereit. Sie haben gleichsam eine

---

[35] Diesen Charakter haben klarerweise alle Weltbild-Sätze zweiter Art. Im Falle der
Weltbild-Sätze erster Art, z. B. über die Erde, ist die Möglichkeit nicht ausgeschlossen, sie
durch eigene Erfahrung bestätigt zu finden. Dies geschieht jedoch im Alltag kaum, sondern
man lernt sie vielmehr durch Lehrbücher, von Lehrern, etc. und nimmt ihre Wahrheit auf die
Autorität von Menschen hin an (vgl. §161).

[36] Es finden sich in ÜG durchgehend etliche ähnliche Varianten von „Gerüst aller unsrer
Betrachtungen". Mit Gerüst/Grundlage/System/… verwoben sind dementsprechend nicht

3.3 Beispiele für Weltbild-Sätze und ihr methodischer Charakter 59

uneingeschränkte Kontrolle über unsere Erklärungen, Betrachtungen, etc. ähnlich etwas Göttlichem in einer „Mythologie", wenn man so sagen will. So gesehen haben Weltbild-Sätze wenig mit typischen Mooreschen Sätzen wie „Das ist ein Baum" oder „Ich bin ein Mensch" zu tun, die Moore ursprünglich als Common Sense oder Binsenwahrheiten verteidigen wollte[37]. Es ist ohne weiteres schwer zu sehen, dass solche von Moore aufgezählten Sätze irgendeine Art von *Methode* zur Verfügung stellen. Ein Weltbild-Satz hingegen wird im Alltag so gebraucht, dass er gleichsam als Brille fungiert, durch die man die Welt betrachtet, befragt, erforscht etc.

Der methodische Charakter von Weltbildern, der uns hinsichtlich einer Anschauungs- und Betrachtungsweise der Welt orientiert, ist auch an anderen Paragraphen ersichtlich und in manchen sogar expliziter und konkreter. Wie oben gezeigt wurde, ist ein Weltbild mit einer Betrachtungsweise der Welt – oder, wie Wittgenstein es nennt, „Grundanschauungen" (§238), „Naturanschauung" (MS175, 33r; vgl. auch §291), oder „Betrachtung" (MS175, 33r; vgl. auch §292) – verwoben.[38] Wie haben wir diesen Zusammenhang genauer zu verstehen? Ich lese die §§146 f. mit einem Bezug auf Weltbilder/den Weltbildbegriff, und dort beschreibt Wittgenstein anhand des Beispiels des Erdkugel-Weltbildes den betreffenden Zusammenhang kurz und bündig: „dies Bild hilft uns nun zum Beurteilen verschiedener Sachverhalte" (§146[39]), und: „wir arbeiten damit [= mit dem Weltbild], ohne es anzuzweifeln" (§147). Fernerhin beschreibt er, zunächst

---

nur „unsere Betrachtungen", sondern auch die im Folgenden aufgelisteten: „unser Zweifeln und Untersuchen" (§151), „all mein Forschen und Behaupten" (§162; vgl. auch §167), „mein Glauben" (§246), „unsere wissenschaftliche Untersuchung" (§§341 f.), „alle Erkenntnis" (§380), „alles Operieren mit Gedanken (mit der Sprache)", (§401), „seine Sprachspiele/unser Sprachspiel" (§403/§558), „das Handeln und das Denken" (§411), „mein ganzes Handeln" (§414), „alle Fragen und alles Denken" (§415), „alles Urteilen" (§614). Diese Beschreibungen sind mit dem methodischen Charakter eines Weltbildes gut vereinbar.

[37] Solche Mooreschen Sätze, die ich hier als „Binsenwahrheiten" bezeichne, haben auch im Sprachspiel eine wichtige Rolle inne. Darauf werde ich vor allem in Bezug auf die §§137 f. näher eingehen.

[38] Die letzten zwei Wörter gefallen Wittgenstein, wie bei mit einer Wellenlinie unterstrichenen Wörtern üblich, nicht.

[39] Im MS findet man an beiden Rändern zwei Wellenlinien. David G. Stern zufolge sind solche „wavy lines in the margin" in Wittgensteins *Nachlass* gängig als „a way of indicating his dissatisfaction with the wording (the latter [gemeint: wavy lines] is also used under particular words for the same reason)" zu deuten (Stern, D. G. (2010), S. 117). Seine Unzufriedenheit der Wortwahl an der betreffenden Manuskriptstelle betrifft aber meines Erachtens, wenn überhaupt, nicht genau den zitierten Teilsatz in §146, sondern vielmehr die ursprüngliche Variante „dies Bild hilft uns nun zu verschiedenen Vorhersagen & andern Urteilen", deren Satzteil „verschiedenen … Urteilen" später gestrichen wurde (MS174, 32r).

60   3 §94

in den §§96–99, Weltbild-Sätze – teilweise metaphorisch – mit den Ausdrücken „erstarrt", „Leitung" (§96), „Flußbett der Gedanken" (§97), „Regel der Prüfung" (§98) und „hartes Gestein" (§99), und später mit „Norm der Beschreibung" (§167) und „methodologische Sätzen" (§318). Und diese passen wiederum nicht zur Beschreibung von typischen Mooreschen Sätzen, weil einige von ihnen normalerweise nur als Binsenwahrheiten anzusehen sind.[40] Hingegen werden andere Sätze, die keine Weltbild-Sätze darstellen, beschrieben als „die nicht erstarrten, flüssigen Sätze" (§96; vgl. auch §167) und „Sätze innerhalb einer Methode" (§318). Letztere werden nach §98 durch ersteres geprüft und deshalb spielt ersteres eine methodische[41] Rolle. Auch diese methodische Rolle der Weltbild-Sätze lässt sich in gewisser Hinsicht wie in §95 thematisiert wird, ähnlich wie die Rolle von Spielregeln ansehen. Denn der methodische Charakter findet sich z. B. auch in der Schachregel „Läufer ziehen diagonal beliebig weit über das Brett, wobei sie nicht über andere Figuren hinweg ziehen dürfen", weil sie nicht nur das Spiel ausmacht, es teilweise zum Ausdruck bringt, sondern zugleich charakterisiert, wie Läufer im Schach gezogen werden dürfen. Bspw. lässt sich die Rolle des Weltbild-Satzes „Was *immer* geschehen ist, wird auch wieder geschehen" insbesondere unter dem Aspekt ebenso methodisch betrachten, dass er spezifiziert oder sogar festlegt, in welcher Weise wir Geschehnisse behandeln, während die Schachregel für uns einfach besagt, wie wir gewisse Schachfiguren handhaben.

Bemerkenswert ist zudem, dass es keine scharfe Grenze zwischen Weltbild-Sätzen und anderen Sätzen gibt, wie Wittgenstein in den §§97 und 318 hinweist. Obwohl man diese Bemerkung vielleicht auf verschiedene Weisen deuten könnte, ist sie, wie mir scheint, zumindest verknüpft mit der Revidierbarkeit eines Weltbildes sowie seiner Weltbild-Sätze, auf die Wittgenstein in den §§96–99 verweist. Betrachten wir nun, erneut mit dem Beispiel des Königs in §92, wie die Revision aussieht. Wie bereits gesagt, wurde der König in dem Glauben erzogen, die Welt habe mit ihm begonnen, und er besitzt demnach ein anderes Weltbild als unseres (sowie Moores). Der Satz „Die Welt hat mit dem König begonnen" ist hier ein Weltbild-Satz, der sein Weltbild zum Ausdruck bringt, und mit dessen Hilfe urteilt der König z. B. darüber, dass die Erde „zu ihm gehört", er betrachtet die Welt als „sein Eigentum" und dergleichen. Hierbei gelten Sätze wie der erstere als methodische („methodologische" in §308) Sätze und letztere als „Sätze

---

[40] Vor allem zu dem Verhältnis zwischen „Norm" und Mooreschen Sätzen als Binsenwahrheiten, siehe Hashimoto, S. (2016).

[41] Wittgenstein verwendet zwar „methodologisch" (§318), aber ich behalte das Wort „methodisch" bei, weil ich es angemessener finde. Außerdem wurde an der §318 entsprechenden Manuskriptstelle eine Wellenlinie am linken Rande des Satzteils „Sätzen und Sätzen innerhalb einer Methode" gezeichnet (MS175, 40v).

3.4 „Der überkommene Hintergrund" und der Wahrheitsbegriff   61

innerhalb einer Methode". Sein Weltbild ist jedoch revidierbar, z. B. im Gespräch mit Leuten, die ein anderes Weltbild besitzen. Die Revision in diesem Fall ist, wie schon gesagt wurde, nichts anderes als „eine Bekehrung besonderer Art" (§92), die man nicht als Überzeugung durch gewisse Evidenz ansehen muss, sondern eher eine „*Überredung*" nennen könnte. Denn sie hat weder mit Begründung noch Rechtfertigung etwas zu tun, sondern erfolgt über jegliche rationale Überzeugung hinaus (vgl. die §§612 und 669):[42] Allerdings geschieht eine Revision eines Weltbildes nicht ausschließlich durch die *Überredung* anderer, sondern sie kann sich auch über die Zeit und in Entsprechung mit unserer fortschreitenden Welterkenntnis einstellen, womit auch die Veränderung unserer Sprachspiele einhergeht (siehe die §§96 und 256).

3.4 „Der überkommene Hintergrund" und der Wahrheitsbegriff

Soweit haben wir betrachtet, wie der Weltbildbegriff und entsprechende Weltbild-Sätze aussehen. Mit diesen Vorkenntnissen möchte ich nun zur für den Wahrheitsbegriff wichtigen Frage übergehen: Was meint Wittgenstein mit „dem überkommenen Hintergrund, auf welchem ich zwischen wahr und falsch unterscheide"? Zwar hat er dies nicht explizit geschildert, doch scheinen mir aufgrund der bisherigen Betrachtungen die zwei folgenden, einander ergänzenden Deutungen nahezuliegen.

Erstens könnte man diesen „Hintergrund" auch als „Bezugssystem" lesen. Zu diesem System gehört, wie in §83 gesagt wird, die *Wahrheit* Moorescher Sätze (vgl. auch §403). Außerdem kann man Wittgensteins Bemerkungen in ÜG entnehmen, dass man ohne dieses *Wahre* alle weiteren Urteile über Wahr- und Falschheit nicht sinnvoll fällen könnte (§§69 und 514 f.; vgl. auch die §§419, 490 und 494). Eine Unterscheidung zwischen ‚wahr' und ‚falsch' liegt dementsprechend nur dann vor, wenn man von dieser *Wahrheit* schon reden kann. Da solche Weltbild-Sätze, die nicht nur unbezweifelbar sind, sondern auch am Ende der Gründe stehen und unhinterfragt gelernt werden, zugleich Mooresche Sätze sind, lässt sich auch sagen, dass die *Wahrheit* der Weltbild-Sätze unsere Urteile

---

[42] Zu beachten ist aber, dass Wittgenstein auch das Ergreifen z. B. des Erdkugel-Weltbildes einmal in §291 „endgültige Überzeugung" nennt und dass sie von üblichen zu unterscheiden ist. Sie verhält sich, wie mir scheint, eher wie eine „unerschütterliche Überzeugung" in §103, die keine gewöhnliche Überzeugung durch bestimmte „Gedankengänge/Evidenz" (siehe MS174, 23r), sondern die in allen „Fragen und Antworten verankert ist", so dass sie weder zu bezweifeln, noch zu begründen ist (§103; vgl. auch die §§86 und 173).

über Wahr- und Falschheit erst ermöglichen. Wenn man berücksichtigt, dass sie ein Weltbild konstituieren, folgt, dass unser Weltbild uns ermöglicht, „wahr" und „falsch" zu unterscheiden und Urteile über Wahr- und Falschheit zu treffen. Relevant ist zweitens der methodische oder – bzgl. der „Mythologie" – „herrschende" Charakter des Weltbildes sowie entsprechender Weltbild-Sätze, unter dessen Kontrolle unsere Urteile stehen. Das Weltbild ist, wie oben gezeigt wurde, nicht nur ein Konglomerat von Sätzen, sondern stellt eine Betrachtungsweise – „Grundanschauung" (§238), „Naturanschauung" (§291) – bereit. Wie wir die Welt betrachten, lässt sich nach ÜG z. B. so beschreiben, dass wir glauben, dass, wenn etwas *immer* geschehen ist, es auch wieder geschehen wird (§§135 und 167), dass die Erde rund ist (§§146 f.), etc. Solch ein Weltbild „hilft uns nun zum Beurteilen verschiedener Sachverhalte" (§146). Dieses „Beurteilen" ist auch so zu lesen, dass es die Urteile von „wahr" und „falsch" involviert. Für diese Urteile spielen meines Erachtens klarerweise Weltbild-Sätze zweiter Art eine wichtige Rolle. Wie wir Sachverhalte beurteilen, wird z. B. auch durch solche Weltbild-Sätze wie „Was *immer* geschehen ist, wird auch wieder geschehen" und „Dinge verschwinden nicht, wenn man nicht auf sie achtgibt" charakterisiert. Mit dem Schema – Bezugssystem, Hintergrund, etc. –, das diese Sätze zum Ausdruck bringen, kann man beliebig viele konkrete wahre Urteile generieren, die ähnlich strukturiert sind, wie etwa „Der Tisch verschwindet nicht, wenn man ihn nicht ansieht" und „Die Sonne geht auch morgen auf", und auch falsche Urteile, die ihnen entgegengesetzt sind. Im Falle des Erdkugel-Weltbilds könnte man auch mehrere Sätze wie „Die Erde dreht sich um sich selbst" als wahr und mehrere andere wie „Die Welt ruht auf den Rücken von vier Elefanten" als falsch beurteilen. In der Hinsicht, dass es ohne dieses Weltbild diese wahren und falschen Urteile nicht gäbe, kann man es als „überkommenen Hintergrund" für die Unterscheidung wahrer und falscher Urteile ansehen.

Es stellt sich aber dann die naheliegende Frage, „Ist das Weltbild, das als der überkommene Hintergrund funktioniert, selbst wahr oder falsch?", obwohl ich die Wahrheit der betreffenden Weltbild-Sätze auf der Seite zuvor schon vorausgesetzt hatte. Diese Frage wird später in §162 tatsächlich von Wittgenstein angepackt. Obwohl ich in Kap. 8 auf diese Thematik noch näher eingehen werde, möchte ich bereits an dieser Stelle auf einige Bemerkungen aus der Sekundärliteratur über die §§94 f. einen Blick werfen. Auf §94 (sowie §205) bezogen erwähnt Giehring, „Tatsächlich lehnt Wittgenstein es explizit ab, im Zusammenhang des Weltbildes überhaupt von Wahrheit zu sprechen".[43] Ist aber die Bemerkung in §94 eine explizite Ablehnung der Anwendung des Wahrheitsbegriffes auf ein Weltbild? Im

---

[43] Giehring, S. (2005), S. 187, Fn.50.

3.4 „Der überkommene Hintergrund" und der Wahrheitsbegriff   63

ersten Satz in §94 weist Wittgenstein lediglich darauf hin, dass es im Sprachspiel an einer *epistemischen* Rechtfertigung des Weltbildes, d. h. an der Überzeugung von seiner „Richtigkeit", fehlt. Das muss zunächst nur heißen, dass das Weltbild nicht ‚begründet wahr' ist[44], auch wenn man das Wort „Richtigkeit" bezogen auf „Wahrheit" oder „verifiziert sein"[45] liest. §95 heranziehend deuten deshalb einige Interpreten ein Weltbild sowie Weltbild-Sätze als weder wahr noch falsch, weil sie als *regelartig*, also nicht faktisch, sondern „bloß" normativ anzusehen seien.[46] Zwar weist Wittgenstein in §95 auf eine gewisse Ähnlichkeit zwischen der Rolle von Weltbild-Sätzen und der Rolle von Spielregeln hin, daraus folgt aber meines Erachtens nicht, dass ein Weltbild bzw. Weltbild-Sätze ebenso wie Spielregeln weder wahr noch falsch sein können. Wenn man Paragraphen wie die §§83 und 403 ernstnimmt, lassen sich diese Idee und auch die Idee, dass das Wahre das Begründete ist, nicht mit ihnen vereinbaren. Zur Thematik der Wahrheit eines Weltbildes werde ich bei der Kommentierung der §162 f. zurückkommen und dort genauer untersuchen, wie es sich damit verhält.

---

[44] „Das Wahre ist das Begründete" ist genau die Idee, die in §205 dargestellt ist. Ihre problematischen Punkte werde ich in Kap.10 näher betrachten.

[45] Moyal-Sharrock erwähnt z. B. in Bezug auf §94: „For Wittgenstein, our certainty that the earth existed long before we were born cannot be said to be *justified*, for it was never *verified*" (Moyal-Sharrock, D. (2017), S. 548). Die Idee, dass das *Verifizierte* das *Gerechtfertigte/Begründete* ist, passt wohl zur Bemerkung in §205, die auch bei ihrer Deutung von ÜG in den Vordergrund gerückt wird.

[46] Coliva, A. (2010), S. 138 (vgl. auch Coliva, A. (2013a), S. 7; Coliva, A. (2015), S. 125); Hamilton, A. (2014), S. 94f, 118, 131 und 148. Siehe auch Forster, M. N. (2017), S. 270 f., wobei Mooresche Sätze sowie Weltbild-Sätze als „grammatische Regeln" gedeutet werden.

§108

4

4.1 Die Vorgeschichte in den §§106 f.

Zu §108 (MS174, 24r–24v)

[a.1.] "Aber gibt es denn da keine objektive Wahrheit? Ist es nicht wahr, oder aber falsch, daß Einer / jemand / auf dem Mond war?" [a.2.] Wenn wir in unserm System denken, so ist es gewiß, daß kein Mensch je auf dem Mond war. [a.3.] Nicht nur ist uns so etwas nie im Ernst von vernünftigen Leuten berichtet worden, sondern unser ganzes System der Physik verbietet uns es / dies / zu glauben. [a.4.] Denn diese verlangt Antworten auf die Fragen: "Wie hat er die Schwerkraft überwunden?", "Wie konnte er ohne Atmosphäre leben?" & tausend andere, die nicht zu beantworten wären. [a.5.] Wie aber wenn ~~uns~~ statt allen diesen Antworten entgegnet würde: Wir wissen nicht, <u>wie</u> man auf den Mond kommt, aber die dorthin kommen, erkennen sofort, daß sie dort sind; & auch Du kannst ja nicht alles erklären. [a.6.] Von ~~e|E~~inem, der dies sagte, würden wir uns geistig sehr entfernt fühlen.

(a.1.) beginnt mit der „Aber"-Reaktion des Gesprächspartners (= GP), die typischerweise in Wittgensteins Texten vorkommt. Nicht nur aufgrund dieses „Aber", sondern auch aufgrund des Wortes „da" in (a.1.) liegt es nahe, §108 in Bezug auf die vorangehenden Paragraphen §§106 f. zu lesen. Um §108 richtig einzuordnen, gilt es also zunächst zu betrachten, wie die §§106 f. aussehen.

In §106 ins Spiel gebracht wird das Szenario, dass ein Erwachsener einem Kind genau das Gegenteil des Satzes:

(M): „Niemand ist auf dem Mond gewesen"

erzählt hätte, sowie dass Erwachsene eines Volksstamms an das Gegenteil des (M) im Ernst glauben könnten. Der Satz (M) kann heutzutage so verstanden werden, dass er zur Zeit von Wittgensteins Niederschrift der ÜG-Notizen geäußert wurde und damals für unbezweifelbar sicher gehalten wurde. Zu solch einem Kind würde ein – vernünftiger – Mensch von damals im Nachhinein sagen, was ihm erzählt würde, sei nur ein Scherz gewesen, etc. Und wie Wittgenstein im letzten Satz in §106 sagt, würde dieses Kind für gewöhnlich bald von (M) „überzeugt werden". Meines Erachtens könnte eine Menge dessen, was das Kind lernt, überhaupt nicht mit dem Gegenteil des (M) vereinbar sein, und es würde, so wie ich §102 verstehe, gar nicht zu seinen übrigen Überzeugungen, die ein System bilden, passen. Was könnte man aber dem Kind sowie dem in §106 angesprochenen Volksstamm antworten, wenn sie auf dem Gegenteil von (M) beharrten? Wittgenstein beantwortet diese Frage vorerst nicht, sondern verschiebt seine Antwort auf später, frühestens auf §108.

In §107 stellt sich dann die Frage: „Ist dies [= das Szenario, in dem einem Kind das Gegenteil von (M) erzählt würde und es darauf beharrte] nicht ganz so, wie man einem Kind den Glauben an einen Gott, oder daß es keinen Gott gibt, beibringen kann […]?" Wer eine Frage dieser Art stellt, will – wie es vielleicht auch Wittgensteins eigene Absicht ist – die Analogie behaupten, dass sich das Beibringen der Wahrheit von (M) und das Beibringen des Gegenteils gleich zueinander verhalten wie das Beibringen eines theistischen oder atheistischen Glaubens. Weiterhin ist er dazu geneigt, wie der weitere Verlauf von §107 zeigt, beide Fälle als in solcher Weise analog zu betrachten, dass das Kind ebenso wie im Falle eines religiösen Glaubens „je nachdem für das eine oder andere", sprich, für (M) oder sein Gegenteil, „triftig scheinende Gründe wird vorbringen können." Diese vorzubringenden Gründe sind aber wortwörtlich nichts anderes als nur triftig *scheinende* Gründe. Denn das Kind kann eigentlich keine triftigen Gründe anführen, um andere, die auf einem entgegengesetzten Glauben beharren, zu überzeugen, weil es selbst auch nicht „durch bestimmte Gedankengänge /Evidenz/ zu der Überzeugung gelangt" ist (MS174, 23r; §103). Mit anderen Worten ist die Analogie so beschaffen, dass das Kind ebenso wie Theisten/Atheisten einen gewissen Glauben – sei es von (M) oder seinem Gegenteil – unhinterfragt gelernt hat bzw. er ihm unhinterfragt beigebracht wurde, wobei es nachträglich in die Lage versetzt wurde, scheinbar triftige Gründe für ihn zu geben. Es handelt sich aber eigentlich um Pseudo-Begründungen, weil das Kind erstens nicht durch sie zur Überzeugung von (M) gelangt ist, und sie zweitens nicht als Evidenz für (M) taugen können.[1]

---

[1] Wittgenstein schreibt zwar am Ende von §106, dass das angesprochene Kind bald von (M) „überzeugt werden" wird, aber diese „Überzeugung" basiert nicht auf so etwas wie ‚Begründung/Rechtfertigung/Evidenz/…', von der erst nach dem Erwerb eines Systems und innerhalb dessen zurecht geredet werden kann, sondern was hier geschieht sollte besser der Konsistenz halber, wie er an manchen Stellen erwähnt, als *„Überredung"* bezeichnet werden (vgl. die §§262, 612 und 669).

4.2 Wittgensteins Reaktion auf die Frage des Gesprächspartners ...   67

Diese Sichtweise, die in §107 dargestellt wird, könnte uns aber zu einer relativistischen Haltung führen. Man könnte nämlich sagen wollen, dass der Satz „Es gibt Gott" wahr für Theisten und falsch für Atheisten sei, und weiterhin, dass (M) für die damaligen Menschen wahr, aber falsch für die jetzt lebenden sei. Mir scheint diese Redeweise zwar Teil unseres normalen Sprachverkehrs zu sein, so wie Wittgenstein auch in §336 mit einem ähnlich relativistischen Impetus sagt, „*Sehr* gescheite und gebildete Leute glauben an die Schöpfungsgeschichte der Bibel, und andere halten sie für erwiesenermaßen falsch [...]." Problematisch ist aber die philosophische Frage, zu der der GP von der Sichtweise in §107 verleitet wird, und wie er sie zu Beginn von §108 stellt: „Aber gibt es denn da keine objektive Wahrheit?" Die philosophische These, die man im jetzigen Kontext als Antwort auf diese Frage erwarten kann, kann z. B. eine relativistische Wahrheitstheorie heißen: *relativ* zu dem damaligen Überzeugungssystem sei (M) wahr, aber *relativ* zu einem anderen sei er falsch. Diese Art von ‚Wahrheit' wäre dann in dem Sinn ‚nicht objektiv', als sie von den betreffenden Überzeugungssystemen abhinge und nicht von der ‚Welt selbst' (von den ‚Objekten' der Welt selbst und deren Eigenschaften und Relationen).

Was ist Wittgensteins Antwort auf die Frage in (a.1.)? Das Verwirrende in §108 ist nun, dass er auf die Wahrheit-thematisierenden Fragen des GP überhaupt nicht einzugehen scheint, denn in seiner Antwort wird „Wahrheit" kein einziges Mal auch nur erwähnt. Wie ist das zu verstehen? Betrachten wir zunächst, wie er auf (a.1.) reagiert.

4.2 Wittgensteins Reaktion auf die Frage des Gesprächspartners in §108

Statt die Frage in (a.1.) direkt zu beantworten, führt uns Wittgenstein in (a.2.) bis (a.4.) vor Augen, wie sich das damalige Überzeugungssystem im Hinblick auf (M) verhält: In diesem System ist (M) einfach gewiss; kein vernünftiger Mensch berichtet das Gegenteil des (M), sondern es ist im System laut (a.3.) gewissermaßen „verboten" oder – vielleicht besser – unpassend, es zu glauben; um es im Ernst zu sagen, müsste man auf eine Menge von Fragen Antworten finden, die im vorliegenden System nicht gegeben werden könnten, z. B. darauf, wie man die Schwerkraft überwinden kann. Warum steht aber (M) im vorliegenden System so fest? – Hierbei kann man, besonders hinsichtlich der „Antworten auf die Fragen" in (a.4.), auf §103 zurückschauen. §103 lässt sich im Hinblick auf (M) so verstehen, dass man, wie oben bereits gezeigt wurde, im System „nicht bewußt durch bestimmte Gedankengänge /Evidenz/ zu der Überzeugung" (vgl. MS174,

68   4 §108

23r) von (M) gelangt ist, sondern dass (M) in allem *Fragen und Antworten* so verankert ist, dass man im System nicht an ihm rühren kann. Ähnlich verstehe ich
§105 so, dass alle Prüfung, zu der auch das *Fragen und Antworten* gehören, schon
innerhalb eines Systems geschieht, aber „das Lebenselement der Argumente", für
das gewisse mit dem Leben eng zusammenhängende Sätze – wie (M) für die
damaligen Menschen – konstitutiv sind, geht sozusagen dem Sprachsystem vor.
Mit den Worten in den §§109 f. steht (M) insofern fest, als er „der unbegründeten
Handlungsweise" entspricht.

Auf (a.2.)-(a.4.) lässt nun Wittgenstein (a.5.), also die Reaktion des GP folgen, der an (M) zweifelt: „Wir wissen nicht, *wie* man auf den Mond kommt, aber
die dorthin kommen, erkennen sofort, dass sie dort sind; und auch du kannst ja
nicht alles erklären." Diese Äußerung hat eigentlich dieselbe Struktur wie diejenigen des Kindes und des Volksstammes in §106, deren Erwiderung Wittgenstein
einfach vorschoben hat. Sie laufen nämlich alle etwa darauf hinaus: „In unserem
Sprachsystem ist einfach noch nicht bekannt, *wie* man auf den Mond kommt, aber
das Gegenteil von (M) könnte über unser Sprachsystem hinausgehend / davon
unabhängig wahr sein." Ist dies aber ein *Argument*? – Es ist insofern offensichtlich kein Argument, als kein anderes System nahegelegt wird. Seine Äußerung
zeigt nur den Versuch, (M) zu widerlegen, das ganze Überzeugungssystem der
damaligen Physik ignorierend. Um zu argumentieren – etwas zu prüfen, bekräf-
tigen/bestätigen, entkräften – (vgl. §105²), braucht es aber ein System, weil dies,
wie gezeigt wurde, nur innerhalb eines Systems vor sich gehen kann. In dieser
Hinsicht lässt sich (M) keineswegs dadurch entkräften, dass man (M) losgelöst von jeglichem System anzweifelt, wie vielleicht ein radikaler Skeptiker dies
machen würde (vgl. auch Kap. 19).

Wittgensteins Erwiderung auf den GP zeigt sich in (a.6.): „Von einem, der dies
sagt, würden wir uns geistig sehr entfernt fühlen." Und dies ist auch als Antwort
auf das auf dem Gegensatz von (M) beharrende Kind sowie den Volksstamm in
§106 zu verstehen. Ist aber diese Äußerung wiederum ein *Argument*? – So wie
auch in den §§138 und 495 die Frage im Raum steht, ob nicht doch ein Irrtum in Bezug auf solche einfachen Gewissheiten möglich ist, sehe ich auch den
Wittgensteinschen Satz (a.6.) als von gleicher Art wie seine dortigen Reaktionen an: Als eine Zurückweisung dieser Idee, z. B. mit dem Ausruf „Unsinn!",
gerichtet an diejenigen, die gewisse im System feststehende Sätze wie Mooresche
Sätze anzweifeln. Und diese Zurückweisung ist ebenfalls weder ein Argument

---

[2] Im §105 findet sich Wittgensteins seltsame Wortwahl „Bekräften". Was er meint, lässt sich
gemäß den §§203 und 210 als „Bekräftigen" oder gemäß den §§60 und 161 als „Bestätigen"
verstehen.

4.3 Relativismus-Debatte   69

noch eine Antwort, das/die systemgemäße Gründe anbietet. Da man den GP
nicht argumentativ von (M) überzeugen kann, bleibt stattdessen nur die Möglichkeit einer Aussage wie (a.6.) oder „Unsinn!" als Reaktion, um diejenigen,
die infragestellen, dass z. B. die Äußerung (M) losgelöst vom zugrundeliegenden
Überzeugungssystem falsch sein könnte, zurechtzuweisen.

4.3 Relativismus-Debatte

Ist aber Wittgensteins Reaktion auf den GP nicht doch wieder Ausdruck einer
philosophischen These, die er eigentlich „ausmerzen" will (siehe §§31 und
33)? Denn man könnte sie wohl auch so verstehen, als wollte er sagen, dass,
was wahr ist, *relativ* zu Überzeugungssystemen bestimmt sei oder von ihnen
abhänge. Was ist auf §108 anderes zu sagen, als dass eben, mit §336 gesprochen,
einige Leute an die Schöpfungsgeschichte der Bibel glauben, während andere sie
erwiesenermaßen für falsch halten?
    Tatsächlich gibt es in der Sekundärliteratur – nicht nur bezüglich des §108 –
eine Menge von Interpreten, die Wittgenstein für einen Relativisten halten
wollen.[3] Hingegen gibt es auch andere Interpreten, die das Gegenteil behaupten, unter ihnen vor allem Williams, der §286 als Wittgensteins weitere Reaktion
auf den GP in §108 liest, obwohl darin das Wort „wahr" nicht vorkommt, um
dann weiterhin zu behaupten, dass er kein Relativist sei.[4]
    Im Gegensatz zu ihnen bietet William Child eine stärkere Deutung zu „objek-
tiver Wahrheit" an und erwähnt, ebenfalls §286 heranziehend: „In that passage,
Wittgenstein seems clear that, where there are fundamental differences between
different systems of belief, it may be straightforwardly true that one system is

---

[3] Zu den Relativismus-Interpreten zählen nach Coliva (Coliva, A. (2010), S. 231, Fn.45),
z. B., Boghossian, P. (2006); Haller, R. (1995); Hintikka M. B. & Hintikka J. (1986), S. 21;
Lukes, S. (1982), S. 281; Phillips, D. Z. (1977), Kap. 4 und 5; Rorty, R. (1979); und Winch, P.
(1964). Coliva selbst diskutiert z. B. verschiedene Formen des „epistemischen" – bei ihr aber
vom Kontext her auch auf „Wahrheit" bezogenen – Relativismus, um dann im Einzelnen zu
prüfen, ob Wittgenstein sie vertritt oder nicht (vgl. Coliva, A. (2010), S. 188–203). Zudem
ist zu bemerken, dass z. B. Kusch eine Interpretation von Wittgenstein als epistemischem
Relativisten anbietet (siehe, z. B., Kusch, M. (2010)).
[4] Williams, M. (2004a), S. 271 f. und 281; vgl. Williams, M. (2007), S. 109–111. Siehe auch
Rhees, R (2003). Rhees schreibt zwar auf S. 89: „Wittgenstein is not presenting a form of
relativism: each man has the right to regard his world-picture as the right one", geht aber
auch nicht auf die erste Frage in §108 ein (siehe S. 13).

70   4 §108

correct and the other incorrect. And that is surely the right view to take".[5] Diese
Sichtweise spricht offenbar für die Deutung, dass Wittgenstein ein Anti-Relativist
sei, der ‚objektive Wahrheit' anerkennt.

Es gibt in Wittgensteins Schriften verschiedene Bemerkungen, von denen man
einige relativistische Gedanken entnehmen wollen könnte und einige andere, aus
denen man anti-relativistische Schlüsse herleiten wollen könnte. Mir scheint aber,
dass es zu Wittgensteins Philosophie nicht richtig passt, ihr eine philosophische
Theorie zuzuschreiben, weil er in seiner späten Phase keine philosophische Theorie vertreten will[6]. Betrachten wir von nun an genauer, wie er mit dem Ausdruck
„objektiv wahr" umgeht, mit besonderem Augenmerk darauf, dass er nicht auf
eine philosophische Theorie hinauswill.

4.3.1   Der Zusammenhang zwischen ‚objektiver Wahrheit' in §108 und ‚Argumenten'

Was heißt aber überhaupt „objektive Wahrheit", wie sie in §108 angesprochen
wird? Rufen wir uns ins Gedächtnis, wie das Kind und der Volksstamm in
§106 sowie der GP in §108 behaupten, dass es wahr sein könnte, dass jemand
auf dem Mond war. Ihre Äußerungen haben ein gewisse Ähnlichkeit und lassen sich exemplarisch durch den Satz „Es gibt vielleicht doch eine Art, wie
man hinkommen kann, aber sie ist uns nur nicht bekannt" auf den Punkt bringen (vgl. §106; vgl. auch die Menschen des Volksstamms in §264, die „von
Physik nichts wissen"). In diesem Kontext ist wichtig zu beachten, wie systematisch eine Äußerung dieser Art ist, entsprechend den Verwendungen des
Wortes „System" in den §§102, 105 und 108, wo es in den Vordergrund gerückt
wird. In diesem Lichte basiert sie nicht nur nicht auf einer Art von physika-
lisch informiertem System, sondern auf gar keinem Sprachsystem, weil gar nicht
bestimmt ist, was als „Prüfung", „Bekräftigen/Bestätigen", „Entkräften", etc. gilt.
Das Kind und der Volksstamm in §106 und der GP in §108 behaupten nämlich,
über zugrundeliegende Sprachsysteme hinausgehend, also auf unsystematische

---

[5] Child, W. (2011), S. 211. Zudem erwähnt William Child zu (a.6.) in §108, „But, we want to
insist, it is not just a matter of intellectual distance; the other person's beliefs would be false.
And they would not just be false ‘within our system'. They would be *absolutely* or *objectively* false" (ebd., S. 210) und bzgl. der Paragraphen in ÜG, die relativistische Gedanken
darzustellen scheinen, „But it does not follow that the most fundamental commitments of a
world-picture are not straightforwardly true or false" (ebd., S. 211). Mir scheint vom Kontext
her, dass Child seine beiden Erläuterungen ebenfalls als „die richtige Sichtweise" hinnimmt.
[6] Siehe z. B. PU §§108 f.

4.3 Relativismus-Debatte 71

Weise, dass es wahr sein könnte, dass jemand auf dem Mond war, oder, philosophisch gesprochen, dass das Gegenteil des (M) eine „objektive Wahrheit" im Sinne von „unabhängig von zugrundeliegenden Systemen wahr" sein könnte. Nach ÜG könnten wir dementsprechend solche Menschen wie den GP in §108 prinzipiell nicht überzeugen, weil wir ihnen keine Gründe für unsere Sicherheit bezüglich (M) geben können (§264) und würden uns, wie in §108 gesagt, von ihnen einfach „geistig sehr entfernt fühlen".

Die „objektive Wahrheit", die in §108 thematisiert wird, lässt sich in dieser Hinsicht so verstehen, dass sie eine von allen Sprachsystemen unabhängige sei. Wie sieht dann eine philosophische Theorie aus, die sich mit ‚objektiver Wahrheit' beschäftigt? Wenn Philosophen „nach Allgemeinheit streben"[7] und in der Weise von ‚objektiver Wahrheit' reden wollen, dass sie eine über alle Sprachsysteme hinausgehende, allgemeingültige Wahrheit sei, so hat diese philosophische Redeweise nicht mehr Gehalt als die Aussagen des Kindes und des Volksstammes in §106 sowie des GP in §108.

Betrachten wir nun genauer, warum es nach Wittgenstein fragwürdig ist, auf diese Weise von „objektiver Wahrheit" zu reden. Wenn man in philosophischer Manier so redet, dass ein Satz objektiv wahr, d. h. „über alle Sprachsysteme hinausgehend wahr" sei, dann kann es sich wiederum nicht um ein *Argument* handeln. In diesem Fall muss die Rede von „objektiver Wahrheit" selbst unabhängig von jeglichen Systemen sein, weil sie ansonsten dem systemgebundenen Objektivitätsbegriff zuwiderliefe. Denn, wie §105 sagt, alle Prüfung, alles „Bekräften" – wobei ich dies als „Bekräftigen" bzw. „Bestätigen" verstehe – und Entkräften einer Annahme geschieht innerhalb eines Systems, und man kann erst in einem System Argumente formulieren, die darin mit vielem wie „Prüfung", „Begründen", ‚Irrtum' etc. zusammenhängen. Unter der Voraussetzung, dass „objektiv" etwa „über alle Systeme hinausgehend" bedeutet, ist deshalb wesentlich, *logisch* bzw. sprachbezogen unmöglich, ein echtes bzw. sinnvolles Argument für die Existenz „objektiver Wahrheit" zu formulieren. Hier kann die Äußerung „objektive Wahrheit" nichts mehr als ein Ausruf sein (§§360 und 468; vgl. auch PU §§295 und 323).

Kann man hingegen nicht sagen, dass, was wahr ist, nur relativ zu einem Sprachsystem gilt? Aber hier ist der Standardeinwand gegen den *Wahrheitsrelativismus* zu bedenken, der auf dessen selbstreferentielle Inkonsistenz bzw. dessen Selbstwidersprüchlichkeit verweist. Denn nach dem Relativismus können

---

[7] Wittgenstein sagt z. B. in seinem *Blue Book*: „This craving for generality is the resultant of a number of tendencies connected with particular philosophical confusions" (BlB, S. 17).

alle Behauptungen nur relativ gültig sein, aber dies betrifft dann auch die relativistische Behauptung selbst, weshalb sie nicht allgemeingültig sein kann. Kann man diesem Widerspruch entkommen? Meines Erachtens muss man hierfür die relativistische Behauptung ohne Bezug zu einem System aufstellen, um sie über alle Systeme hinausgehend gelten zu lassen. Aber dann gerät man wiederum in dieselbe problematische Situation, in der von ‚objektiver Wahrheit' im Sinne des §108 die Rede war. Denn die relativistische Behauptung ist in diesem Fall nicht *systematisch* und lässt sich deshalb auch nicht sinnvoll, geschweige denn im Rahmen eines Argumentes aufstellen. Es änderte sich auch nichts, wenn man solch eine These, sozusagen, über ein System höherer Stufe aufstellte. Man täte dabei, als könnte man von jeglichem System zu einer vermeintlich höheren, philosophischen Warte übergehen und von dort aus sowohl über unser Sprachsystem als auch über andere Sprachsysteme urteilen. Wäre aber diese höhere Warte systematisch, wäre die relativistische Behauptung wiederum nur relativ zu dieser Warte gehaltvoll, und das hieße, dass sie nicht über *alle* Systeme hinausgehend „allgemeingültig" sein könnte. Wenn die relativistische These unsystematisch ist, hat sie keinen Sinn, und wenn sie systematisch ist, lässt sich ein Widerspruch aus ihr ableiten.

4.3.2 Der metalogische/normale Gebrauch von „objektiv/relativ wahr"

Wenn man, wie der GP in §108, über alle Sprachsysteme hinausgehend sagen will, dass (M) objektiv wahr sein könnte, oder auch, dass (M) doch wahr sei, nämlich zu einem unbekannten System, lässt sich dieser Gebrauch von „objektiv/relativ wahr" nur als „metalogisch" im Sinne von „außerhalb von Sprachsystemen" beschreiben.[8] Denn er beruht auf *keinem* Sprachsystem. Die metalogische Rede von „objektiv/relativ wahr" ist sozusagen das „Anrennen an die Grenze der Sprache" oder – in den jetzigen Kontext passend – an die Grenze

---

[8] Im Hinblick auf den Ausdruck „Übereinstimmung mit der Wirklichkeit" erwähnt Wittgenstein z. B.:

Wenn das Wort „Übereinstimmung mit der Wirklichkeit" gebraucht werden darf, dann nicht als metalogischer Ausdruck, sondern als (ein) Teil der gewöhnlichen, praktischen, Sprache [BT, S. 158 f.].

Der Kontrast von „metalogisch" und „gewöhnlich" spielt nach meiner Lesart auch bei der Lektüre der §§193–203 eine wichtige Rolle. Ich werde darauf in Kap. 9 genauer eingehen.

4.3 Relativismus-Debatte 73

des Sprachsystems, bei dem, so Wittgenstein, „sich der Verstand [Beulen holt]"
(PU §119). Dies tun meines Erachtens auch Philosophen, die, nach Allgemeinheit strebend, dafür „argumentieren" wollen, dass, was wahr ist, objektiv oder nur
relativ zu Sprachsystemen wahr sei.

Die Ausdrücke „objektiv/relativ wahr" im metalogischen Sinn könnte man
dann auch als „ein leerlaufendes Rad" in unserer normalen/gewöhnlichen Sprache
ansehen, wie Wittgenstein an mehreren Stellen vor allem gegen das Metaphysische sagt. Es gibt eine schöne Passage von ihm, die im Hinblick auf Martin
Heideggers Satz „Das Nichts nichtet" lautet:

> Wenn jemand sagt: 'Das Nichts nichtet', so können wir ihm in der Art unserer [also
> Wittgensteins eigener] Betrachtungsweise darauf sagen: Gut, was wollen wir mit die-
> sem Satz anfangen? [Und so weiter, viele Fragen, die sich nun stellen lassen.] Ich
> erkläre mich mit allem einverstanden, nur muß ich dies wissen. Ich habe nichts dage-
> gen, daß du an der Maschine der Sprache ein leerlaufendes Rad anbringst, aber ich
> wünsche zu wissen, ob es leer läuft oder in welche andern Räder es eingreift.[9]

Auch im Falle philosophischer Wahrheitstheorien können wir aus Sicht unserer
gewöhnlichen Sprache fragen, was wir mit ihnen anfangen wollen oder können,
ob sie in unseren Sprachspielen nur leerlaufen, etc. Wenn es um den Ausdruck „objektiv/relativ wahr" im metalogischen Sinn geht, lässt sich sagen, dass
er in unserer Sprache bloß leerläuft, weil er nicht auf unserem Sprachsystem
beruht. Meines Erachtens ist diese Einstellung Wittgensteins gegen das Metaphysische, das sich etwa in einem bestimmten philosophischen Gebrauch des
Wortes „nichts" äußert, von anhaltender Wichtigkeit für seine philosophischen
Untersuchungen.

In diesem Lichte ist der metalogische Gebrauch von „objektiv/relativ wahr"
als Unsinn im Wittgensteinschen Sinn anzusehen, insofern er in unserer Sprache
oder in einer überhaupt denkbaren Sprache keinen Platz hat. Unsinnig ist aber
solch eine Redeweise nur, wenn man, vielleicht durch alltägliche Fälle wie den in
§336, zu der philosophischen Auffassung verführt worden ist, dass man losgelöst
von Systemen *argumentieren* könnte. Aus der antimetaphysischen Betrachtung
geht natürlich nicht hervor, dass wir im Alltag von „objektiv" und „relativ zu"
nicht reden können. Auch diese Wörter gehören zu unserem normalen Sprach-
verkehr, können also innerhalb unseres Sprachsystems gebraucht werden, so wie

---

[9] Wittgenstein, L. 2003, „Diktat für Schlick", S. 72.

Wittgenstein selbst oft das Wort „objektiv" in ÜG verwendet.[10] Meines Erachtens handelt §336 von solchen alltäglichen Fällen. Wir können nämlich, gestützt von unserem System, durchaus beobachten und behaupten, dass eine Sprachgemeinschaft gewisse Sätze als wahr erkennt, während eine andere dies nicht tut, sodass man, wie mir scheint, hier von „wahr relativ zu" reden kann. Fernerhin kann man in Bezug auf Sprachsysteme auch von „reicher/ärmer" reden, so wie Wittgenstein selbst dies etwa in §286 tut, wo er nach gewissen Merkmalen reichere von ärmeren Systemen unterscheidet. Man könnte, wie vielleicht viele Physiker, glauben, dass *sehr* reiche Systeme, wenn sie alle anderen überragen, die anti-relativistische Sichtweise, dass eben gerade die Physik „das" einzig wahre absolute Wissen über die Welt bereitstelle, stützen könnten. Diese Redeweise kann legitim sein, aber sie heißt nur, dass man basierend auf einem entsprechenden System so reden kann, nicht, dass es im metalogisch/philosophischen Sinn ‚objektiv bessere' oder ‚absolut ärmere' Systeme gibt. Beim Gebrauch der Wörter „objektiv" und „relativ" ist zwischen einem metalogischen und einem normalen Gebrauch genau zu unterscheiden.

Warum weist Wittgenstein aber in §108 solche philosophischen Konzeptionen von ‚objektiver Wahrheit ' und ‚wahr relativ zu' nicht direkt zurück, sondern redet sozusagen um den heißen Brei herum? – Meines Erachtens vermeidet er, selbst von der metalogischen Idee des GP, also der Losgelöstheit von jeglichem Sprachsystem, Gebrauch zu machen. Man kann Wittgensteins Reaktion in §108 so verstehen, dass er die Redeweise des GP in §108 nicht ernst nimmt, sie bloß als eine metalogische ansieht, die er noch nicht einmal versuchsweise einer Antwort würdigen möchte. Er hat sie dem GP per Anführungszeichen in den Mund gelegt, aber aus seinem eigenen soll sie nicht kommen.

Wenn man auch von „objektiv/relativ wahr" redet, ist es zu beachten: In welchem System redet man davon? Wenn man sich dabei im Gegensatz zum GP in §108 auf irgendein System stützen wollte, dann muss das Argument bezüglich einer „objektiven/relativen" Wahrheit als nur relativ zu diesem System gültig akzeptiert werden. Anderenfalls zeigt sich nur wieder die selbstreferentielle Inkonsistenz. bzw. der Selbstwiderspruch. Wenn man hingegen die Allgemeingültigkeit der *philosophischen* These unabhängig von allen Systemen behaupten will, dann ist sie, wie die Aussage des GP in §108, bloß *metalogisch* und hat somit keinen Gehalt, weil erst im Rahmen eines Systems entsprechende Argumente formuliert werden können. Philosophen, die entweder selbstwidersprüchlich oder

---

[10] Siehe etwa die §§15 f., 194, 270, 273 und 336.

4.3 Relativismus-Debatte 75

metalogisch diskutieren, *kann* man dann ebenso wenig wie das Kind und den Volksstamm in §106 oder den GP in §108 „überzeugen" und ihnen auch weder Gründe noch Evidenz noch Prüfungen, die im Sprachsystem bereitgestellt sind, anführen (vgl. auch §264), weil es dabei am richtigen System fehlt. Die Wittgensteinsche Reaktion auf sie könnte, wie in §108 gezeigt, die sein, auf ihre Ansätze nicht einzugehen, und stattdessen vielleicht nur zu sagen, „wir fühlen uns von ihnen geistig sehr entfernt".

§§137 f. 5

5.1 Der logische Status Moorescher Sätze vs. ihre „eigentümliche logische Rolle"

Zu §137 (MS174, 29r–29v)

[a.1.] Auch wenn der Glaubwürdigste mich versichert, er <u>wisse,</u> ~~es verhalte sich so &~~ |das & das sei der Fall |es sei so & so,| so ⸗ kann dies allein ~~nicht genug sein, um zu zeigen,~~ |mich nicht davon überzeugen,| daß er es weiß. [a.2.] ~~Es zeigt~~ |mir| ~~nur,~~ |Nur,| daß er es zu wissen glaubt. [a.3.] Darum kann ~~mich~~ M.s Versicherung, er wisse ...., ~~bei der~~ |in einer philosophischen| ~~Untersuchung~~ ~~philosophischer Probleme~~ |uns| nicht interessieren. [a.4.] Die Sätze aber / jedoch /, welche Moore als Beispiele |von| ~~gewisser~~|n| ~~wahrer Sätze~~ |solcher gewisser| |Wahrheiten| aufzählt sind allerdings interessant, |.| [a.5.] ~~n~~|N|icht aber weil jemand ihre Wahrheit weiß, oder |sie| zu wissen glaubt, sondern weil sie alle im System ~~unserer~~ |unsrer| empirischen| Urteile eine <u>ähnliche</u> Rolle spielen.

In §137 ist zwar von „Wahrheiten" und „Wahrheit" die Rede, aber im zentralen Fokus stehen wiederum der Mooresche Gebrauch von „Ich weiß", der bereits in §21 und in seinem Umkreis besprochen wurde[1], und die Rolle Moorescher Sätze wie „Hier sind zwei Hände". Die ersten (a.1.) und (a.2.) lassen sich also als kurze und bündige Zusammenfassung dessen verstehen, was Wittgenstein zu „Ich weiß" bereits erklärt hat: Wenn selbst eine höchst glaubwürdige Person im Falle eines Mooreschen Satzes p zu seiner Versicherung bloß sagt, sie wisse, dass p, dann ist das der Aussage äquivalent, sie glaube zu wissen, dass p, was uns nicht überzeugen kann, sie wisse, dass p. Da Moores Gebrauch von „Ich weiß" höchstens dazu dienen

---

[1] Siehe dazu Kap. 1.

© Der/die Autor(en), exklusiv lizenziert an Springer-Verlag GmbH, DE, ein Teil von Springer Nature 2022
S. Hashimoto, *Der Wahrheitsbegriff in Über Gewißheit*,
https://doi.org/10.1007/978-3-662-65684-6_5

78   5 §§137 f.

kann, uns davon zu überzeugen, was der Sprecher zu wissen glaubt, ist er für uns –
Wittgenstein und die Leser von ÜG – nach (a.3.) nicht von Interesse, vermutlich,
weil Wittgenstein dieses „zu wissen glauben" in ÜG nicht eigens thematisieren will.
In (a.4.) sagt er andererseits, dass Mooresche Sätze für sich genommen interessant
sind, vor allem deshalb, „weil sie alle im System unsrer empirischen Urteile eine
ähnliche Rolle spielen" (a.5.). Wie ist aber (a.5.) zu verstehen?
    Dieser Satz (a.5.) ist auf den ersten Blick in zweierlei Punkten erklärungsbedürf-
tig:

    FRAGE 1: Welche Rolle spielen Mooresche Sätze?

Warum ist hier von einer „Rolle" die Rede? Man könnte sich – getreu Moores
Aufsätzen[2] – fragen wollen: Weisen Mooresche Sätze nicht einmal Binsenwahrheiten im Sprachspiel auf, die Moore als Common-Sense verteidigen könnte, bieten
sie also eigentlich gar nichts Aufschlussreiches? Unter diesem Verständnis Moorescher Sätze könnte man von ihnen sagen wollen, dass sie KEINE Rolle spielen
oder, holprig gesagt, nur solch eine Rolle spielen, dass sie keine Rolle spielen, dass
sie also hinsichtlich des Sprachspiels wertlos/überflüssig seien.

    FRAGE 2: Spielen wirklich alle diese Sätze eine *ähnliche* Rolle?

Die von Moore genannten Sätze handeln von Vielfältigem, z. B. von ‚Hand‘, ‚Baum‘,
‚Erde‘, ‚Name‘, und können so gesehen sehr verschieden sein. In dieser Hinsicht
erscheint dubios, dass sie alle – zumindest in einem nennenswerten Sinn – eine
ähnliche Rolle spielen.

5.1.1 Der logische Status

Betrachten wir nun die umliegenden Paragraphen des §137. Im Kontext liegt
es nahe, den Ausdruck „eine *ähnliche* Rolle" in Anknüpfung an den Ausdruck
„eine eigentümliche logische Rolle" in §136 zu verstehen. Die „Rolle" aller Mooreschen Sätze ist dann in dem Sinne *ähnlich*, als sie „eine eigentümliche logische
Rolle" spielen, nicht aber in dem Sinne, als sie ähnlichen Inhalts sind. Und aufgrund des „z. B." scheint der erste Satz in §138 beispielhaft diese „Rolle" zu
veranschaulichen:
    (b.1) Z.B. gelangen wir zu keinem von ihnen durch eine Untersuchung.

---

[2] Siehe vor allem Moore, G.E. (1925/1993); vgl. auch Moore, G.E. (1939/1993).

5.1 Der logische Status Moorescher Sätze ...   79

Wie es ein charakteristischer Zug des späten Wittgenstein ist, Allgemeinheiten zu vermeiden, bietet er auch an dieser Stelle keine umfassende Erläuterung der genannten „Rolle", sondern nur ein Beispiel an. Zeigt sich aber an diesem Beispiel wirklich, was die Rolle Moorescher Sätze ist, und nicht bloß, was ihr logischer Status ist? Diese Frage im Hinterkopf behaltend schauen wir uns zunächst an, was sich in diesem Beispiel äußert. Das „Logische" lässt sich hier einmal z. B. nach PU §377 (siehe auch ÜG §494) mit „Psychologischem", einmal mit „Empirischem", so wie „Erfahrung" in §§130–134 thematisiert wird, in Kontrast setzen. Hier wird erstens nicht die „psychologische" Frage gestellt, wie man sich von Mooreschen Sätzen überzeugt (vgl. PU §377). Mit „Untersuchung" ist zweitens wohl eine „empirische Untersuchung" gemeint. Im zugrundeliegenden Überzeugungssystem/Sprachspiel, das wir bereits gelernt haben, brauchen wir also keine empirische Untersuchung zur Überzeugung von Mooreschen Sätzen anzustellen. Mit anderen Worten: Mooresche Sätze bedürfen *logisch* – innerhalb unseres zugrundeliegenden Sprachspiels – keiner *psychologischen* Überzeugung durch irgendwelche *empirischen* Untersuchungen.

Als Ergänzung zu (b.1.) kann man Malcolms Aufzeichnungen heranziehen. Aus ihnen ersieht man weiterhin Wittgensteins Neigung, das Wort „Rolle" („*role*") zu verwenden, um den logischen Status Moorescher Sätze zu beschreiben. Meines Erachtens nennt er aber dort ein anderes Beispiel:

> Physical-object statements, like 'That's a tree', sometimes play a **role** similar to that of mathematical propositions, in the respect that experience could not refute them [Hervorhebung von mir].[3]

Was mit „sometimes" gemeint wird, sind vom Kontext her offensichtlich solche Umstände, unter denen die „physical-object statements" wie „Das ist ein Baum" so unbezweifelbar wie Mooresche Sätze sind, etwa wenn sie vor dem angesprochenen Gegenstand stehend – einem Baum etc. – geäußert werden (vgl. §467). Mit dem Beispiel in §138 wird zwar darauf hingewiesen, dass wir zu Mooreschen Sätzen nicht durch eine Untersuchung gelangen, aber in diesem Zitat erläutert Wittgenstein, dass **keine** Erfahrung Mooresche Sätze – ebenso wie mathematische Sätze – widerlegen **könnte**. Dieses „**keine ... könnte**" betrifft wiederum, wie mir scheint, ihren logischen Status, und zwar die logische Unmöglichkeit einer Widerlegung durch Erfahrung – empirische Untersuchungen etc. –, welche innerhalb des zugrundeliegenden Sprachspiels ausgeschlossen ist. Mit diesem Punkt ist die zuvor errungene Einsicht aus ÜG„ dass ein Irrtum in Mooreschen Sätzen

---

[3] Malcolm, N. (2001), S. 71.

logisch ausgeschlossen ist (vgl. §§21 und 26), anders gesagt, dass keine empirische Untersuchung im vorliegenden Sprachspiel bestätigen könnte, dass man sich in ihnen irrt, natürlich gut vereinbar.

Aus diesen Betrachtungen heraus kann man tatsächlich detaillierter sehen, wie es sich mit Mooreschen Sätzen in unserem Sprachspiel verhält. Kommen wir aber nun auf die Frage zurück: Charakterisiert das wirklich ihre *Rolle*, nicht bloß ihren Status? Denn von der Erklärung ihrer „Rolle" würde man generell mehr als nur eine Beschreibung des bloßen Charakters Moorescher Sätze – sowohl, dass sie Binsenwahrheiten des „gesunden Menschenverstands" darstellen, als auch, dass sie durch Erfahrung/Untersuchung/Prüfung/... weder bewährt noch entkräftet werden können, etc. – erwarten. Man würde vielmehr von ihr erwarten, dass sie darlegt, wie Mooresche Sätze mit anderen Sätzen, Äußerungen, Evidenz, Begründung, etc. im vorliegenden System/Sprachspiel operieren. In dieser Hinsicht können die Beispiele in §138 sowie in Malcolms Aufzeichnungen nicht als hinreichende Erklärung ihrer Rolle herhalten.

5.1.2 Die „eigentümliche logische Rolle"

5.1.2.1 Prüf- und Evidenzfunktion

Wenn man sich die Sekundärliteratur anschaut, wird tatsächlich die „eigentümliche logische Rolle" Moorescher Sätze kaum mit dem identifiziert, was Wittgenstein mit seinem Beispiel zeigen möchte. In einiger Sekundärliteratur wird sie hingegen unter Berücksichtigung von ganz ÜG in der Weise erklärt, dass Mooresche Sätze als „Angel"[4] (§§341, 343 und 655) fungieren, oder dass sie ein „*Gerüst*" (§211), „Fundamente" (§402), „Weltbild" (§§95, 161, 167, etc.) ausmachen.[5] Wie sieht aber besagte Rolle genau aus? Hier möchte ich hervorheben, was Wittgenstein vor allem im Kontext des §136 mit „eigentümliche logische Rolle" sagen will.

Betrachten wir zudem noch frühere Paragraphen, denn mir scheint, dass verschiedene relevante Themen insbesondere in den §§109–192 schon vereinzelt diskutiert werden. Wie er wahrscheinlich bereits mit §109 damit beginnt, packt Wittgenstein auch in den §137 vorangehenden Paragraphen, nicht zuletzt explizit in §125, die Frage an: „*Was* ist *wodurch* zu prüfen?!" Und wie gezeigt wurde, bedürfen Mooresche Sätze keiner Prüfung, um von ihnen überzeugt zu sein, sondern sie werden ohne jegliche Prüfung bejaht (§136). Andererseits können

---

[4] Vgl. Gennip, K. v., (2008), S. 173; Williams M, (2004a), S. 268.
[5] Vgl. Glock, H.-J. (1996), S. 78.

5.1 Der logische Status Moorescher Sätze ... 81

Mooresche Sätze, wie ich sie verstehe, als Mittel der Prüfung von oder als Evidenz für kontingente Sätze gelten, die unsicherer als sie und damit bezweifelbar sind. Malcolms Aufzeichnungen weisen auf eine Analogie zwischen Mooreschen Sätzen und mathematischen Sätzen hin, und in diesem Zusammenhang kann man z. B. §113 ähnlich verstehen: Der mathematische Satz „a + b = b + a", bekannt als Kommutativgesetz, muss im Mathematikunterricht für Anfänger, z. B. an einer Grundschule, als schon „feststehend" angesehen werden (vgl. §112). Er *kann* nicht nur durch *keinerlei* Erfahrung zurückgewiesen werden, sondern er wird überhaupt weder geprüft noch versichert – das geschieht höchstens im Rahmen mehr theoretischer Mathematik, entweder mittels Axiomen oder, wie David Hilbert es tat, auf eine quasi-anschauliche Weise. Analog zu solch einem elementaren Mathematikunterricht, in dem man zunächst gewisse mathematische Sätze weder prüft noch versichert, lernt man Mooresche Sätze von vornherein als feststehend und unhinterfragt, um sodann andere Sätze prüfen sowie ihre Wahrheit versichern zu können.[6] Meiner Einschätzung nach ist es natürlich und naheliegend, diese Prüf- oder Evidenzfunktion sozusagen als „Rolle" im Sprachspiel zu benennen.

Wie sieht es aber genau mit der „Prüfung" durch Mooresche Sätze aus? Dies klären meines Erachtens erst die §§201 f. näher und hinreichend, und was dort gesagt wird, lässt sich als Erklärung ihrer Rolle ansehen. Betrachten wir nun die ihnen entsprechenden MS-Passagen im MS 175 2r–3v:

Denk, jemand fragte: »Ist es wirklich richtig daß wir uns auf die Evidenz unsres Gedächtnisses (oder unsrer Sinne) wie wir es tun?« // »Haben wir recht, uns auf unsre Sinne & unser Gedächtnis zu verlassen, wie wir's tun?« //
Moores gewisse Sätze sagen beinahe aus, wir hätten ein Recht, uns auf diese Evidenz zu verlassen.

Bei der zweiten Variante, die Wittgenstein im ersten Zitat aufführt, ist deutlich klarer, dass die zweite Passage (§202) als Antwort auf die Frage in der ersten Passage (§201) dient. In diesem Lichte bezeichnet „diese Evidenz" in der zweiten Passage offensichtlich „unsre Sinne & unser Gedächtnis". Die Funktion Moorescher Sätze sieht dann so aus, dass sie zeigen, dass wir darin Recht haben, uns auf unsere Sinne, unser Gedächtnis etc. als Evidenz zu verlassen. Sie bieten sozusagen ein *bottom-up* Verfahren an: Wir erkennen an der *Wahrheit* Moorescher Sätze, was – z. B. unser Gedächtnis, unsere Sinnesorgane etc. – als Evidenz in unserem Sprachspiel gültig ist. (Man könnte eine übliche Rechtfertigung, wenn

---

[6] Im Umkreis des §137 wird die wichtige Rolle des Lernens hervorgehoben. Siehe etwa die §§128 f., 133, 140, 143 f., 152, 159 ff., 165, 167, 170 f. und 176.

man will, als *top-down* Verfahren nennen: Wir verfügen über eine gewisse Evidenz, um dann von einem kontingenten Satz p zu sagen, dass wir wissen, dass p oder dass es wahr ist, dass p.) Mooresche Sätze scheinen zwar überflüssig im Sprachspiel zu sein, weil sie im Alltag kaum ausgesprochen werden, sie haben jedoch die Funktion, uns dazu zu bringen, dass wir uns auf bestimmte Evidenz verlassen und sie zur Prüfung anderer Sätze anwenden können.[7] Diese Funktion ist meines Erachtens mehr als nur Ausdruck eines „Status", und man kann dies als ihre „Rolle" im Sprachspiel bezeichnen.

5.1.2.2 Gleich wie die grammatische Rolle oder Regeln?

Einige Interpreten deuten diese „logische Rolle" als identisch mit der „grammatischen Rolle". Bspw. behauptet Moyal-Sharrock ausdrücklich: „'A peculiar logical role': in other words, a grammatical role"[8] und weist auf die Ähnlichkeit hin, dass grammatische Sätze ebenso nicht durch Erfahrung widerlegt werden können.[9] Zugegeben, Wittgenstein scheint in §308 auch dem möglicherweise als „grammatisch" anzusehenden Satz über das Wort „Zweifel" eine „logische Rolle" zuzuweisen, und auch, dass man bestimmte Ähnlichkeiten zwischen Sätzen beider Art sehen kann, doch es scheint mir verfehlt, sie deshalb für identisch zu halten. Denn grammatische Sätze sollen wesentlich zur Erklärung der Bedeutung von Wörtern sowie Ausdrücken dienen, wie Wittgenstein in seinem *Big Typoscript* sagt: „Die Grammatik erklärt die Bedeutung der Wörter, soweit sie zu erklären ist" (BT, S. 32), und auch Glock in seinem Lexikon schreibt: „Grammatical rules in this sense comprise not just school-grammatical or syntactical rules, but also explanations of meaning".[10] Grammatische Sätze wie „Diese Farbe heißt auf Deutsch ‚Sepia'" erklären zwar, wie wir das Wort „Sepia" verwenden, aber Mooresche Sätze wie „Das ist eine Hand" dienen nicht wesentlich dazu, uns den Gebrauch des Wortes „Hand" beizubringen. Und vor allem ist in §136 und seinem Umkreis von einer Erklärung der Bedeutung von Wörtern gar nicht die

---

[7] Meines Erachtens ist die genannte logische Rolle Moorescher Sätze genau genommen nicht identisch mit der Rolle von Weltbild-Sätzen, die wir in §95 gesehen haben. Denn letztere stellen die *Methode* dessen bereit, wie wir die Welt betrachten, während erstere bloß auf das verweisen, was als Evidenz in unserem Sprachspiel gilt, und dabei scheint mir, dass die *Methode* bereits bestimmt ist.

[8] . Moyal-Sharrock, D. (2017), S. 555.

[9] Siehe Moyal-Sharrock, D. (2004a), S. 91 f. Mir scheint auch Hermann in dieselbe Richtung zu weisen (Hermann, J. (2015), S. 46–50).

[10] Glock, H.-J. (1996), S. 152. Er schreibt auch auf S. 150: „'Grammatical rules' are standards for the correct use of an expression which 'determine' its meaning: to give the meaning of a word is to specify its grammar".

5.1 Der logische Status Moorescher Sätze ...   83

Rede. Unter diesem Aspekt ist die „eigentümliche logische Rolle" schwer darin zu sehen, die Gebrauchsweise von Wörtern zu erklären, oder, wie z. B. Kober[11] sagt, „die Referenz des Ausdrucks ‚Hand' festzulegen" oder ähnliches, was zur hinweisenden Erklärung des Wortes dienen könnte.

Um die „eigentümliche logische Rolle" näher zu beleuchten, beziehen sich Moyal-Sharrock[12] und Kusch, der aber im Gegensatz zu ihr die grammatische Rolle nicht als etwas Analoges ansieht, auf PU §50, der dem Urmeter oder dem „Ur-Sepia" in Paris als Muster oder Paradigma eine „eigenartige Rolle" zuweist. Der paradigmatische Charakter dieser Rolle, dass das Muster weder Gemessenes noch Dargestelltes ist, sondern als Maßstab oder „Mittel der Darstellung" funktioniert, passt sehr gut zu meiner Deutung, dass Mooresche Sätze nicht etwas zu Prüfendes, sondern ein Mittel der Prüfung sind oder als Evidenz dienen. Ich denke jedoch, dass die Rolle Moorescher Sätze noch „eigentümlicher" als diejenige in PU §50 ist. Dort hebt Wittgenstein hervor, dass man solchen Mustern keine Eigenschaften wie „Bestehen", „1 Meter lang sein", „die und die Farbe besitzen" zuschreiben kann, sodass man z. B. vom Urmeter weder sagen kann, „es sei 1 m lang, noch, es sei nicht 1 m lang", bzw. vom Farbmuster, „es habe diese Farbe, noch, es habe sie nicht" (PU §50). Wie steht es aber um Mooresche Sätzen wie „Das ist ein Baum" oder „Die Erde hat schon lange vor meiner Geburt existiert"? Obwohl es laut PU §50 Unsinn ist, von dem Urmeter zu sagen, „Es ist 1 m lang", hat es natürlich Sinn, im Hinblick auf Mooresche Sätze über Bäume und die Erde von „Sein" und „Existenz" zu sprechen. Wittgenstein schreibt an einigen Stellen in ÜG zwar so, als wolle er sie nicht als „Erfahrungssätze" behandeln (§308; vgl. auch §§35, 401 f., 494), sie besitzen jedoch den Charakter von Erfahrungssätzen, er nennt sie sogar in §136 „lauter Erfahrungssätze [...], die wir ohne besondere Prüfung bejahen" (vgl. auch §83). Betrachtenswert ist dann, was Kusch schreibt:

> Reading common-sense certainties as standards on the model of the international meter helps to make sense of their "peculiar role": many of them cannot be true of [sic: wohl gemeint: or] false because they set the standard for what *counts as* true or false.[13]

Da Kusch Moore in der Weise kritisiert: „He fails to explain ‚how something of this sort [i.e. common-sense certainties] may be known' (551; cf. 40, 85, 550)"[14]

---

[11] Kober, M. (1993), S. 219.

[12] Moyal-Sharrock, D. (2004a), S. 218, Fn.24.

[13] Kusch, M. (2010), S. 224.

[14] Ebd., S. 218. Die Anmerkung in den eckigen Klammern wurde von Kusch eingefügt.

und vor allem die im Zitat referenzierten §§40 und 85 offensichtlich von Mooreschen Sätzen wie „Dort ist meine Hand" und „Dieser Berg hat lange vor meiner
Geburt existiert" handeln, müssen mit „common-sense certainties" solche Mooreschen Sätze gemeint sein. Können sie aber, wie er konstatiert, weder wahr noch
falsch sein? Diese Idee hat Wittgenstein keineswegs im Sinn, weil er die Sätze,
z. B. in §403, explizit als wahre benennt, und wir sie in unserem Sprachspiel
tatsächlich als wahre behandeln. Solche Sätze, von deren – in gewissem Sinn
empirischen – Eigenschaften hier die Rede ist, thematisiert Wittgenstein in PU
§50 offenbar nicht, weil er dort bloß solche Sätze als Beispiel gibt, die von Mustern oder Paradigmen handeln, wie „Das ist 1 Meter" oder „Diese Farbe heißt
‚Sepia'"[15].

Einige Interpreten betonen zur Erklärung der „eigentümlichen logischen Rolle" Moorescher Sätze, dass sie eine Art Regeln seien.[16] Unter anderem vergleicht
Child sie mit mathematischen Sätzen und sagt dazu:

> They are propositions that have, as it were, been hardened into **rules** governing the
> correct description of the empirical world. Their certainty lies in our commitment to
> count nothing as falsifying them [Hervorhebung von mir].[17]

Tatsächlich gibt es in ÜG mehrere Paragraphen, die diese Deutung zu bekräftigen
scheinen[18], aber ich bin mir aus einigen Gründen unsicher, ob man Mooresche
Sätze einfach mit Regeln gleichsetzen kann. Denn in der Anwendung der Regeln
begeht man natürlich mehr oder weniger Fehler, und Wittgenstein sagt in §29:
„Das Üben im Gebrauch der Regel zeigt auch, was ein Fehler in ihrer Verwendung ist". Lernen wir aber beim Erwerben Moorescher Sätze zusammen mit

---

[15] Die Sätze in PU §50 und einige Sätze in ÜG über die Bedeutungen von Wörtern wie
„Zweifel" (§308), „Blut" (§340), „rot" (§§527–31), „grün" (§§624–6)" könnte man vielleicht
für gleichartig halten wollen. Dies erscheint mir jedoch fragwürdig, weil die hervorgehobe-
nen Aspekte und die Kontexte in beiden Fällen doch unterschiedlich sind. Bei den Sätzen in
PU kommt es insbesondere auf die Feststellung von Paradigmen und Mustern an, während
die Sätze in ÜG eher als Mooresche Sätze, die in unserem Sprachspiel ohne Zweifel bereits
feststehen, und in denen man sich nicht irren kann, angesehen werden. Wenn man aber z. B.
den Satz „Diese Farbe heißt auf Deutsch ‚grün'" (§625) im Unterschied zum Thema in den
PU als einen Mooreschen Satz wie „Das ist eine Hand" betrachtet, lässt sich auch dessen
Rolle als „eigentümliche logische" verstehen.
[16] Wright nennt sie z. B. „rules of evidence". Siehe Wright, C. (2004b), etwa, S. 33, 35 f.
42 ff.; Wright, C. (2004c), S. 238–241.
[17] Child, M. (2011), S. 206 f.
[18] Siehe etwa die §§98, 309, 494; zu „Norm" die §§167, 321, 473, 634. Zu einer Kritik an
der Deutung Moorescher Sätze als ‚Norm', siehe Hashimoto, S. (2016).

5.2 Die Rollen der Wörter „Irrtum" und „Wahrheit" ...   85

vielen anderen Urteilen unseres Sprachspiels eigentlich, wie wir sie falsch verwenden? Üben wir denn, wie man Mooresche Sätze als Evidenz – Evidenz der
Sinne, des Gedächtnisses, etc. – verwendet? Solche Fragen bereiten, denke ich,
einige Schwierigkeiten mit der genannten Interpretation. Bei der mathematischen
Regel „4 + 1 = 5", die in BGM Teil VI genannt wird, kann man ja tatsächlich
sagen, ob man ihr gefolgt ist oder nicht, je nachdem, was man als Ergebnis von „4
+ 1" anführt, und man folgt ihr genau dann nicht, wenn man nicht „5" als Ergebnis nennt.[19] *Kann* man aber Mooresche Sätze als Regeln dieser Art betrachten
und ihnen *fälschlicherweise* folgen, mit anderen Worten, sich in ihnen auf diese
Weise irren? Dies ist logisch unmöglich, weil ein Irrtum in Bezug auf sie in unserem Sprachspiel nicht zugelassen ist. Wenn wir bei ihnen von einem möglichen
Irrtum oder einem möglichen Fehler reden würden, würden wir gleichsam als
„geistesgestört" angesehen (§§71 und 73), oder aber die Rolle des Wortes „Irrtum" müsste in unserem Sprachspiel geändert werden. Auf diese Thematik werde
ich gleich im Abschnitt zu §138 eingehen.

Aus den obigen Gründen scheint mir die „logische Rolle" Moorescher Sätze
besonders eigentümlich zu sein und sich in diesem Sinne von anderen Rollen,
die Wittgenstein nennt, abzusondern. Sie, Mooresche Sätze, lassen sich einmal
als Antwort auf die Frage „*Was* ist *wodurch* zu prüfen?!" in §125 verstehen,
in der Weise, dass sie unter dieses „*wodurch*" fallen können und also etwa als
Mittel der Prüfung, wie es beim Urmeter der Fall ist, oder als Evidenz angesehen werden können. Dennoch besitzen sie, im Gegensatz zu Paradigmen, erstens
durchaus solche Eigenschaften wie „wahr" bzw. die mit ihnen angesprochenen
Gegenstände „existieren", und zweitens hat der Umgang mit ihnen nicht den
Charakter des Regelfolgens, der sich üblicherweise bei Regeln zeigt.

5.2 Die Rollen der Wörter „Irrtum" und „Wahrheit" und die Begriffsbestimmung

Zu §138 (MS174, 29v–30r)

[b.1.] Z.B. gelangen wir zu keinem von ihnen durch eine Untersuchung.

[b.2.] Es gibt z. B. historische Untersuchungen, & Untersuchungen über die
Gestalt / ~~physikalische Natur~~ /, & auch |(über|)| das Alter der Erde, aber nicht
darüber, ob die Erde in den letzten 100 Jahren existiert habe. [b.3.] Freilich, ~~Jeder~~

---

[19] Siehe u. a. BGM VI, §16. Der Teil VI beschäftigt sich mit dem Verhältnis zwischen
mathematischen Regeln und ihrer Befolgung, und enthält, wie die Herausgeber sagen, „die
vielleicht am meisten befriedigende Darstellung von Wittgensteins Gedanken zum Problem
des Regelfolgens" (BGM, S. 29).

|viele| von uns hörten |Berichte| / haben Nachricht / über diesen Zeitraum von ihren Eltern & Großeltern; aber können sich die nicht irren? [b.4.] – "Unsinn" wird man sagen, "Wie sollen sich denn alle diese Menschen irren!". [b.5.] Aber ist das ein Argument? [b.6.] Ist es nicht einfach die Zurückweisung einer Idee? [b.7.] & etwa eine Begriffsbestimmung? [b.8.] denn rede ich hier von einem möglichen Irrtum, so ändert das die Rolle die "Irrtum" & "Wahrheit" in unserm Leben spielen.

(b.2) und (b.3) charakterisieren erneut – teilweise wiederholend – den oben genannten Status Moorescher Sätze anhand des Moore-Satzes:

(E): „Die Erde hat in den letzten 100 Jahren existiert".

(b.2) und der erste Halbsatz in (b.3.) sind als schlichte Ergänzung zu (b.1.) zu verstehen und weisen konkret darauf hin, dass (E) durch Untersuchung/Erfahrung/Prüfung... weder bewährt noch entkräftet werden *kann* (im logischen Sinn!), im Gegensatz von zu untersuchenden Gegebenheiten der Erde, etwa ihre Gestalt oder ihr Alter. Der erste Halbsatz in (b.3.) sollte dann nicht so gedeutet werden, dass die Berichte unserer Vorfahren solch eine Erfahrung seien, die uns nach § 134 „annehmen läßt"[20], dass (E) gälte. Vielmehr haben wir von Kindheit an in unzähligen Verbindungen mit Dingen, die wir z. B. von unseren Eltern und Großeltern gelernt haben, Mooresche Sätze wie (E) sozusagen einfach „geschluckt". Indem wir also eine Menge von Dingen glauben gelernt haben, erwarben wir folglich ein ganzes Sprachsystem, in dem Mooresche Sätze unverrückbar feststehen und das von ihnen festgehalten wird[21]. Um Sprachspiele, z. B. der Geschichte, spielen zu können, muss man die Sprache, in der eine Unmenge von Urteilen miteinander verwoben sind, gelernt haben, wobei in dieser Sprache Mooresche Sätze wie (E) bereits feststehen. Empirische Untersuchungen *können* sie dann in unserem Sprachspiel weder bekräftigen/bestätigen noch entkräften, welche Ergebnisse die Untersuchungen auch immer bringen mögen. Mit anderen Worten: Wir sind nicht durch irgendwelche Untersuchungen von Mooreschen Sätzen wie (E) – psychologisch – überzeugt worden, während alle entgegengesetzte Evidenz ihnen in diesem Sprachspiel sozusagen weicht.

Im letzten Halbsatz in (b.3.) wird dann Einer ins Spiel gebracht, der das in Zweifel ziehen will, was wir in unserem Leben unzählige Male gehört, gesehen, gelesen haben, um zu sagen, (E) könne falsch sein. Ich verstehe Wittgensteins Antwort auf ihn in (b.5) bis (b.6), wie schon in Kap. 4 besprochen, so, dass wir ihn mit Argumenten nicht überzeugen können, dass (E) wahr ist. Im Zusammenhang mit §495 ist (b.6) so aufzufassen, dass wir ihm nicht antworten, sondern ihn nur zurückweisen

---

[20] In der Passage des MS 174, 28v, ist das Wort „annehmen" mit einer Wellenlinie unterstrichen, und mit dieser Wortwahl ist Wittgenstein also nicht zufrieden.

[21] Vgl. die §§140–144 und 159–161; auch die §§240 und 279.

5.2 Die Rollen der Wörter „Irrtum" und „Wahrheit" ... 87

oder zurechtweisen können, indem wir sagen, „(Ach) Unsinn!", „Wie sollen sich
denn alle diese Menschen irren!" (§138). Die Antworten auf die Fragen in (b.5.)
und (b.6.) lauten dementsprechend: „Das [, Unsinn!' etc.] ist kein Argument", und
„Es ist einfach die Zurückweisung einer Idee".

Was in diesem Paragraphen von spezifischem Interesse ist, ist die Frage in
(b.7), ob die elementare „Zurückweisung einer Idee" durch das Wort „Unsinn!"
sowie den Ausdruck „Wie sollen sich denn alle diese Menschen irren!" „etwa eine
Begriffsbestimmung" ist. Was meint Wittgenstein mit „Begriffsbestimmung"? – Im
Zusammenhang mit (b.8.) liegen die folgenden Vermutungen nahe: Erstens fallen
jedenfalls „Irrtum" und „Wahrheit" unter die Begriffe, von denen jene „Begriffsbestimmung" handelt; zweitens kann man die Zurückweisung in (b.7.) deshalb für eine
Art „Begriffsbestimmung" halten, weil die Rolle der Begriffe „Irrtum" und „Wahrheit" in unserem Leben unverändert bleibt, also aufrechterhalten wird, wenn man den
Gesprächspartner in (b.3) mit „Unsinn!" etc. zurückweist. Laut (b.8.) würde sie hingegen geändert, wenn hier von „einem möglichen Irrtum" die Rede ist. Betrachten
wir nun unter dem Aspekt dieser „Begriffsbestimmung" den das Wort „Wahrheit"
involvierenden Teilsatz (b.8.) näher. Dieses (b.8.) hat Wittgenstein zwar anschei-
nend nicht zufriedenstellend formuliert, weil er es im MS mit zwei Wellenlinien an
beiden Rändern versehen hat, ich finde es jedoch immerhin für den *Wahrheitsbe-*
griff in Wittgensteins Sinn, dem es nicht zuletzt um den alltäglichen Gebrauch von
„wahr" geht, thematisch wichtig.

Zu beachten ist zunächst die Frage: Was ist „die Rolle, die »Irrtum« und
»Wahrheit« in unserem Leben spielen", oder die Rolle der Begriffe „Irrtum" und
„Wahrheit" in unserem Leben überhaupt? Meines Wissens gibt es noch so gut wie
keine Sekundärliteratur, die bzgl. §138 auf diese Frage zu antworten trachtet. –
Betrachten wir daher nun einige Paragraphen in ÜG, die mir zu erhellen scheinen,
welche Rolle der Begriff „Irrtum" im Zusammenhang mit dem Begriff „Wahrheit"
spielt. Wie in Kap. 2 bereits erörtert wurde, werden nicht alle Arten fälschlichen
Glaubens „Irrtum" genannt. Zu glauben, dass (E) falsch sei, ist in unserem Sprachspiel in der Tat falsch, sollte aber nicht als ein „Irrtum" bezeichnet, sondern nach
§71 vielmehr eine „Geistesstörung" genannt werden (vgl. auch §155), es sei denn,
es handelt sich um Fälle, in denen man sich z. B. verspricht oder verwirrt ist, so
dass man ausnahmsweise sagen respektive nicht ernsthaft meinen würde, (E) sei
falsch (vgl. die §§304 und 647). Denn wie in §74 gesagt wird, lässt sich ein Irrtum in das richtige Wissen bzw. in ein System wahrer Überzeugungen einordnen[22],
aber dies kann man hinsichtlich der an Mooreschen Sätzen wie (E) Zweifelnden
nicht tun. Mit anderen Worten: Ein Irrtum ist argumentativ – durch Überzeugung

---

[22] Ich finde es lohnend, hier die in Kap.2 zitierten Passagen noch einmal anzuführen:
Man muss beim Irrtum ansetzen und ihn in die Wahrheit überführen.

mit Begründung, etc. – korrigierbar, während die Ablehnung von (E) es nicht ist, sondern nur z. B. mit „Unsinn!" zurückgewiesen werden kann. Im Gegensatz zu einem fälschlichen Glauben, der eine „Geistesstörung" genannt werden sollte, ist für einen Irrtum „sozusagen, ein Platz im Spiel vorgesehen" (§647). Von „Irrtümern" in kontingenten Sätzen können wir in unserem Sprachspiel mit Recht reden, während der Zweifel an (E) nicht ernst genommen werden kann. In dieser Hinsicht äußert sich die Rolle des Begriffs „Irrtum" im Hinblick auf „Wahrheit" darin, beide Arten fälschlichen Glaubens auseinanderzuhalten. Ein falscher Satz wird insofern als Irrtum bezeichnet wird, als er korrigierbar ist, sodass der Irrende vom Irrtum zur Wahrheit geführt werden kann.

Wie sieht dann die Rolle des Begriffs „Wahrheit" aus? Meines Erachtens spielt er im Sprachspiel eine effiziente Rolle für Prüfverfahren: Wenn man einen Satz p einmal als wahr deklariert, dann kann man ihn als gegeben ansehen und weiterhin anwenden, ohne ihn erneut prüfen oder korrigieren zu müssen, sofern p sich nicht doch einmal als falsch erweist. In mathematischen Kontexten ist das sicherlich klar: Wenn sich z. B. der Satz des Pythagoras einmal als wahr erwiesen hat, dann kann man ihn beim Beweis eines anderen Theorems fortwährend gebrauchen, ohne ihn erneut beweisen zu müssen. Solche Sätze, die man mittels Untersuchung/Erfahrung/Prüfung/... als wahr deklariert, kann man also ebenso wie Mooresche Sätze als Prüfung oder Evidenz für andere Sätze handhaben, obwohl Mooresche Sätze dementgegen bereits ohne Prüfung im Sprachspiel feststehen. Dies ist zweifelsohne eine unserer Gebrauchsweisen des Wortes „wahr".

Wie hängt aber „Wahrheit" mit „Irrtum" zusammen? – Wie oben besprochen, kann man beide Begriffe gleichsam als zwei Seiten einer Medaille ansehen. Da der Irrende vom Irrtum zur Wahrheit geführt werden kann, lässt sich andersherum sagen, dass man den Wahrheitsbegriff benötigt, um vom „Irrtum" zu reden. Die Rolle des Wahrheitsbegriffs im Hinblick auf „Irrtum" zeigt sich also darin, dass er uns ermöglicht, einen gewissen fälschlichen Glauben einen „Irrtum" zu nennen, insofern man ihn, orientiert an der „Wahrheit", korrigieren können muss. Kurz gesagt: Es gibt logisch keinen Irrtum, wo es an Wahrheit fehlt. In diesem Sinne sind beide Begriffe „Irrtum" und „Wahrheit" in unserem Leben miteinander gekoppelt.

D. h. man muss die Quelle des Irrtums aufdecken, sonst nützt uns das Hören der Wahrheit nichts. Sie kann nicht eindringen, solange // wenn // etwas anderes ihren Platz einnimmt.

(Einen von der Wahrheit zu überzeugen, genügt es nicht, die Wahrheit zu konstatieren, sondern man muss den <u>Weg</u> vom Irrtum zur Wahrheit finden.) [TS211, 313; vgl. auch MS110, 58].

Diese Bemerkungen sind im MS110 (1930–31) und TS211 (1931–32) notiert worden, aber sie passen auch gut zum in ÜG dargestellten Zusammenhang zwischen ‚Irrtum' und ‚Wahrheit'.

5.2 Die Rollen der Wörter „Irrtum" und „Wahrheit" ...

(b.8.) besagt dann, die genannte Rolle würde sich ändern, wenn man „hier von einem möglichen Irrtum" redet. Aber welcher mögliche Irrtum? – Es ist am naheliegendsten, dies in Verknüpfung mit (b.4.) so zu lesen: „Alle diese Menschen könnten sich in (E) irren". An einigen Stellen in ÜG behauptet Wittgenstein, dass alle anderen Urteile inklusive Wahrheitsurteilen ungesichert wären, falls man sich in gewissen wahren Sätzen wie (E) irren könnte (vgl. §§69, 419, 490, 494 und 514 f.), und ggf. könnte sogar der Charakter unseres Sprachspiels gänzlich verändert werden (§646).[23] Wie würde aber die Rolle der Begriffe „Irrtum" und „Wahrheit" geändert, wenn man annähme, alle diese Menschen könnten sich in (E) irren? – In diesem Fall wäre unklar, was überhaupt noch „wahr" zu nennen wäre, es gäbe in diesem Sinne keinen klaren Wahrheitsbegriff, der für uns anwendbar wäre, es sei denn, dass uns mit ihm ein anderes Sprachspiel vorgestellt und eine neue Methode der Wahrheitsfindung eingeführt würde. Wenn man unter diesem Umstand (E) einfach als „Irrtum" bezeichnete, hieße es, dass man (E) ohne jeglichen Zusammenhang mit dem Wahrheitsbegriff als „Irrtum" ansähe. Daraus geht aber hervor, dass dieser Gebrauch von „Irrtum" gänzlich anders als unser üblicher Gebrauch wäre, in dem „Irrtum" nur im Zusammenhang mit „Wahrheit" bestimmt ist. Außerdem gäbe es hier keinen scharfen Unterschied zwischen einem „Irrtum" und einer „Geistesstörung". Denn man würde hier den fälschlichen Glauben, der in unserem Sprachspiel normalerweise für den Ausdruck einer Geistesstörung gehalten würde, – z. B. „Die Erde ist kurz vor meiner Geburt entstanden" – und den Irrtum, der, orientiert am Wahrheitsbegriff, korrigierbar ist, schlicht vermengen. Dort ginge die Rolle offensichtlich verloren, gemäß der das Wort „Irrtum" zwischen zwei verschiedenen Arten fälschlichen Glaubens unterscheiden könnte, weil diejenigen, die Wittgenstein als „geistesgestört" bezeichnet, im Sprachspiel nicht zur Wahrheit geführt werden könnten.

---

[23] Ähnlich sagt Wittgenstein in §632 vom „Ausdruck der Sicherheit und Unsicherheit", dass er „nicht seine gegenwärtige Funktion in der Sprache haben" würde, wenn er häufig anders als üblich gebraucht würde (vgl. auch MS176, 79v–80r; im MS wurde das Wort „gegenwärtig" Wittgensteins Unzufriedenheit wegen von ihm mit einer Wellenlinie unterstrichen).

§145

6

6.1 Zwei Fragestellungen in §145

Zu §145 (MS174, 31v)

[a.1.] Man will sagen "Alle meine Erfahrungen zeigen, daß es so ist." [a.2.] Aber wie tun sie das? [a.3.] Denn jener Satz, auf den sie zeigen, gehört auch zu ihrer besondern Interpretation.
[b] "Daß ich diesen Satz als |sicher| wahr betrachte, kennzeichnet |auch| meine Interpretation der Erfahrung."

Bevor ich auf §145 zu sprechen komme, möchte ich zunächst auf eine wichtige Eigenschaft Moorescher Sätze, die in seinem Umkreis skizziert wird, eingehen. Wittgenstein beschreibt sie vor allem in §144 als feststehend, nicht weil sie „an sich offenbar oder einleuchtend", sondern weil sie „von dem, was darum herumliegt, festgehalten" werden. Als dieses Umliegende wird gemäß §144 eine Unmenge von Dingen, die wir als Kinder gelernt – gehört, gesehen, gelesen – haben, bezeichnet. Um den Mooreschen Satz:

(E): „Die Erde hat in den letzten 100 Jahren existiert" (§138; vgl. auch §146)

herum liegen z. B. Berichte über diesen Zeitraum von unseren Eltern und Großeltern (§138), der Geschichtsunterricht an Schulen, Geschichtsbücher, etc., während (E) in dem durch das Lernen nach und nach gebildeten System von Geglaubtem unverrückbar feststeht (vgl. auch §152). Mit den §§141 f. könnte man diese Eigenschaft Moorescher Sätze so ausdrücken, dass diese Sätze nicht als einzelne Axiome fungieren, auf denen andere Sätze im *einseitigen* Prämisse-Folge-Verhältnis basieren, sondern dass sich alle Sätze innerhalb des Systems sozusagen *gegenseitig* stützen (vgl. auch §248). In diesem Punkt weicht Wittgenstein von der Haltung Moores und Russells, dass das, was feststeht, an sich offenbar oder einleuchtend

---

© Der/die Autor(en), exklusiv lizenziert an Springer-Verlag GmbH, DE, ein Teil von Springer Nature 2022
S. Hashimoto, *Der Wahrheitsbegriff in Über Gewißheit*,
https://doi.org/10.1007/978-3-662-65684-6_6

sei, ab. Nach meiner Lesart ist Wittgensteins Idee, dass Mooresche Sätze von Umliegendem im System festgehalten werden, nicht nur in §145, sondern durchgehend in ÜG essentiell.

Was genau wird dann mit „daß es so ist" in (a.1.) gemeint? Als darauf bezogen lese ich die §145 nachfolgenden Paragraphen, die sich in den folgenden drei Punkten zusammenfassen lassen: **(1)** Das Bild der Erde als Kugel, z. B., „hilft uns nun zum Beurteilen verschiedener Sachverhalte" (§146). Wittgenstein bemerkt dann über solche grundlegenden Urteile wie „Die Erde ist rund": „Meine Urteile selbst charakterisieren die Art und Weise, wie ich urteile, das Wesen des Urteilens" (§149), und weiterhin: Die Betrachtung von etwas als feststehend „gehört zur *Methode* unseres Zweifelns und Untersuchens" (§151; vgl. auch §150). **(2)** Bei gewissen Sätzen (oder gewissen Urteilen[1]) gibt es kein Warum (§§148 und 150), und damit arbeiten wir oder fangen wir „ohne Entscheidung" (§146), „ohne es anzuzweifeln" (§147; vgl. §150) an. **(3)** Man könnte dies einfach so beschreiben: „So handle ich" (§148). Am besten passen zu diesen Eigenschaften aufgrund von **(1)** Weltbild-Sätze, die ich als einen Teil Moorescher Sätze verstehe, weil sie, wie in Kap. 3 besprochen, einen *methodischen* Charakter haben. Vor allem werden im Umkreis des §145 solche Sätze wie „Die Erde ist rund", „Meine Hände verschwinden nicht, wenn ich auf sie nicht aufpasse" (§153; vgl. auch §148) etc. genannt. Sie lassen sich als Beispiele von Weltbild-Sätzen (jeweils erster Art, nach meiner Klassifikation in Kap. 3.) ansehen. Trotzdem gelten die meisten Urteile, die für §145 relevant sind, auch generell für Mooresche Sätze, und in diesem Sinne beschränkt sich die folgende Analyse nicht nur auf Weltbild-Sätze.

In (a.1.) erwähnt Wittgenstein, man wolle z. B. sagen, „*Alle* meine Erfahrungen zeigen, dass (E)". Dieses (a.1.) könnte sich zwar *prima facie* zutreffend anhören, aber es beginnt mit dem typisch Wittgensteinschen Zusatz: „Man will sagen". Was Wittgenstein damit meint, kann je nach Kontext unterschiedlich sein, aber eine seiner klaren Verwendungen äußert sich darin, dass dieser Zusatz – sonst auch: „Man möchte sagen", „Wir möchten sagen", etc. – auf eine negative Tendenz hinweist, Wörter oder Sätze nach einem falschen (oft philosophischen) Bild zu gebrauchen.[2] Obwohl Wittgenstein dem (b) den Zusatz „Man will sagen" nicht hinzugefügt hat, hat er auch (b) mit Anführungszeichen versehen, als wolle er in §145 sowohl (a.1.) als (b) nicht aus seinem eigenen Mund kommen lassen. Meines Erachtens lassen sich die von ihm in Anführungszeichen gesetzten Aussagen nicht schlicht als seine

---

[1] Es ist für die jetzige Diskussion irrelevant, darauf einzugehen, wie Unterschiede zwischen „Sätzen" und „Urteilen" im Hinblick auf gewisse Sätze wie (E) aussehen.

[2] Mit dieser Bedeutung von „Man möchte sagen" gehen meines Erachtens z. B. die betreffenden Aussagen in den PU §§330, 527, etc. gut einher.

6.2 „Alles spricht dafür, nichts dagegen"   93

festen Meinungen, sondern eher als solche auffassen, derer er sich selbst nicht sicher
ist und die zu untersuchen sind. Die erste Frage in Bezug darauf ist: Inwiefern könnte
der Ausdruck „Alle meine Erfahrungen zeigen, dass (E)" problematisch sein?

Zudem besteht zwischen (b) und §149 die Spannung, dass Wittgenstein einerseits die Bemerkung in §149 ernst zu meinen scheint, dass er aber andererseits den
sehr ähnlich konstruierten Satz in (b) mit Anführungszeichen versehen hat. Ein nen-
nenswerter Unterschied liegt offenbar darin, dass im Gegensatz zu §149 (b) sowie
(a.3.) das Wort „Interpretation" enthalten. Die zweite Frage lautet dann: Inwiefern
lässt sich (b) als bedenklich ansehen?

6.2   „Alles spricht dafür, nichts dagegen"

Betrachten wir nun genauer, wie wir den Ausdruck „*Alle* meine Erfahrungen
zeigen ..." gebrauchen, wobei es meines Erachtens irrelevant ist, ob das Wort
„meine" darin inkludiert ist oder nicht, wenn es um Mooresche Sätze geht. Zu
dieser grammatischen Untersuchung ist es hilfreich, den Ausdruck „Alles spricht
dafür, nichts dagegen" in Betracht zu ziehen, weil man, so scheint mir, beide für
gewissermaßen analog halten kann. Obwohl der Ausdruck „*Alle* meine Erfahrungen zeigen ..." in ÜG nur einmal vorkommt, verwendet Wittgenstein an mehreren
Stellen den Ausdruck „Alles spricht dafür ..." oder ähnliche Formulierungen in
Verbindungen mit Mooreschen Sätzen. Hamilton weist z. B. darauf hin, dass
der Ausdruck „Alles spricht dafür nichts dagegen" auch in den §§4, 89 und
191 vorkommt und nach seiner Deutung von ÜG als legitim anzusehen sei.[3]
Genauer betrachtet, drückt sich aber Wittgenstein in den genannten Paragraphen
ebenfalls in etwas skeptischem Ton aus: Er setzt den Ausdruck z. B. in §4 in
einfache Anführungszeichen, in §89 in doppelte Anführungszeichen zusammen
mit dem Zusatz „Man möchte sagen", als ob er dies wiederum nicht aus seinem eigenen Mund kommen lassen wollte. Zwar gebraucht er in den §§93, 191
und 203 Ausdrücke dieser Art ohne besondere Merkmale – Anführungszeichen,
„Man will sagen", etc. –, aber nach meiner Lesart sollte man bei ihrer Lektüre
vorsichtig sein. Denn es gibt in ÜG tatsächlich auch solche Paragraphen wie die
§§117–9, die den Ausdruck „Alles spricht dafür, nichts dagegen" im Hinblick auf
Mooresche Sätze in Zweifel ziehen.

---

[3] Hamilton, A. (2014), S. 143 f. Im Hinblick auf §89 bemerkt Hamilton aber: „OC 89 has
the familiar cautionary opening:" One would like to say: 'Everything speaks for, and nothing
against the earth's having existed long before ...'"; but what it goes on to say suggests that
I cannot believe the contrary" (ebd., S. 144).

6.2.1 Das „Prinzip des Dafür- und Dagegensprechens"

Mir erscheint auch für §145 das als wichtig, was Wittgenstein in §117 generell über die Gebrauchsweise des Ausdrucks „Nichts spricht dafür und alles dagegen" sagt:

> Wenn ich sage »Nichts spricht dafür und alles dagegen«, so setzt dies schon ein Prinzip des Dafür- und Dagegensprechens voraus. D.h. ich muß sagen können, was dafür *spräche.*

Dies gilt vom Kontext der §§117–9 her auch beim Ausdruck „Alles spricht dafür, nichts dagegen". §117 zufolge setzt dessen richtiger Gebrauch „ein Prinzip des Dafür- und Dagegensprechens" voraus. Wie ist aber dieses Prinzip zu verstehen? Damit verknüpft ist meines Erachtens die ebenfalls das Wort „Prinzip" involvierende Bemerkung in §124: „Ich will sagen: Wir verwenden Urteile als Prinz(ipen) des Urteilens". Als solch ein Prinzip benennt Wittgenstein z. B. im Kontext von §119 den Satz „Der Tisch ist dort auch dann vorhanden, wenn niemand ihn sieht", der als Weltbild-Satz anzusehen ist (vgl. die §§611 und 670). Im Zusammenhang mit Weltbild-Sätzen lässt sich das „Prinzip des Dafür- und Dagegensprechens" auch analog zu dem „überkommene[n] Hintergrund, auf welchem ich zwischen wahr und falsch unterscheide" (§94) lesen, zu dem Weltbild-Sätze, inklusive des Satzes in §119, gehören. Dieses *Prinzip* muss es dann geben, weil es ohne es keine Gewähr gäbe, ob andere Sätze noch wahr oder falsch wären (§§69, 419, 490, 494 und 514 f.). Außerdem haben Weltbild-Sätze, wie ich in Kap. 3 gezeigt habe, einen *methodischen* Charakter, insofern sie charakterisieren, wie wir verschiedene Sachverhalte beurteilen, anzweifeln, untersuchen, etc.

In §117 beschreibt Wittgenstein dieses Prinzip auch in der Weise, dass man beim richtigen Gebrauch von „Alles spricht dafür, nichts dagegen" muss sagen können, *was* dafür spräche. Wenn man also sagen will „x spricht für y", um durch den Verweis auf x y zu begründen, dann muss man sagen können, was unter dieses x fällt. Man kann z. B. den Satz „N.N. war gestern zu Hause" in §483 dadurch begründen, dass man sagt, „Ich habe mit ihm gesprochen". In diesem Fall sprechen die Fakten, dass man N.N. in seiner Wohnung gesehen hat, mit ihm gesprochen hat, etc., für den Satz, und sie sprechen zugleich nicht dagegen. Hierbei kann man das zu-Hause-N.N.-Sehen, das mit-N.N.-Sprechen, etc. als das ansehen, was für den Satz *spricht.* Dies gilt dann als eine *epistemische* Rechtfertigung und ist ein normaler Gebrauch von „dafür/dagegen sprechen".

Wie sieht es aber mit Mooreschen Sätzen aus? In den §§118 f. hegt Wittgenstein genau den Zweifel, ob es richtig wäre, vor allem im Hinblick auf den

6.2 „Alles spricht dafür, nichts dagegen"

Weltbild-Satz „Der Tisch ist dort auch dann nicht vorhanden, wenn niemand ihn sieht", zu sagen, „Alles spricht dafür, nichts dagegen". Meines Erachtens gilt Wittgensteins Zweifel auch für den Ausdruck „*Alle* meine Erfahrungen zeigen ...". Die Frage in (a.2.) „Aber wie tun sie das?" verstehe ich als die Frage zur Art und Weise, wie die Erfahrungen auf einen Satz zeigen, also diesmal als die Frage zum Prinzip des Zeigens durch Erfahrungen. Als Beispiele für solch ein Prinzip des Zeigens kann man im Falle kontingenter oder hypothetischer Sätze wie „N.N. war gestern zu Hause" solche Erfahrungen wie das N.N.-Sehen und das mit-ihm-Sprechen zählen. Ist es aber richtig, im Hinblick auf Mooresche Sätze zu sagen, „*Alle* Erfahrungen zeigen, dass es so ist" sowie „Alles spricht dafür, nichts dagegen"?

Zu beachten ist zunächst, dass man für den Weltbild-Satz in §119, im Gegensatz zum Mooreschen Satz „Hier sind zwei Hände", wesentlich keine Sinneserfahrung anführen *kann*, weil er einer empirischen Überprüfung nicht zugänglich ist. Wenn man von Sinneserfahrung redet, dann ist in dieser Hinsicht unklar, welche *Erfahrung* auf den Satz zeigt bzw. für ihn spricht. Meines Erachtens sind jedoch beide Ausdrücke, „*Alle* Erfahrungen zeigen" und „Alles spricht dafür", nicht nur im Falle bestimmter Weltbild-Sätze, sondern auch im Falle Moorescher Sätze unter einem gewissen Aspekt unangebracht. Denn sie werden generell nicht nur von Umliegendem festgehalten, sondern sie gehören auch selbst zur unbegründeten Grundlage. Man gelangt nicht durch irgendeine *epistemische* Rechtfertigung, inklusive der Begründung durch den Ausdruck „Alles spricht dafür", zu Mooreschen Sätzen. Diese Sätze machen vielmehr das Sprachspiel aus, für u. a. das „Prinzip des Dafür- und Dagegensprechens" sowie das „Prinzip des Zeigens" konstitutiv sind. In diesem Sinne sind Mooresche Sätze so wesentlich für das Sprachspiel wie diese Prinzipien selbst, und letztere gehen ersteren nicht vor.

Betrachtenswert ist dazu eine Deutung des §145 von Ertz, vor allem in Bezug auf „Erfahrung":

> Es gibt weder eine Regel, noch lässt sich an der Erfahrung ablesen, an welchen Sätzen man festhalten und an welchen Sätzen man zweifeln sollte. [...] Auch die (Sinnes-) Erfahrung kann hier nicht weiterhelfen, da die Gewissheit eines Satzes erst festlegt, was man Erfahrung nennt: Wenn man sicher ist, dass man den Schlüssel früher tatsächlich gesehen hat, legt man sich auf eine Erfahrung fest – nämlich darauf, dass man den Schlüssel sah.[4]

---

[4] Ertz, T.-P. (2008): S. 162 f.

Relevant ist hier die Bemerkung, dass „die Gewissheit eines Satzes erst festlegt, was man Erfahrung nennt". Demzufolge wird nicht durch irgendwelche Erfahrungen (laut Ertz auch durch keine Regel) bestimmt, an welchen Sätzen man im Sprachsystem festhält. Vielmehr wird erst im System, in dem Mooresche Sätze unverrückbar feststehen, festgelegt, was man „Erfahrung" nennt. Ob diese, auf den Erfahrungsbegriff anhebende Auffassung angemessen ist, ist streitbar, weil Wittgenstein zwei verschiedene Aspekte mit „Erfahrung" betont.[5] Einerseits sagt er an manchen Stellen in ÜG explizit, „Man kann sagen, daß Erfahrung uns diese Sätze [= Mooresche Sätze] lehrt"[6], wobei er zu der „Erfahrung" unser grundlegendes *Lernen* einer Unmenge von Dingen, z. B. im (Schul-)Unterricht, zählt, durch das wir ein System, in dem Mooresche Sätze feststehen, erworben haben. Andererseits behauptet er auch, dass keine Erfahrung als „Grund" für Mooresche Sätze gelten kann, und unter „Grund" verstehe ich eine *epistemische* Rechtfertigung, durch die man sich von Mooreschen Sätzen überzeugt. In diesem Lichte lässt sich die Idee von Ertz so verstehen, dass nicht durch *epistemische* Rechtfertigung, nicht durch Erfahrung gesichert wird, dass wir im System an Mooreschen Sätzen festhalten, sondern es ist erst im System bestimmt, welche Erfahrung als *epistemische* Rechtfertigung für welche Sätze – ausgenommen Mooresche Sätze – gilt.

Ertz fokussiert sich zwar bei der Lektüre des §145 auf das Wort „Erfahrung", aber wichtig für das Prinzip des Dafür- und Dagegensprechens ist vielmehr, dass die Ausdrücke „Alles spricht dafür nichts dagegen" und „*Alle* Erfahrungen zeigen" keine *epistemische* Rechtfertigung für Mooresche Sätze darstellen. Woran wir im System festhalten, wird nicht dadurch gerechtfertigt, dass man sagt, „Alles spricht dafür, nichts dagegen", oder „*Alle* Erfahrungen zeigen", sondern es wird erst im System bestimmt, was wofür spricht, bzw. *was wodurch* zu prüfen ist (§125), wobei Mooresche Sätze im System bereits feststehen. Wenn man diese Einsicht einmal ausklammern und *epistemisch* rechtfertigen wollte, dass Mooresche Sätze wie (E) wahr sind, so könnte man auf die Fragen „Was spricht dafür, dass (E)" und „Wie zeigen *alle* Erfahrungen, dass (E)" prinzipiell nicht antworten, weil dabei auch das Prinzip des Dafür- und Dagegensprechens ausgeklammert würde.

---

[5] Zu „Erfahrung", siehe etwa die §§130 f., 134, 212, 224, 240, 274, 275, 281, 284, 360, 385, 429, 434, 555 und 603.
[6] §240. Siehe auch vor allem die §§281, 284 und 434.

6.2 „Alles spricht dafür, nichts dagegen"   97

6.2.2 Kohärenztheorie der Wahrheit?

Man könnte einwenden wollen, dass z. B. alle aus Geschichtsbüchern gelernten Fakten, wie z. B. „Die Schlacht bei Austerlitz begann 1805", für (E) sprechen würden. Dies kann man aber, wie mir scheint, nicht als Rechtfertigung für (E), sondern höchstens in dem Sinne sagen, als sich gleichsam in einem „Nest von Sätzen", wie Wittgenstein sagt, einfach diese Fakten aufeinander *gegenseitig* beziehen (vgl. die §§141 f. und 225). An dieser Stelle stimme ich Krebs' Deutung zu, dass es sich bei der Beziehung zwischen Mooreschen Sätzen und der Unmenge des Gelernten nicht um eine der *epistemischen* Rechtfertigung handelt. Im Falle Moorescher Sätze kritisiert er eine begründungsbezogene Kohärenztheorie der Wahrheit, die er „Kohärentismus" nennt, als einen verfehlten Erklärungsversuch.[7] Für nötig hält er stattdessen die Betrachtung, dass „man begrifflich zwischen Begründung und Kohärenz *unterscheidet*", wobei er den Begriff „Kohärenz" nicht als „ein kohärentistisches Verständnis von Begründungen", sondern vielmehr als „Begründungen vorausgeh[end]" auffasst.[8] Der Begriff „Kohärenz" zeichnet sich ihm zufolge durch eine „wechselseitige Beziehung" solcher Art aus, „dass nicht nur Moore'sche Sätze von empirischen Überzeugungen, sondern empirische Überzeugungen auch umgekehrt von Moore'schen Sätzen, ohne Begründung, *festgehalten* werden"[9]. Wer aber hingegen den Kohärentismus in Krebs' Sinn vertritt, mag erstens geneigt sein, zu sagen, dass ein Satz wahr sei, gdw. er ein Element im kohärenten System sei, und zweitens, dieses Schema in der Weise als Begründung zu verwenden, dass Mooresche Sätze deshalb wahr seien, weil sie ein Element im kohärenten System seien. Bemerkenswert ist hierbei auch solch eine Deutung, die z. B. Giehring gegen diese Art der Kohärenztheorie der Wahrheit, aber doch unter einem anderen Aspekt wie Krebs anbietet. Demzufolge könne ,Kohärenz' schon deshalb nicht als Evidenz für die Wahrheit Moorescher Sätze gelten, weil Wittgenstein ihre Wahrheit schlicht ablehne.[10] Dahingehend stimme ich Giehring zu, dass der

---

[7] Siehe z. B. Krebs, A. (2007), S. 86.

[8] Ebd., S. 15 f.

[9] Ebd., S. 108.

[10] Giehring, S. (2005), S. 187 und deren Fn.50. Giehring schreibt dort:
Der Versuch, den kohärenztheoretischen Ansatz mit dem Hinweis darauf zu retten, Kohärenz sei *zwischen* den Sätzen des Weltbildes als Bürge seiner Wahrheit anzusiedeln, ginge an Wittgensteins Anliegen gänzlich vorbei. Tatsächlich lehnt Wittgenstein es explizit ab, im Zusammenhang des Weltbildes überhaupt von Wahrheit zu sprechen (vgl. UG 94, 205).
Zwar ist im Zitat von „Sätzen des Weltbildes" die Rede, aber dieses Argument trifft generell auf Mooresche Sätze zu, weil §205 nicht nur Weltbild-Sätze betrifft.

Kohärentismus nicht zur Erläuterung der *Wahrheit* Moorescher Sätze taugt. Dies liegt jedoch meines Erachtens nicht darin begründet, dass sie weder wahr noch falsch seien, sondern einfach darin, dass sie keiner Begründung für ihre *Wahrheit* bedürfen, insofern sie bereits zu unserem System gehört, wie es in §83 heißt.

Andererseits ist für das Denken des späten Wittgenstein die Idee des grundlosen *Anfangs* wichtig. An diesem *Anfang* oder, je nach Perspektive, am Ende, wie man es auch nennen kann, steht unsere „unbegründete Handlungsweise" (§110), und dazu gehören nicht nur Mooresche Sätze, sondern auch das „Prinzips des Dafür- und Dagegensprechens". Es ist aber den §§166 und 471 zufolge schwierig/schwer, den grundlosen *Anfang* zu finden und dann nicht zu versuchen, weiter zurückzugehen – vor allem für diejenigen, die alles für begründungsfähig halten. Es ist ein bloß spekulativer Ansatz, weiter zurückzugehen und nach dem zu suchen, was für Mooresche Sätze spricht, um dann zu sagen, alles spreche dafür und nichts dagegen. Wer dies sagen will, betrachtet also nicht genau, wie unser Handeln aussieht. Hier stellt sich aber die Frage: Ist diese Wittgensteinsche Idee des Anfangs kompatibel mit der Idee der *wechselseitigen* Beziehung zwischen Mooreschen Sätzen und der Unmenge des Gelernten? Um diesem scheinbaren Widerspruch zu entkommen, gilt es zwischen der Ebene der Begründung und der Ebene des grundlosen oder, wie es Wittgenstein formuliert, „animalischen" (§359; vgl. die §§135 und 475) Lernens zu unterscheiden, so wie man in ÜG auch hinsichtlich „Erfahrung" diese zwei Aspekte sehen kann. Zu dieser Differenzierung lässt sich einerseits sagen, dass es den grundlosen Anfang/das grundlose Ende der Kette der Begründung gibt, und andererseits, dass man beim Erwerben des Systems Mooresche Sätze mit einer Unmenge von Dingen in der Weise sozusagen „hinunterschluckt" (§143), dass alle Sätze als „Nest von Sätzen" (§225) im System miteinander verwoben sind und sich *gegenseitig* stützen. In dieser Lernphase kommen solche Begriffe wie „Grund", „Evidenz", „Zweifel" nicht vor, so wie §160 zufolge der Zweifel *nach* dem Glauben-Lernen kommt.

In diesem Lichte scheint es mir nicht unbedingt falsch, im Hinblick auf Mooresche Sätze zu sagen, „*Alle* Erfahrungen zeigen ..." oder „Alles spricht dafür, nichts dagegen". Der richtige Gebrauch dieser Ausdrücke liegt aber nur dann vor, wenn sie nicht als *epistemische* Rechtfertigungen für die Wahrheit Moorescher Sätze, sondern als Verweise auf unser grundloses *Lernen* gelten, bei dem Mooresche Sätze mit der Unmenge des Gelernten zusammenhängen. Aufgrund des Charakters der Grundlosigkeit Moorescher Sätze ist es jedoch schlicht falsch, die genannten Ausdrücke zu äußern, um zu behaupten, dass sie in holistischen Begründungszusammenhängen, etwa in einer Kohärenzrelation, stehen, oder dass sie *deshalb* wahr seien, weil sie und eine Unmenge von Dingen in einem System sich *gegenseitig* stützen.

6.3 Sind Mooresche Sätze Interpretationen von Erfahrungen?

6.3.1 Der Satz „Alle meine Erfahrungen zeigen, daß es so ist."

Anschließend an (a.2.) schreibt Wittgenstein (a.3.): „Denn jener Satz, auf den sie zeigen, gehört auch zu ihrer besonderen Interpretation". Wie ist diese Bemerkung zu verstehen? Meines Erachtens weist er hier auf einen anderen Aspekt der Ausdrücke „Die Erfahrungen zeigen etwas" sowie „x spricht für y" hin, sprich, auf den Zusammenhang zwischen ihnen und einer „Interpretation" entsprechender Erfahrungen hin. Betrachten wir nun solche Alltagsfälle, in denen zwei Menschen dasselbe Ereignis unterschiedlich erleben können, abhängig davon, wie sie diese Erfahrung interpretieren. Nehmen wir z. B. zwei Personen A und B an, die in ein afrikanisches Land zusammen gereist sind und an einer Safari-Tour teilgenommen haben. Da A große zoologische bzw. geologische Kenntnisse besitzt, sagte er nach der Teilnahme an der Tour, „Alle Erfahrungen, die ich dort hatte, zeigen und sprechen dafür, dass unsere diesmalige Reise großartig ist". Hingegen ist B nicht derselben Meinung, weil er nicht nur nicht sehr zoologisch ausgerichtet ist, sondern etwa beim Autorfahren der Safari reisekrank wurde und die Landschaft nur oberflächlich gesehen hat. In diesem Szenario werden entsprechend verschiedene Urteile über die genannte Reise zugelassen. Sie hängen vor allen Dingen von den dortigen Erfahrungen der Safari-Tour ab, die mit den primär von zoologischen und geologischen Interessen geprägten Interpretationen zusammenhängen. In Anbetracht der Aussage von A lässt sich z. B. sagen, dass die „Erfahrungen" und das „Dafürsprechen" seine Interpretationen sind, und weiterhin, dass der von ihm geäußerte Satz „Unsere diesmalige Reise ist großartig" in seiner Interpretation dessen eingebettet liegt, was man auf der Safari-Tour erfahren – sehen, riechen, hören und ggf. tasten – kann. Diese Idee äußert sich meines Erachtens in (a.3.) und ist auch wie folgt zu formulieren: Die Aussage, dass Erfahrungen auf einen Satz zeigen, rührt von einer gewissen Interpretation her, während diese Aussage zugleich aufweist, von welcher Interpretation sie abhängt oder zu welcher Interpretation der Satz, auf den die Erfahrungen zeigen, gehört. Diese Idee ist für sich genommen nicht unrichtig, sie passt sogar zu vielen alltäglichen Fällen. Wie oben gezeigt wurde, lassen sich die Ausdrücke „Alles spricht dafür" und „*Alle* Erfahrungen zeigen" nicht mit Mooreschen Sätzen vereinbaren, wenn man sie als *epistemische* Rechtfertigungen gebraucht. Es stellt sich hier aber eine andere Frage: Kann man diese Ausdrücke als Interpretationen im Hinblick auf Mooresche Sätze sinnvollerweise gebrauchen?

Den Zweifel an der weiteren Anwendung der genannten Idee sehe ich als Wittgensteins Pointe in §145 an. Bei kontingenten Sätzen, bei denen klar ist, von welcher Interpretation betreffende Erfahrungen abhängen, um auf sie zu „zeigen", kann man mit Recht sagen, „Meine Erfahrungen zeigen auf den Satz" oder „Sie sprechen dafür", weil man die Frage, wie diese Erfahrungen auf den Satz zeigen, wie in (a.2.) gestellt, richtig beantworten kann. Ob man aber im Hinblick auf Mooresche Sätze auf dieselbe Weise sinnvoll sagen kann, „*Alle* Erfahrungen zeigen/sprechen für ..." erscheint mir zweifelhaft. Denn z. B. der Satz „*Alle* Erfahrung zeigen/sprechen dafür, dass hier zwei Hände sind" erweckt gemäß diesem uns geläufigen Gebrauch von „zeigen/dafürsprechen" nichts anderes als den Anschein, als ob auch der Mooresche Satz „Hier sind zwei Hände" zu irgendeiner Interpretation gehörte, da das diesbezügliche „Zeigen" bzw. „Dafürsprechen" von einer entsprechenden Interpretation herrührte. Zwar lässt sich einerseits sagen, dass es kontingente Sätze gibt, die mittels Erfahrungen interpretiert werden, während die Erfahrungen selbst schon das Ergebnis von Interpretationen sind, aber andererseits hat diese Kette der Interpretation sozusagen auch ein Ende. An diesem Ende steht unser Handeln (§§110 und 204) oder, wiederum je nach Perspektive, wie es Johann Wolfgang von Goethe ausdrückt, „im Anfang war die Tat" (§402), wobei darin Mooresche Sätze sowie das Prinzip des Dafür- und Dagegensprechens, die sie ausmachen, involviert sind. Mooresche Sätze stehen nämlich auf der unbegründeten Grundebene, die keine Interpretation – ob sie nun, wie in (a.3.), eine besondere ist oder nicht – voraussetzt, und sie werden also nicht erst mittels immer schon von einer bestimmten Interpretation geprägter Erfahrungen aufgewiesen.

Bemerkenswerterweise weist Wittgenstein auch in PU darauf hin, dass die Worte „deuten/interpretieren" nicht mit der Idee von Unbezweifelbarem vereinbar sind. Betrachten wir nun diesbezüglich die §§633–660 in PU, in denen es um solche Sätze mit psychologischen Ausdrücken wie „Ich wollte ...", die für jemanden, der sie wahrhaftig äußert, selbstverständlich sind, und auch um deren Evidenzlosigkeit geht. Diesen Paragraphen zufolge ist bei solchen unbezweifelbaren Sätzen ausgeschlossen, unter mehreren Deutungen eine Deutung zu *wählen* (§634), sich zu überlegen oder zu „beurteilen"[11] (§637), sich sicher über sie zu werden (§638) und an ihr zu zweifeln (§652). Wegen der Parallelität trifft diese

---

[11] Das „Beurteilen" in PU §638 lässt sich als eine Art rationales Denken oder eine Überlegung auffassen und muss daher kategorial etwas anderes sein als das Urteil, dass Mooresche wahr sind, wenn dies ebenso „Urteil" genannt wird (Wittgenstein benutzt ab und zu in ÜG auch im Falle Moorescher Sätze das Wort „Urteil", siehe z. B. die §§419, 517 und 519). Denn auch bei ihnen ist in unserem Sprachspiel Überlegung, Zweifeln, etc. ausgeschlossen (vgl. §480).

6.3 Sind Mooresche Sätze Interpretationen von Erfahrungen? 101

Bemerkung auch auf Mooresche Sätze zu. Denn Wittgenstein erläutert auch den Charakter des Begriffs „Deuten" wie folgt: „Wenn wir deuten, stellen wir eine Vermutung an, sprechen eine Hypothese aus, die sich nachträglich als falsch erweisen kann" (BPP I §8). In diesem Sinne sind Mooresche Sätze im Wesentlichen mit „Deuten" unverträglich. Aus diesem Grund denke ich, dass man Sätze beider Arten – also inklusive Moorescher Sätze – als „rudimentär" (§638) oder auch als „Urphänomene" (§654) ansehen könnte, wobei „Urphänomene", kurz gesagt, weder gedeutet noch infrage gestellt noch angezweifelt werden, sondern im Sprachspiel feststehen. Den Gebrauch solcher auf rationales Denken bezogenen Wörter wie „Deuten" „zweifeln" lernt man ebenso wie „es gibt", „wissen", „heißen" erst nach dem Lernen dieser „Urphänomene".[12] In unserem Sprachspiel gibt es zwar, natürlich, solche Sätze, die angemessen in Zweifel gezogen und die dann unter mehreren Deutungsoptionen interpretiert werden können, aber nicht alle Sätze können angezweifelt oder interpretiert werden. Zu solchen „Urphänomenen" gehören nicht nur solche, die eigene Emotionen aufweisen, wie „Ich wollte ...", sondern auch Mooresche Sätze. Sie sind nämlich grundlegender als Deutungen/Interpretationen, sie gehen ihnen als „Urphänomene" vor.

Vor diesem Hintergrund denke ich, dass auch in Hinsicht auf ‚Interpretation' die Ausdrücke „*Alle* Erfahrungen zeigen" und „Alles spricht dafür, nichts dagegen" nicht recht zur Beschreibung Moorescher Sätze passen. Nach ihrem für uns gewöhnlichen Gebrauch könnten sie schlicht auf die falsche Aussage hinauslaufen, dass Mooresche Sätze zu einer besonderen Interpretation gehören würden, wie in (a.3.) impliziert. Jedoch sind sie wesentlich weder zu interpretieren noch zu deuten, sondern stehen als „Urphänomene da – wie unser Leben (§559).

6.3.2 Unterschiede zwischen den §§145 und 149

In (b) schreibt Wittgenstein in Anführungszeichen: „Daß ich diesen Satz als sicher wahr betrachte, kennzeichnet meine Interpretation der Erfahrung". Diesen (b) lese ich aufgrund des im MS von Wittgenstein nachträglich eingefügten Zusatzes „sicher" als eine Aussage über Mooresche Sätze. Was meint er aber genau mit diesen Anführungszeichen und diesem (b)? – Zusammen mit den §§139 und 149 ff. nimmt Coliva in ihrem Buch Bezug auf (b) und erwähnt nicht zuletzt zu diesem (b): „Quotations could be multiplied *ad libitum*. But the general thrust is clear enough already. To *judge* thus-and-so, in certain circumstances, is said, in OC, to

---

[12] Siehe etwa die §§115, 160, 476–480, 536–541 und 566; auch Kap. 16 und 18.

be part of 'our *method* of doubt and enquiry'".[13] Ich stimme zwar dem letzten Satz in diesem Zitat zu, insofern er eine allgemeine Erklärung Moorescher Sätze bietet, kann man aber die Anführung von (b) wirklich als "*ad libitum*" ansehen und weiterhin alle genannten Paragraphen als gleichbedeutend lesen? An dieser Stelle lese ich (b) wiederum als eine noch zu untersuchende Aussage, die sich dementsprechend auch so lesen lässt, dass Wittgenstein hier nicht seine eigene Meinung äußert, sondern er lässt ihn von einem Gesprächspartner als Fortsetzung von (a.1.) sagen, sodass Wittgenstein zu diesem (b) auch ein „Man will sagen" hätte einfügen können. Inwiefern könnte aber (b) problematisch sein?

Eigentlich scheint man prima facie auf eine widersprüchliche Spannung zu stoßen, wenn man das in (b) Gesagte aufgrund der Anführungszeichen ablehnt und zugleich das im 149 Gesagte (worauf sich auch Coliva bezieht) befürwortet, obwohl ich dies als eine Deutungsoption anbieten möchte. Im §149 heißt es, „Meine Urteile selbst charakterisieren die Art und Weise wie ich urteile, das Wesen des Urteilens", wobei ich diese „Urteile" auf Mooresche Sätze bezogen verstehe. Aus beiden – (b) und §149 – scheint dann die gleiche Idee hervorzugehen, dass die Beurteilung Moorescher Sätze als „wahr" die Art und Weise zeigt, wie man urteilt. Was könnte der Unterschied zwischen dem in Anführungszeichen gesetzten Satz (b) und dem §149 ohne Anführungszeichen sein? Meines Erachtens äußert er sich eigens darin, dass (b) doch mit dem Satz „*Alle* meine Erfahrungen zeigen ...*" in (a.1.) oder „Alles spricht dafür, nichts dagegen" zusammenhängt, also mit der Idee, dass die Betrachtung eines Mooreschen Satzes als „sicher wahr" von einer besonderen Interpretation abhängt. So gesehen läuft (b) dann darauf hinaus, dass die genannte Betrachtung nicht nur kennzeichne, dass ein Moorescher Satz sicher wahr sei, sondern auch, wie man die Erfahrung interpretiere, weil diese Betrachtung von einer Interpretation der Erfahrung abhänge. Wie oben besprochen wurde, ist diese Idee jedoch zweifelhaft, weil eine Interpretation erst nach dem Spracherwerb vor sich gehen kann, während Mooresche Sätze zusammen mit dem Sprachsystem gelernt worden sind.

Andererseits lässt sich §149 so lesen, dass man doch klarerweise von Weltbild-Sätzen sagen kann, „Meine Urteile selbst charakterisieren die Art und Weise, wie ich urteile, das Wesen des Urteilens", oder wie es in §232 ausgedrückt wird, „die Art und Weise, wie wir urteilen, also handeln".[14] Meines Erachtens könnte

---

[13] Coliva, A. (2010), S. 81. In der Fußnote zu diesem Satz verweist sie auch auf inhaltlich ähnliche Passagen in den §§114, 126, 158, 268, 306, 369 f., 456 und 506 f. (Fn.33, S. 222 f.).

[14] In PU §656 schreibt Wittgenstein in Bezug auf unbezweifelbare eigene Gefühle: „Sieh auf das Sprachspiel als das *Primäre*! Und auf die Gefühle, etc. als auf eine Betrachtungsweise, eine Deutung, des Sprachspiels". Diese „Betrachtungsweise", etc. kann man ebenfalls als einen Teil unseres Handelns verstehen.

6.3 Sind Mooresche Sätze Interpretationen von Erfahrungen? 103

auch „meine Interpretation der Erfahrung", wie es in (b) heißt, zu diesem „Wesen des Urteilens" gezählt werden. Mooresche Sätze charakterisieren also zwar, wie wir urteilen, interpretieren, etc., aber dies nicht deshalb, weil sie auf gewisse Weise interpretiert werden, sondern sie tun es einfach, ohne selbst gedeutet oder interpretiert zu werden. Mit anderen Worten: Das Wesen des Urteilens *zeigt* sich nicht in irgendeiner Interpretation der Erfahrungen, aufgrund der man könnte sagen wollen, dass alles für Mooresche Sätze spreche, oder dass man sie als sicher wahr betrachte. Es *zeigt* sich vielmehr genau darin, das betreffende Sprachspiel unhinterfragt gelernt zu haben (vgl. die §§128 f.), mit anderen Worten, in unserem als „Urphänomen" erworbenen Sprachhandeln.[15]

In Anbetracht der bisherigen Überlegungen erscheint es mir doch legitim, wie es in §149 im Hinblick auf Weltbild-Sätze heißt, zu sagen, „Meine Urteile selbst charakterisieren die Art und Weise, wie ich urteile, das Wesen des Urteilens". Irreführend scheint es mir aber, stattdessen in der gleichen Gesinnung wie (a.1.) im Falle Moorescher Sätze – also einschließlich der Weltbild-Sätze – (b) zu äußern, etwa, „Dass ich den Satz ‚Hier sind zwei Hände' als sicher wahr betrachte, kennzeichnet auch meine Interpretation der Erfahrung". Denn es könnte uns nach meiner Einschätzung parallel zum Ausdruck „Alle meine Erfahrungen zeigen/sprechen für ..." in (a.1.) zu der falschen Sichtweise verleiten, als ob es eine Interpretation wäre, den Mooreschen Satz „Hier sind zwei Hände" als sicher wahr zu betrachten, während mit dieser Interpretation zugleich angegeben würde, wie man Erfahrungen interpretierte. Es könnte jedoch weder Interpretieren noch Wählen unter mehreren Optionen sein, Mooresche Sätze als wahr zu betrachten. Denn sie sind, wie gesagt, nichts anderes als „›Urphänomene‹, die im Sprachspiel gründen und nicht auf Interpretationen basieren.

Wenn es aber eigens um den Wahrheitsbegriff in ÜG geht, lassen sich einige relevante Punkte wie folgt festhalten. Die Ausdrücke „Alles spricht dafür" und „*Alle* Erfahrungen zeigen ..." sind insofern für die Beschreibung Moorescher Sätze nicht geeignet, als man sie als kohärenztheoretische Rechtfertigungen gebraucht. Diese Rechtfertigungen sind von der Begründungen vorausgehenden Nest-Struktur (vgl. §225), in der sich eine Unmenge von Sätzen inklusive Moorescher Sätze einfach aufeinander *gegenseitig* beziehen, klar zu unterscheiden. Es ist demnach verfehlt, kohärenztheoretisch zu sagen, dass Mooresche Sätze *deshalb* wahr sind, weil sie ein Element im kohärenten System sind. Außerdem ist

---

[15] Wittgenstein beleuchtet diesen Punkt später in den §§426 ff. und 431 näher. Siehe dazu Kap. 15.

es nicht das Ergebnis einer Interpretation, Mooresche Sätze als sicher wahr zu betrachten. Mooresche Sätze stellen einfach die Urteile dar, die wir von Kind auf unhinterfragt gelernt haben (§§128 f.). Meines Erachtens charakterisieren vor allem Weltbild-Sätze klarerweise die Art und Weise, wie wir urteilen, aber diese Charakterisierung rührt ebenfalls nicht von irgendeiner Interpretation her.

§153

7

7.1 Das Lernen im Hinblick auf Mooresche Sätze

Zu §153 (MS174, 33r–33v)

Niemand hat mich gelehrt, daß meine Hände nicht verschwinden, wenn ich ⌊auf⌋ sie nicht aufpasse. Noch kann man sagen, ich setze die Wahrheit dieses Satzes bei meinen Behauptungen etc voraus (als ruhten sie auf ihm) während er erst durch uns⌊r⌋e⌊r⌋ ander⌊n⌋⌊weitiges⌋ Behaupt~~ung~~⌊en⌋ Sinn erhält.

Den §153 finde ich teilweise zu knapp und zu nebulös, um ihn eindeutig zu interpretieren. Bei seiner Analyse möchte ich ihn in folgende drei Teile zerlegen, um dann im Einzelnen auf sie einzugehen:

(a.1.): „Niemand hat mich gelehrt, dass (HV): ‚Meine Hände verschwinden nicht, wenn ich auf sie nicht aufpasse‘“.

(a.2.): „Ich setze die Wahrheit des (HV) bei meinen Behauptungen etc. voraus (als ruhten sie auf ihm)“

(a.3.): „(HV) erhält erst durch unser anderweitiges Behaupten Sinn“

Um (a.1.) gerecht zu werden, sollte man zunächst klären, welchen Charakter (HV) in unserem Sprachspiel besitzt. Im Kontext des §153 und dessen Umkreis wird nahegelegt, dass (HV) zu dem in §138 erwähnten Satz „Die Erde hat vor 100 Jahren existiert" in den folgenden Punkten analog ist: (HV) steht in unserem System/Sprachspiel unverrückbar fest, während um ihn herum eine Unmenge von Dingen liegen, die wir als Kinder gelernt haben, und von denen er festgehalten wird (§144). Beide Sätze gehören zwar, nach meiner Einteilung in Kap. 3 zu solchen

Weltbild-Sätzen, die ein Teil der Mooreschen Sätze sind aber die folgenden Erläuterungen treffen angesichts dieses Charakters generell auf Mooresche Sätze zu. Ihre
Sicherheit besteht dann, wie in §594 gesagt, darin, dass man mit ihnen „unzählige
Verbindungen schlagen" kann, die sie sicher machen. Von solchen feststehenden
Sätzen wie (HV) sagt Wittgenstein dann in §152: „Die Sätze, die für mich feststehen, lerne ich nicht ausdrücklich". Dass man diese Sätze nicht ausdrücklich lernt,
kann heißen, dass man sie von niemandem gelehrt wird, wie (a.1.) zum Ausdruck
bringt.

Allerdings finden sich in ÜG auch einige Paragraphen, die (a.1.) prima facie
zu widersprechen scheinen. Vor allem besagt §374 im Hinblick auf den auch
feststehenden Satz „Das ist deine Hand":

> 374. Wir lehren das Kind »Das ist deine Hand«, nicht »Das ist vielleicht (oder »wahr-
> scheinlich«) deine Hand«. So lernt das Kind die unzähligen Sprachspiele, die sich mit
> seiner Hand beschäftigen. Eine Untersuchung oder Frage, ›ob dies wirklich eine Hand
> sei‹ kommt ihm gar nicht unter. [...]

Ähnlich wie in diesem Satz drückt sich Wittgenstein in §274 in Bezug auf das Wort
„Erfahrung" aus: „Man kann sagen, daß Erfahrung uns diese Sätze lehrt", wobei er
mit „diese Sätze" solche Sätze meint, die, auch wenn sie grauenvoll klingen mögen,
in unserem System feststehen, wie z. B. „Einem, dem man den Arm abgehackt,
wächst er nicht wieder".[1] In §274 fährt er aber in folgender Weise fort:

> Sie [= Erfahrung] lehrt sie [= diese Sätze] uns aber nicht isoliert, sondern sie lehrt
> uns eine Menge zusammenhängender Sätze. Wären sie isoliert, so könnte ich etwa an
> ihnen zweifeln, denn ich habe keine sie betreffende Erfahrung.

Was der Ausdruck „ich habe keine sie betreffende Erfahrung" hier heißt, lasse ich
fürs Erste beiseite – obwohl ich unten darauf zurückkommen werde –. Trotz einiger Unterschiede in den Formulierungen kann man beiden zitierten Passagen einen
gemeinsamen Punkt entnehmen: Zwar lehren wir dem Kind Mooresche Sätze wie
„Das ist deine Hand", aber nicht *isoliert*, sondern einhergehend mit einer Menge
zusammenhängender Sätze oder den unzähligen Sprachspielen, die sich z. B. mit
seiner Hand beschäftigen. Bei Mooreschen Sätzen, die nicht *isoliert*, sondern zusammen mit anderen Sätzen gelernt oder gelehrt wurden und von ihnen festgehalten
werden, schleicht sich weder Zweifel noch solch ein im skeptischen Ton geäußerter
Satz ein, wie: „Das ist vielleicht oder wahrscheinlich deine Hand", wie es in §372

---

[1] Weiteres zu „Erfahrung" und „Lehren" findet sich in den §§134, 434 und 555; vgl. auch
§449.

7.1 Das Lernen im Hinblick auf Mooresche Sätze 107

heißt. Ähnlich lässt sich §141 deuten: „Wenn wir anfangen, etwas zu *glauben*, so nicht einen einzelnen Satz, sondern ein ganzes System von Sätzen", wobei ich hier „einzeln", „System von Sätzen" und „zu *glauben* anfangen" als analog zu „isoliert", „eine Menge zusammenhängender Sätze" und „lernen" in §274 ansehe. In Anbetracht der §§141 und 274 liegt eigentlich kein Widerspruch zwischen (a.1.) und anderen Paragraphen in ÜG vor. Denn (a.1.) ist demgemäß so zu verstehen, dass uns zwar niemand *isoliert* oder *einzeln* gelehrt hat, dass (HV), aber dass man doch sagen kann, dass wir (HV) in eins mit einer Menge zusammenhängender Sätze gelernt haben und, dass kein Zweifel an (HV) auftritt, auch wenn wir ihn nicht ausdrücklich gelernt oder sozusagen „hinuntergeschluckt" (§143) haben.

Diejenigen, die thematisieren wollen, ob (HV) überhaupt ein Satz oder eine Proposition sein muss, könnte Wittgensteins Aussage in §152: „Die Sätze, die für mich feststehen, lerne ich nicht ausdrücklich" besonders interessieren. Denn es mag vielleicht fraglich scheinen, ob was nicht zum Ausdruck gebracht wird, überhaupt als Satz oder Proposition angesehen werden kann. Dies scheint Moyal-Sharrock so zu sehen. Sie erwähnt mit Bezug zu den §§152 f., z. B., im Folgenden, wobei sie „die Sätze" in §152 als „rules" deutet:

When Wittgenstein writes: 'some *things* stand unshakeably fast' (OC 144, my [= Moyal-Sharrock's] emphasis), there is here a definite allusion to something nonverbal. Indeed, our constitutive or definitional rules are not always in verbal form; nor do we always learn them verbally.[2]
This explicit rejection of 'learning' [in §152] is in fact a rejection of *propositional* learning[3].

Für diejenigen, die sich aber nicht mit dieser Thematik beschäftigen, scheint mir die Frage, ob z. B. (HV) überhaupt ausdrücklich oder *propositional* sein muss, kein primärer Punkt in den §§152 f., sondern Nebensache zu sein. Der Witz liegt dort vielmehr darin, dass man (HV) weder *isoliert* noch *einzeln* lernt, sondern eher das ganze System, zu dem er gehört. Man kann zwar sagen, dass er beim Lernen nicht zum Ausdruck kommt, aber dies rührt eigens daher, dass man ihn weder *isoliert* noch *einzeln* lernt, und nicht daher, dass er nicht immer eine verbale Form hat. Diese spezifische Thematik selbst könnte es wert sein, untersucht zu werden sein, darauf gehe ich aber hier nicht weiter ein.

---

[2] Moyal-Sharrock, D. (2004a), S. 55; Moyal-Sharrock (2005), S. 81. Moyal-Sharrock betont den englischen Ausdruck „some *things*", aber sowohl im veröffentlichten deutschen Text als auch in Wittgensteins Manuskript steht das Wort „manches", das sich nicht unbedingt auf Dinge („*things*") bezieht, sondern auch *Sätze* – ob sie ausdrücklich sind oder nicht – involvieren könnte.
[3] Moyal-Sharrock, D. (2004a), S. 112.

7.2 Mooresche Sätze sind keine Voraussetzungen

7.2.1 Die Bedeutung von „Voraussetzung/Annahme"

Gehen wir nun zum Inhalt von (a.2.) über, den Wittgenstein in §153 in Bezug auf „Noch kann man sagen" verneinen will. Allgemeiner formuliert, kann man gemäß (a.2.) nicht sagen, dass wir die Wahrheit eines Mooreschen Satzes wie (HV) bei unseren Behauptungen, etc. – Urteilen, Sätzen, Glauben, so wie ich dieses „etc." lese – voraussetzen (als ruhten sie auf ihm). Was ist aber der Grund hierfür? Vom Kontext her denke ich, dass Wittgenstein unter anderem die „fundamentalistische" – wenn man sie mit Hamilton so nennen will[4] – Idee, dass unsere Behauptungen, etc. *einseitig* auf Mooreschen Sätzen ruhen, kritisieren will. Denn wir haben, wie oben gesehen, Mooresche Sätze nicht als Basis, auf der andere Sätze *einseitig* beruhen, sondern einhergehend mit einer Menge zusammenhängender Sätze gelernt. Dementsprechend könnte man §142 so verstehen, dass sich Mooresche Sätze und andere Sätze in unserem Sprachsystem *gegenseitig* stützen[5]. Wittgenstein behauptet noch etwas übertriebener in §248: „Und von dieser Grundmauer könnte man beinahe sagen, sie werde vom ganzen Haus getragen". Diese Bemerkung klingt jedoch wegen des Wortes „beinahe" nicht danach, als wollte Wittgenstein tatsächlich behaupten, dass Mooresche Sätze *einseitig* auf anderen Sätzen ruhen, sondern sie lässt sich vielmehr als eine therapeutische Warnung lesen: „Löse dich von dem Bild des Getragenwerdens von Grundmauern, denn es führt dich in die Irre!".[6] Die Kritik in §153 richtet sich also gegen die sogenannte „fundamentalistische" Idee, die man auch mit den Worten in §144 so beschreiben kann, dass auf Mooreschen Sätzen, die von selbst offenkundig oder einleuchtend seien, andere Sätze ruhen würden. Sie werden jedoch, so Wittgenstein, vielmehr von einer Unmenge von Dingen, die man gelernt hat, festgehalten, während die Dinge auch von ihnen festgehalten werden.

Im Kontext des §153 gebraucht Wittgenstein den Ausdruck „die Wahrheit von (HV) bei Behauptungen voraussetzen" im Sinne von „Die Behauptungen

---

[4] Siehe, Hamilton, A. (2014), S. 101 f. Hamilton gebraucht aber kein englisches Wort, das auf Deutsch „einseitig" bedeutet, etwa *one-sidedly*", etc., sondern es meine Einfügung, damit der Unterschied zu „sich *gegenseitig* stützen" deutlich wird.

[5] Expliziteres zu dem „*gegenseitigen* Stützen", siehe Kap. 6.

[6] Die Idee hierzu und den Hinweis auf den ähnlichen Gebrauch von „beinah" im Hinblick auf „Entscheidung" am Ende von PU §186 sowie auf Wittgensteins Einwand gegen die Rede von „Entscheidung" im selben Kontext in LFM, S. 237 f. verdanke ich Felix Mühlhölzer. Zur „therapeutischen Funktion" von Wittgensteins Verwendung von „Entscheidung", siehe z. B. Mühlhölzer, F. (2010), S. 54.

7.2 Mooresche Sätze sind keine Voraussetzungen   109

ruhen auf der Wahrheit von (HV)". Wenn letzteres nicht zutreffen sollte, dann
muss daraus folgen, dass man die Wahrheit von (HV) bei anderen Behauptungen,
etc. im genannten Sinn nicht voraussetzt. Wittgenstein vermeidet, von solchen
Sätzen, die von um sie herumliegenden Sätzen festgehalten werden, als von ihren
Voraussetzungen zu sprechen.

Kann man aber nicht in einem anderen Sinn sagen, dass die Wahrheit von
(HV) bei Behauptungen vorausgesetzt sei? Coliva will hierbei einen „sehr spezifischen Sinn" des Wortes „Voraussetzung" sowie „Annahme" akzeptieren und
sagt auch mit Bezug auf §153:

> To repeat, a point by now familiar, if the earth hadn't existed 150 years ago, everything
> we now regard as historical evidence within that discipline – documents, findings,
> testimonies, etc. – would lose its status. It would just amount to a set of pieces of
> paper and objects devoid of any historical significance. We can then say that in this
> very specific sense 'The Earth has existed for a very long time' is an *assumption*
> [*Annahme*] or a presupposition [*Voraussetzung*] (OC 411, 168) of doing history. This,
> however, doesn't mean to say that that assumption/presupposition gets formulated or
> is explicitly entertained while we do history (cf. OC 411, 153). [Einfügungen von
> Coliva][7]

Diesen „sehr spezifischen Sinn" verstehe ich angesichts ihrer Erläuterung so, dass
die „Annahme/Voraussetzung" Moorescher Sätze im vorliegenden Sprachspiel
nicht ausdrücklich formuliert wird, wobei ohne sie unsere Evidenz ihren Status
verlöre. Will aber Wittgenstein seinerseits diesen Sinn akzeptieren, obwohl er in
§153 Mooresche Sätze, die von um sie herumliegenden Sätzen festgehalten werden, nicht deren „Voraussetzungen" nennen will? Dies könnte meines Erachtens
vor allem deshalb fraglich sein, weil sich Colivas Erklärung: „ohne (HV) verlöre unsere Evidenz ihren Status" und Wittgensteins Erklärung in §144: „(HV)
wird von dem, was darum herumliegt, festgehalten" nicht wesentlich ausschließen. In der Tat kann man außer den im Zitat befindlichen §§411 und 168 einige
Paragraphen finden, in denen er sie als „Voraussetzungen" oder „Annahmen"
darzulegen scheint.[8] Aber ich denke, dass er auch in den genannten Paragraphen
diese Benennung nicht unbedingt im Ernst meint, sondern sogar die Wörter „Voraussetzung" und „Annahme" mit Wellenlinien hätte versehen können, wie er es

---

[7] Coliva, A. (2010), S. 161.
[8] Siehe, z. B., die §§134 und 146, 226 und 661; vgl. auch §196.

in der MS-Passage des §134 tut.[9] Denn er erwähnt in den §§110 und 337 explizit das Gegenteil[10] und könnte demnach sogar als generell kritisch in Bezug darauf angesehen werden, Mooresche Sätze als „Voraussetzung/Annahme" zu bezeichnen.[11] Diese kritische Haltung finde ich gut vereinbar mit dem für ÜG charakteristischen schlagwortartigen Satz in §559: „Es [= das Sprachspiel] steht da – wie unser Leben". Mooresche Sätze, die für das Sprachspiel konstitutiv sind, sind nicht etwas, was wir *annehmen* sollten, wie es der von Coliva genannte §411 nahelegt, sondern Mooresche Sätze stehen auch eben da. Ich denke, dass man einen wirklich außergewöhnlichen Sinn von „Voraussetzung/Annahme" vor Augen haben muss, wenn man Mooresche Sätze so bezeichnen will, wobei sich natürlich die Frage stellt, welchen Nutzen eine solche Bezeichnung haben kann.

7.2.2 Präsuppositionstheorie?

Wer möchte eigentlich so etwas wie (a.2.) behaupten? Ich denke vor allem diejenigen, die die Präsuppositionstheorie, deren Idee historisch auf Frege und Peter F. Strawsons Rezeption von Russell zurückzuführen ist, *völlig* verallgemeinern und auch auf Mooresche Sätze wie (HV) anwenden wollen. Es gibt viele Versionen der Präsuppositionstheorie, aber hier konzentriere ich mich ausschließlich auf die ursprüngliche simpelste Version, der die grobe Erläuterung genügt: Eine Präsupposition ist die Voraussetzung dafür, dass eine Hauptproposition überhaupt als wahr oder falsch beurteilt werden kann. Betrachten wir nun anhand der Beispiele Freges und Strawsons die Relation zwischen ‚Präsupposition ‘ und ‚Hauptproposition‘, die andere Propositionen sozusagen präsupponieren soll. Sie lässt sich tabellarisch wie folgt darstellen:

---

[9] In §134 beschreibt Wittgenstein den dem (HV) ähnlich formulierten Satz „Das Buch verschwindet nicht" als „Annahme", aber in der entsprechenden MS-Passage hat er unter die Wörter „Annahme" und „Annahmen" wegen seiner Unzufriedenheit, wie üblich, Wellenlinien gezogen (siehe MS174, 28v–29r).

[10] Zudem ist es hier interessant, die MS-Passage in §105 in Betracht zu ziehen. Im MS174, 23r, hatte Wittgenstein zunächst als eine Variante des ersten Satzes in §105 geschrieben: „Alle Prüfung, alle Argumente für & gegen eine Annahme haben schon ein System zur *Voraussetzung*" [Hervorhebung von mir], aber hat danach den Satz durchgestrichen. Man kann hier wohl vermuten, dass er damit unzufrieden ist, auch das System, das Mooresche Sätze ausmachen, mit dem Wort „Voraussetzung" zu beschreiben.

[11] §337 heranziehend lehnt, z. B., Moyal-Sharrock die Beschreibung mit „presupposition" komplett ab (Moyal-Sharrock, D. (2004a), S. 55; Moyal-Sharrock (2005), S. 82.)

7.2 Mooresche Sätze sind keine Voraussetzungen 111

	Freges Bsp.[12]	Russell/Strawsons Bsp.[13]
Hauptproposition	„Kepler starb im Elend."	„Der König von Frankreich ist weise"
Präsupposition	Das Wort „Kepler" bezeichnet eine in der Vergangenheit existierende Person namens Kepler.	Es gibt tatsächlich in der Gegenwart einen und nur einen König von Frankreich.

Nach dieser Präsuppositionstheorie müssen die Präsuppositionen vorausgesetzt werden, damit die einschlägigen Hauptpropositionen als wahr oder falsch beurteilt werden können. Und wenn man von diesen Gedanken allzu besessen ist, dann könnte man vielleicht weiterhin sagen wollen, Mooresche Sätze wie (HV) seien Präsuppositionen, die dafür vorausgesetzt werden müssen, dass Behauptungen, die mit Händen zu tun haben, z. B., „Diese Hand ist schwächer als die andre"[14] als wahr oder falsch gewertet werden können.

Kann man dies aber wirklich zu Recht sagen? Es ist zuzugeben, dass Wittgenstein tatsächlich Mooresche Sätze (an manchen Stellen eigens Weltbild-Sätze wie (HA)) als Teil des „überkommene[n] Hintergrund[s], auf welchem ich zwischen wahr oder falsch unterscheide" (§94) oder als „Grundlage"[15] beschreibt, und an einigen Stellen darauf hinweist, dass fraglich würde, was noch wahr und falsch sein könnte, wenn sich Mooresche Sätze als falsch erweisen würden.[16] Hierbei denke ich jedoch, dass das Wort „Präsupposition" ebenso wenig wie „Voraussetzung/Annahme" zu Mooreschen Sätzen, die im System von um sie herumliegenden Sätzen festgehalten werden, passt. Denn das Wort „Präsupposition" wird im jetzigen Kontext nicht wesentlich anders als im obigen Sinne von „Voraussetzung/Annahme" gebraucht, als ruhten ‚Hauptpositionen' auf ‚Präsuppositionen'. Von „Präsupposition" in diesem Sinne kann man ausschließlich

---

[12] Siehe Frege, G. (1892), S. 40.

[13] Siehe, z. B., Strawson, P. F. (1950), S. 329. Dieser Aufsatz richtet sich vor allem gegen Russells Kennzeichnungstheorie, wonach Sätze über „den gegenwärtigen König von Frankreich" nicht deshalb „unsinnig" („*nonsense*") seien, weil er nicht existiert, sondern schlicht falsch seien (siehe Russell, B. (1905), p.484). Oft wird Strawsons besagter Aufsatz so aufgenommen, dass er im Gegensatz zu Russell auf die Wichtigkeit des Begriffs „Präsupposition" hinweist, aber der Terminus „Präsupposition/presupposition" kommt weder dort noch in Freges besagtem Aufsatz vor.

[14] Ein Beispiel in §371.

[15] Siehe z. B. die §§167, 246, 403, 411, 414, 449 und 614.

[16] Siehe etwa die §§69, 419, 490, 494 und 514 f.; vgl. auch BF III §348/LS II, S. 106.

112   7 §153

im Falle solcher Sätze mit Recht reden, die man als *isoliert* und losgelöst von unserem System betrachten kann, und, auf denen sich andere Sätze tatsächlich *einseitig* stützen. Aus dieser Sicht Wittgensteins kann man von der obigen Tabelle sagen, dass sie nur insofern richtig ist, als die genannten ‚Präsuppositionen ' – klarerweise an Russell/Strawsons Beispiel – gute Beispiele für *isolierte* Sätze sind, die nicht in unserem System unverrückbar feststehen. Wenn aber z. B. Freges Beispielsatz als im System unbezweifelbar und feststehend betrachtet werden soll, erscheint es mir ebenso wenig angemessen im Hinblick auf seinen Beispielsatz von „Präsupposition" zu reden, wie im Falle von (HV).[17] So gesehen ist es nämlich fragwürdig, ob man die sogenannte „Präsuppositionstheorie" auf Mooresche Sätze einfach weiter anwenden kann, wenn „Präsupposition" in dem Sinn von „Voraussetzung/Annahme" gemeint wird, also so, als ruhten ‚Hauptpropositionen' *einseitig* auf ihr.

7.3 Analysen zum Ausdruck „während er erst durch unser anderweitiges Behaupten Sinn erhält"

Gehen wir nun zu (a.3.) über. Den (a.3.) involvierenden Satzteil „während er erst durch unser anderweitiges Behaupten Sinn erhält" finde ich in §153 am unklarsten und er ist tatsächlich so nebulös, dass es dazu verschiedene Übersetzungen gibt.

7.3.1 Malcolms Übersetzung/Deutung

Im Hinblick auf „unser anderweitiges Behaupten" übersetzt Malcolm zunächst (a.3.) ziemlich textgetreu:

[…] whereas it only gets some sense from our other asserting[18].

Weiterhin erwähnt er dann folgendes:

---

[17] Auch an Freges Beispielsatz könnte man, so scheint mir, doch in gewissen Fällen sinnvollerweise zweifeln. Denn nach den §§185 f. könnte man sagen, dass man in unserem Sprachspiel im Gegensatz zu Mooreschen Sätzen auch an der Existenz Keplers, oder zurückhaltender gesagt, daran, dass die gemeinte Person wirklich „Kepler" hieß, zweifeln könnte, obwohl dies „lächerlich vorkäme".
[18] Malcolm, N. (1986), S. 312.

7.3 Analysen zum Ausdruck ...   113

What does Wittgenstein mean by saying that this proposition gets its sense from 'our other asserting'? A clue is to be found in another remark, where he is trying to *find* an underlying sense for Moore's curious insistence that he *knows* that *this* is a hand"[19].

Mit „another remark" meint Malcolm explizit §371, und ihm zufolge lässt sich der „Sinn" in §153 als auf den *„underlying sense"* der Mooreschen Äußerung „Ich weiß, dass das eine Hand ist" bezogen verstehen. Was ist aber dieser Sinn? Wie in §371 impliziert, lässt sich diese Äußerung nicht nur als Moores falscher Gebrauch, sondern auch in der Weise verstehen, dass man unzählige Aussagen über ‚Hand' in Sprachspielen gebrauchen könnte, „in welche ein Zweifel an der Existenz dieser Hand nicht eintritt" (§371). Der letzte Teil ist so wichtig, dass Malcolm in Bezug auf §371 betont: *„Doubt does not come in!* That is where the emphasis should be put"[20]. Meines Erachtens ist dieser Gebrauch von „Ich weiß", wie in §21 gesehen, nichts anderes als eine „logische Rechtfertigung", die besagt, dass man sich im Satz „Das ist eine Hand" nicht irren kann, und, dass er unter normalen Umständen vom Zweifel ausgeschlossen ist. Eine Mooresche Äußerung wie „Ich weiß, dass das eine Hand ist" wird im Normalfall nicht gebraucht, und hat insofern keinen ausgereiften „Sinn". Wenn man Moores Äußerung im Lichte von §371 betrachtet und die unzähligen weiteren Aussagen, die sich mit der ‚Hand'beschäftigen hinzuzieht, kann man einen ihr zugrundeliegenden Sinn finden.

Wie hängt aber §371 mit dem Ausdruck „(HV) erhält erst durch unser anderweitiges Behaupten Sinn erhält" zusammen? Das Wort „anderweitiges", das von Malcolm mit „other" übersetzt wird, lässt sich nach ihm als „anderes", aber mit der Betonung auf *andere Behauptungen* verstehen.[21] Was in §371 „anderen Behauptungen" entspricht, sind klarerweise unzählige andere Aussagen wie „Ich habe Schmerzen in dieser Hand", etc. In diesem Lichte lässt sich die Malcolmsche Deutung von §153 so auffassen, dass man den „Sinn" von (HV) nicht *finden* kann, sofern man die Äußerung „Ich weiß, dass (HV)" nur als die Versicherung von (HV) versteht, wie Moore tut. Hingegen erhält (HV) jedoch erst dadurch seinen „Sinn", dass man die Äußerung „Ich weiß, dass (HV)" im logischen Sinn so versteht, dass man unzählige Aussagen über „Hände" oder „verschwinden" in

---

[19] Ebd.

[20] Ebd.

[21] Wenn man sich die MS-Passage des §153 anschaut, kann man sehen, dass Wittgenstein – obwohl auf sehr unklare Weise – „unsere andere Behauptung" oder „unsere anderen Behauptungen" zuerst geschrieben hatte, aber dies meines Erachtens zur Betonung auf „andere Behauptungen" später umformulierte.

114   7 §153

Sprachspielen, in denen kein Zweifel an (HV) eintritt, gebrauchen kann. Dabei spielt der Verweis auf andere Aussagen eine wichtige Rolle.

7.3.2 Hamiltons Übersetzung/Deutung

Betrachten wir nun die Übersetzung von OC, der englischen Übersetzung von ÜG. Die Hauptübersetzter, Anscombe und Denis Paul, bieten die folgende Übersetzung an:

> [...] while it only gets sense from the rest of our procedure of asserting.[22]

Hier werden „während" und „unser anderweitiges Behaupten" jeweils als „while" und „the rest of our procedure of asserting" übersetzt. Es stellt sich dann die Frage: Was ist mit „the rest of our procedure of asserting" gemeint? – Meines Erachtens lässt sich Hamiltons Deutung als gute Erklärung dessen lesen, was Anscombe und Paul im Sinn haben, wobei Hamilton ihre Übersetzung „the rest of our procedure of asserting" schlicht übernimmt. Seine Deutung basiert, auf dem *holistischen* Standpunkt, den er so beschreibt, „For him [= Wittgenstein], our system of belief is *holistic*, a mutually supporting structure"[23]. Aus dieser Sicht kann man „the rest of our procedure of asserting" etwa als „restliche Behauptungen oder Sätze, die in unserem ganzen System mit Mooreschen Sätzen wie (HV) zusammenhängen" verstehen, oder wie in §144 gesagt, als „restliche Behauptungen oder Sätze, die in unserem System um Mooresche Sätze herumliegen und sie festhalten". Hamiltons Deutung kann man dann so verstehen, dass die *fundamentalistische* Auffassung über Mooresche Sätze, die sich in (a.2.) zeigt, *deshalb* fehlgeht, weil die „restlichen" Sätze nicht *einseitig* auf ihnen beruhen, wie *Fundamentalisten* wohl sagen wollen. Vielleicht will er diese Rhetorik betonen und übernimmt deswegen nicht Anscombes und Pauls Übersetzung von „während", sondern wählt statt „while" das Wort „since", das eine kausale Nuance beinhaltet.[24] Trotz dieser Unterschiede weisen meines Erachtens Anscombes und Pauls sowie Hamiltons Auffassung von §153 in die gleiche Richtung.

---

[22] OC §153.

[23] Hamilton, A. (2014), S. 101.

[24] Hamilton schreibt die folgende Fußnote zu seiner eigenen Übersetzung auf S. 102: „[...] Anscombe and Paul's translation has 'while', but 'since' is more accurate. 'My hands do not disappear ... ' is a sophisticated – indeed, philosophical – belief, if belief it is." (Hamilton, A. (2014), S. 125, Fn.23). Mir ist jedoch der Zusammenhang zwischen beiden Sätzen in der Fußnote nicht klar, auch wenn (HV) als „philosophischer Glaube" gelesen wird.

7.3 Analysen zum Ausdruck ...   115

Obwohl es kleine Unterschiede zwischen den Übersetzungen von Malcolm und Hamilton gibt, sind sich meines Erachtens beide im zentralen Punkt einig: Malcolm hebt den *logischen* Charakter Moorescher Sätze hervor, um dann zu sagen, dass sie in Sprachspielen, in denen unzählige andere Aussagen mit Recht gebraucht werden können, vom Zweifel ausgeschlossen sind. Hamilton hingegen betont den *holistischen* Charakter unseres Systems gegen den Fundamentalismus, um zu behaupten, dass Mooresche Sätze und restliche Sätze im System miteinander zusammenhängen. Allerdings liegen ihre Unterschiede eher nur in der Emphase, wobei sich beide Deutungen darin gleichen, dass der Verweis auf andere Sätze im System – meines Erachtens zu Recht – für das „Sinn erhalten" relevant ist.

7.3.3 Die Bedeutungen von „Sinn erhalten"

Allerdings scheint mir, dass auch in Anbetracht der Deutungen Malcolms und Hamilton nicht hinreichend geklärt wurde, was mit „Sinn erhalten" in §153 gemeint wird, was ich als unumgänglich für das Verständnis des (a.3.) betrachte. Wenn wir uns nun diesem Punkt widmen, behalten wir beide Deutungen im Hinterkopf.

Betrachten wir zunächst die Satzform „x erhält durch y Sinn", die (a.3.) ausmacht. Man benutzt üblicherweise eine Form dieser Art in solchen Kontexten, in denen man ursprünglich bei x seinen Sinn nicht sehen, aber durch Verweis auf y klären kann. Wie sieht in dieser Hinsicht der Fall in (a.3.) aus? Demzufolge lässt sich sagen, dass man ursprünglich bei Mooreschen Sätzen keinen „Sinn" sehen, aber erst durch Verweis auf „unser anderweitiges Behaupten", sprich, auf andere/restliche Sätze im System ihren Sinn klären kann. Oder unter dem Aspekt Moorescher Sätze: Sie haben ursprünglich keinen Sinn, aber erhalten erst durch Verweis auf restliche Sätze ihren Sinn. Wie Hamilton es *holistisch* nennt, stützen sich Mooresche Sätze und restliche Sätze in unserem ganzen System *gegenseitig*, und erstere sind weder so *isoliert* noch selbständig feststehend, dass auf ihnen letztere *einseitig* beruhen. In diesem Lichte kann man dann (a.3.) weiterhin so lesen, dass (HV) *isoliert* betrachtet keinen „Sinn" hat, aber im Zusammenhang mit den restlichen Sätzen, von denen (HV) im System festgehalten wird, „Sinn erhält". Was für ein „Sinn" entspricht aber diesen Bedingungen?

Das Wort „Sinn" kann eigentlich Verschiedenes bedeuten. Die typisch Wittgensteinsche Erklärung vom Sinn eines Satzes bezeichnet ihn in BT als: „Der

Gebrauch des Satzes, das ist sein Sinn"[25]. Kann man aber im Hinblick auf (HV) von „Gebrauch" im nennenswerten Sinn reden? Zwar steht (HV), *isoliert* gesehen, nicht fest, sondern wird erst im Zusammenhang mit den restlichen Sätzen festgehalten, aber (HV) selbst wird, so denke ich, ebenso wenig *gebraucht*, ob er *isoliert* ist oder um sie herum festgehalten wird. Er ist nämlich doch nicht im Gebrauch in unserem alltäglichen Sinne, weil man ihn normalerweise im Alltag nach wie vor weder relevant noch als Mitteilung äußert (vgl. die §§463 und 468), auch wenn er zum Ausdruck kommt. In dieser Hinsicht bin ich unsicher, ob man die sogenannte „Gebrauchstheorie" schlicht auf (a.3.) anwenden kann.

Aus Wittgensteins Schriften ersieht man zugleich auch, dass man in einigen Kontexten den Sinn eines Satzes schwerlich mit seinem Gebrauch gleichsetzen kann. Im Falle mathematischer Sätze behandelt er ihren ‚Sinn' nicht immer z. B. als ihre Anwendung in nicht-mathematischen Kontexten oder ihre nicht-mathematischen Anwendung, sondern hätte den Sinn der Sätze mit deren Beweis fast gänzlich gleichgesetzt, der aber kaum als deren ‚Gebrauch' zu identifizieren ist.[26] Wichtig ist hier darauf zu achten, dass Wittgenstein in seiner späten Phase mit der – auch im Tractatus vertretenen – Idee kämpft, dass das Wort „Sinn" eine fest bestimmte, einheitliche Bedeutung habe, und dass er es nicht als ein homogen gebrauchtes Wort ansieht. Unter diesem Aspekt ist es gewiss nicht falsch, auch den Ausdruck „Sinn eines Mooreschen Satzes" ohne Zusammenhang zu dessen ‚Gebrauch' zu verstehen.

Erwägen wir nun andere Deutungsmöglichkeiten. Wie steht es mit der Deutung, dass „Sinn" in wichtiger Verbindung mit „Wahrheit" steht? Diese Deutung steht im engeren Zusammenhang nicht nur mit dem Thema ‚wahr', sondern auch mit dem Wort „Wahrheit" in (a.2.). So gedeutet heißt (a.3.) dann, dass (HV) ursprünglich keine Wahrheit darstellt, aber erst durch Verweis auf die restlichen Sätze wahr sind. Diese Idee ist viel angemessener als die Anwendung der „Gebrauchstheorie" Wittgensteins, wenn man z. B. an seine Bemerkungen in den

---

[25] TS213, S. 98; zu Wittgensteins Auffassung der „Bedeutung eines Wortes" als dessen Gebrauch, siehe ÜG §§61 und 64; PU §43; vgl. auch BlB S. 4. Zu beachten ist hier, dass Wittgenstein die Tendenz hat, zwischen „Sinn" und „Bedeutung" nicht in Fregescher Weise, sondern in der Weise zu unterscheiden, dass er „Sinn" auf Sätze, und „Bedeutung" auf Wörter sowie Ausdrücke (siehe z. B. die §§126, 383, 432, 456, 522 f., 576 und 601) anwendet.
[26] Siehe z. B. MS122, 113v:
[…] ich will die Worte "Sinn eines mathematischen Satzes" so deuten, daß dieser//der Sinn davon // auch davon abhängt, // abhängig wird, wie der Satz erhalten wird.
, wobei ich dies so lese, dass ‚Sinn eines mathematischen Satzes' nicht mit seinem Gebrauch, sondern mit seinem Beweis einhergeht.

7.3 Analysen zum Ausdruck ...   117

§§83 und 144 denkt, dass Mooresche Sätze nicht an sich offenbar oder einleuchtend sind, wie Moore und Russell es behauptet würden, sondern von anderen
Sätzen im System festgehalten werden, während ihre *Wahrheit* zu diesem System gehört. Diese Eigenschaft der *Wahrheit* lässt sich vor allem im Falle von
Weltbild-Sätzen wie (HV) – von Weltbild-Sätzen zweiter Art nach meiner Einteilung – klarer sehen. Sollten sie nämlich *isoliert* betrachtet werden, hat man
genau genommen, wie in §274 gesagt, keine sie „betreffende Erfahrung", also
sind sie durch Erfahrung nicht zu verifizieren. Denn man kann eigentlich nicht
sehen, ob Hände verschwinden oder nicht, wenn man auf sie nicht aufpasst, oder,
wenn man sie einfach nicht sieht. Dass wir im Alltag keine betreffende Erfahrung haben, gilt dann auch natürlich beim ähnlich konstruierten Satz „Ein Buch
verschwindet nicht, wenn ich es in eine Lade lege" (vgl. §134; vgl. auch §214)
und, nach §274, bei den dort genannten Sätzen. Im Falle von Weltbild-Sätzen wie
(HV) gibt es also gar keine Sinneserfahrung, durch die man sie im Gegensatz zu
anderen Mooreschen Sätzen wie „Hier sind zwei Hände" bestätigt finden kann
(§161), obwohl diese Bestätigung natürlich nicht als eine *epistemische* Rechtfertigung gilt, wie wir in Kap. 8 sehen werden. Wichtig an Wittgensteins Idee ist
hier, dass Mooresche Sätze inklusive dieser Weltbild-Sätze genau in Verbindung
mit den restlichen Sätzen als *wahr* feststehen, obwohl man sogar einige *einzelne*
Sätze nachträglich gar nicht bestätigt finden kann. In (a.3.) heißt es dann, dass
ein Moorescher Satz wie (HV), *isoliert* gesehen, nicht einmal wahr ist, aber erst
durch Verweis auf die restlichen Sätze einen solchen Sinn erhält, dass er im
System als *wahr* unverrückbar feststeht.

Ebenfalls kann man fernerhin, so denke ich, unter diesem „Sinn" „in unserem ganzen System feststehen" bzw. „vom Zweifel ausgenommen sein", wie von
letzterem bei Malcolms Deutung die Rede ist, verstehen. So heißt es, dass alleine
(HV) weder in unserem ganzen System feststeht noch vom Zweifel ausgenommen
ist, aber, dass er erst im Zusammenhang mit den restlichen Sätzen festgehalten
wird und auch vom Zweifel ausgenommen wird.

In Anbetracht dieser Erwägungen kann man Hamiltons schöne Deutung von
(a.2.) und (a.3.) wie folgt ergänzen: Man kann nämlich nicht sagen, dass die
Wahrheit von (HV) bei anderen Behauptungen, etc. vorausgesetzt wird (als ruhten
sie *einseitig* auf ihm), *weil* er erst im Zusammenhang mit den restlichen Sätzen
in unserem ganzen System den Sinn – ‚Wahrheit', ‚feststehen', ‚vom Zweifel
ausgenommen' – erhält.

7.3.4 Mit Bezug zu §152

Ohne den Interpretationen von Malcolm und Hamilton widersprechen zu wollen, könnte man vielleicht auch erwägen, ob der unklare Ausdruck „unser anderweitiges Behaupten" nicht im Sinne von „the rest of our procedure of asserting" zu lesen ist. Denn wenn Wittgenstein diese Übersetzung im Sinn hätte, warum hätte er dann anstelle von „unser anderweitiges Behaupten" nicht „unser restliches Behaupten" o.ä. geschrieben, wie Anscombe, Paul und Hamilton meinen? Vielleicht könnte man einfach als dritte Alternative der Deutung von „anderweitig" den Ausdruck „nachträglich *finden*"[27] in §152, den Wittgenstein in Analogie mit „Rotationsachse" zieht, heranziehen. Wie bereits gesagt, lernt man als Kind beim Lernen einer Menge von Dingen Mooresche Sätze nicht ausdrücklich, sondern man „schluckt" sie vielmehr unbewusst zusammen mit ihnen „hinunter" (vgl. die §§141–3 und 152). Man kann sie aber „nachträglich", also nach der Lernphase *finden*. Wenn dieses „nachträglich" und „anderweitig" zusammenhängen sollten, dann könnte (a.3.) etwa so gedeutet werden: „Mooresche Sätze erhalten erst durch das nachträgliche Behaupten, das nach ihrem Lernen vollzogen wird, Sinn". Dieses Behaupten selbst könnte dann, wie bei Hamilton nahegelegt, „restliche Behauptungen oder Sätze im ganzen System" involvieren, so dass man nachträglich z. B. behauptet, dass man im Zusammenhang mit den restlichen Sätzen (HV) *finden* und zum Ausdruck bringen kann. Der Fokus wird aber hier nicht auf „restlich", sondern eher auf „nachträglich" genommen.

Nach dieser Deutung ist (a.3.) im Gegensatz zu Hamiltons und auch Malcolms Auffassung nicht für richtig zu erachten, auch wenn man das Wort „Sinn" als auf „wahr/festgehalten sein/von Zweifel ausgenommen sein" bezogen liest. Denn diese Deutung läuft nur darauf hinaus, dass (HV) ursprünglich beim Lernen nicht zum Ausdruck kam, aber nachträglich *gefunden* wird. Dies heißt natürlich nicht, dass (HV) nachträglich den genannten Sinn erhält. Er wird, nämlich, weder gebraucht noch wahr noch festgehalten noch vom Zweifel ausgeschlossen, erst nachdem er *gefunden* und ausgedrückt wurde. M.a.W.: Er wird nach wie vor im nennenswerten Sinn nicht gebraucht, sondern steht einfach fortwährend im System fest und kann nie in Zweifel gezogen werden, egal ob er ausdrücklich formuliert wird oder nicht. Ebenso würden wir weder zur Wahrheit von (HV) gelangen, noch davon – psychologisch – überzeugt werden, auch wenn er nachträglich *gefunden* oder zum Ausdruck gebracht würde, sondern seine *Wahrheit*

---

[27] Das Wort „nachträglich" wurde im MS im Nachhinein eingefügt, was nahelegen könnte, dass Wittgenstein es im Kontext des §152 für wichtig hält (siehe MS174, 33r.).

gehört bereits zu unserem System sowie Sprachspiel[28]. Hierbei ist es auch verkehrt, den Ausdruck „Ein Satz wird formuliert" etwa im Sinne von „Ein Satz erhält Sinn" zu verstehen. Denn ansonsten hätten alle Sätze inklusive des von Moore formulierten Satzes „Ich weiß, dass ich zwei Hände habe" in diesem Sinne Sinn, wenn sie einfach zum Ausdruck gebracht würden. Dieser Gebrauch von „Sinn" widerspricht dessen Gebrauch in ÜG, weil eine Mooresche Äußerung wie „Ich weiß", auch wenn sie ausgesprochen, nach Wittgenstein Unsinn ist (siehe, z. B. die §§10 und 500, vgl. auch die §§178 und 521).

Bedenklich ist jedoch, dass (a.3.) bei dieser Deutung im Gegensatz zu den Deutungen von Malcolm und Hamilton auf das hinausläuft, was in Wittgensteins Augen eigentlich zurückgewiesen werden sollte. In dieser Hinsicht muss man §153 vielleicht auf eine etwas mühselige Art und Weise so lesen, dass sich der verneinende Ausdruck „Noch kann man sagen" nicht nur auf (a.2.), sondern auch auf (a.3.) bezieht. Dabei wird also auch das Wort „während" in „Noch kann man sagen" involviert. So gesehen könnte man den Zusammenhang zwischen (a.1.) und (a.3.) etwa so verstehen: (HV) wird nicht ausdrücklich gelehrt noch gelernt, sondern kann nachträglich *gefunden* werden und zum Ausdruck gebracht werden, das heißt aber nicht, dass (HV) erst später als bei dessen Lernen Sinn erhält. Diese Relation zwischen (a.1.) und (a.3.) ist völlig anders als die Relation in den Deutungen von Malcolm und Hamilton, in denen sich „Noch kann man sagen" nur auf (a.2.) und nicht auf (a.3.) beziehen sollte.

7.4 Fazit

Obwohl §153, wie oben gesehen, wegen seiner Unklarheit vielfältige Deutungen zulässt, könnte man aus den obigen Betrachtungen die folgende Auffassung über die Wahrheit Moorescher Sätze herleiten: Mooresche Sätze werden weder *einzeln* noch *isoliert* gelehrt und gelernt, sondern implizit zusammen mit einer Unmenge von Dingen „hinuntergeschluckt" und können erst nachträglich zum Ausdruck gebracht werden. Meines Erachtens kommt es in §153 ebenso wie in den §§144 und 152 weiterhin auf die Idee an, dass Mooresche Sätze nicht „an sich offenbar oder einleuchtend" sind, sondern von anderen/restlichen Sätzen im System festgehalten werden. In dieser Hinsicht lässt sich ihre *Wahrheit* so beschreiben, dass Mooresche Sätze nicht an sich offenbar wahr sind, wie Moore und Russell sagen wollen, sondern erst im Zusammenhang mit anderen Sätzen im System

---

[28] Siehe z. B. die §§80 und 403.

wahr sind. Zu §153 passend lässt sich auch sagen: (HV) ist nicht an sich offenbar wahr, aber erhält erst durch Verweis auf restliche Sätze im System doch noch den Sinn, der in wichtiger Verbindung mit der Wahrheit steht. Aus diesem Grund ist es dann falsch, Mooresche Sätze in der Weise *fundamentalistisch* sowie *präsuppositionstheoretisch* zu lesen, dass ihre Wahrheit bei anderen Sätzen zuerst so vorausgesetzt oder sozusagen präsupponiert sei, als ruhten sie *einseitig* auf ihnen. Wenn man außerdem berücksichtigt, dass Mooresche Sätze erst nach deren Lernen *gefunden* und zum Ausdruck gebracht werden können, kann man zudem sagen, dass sie nicht deshalb wahr sind, weil sie nachträglich *gefunden* werden. Ihre *Wahrheit* gehört vielmehr bereits zu unserem System, unabhängig davon, ob sie nachträglich zum Ausdruck gebracht werden oder nicht. Ob Mooresche Sätze ausgesprochen werden oder nicht, ist darum nach meiner Lesart für ihre *Wahrheit* nicht relevant, obwohl dies diejenigen interessieren könnte, die sich mit der sogenannten *nichtpropositionalen* Lesart[29] beschäftigen, nach der sie weder ausgesprochen werden noch *Propositionen* sein können, die entweder wahr oder falsch sein können.

---

[29] Ich übernehme hier Pritchards Ausdruck „*nonpropositional reading*", zu deren Hauptvertreterinnen er z. B. Moyal-Sharrock und M. McGinn zählt (siehe z. B. Pritchard, D. (2016), S. 85 und Fn.22 (S. 201)).

§§162 f. 8

8.1 Erneut zum Weltbild

Zu §162 (MS174, 35r)

[a.1.] Was in Lehrbüchern, der Geographie z. B. steht, halte ich im allgemeinen für wahr̶. [a.2.] Warum? [a.3.] Ich sage: Alle diese Fakten sind hundertmal bestätigt worden. [a.4.] Aber wie weiß ich das? [a.5.] Was ist meine Evidenz dafür? [a.6.] Ich habe ein Weltbild. [a.7.] Ist es wahr oder falsch? [a.8.] Es ist vor allem das Substrat alles meines Forschens & Behauptens. [a.9.] E̶s̶ Die Sätze die es beschreiben unterliegen nicht alle gleichermaßen der Prüfung.

Betrachten wir zunächst kurz einige für diese §§162 f. relevante Punkte, die die vorangehenden Paragraphen bieten. Ihnen zufolge lernt man als Kind eine Unmenge von Dingen, indem man den Erwachsenen glaubt (§§144 und 160) und das Gelernte aufgrund der Autorität von Menschen annimmt (§161). Wittgenstein schreibt dann in §161 weiterhin, dass man „manches durch eigene Erfahrung bestätigt oder entkräftet" findet, und man kann tatsächlich einiges dessen, was man als Kind z. B. von den Eltern oder den Lehrern gelernt hat, selbst bestätigen und manchmal entkräften. Und wenn es z. B. um das Lernen von wissenschaftlichen Tatsachen – Geographie, Geschichte, Chemie etc. – geht, wie in den §§162 f. thematisiert, kann man

---

© Der/die Autor(en), exklusiv lizenziert an Springer-Verlag GmbH, DE, ein Teil von Springer Nature 2022
S. Hashimoto, *Der Wahrheitsbegriff in Über Gewißheit*,
https://doi.org/10.1007/978-3-662-65684-6_8

vielleicht auch nur manches, was in deren Lehrbüchern steht[1], z. B. durch „Chemie-Experimente" an der Schule selbst bestätigen.[2] Jedoch tut man das nicht bei allen lehrbuchmäßigen Inhalten, sondern man glaubt in den meisten Fällen unhinterfragt, was dasteht, ohne es durch eigene Erfahrung zu bestätigen, ganz zu schweigen davon, es zu entkräften. Indem man als Kind eine Unmenge von Dingen meistens lernt ohne zu hinterfragen, bildet man „ein System von Geglaubtem" (§144) und auch, wie in §162 thematisiert, ein Weltbild heraus.

Von solchen Fakten, die man anhand von Lehrbüchern lernt, behauptet Wittgenstein dann (a.1.) und dies ist allgemein so zu verstehen: Wir – nicht nur er, sondern auch diejenigen, die sie gelernt haben – halten im Allgemeinen für wahr. Anschließend stellt er in (a.2.) die Frage „Warum?", und unter ihr kann man die Frage nach dem Grund für dieses Fürwahrhalten verstehen. Wie er in (a.3.) sagt, könnte man dann darauf vielleicht antworten wollen: „Alle diese Fakten sind hundertmal bestätigt". Es scheint zwar, als könne diese Antwort zur Begründung für die genannte Wahrheit dienen, sie ist jedoch eigentlich keine richtige *epistemische* Rechtfertigung, weil man auf der Grundebene des Sprachspiels diese Fakten einfach wegen der Autorität der Lehrbücher hinnimmt und normalerweise gar nicht an eine etwaige Bestätigungen denkt. Außerdem bringt uns solch eine Pseudo-Begründung wie in (a.3.) nicht weiter, denn man kann sich fernerhin fragen, woher man weiß, dass alle Fakten in Lehrbüchern bestätigt worden sind (a.4), und auch, was die Evidenz bzw. der Grund für dieses Wissen ist (a.5). Wie soeben gesehen, lernt man als Kind die meisten Fakten in Lehrbüchern unhinterfragt anzunehmen, und da gibt es weder Evidenz noch Gründe, durch die man sich von ihnen zu überzeugen hat und zu ihnen gelangt, sondern man traut ihnen einfach (vgl. auch §600). Auch sind wir weder durch Evidenz noch durch Gründe zu unserem grundlegenden Weltbild gelangt, sondern haben es auch dadurch herausgebildet, dass wir eine Unmenge von Fakten unhinterfragt gelernt haben. Wir haben, nämlich, unbegründetes Vertrauen sowohl zu unserem Weltbild als auch zu gewissen Wahrheiten, die es ausmachen. In diesem Lichte ist auch (a.6.): „Ich habe ein Weltbild", genau genommen, keine direkte Antwort auf *epistemische* Fragen zu ‚Wissen' sowie zu ‚Evidenz', wie in (a.4.) und

---

[1] Kober unterscheidet in einer Liste verschiedene Sorten von Sprachspielen und klassifiziert vor allem „das Beobachten chemischer Reaktionen (*PU* 630), psychologische Experimente (*PU* II [gemeint: Teil II der auch im Literaturverzeichnis dieser Arbeit angeführten Werkausgabe von PU], S. 498), Geographie (*ÜG* 162), etc." als „elaborierte Sprachspiele" (Kober, M. (1993), S. 37 f.). Auf diese genaue Klassifizierung gehe ich aber hier nicht ein.

[2] Siehe auch §599. Genauer gesagt, sind die sogenannten „Experimente" an der Schule nicht wirklich Experimente. Denn wenn sie etwas ergeben, das der Lehrmeinung widerspricht, wird man nicht, wie bei einem richtigen Experiment, letztere korrigieren, sondern die Durchführung des Experiments als fehlerhaft beurteilen.

8.1 Erneut zum Weltbild 123

(a.5.) dargelegt, weil es beim Lernen Moorescher Sätze und beim Ergreifen des Weltbildes um nichts *Epistemisches* geht. Eine richtigere Antwort wäre: „Ich habe weder Evidenz dafür, dass alle Fakten in Lehrbüchern bestätigt sind, noch Gründe für dieses Wissen, sondern ein Weltbild, gemäß dem ich ihnen einfach traue". Welchen Charakter hat aber das Weltbild, das in §162 angepeilt wird? In (a.8.) beschreibt Wittgenstein nun das Weltbild als „das Substrat alles meines Forschens und Behauptens", während dieser Ausdruck oft in der Sekundärliteratur als Äquivalenz der Ausdrücke in anderen Paragraphen in ÜG, z. B., „Grundlage des Handelns und also natürlich auch des Denkens" (§411; vgl. auch §167), „*Gerüst* unseres Denkens" (§211) gelesen wird.[3] In (a.8.) gebraucht er zwar das Wort „mein" und schreibt in (a.6.) „Ich habe ein Weltbild", aber, wie in §94 gesehen, lässt sich das Weltbild im jetzigen Kontext nach wie vor als das Weltbild verstehen, das diejenigen, die ein Sprachsystem gelernt haben, gemeinsam haben. Denn die in den §§162 f. angeführten Beispiele handeln von so etwas Allgemeinem wie Fakten in Lehrbüchern der Geographie, die wir z. B. an der Schule mehr oder weniger einheitlich gelehrt wurden. Wie auch in §94 erwähnt, ist hier die Unterscheidung zwischen ‚persönlich' und ‚allgemein' im Hinblick auf das hier relevante Weltbild vielmehr unscharf. In diesem Sinne trifft auch auf die Bemerkung in §162 Kobers Deutung des §94 zu, dass „der Ausdruck ‚mein Weltbild' [...] aufgrund seines Zusammenhangs mit der Praxis des Forschens und Behauptens sicherlich so zu verstehen [ist], daß er damit ‚das Weltbild der Gemeinschaft, in der ich lebe' meint"[4]. Wenn Wittgenstein mit dem Ausdruck „Ich habe mein Weltbild" zwischen dem Weltbild, das er besitzt, und einem anderen Weltbild überhaupt unterscheiden wollte, dann müsste er unser Weltbild und ein solches Weltbild im Sinn haben, das Menschen mit einem von uns gänzlich verschiedenen Kulturhintergrund – wie der König in §92 oder der wilde Volksstamm in den §§106 und 264 – besäßen[5]. Das Weltbild in diesem Kontext ist, nämlich, ein gemeinsames Weltbild für diejenigen, die mehr oder weniger Gleiches wie wir gelernt haben oder gelehrt wurden.

Bevor ich auf die für das Thema ‚wahr' relevante Frage in (a.7.): „Ist ein Weltbild wahr oder falsch?" zu sprechen komme, möchte ich nun (a.9.) näher betrachten, bei dem es um die „Sätze, die es [= ein Weltbild] beschreiben", geht. Wittgenstein war mit der Wortwahl von „beschreiben" eigentlich unzufrieden, so dass er im MS das

---

[3] Siehe etwa, z. B., Kober, M. (1996), S. 419; Hamilton, A. (2014), S. 98; Kusch, M. (2010), S. 223; Moyal-Sharrock, D. (2004a), S. 54 und 75; Moyal-Sharrock, D. (2005), S. 80; Stroll, A. (1994), S. 142; Stroll, A. (2004), S. 14.

[4] Kober, M. (1993), S. 150.

[5] Auch im Hinblick auf die Vielfalt der Weltbilder könnte man wiederum zur Relativismus-Debatte verleitet werden, wie manche dies tun (siehe, z. B., Child, W. (2011), S. 207–212; Coliva, A. (2010), S. 188). Zur Relativismus-Debatte, siehe Kap. 4.

124   8 §§162 f.

Wort mit einer Wellenlinie unterstrichen hat. Einfachheitshalber nenne ich dann die
genannten Sätze, die für ein Weltbild konstitutiv sind, Weltbild-Sätze, so wie ich es
in Kap. 3 tat. Um (a.9.) gerecht zu werden, finde ich es hilfreich, weiterhin den sich
anschließenden §163 in Betracht zu ziehen. Denn Wittgenstein geht dort auf das
näher ein, was er mit (a.9.) thematisiert, sprich, wie es aussieht, etwas zu prüfen,
und, wie das Prüfen mit Weltbild-Sätzen zusammenhängt.

8.2   Weltbild-Sätze, ‚Prüfen' und ‚Voraussetzung'

Zu §163 (MS174, 35r–35v)
[b.1.] Prüft jemand je, ob dieser Tisch hier stehenbleibt, wenn niemand auf ihn
achtgibt?
   [b.2.] Wir prüfen die Geschichte Napoleons, aber nicht, ob alle Berichte über ihn
auf Sinnestrug, Schwindel u. dergl. beruhen. [b.3.] Ja, wenn wir überhaupt prüfen,
setzen wir damit schon etwas voraus, was nicht geprüft wird. [b.4.] Soll ich nun
sagen, das Experiment, das ich etwa zur ᵽ Prüfung eines Satzes mache, setze die
Wahrheit des Satzes voraus, daß hier wirklich der Apparat steht, welchen ich zu
sehen glaube |(u. dergl.)?|

8.2.1   Der Zusammenhang zwischen Weltbild-Sätzen und
            ‚Prüfung'

Wie in Kap. 3 festgehalten habe, spielen die Weltbild-Sätze vor allem die Rolle
von *Methodischem* und besitzen den Charakter, der die Betrachtungsweise der
Welt kennzeichnet. Vor allem werden in den §162 f. und in ihrem Umkreis die
Weltbild-Sätze zweiter Art abgehandelt, wie wir auch in §94 betrachtet haben.
Hier zähle ich sie erneut auf:

- „Ich habe zwei Füße, wenn ich mich vom Sessel erheben will" (§148)
- „Dieser Tisch bleibt hier stehen, wenn niemand auf ihn achtgibt" (§163)
- „Nicht alle Berichte über Napoleons Geschichte beruhen auf Sinnestrug,
  Schwindel u. dergl." (ebd.)
- „Hier steht wirklich der Apparat, welchen ich zu sehen glaube (u. dergl.)"
  (ebd.)

8.2 Weltbild-Sätze ‚Prüfen' und ‚Voraussetzung' 125

- „Meine Hände verschwinden nicht, wenn ich auf sie nicht aufpasse" (§ 153; wegen der Ähnlichkeit mit § 163, vgl. auch die §§ 101, 134, 214 und 234)
- „Was *immer* geschehen ist, wird auch wieder geschehen, oder kann kein andermal anders zugehen" (§§ 135 und 167).

Diese Sätze liefern eher eine Beschreibung davon, wie wir die Welt betrachten, als davon, wie diese i*st.* als wie sie *ist.* Und § 162 legt nahe, dass was wir in Lehrbüchern gelernt haben, auch unser Weltbild ausmacht, so wie das Bild der Erde als Kugel für unser Weltbild konstitutiv ist.[6] In dieser Hinsicht sollte man die Bemerkungen über Weltbild-Sätze in § 163 so lesen, dass sie auch für § 162 Geltung beanspruchen.

In (b.1.) wirft Wittgenstein zunächst im Hinblick auf Weltbild-Sätze die Frage auf, ob jemand sie je prüft, um sich so auf den Zusammenhang zwischen ihnen und ihrer ‚Prüfung' zu fokussieren. Die Antwort ist offensichtlich: „Wir prüfen sie nicht". Wie in (b.2.) gesagt, prüfen wir zwar die Geschichte Napoleons, die man bezweifeln könnte, wobei Wittgenstein in den §§ 185 f. sogar auf die Möglichkeit des Zweifels an seiner Existenz hindeutet[7], aber wir prüfen laut (b.2.) doch keine Weltbild-Sätze. Hierfür gibt es meines Erachtens zweierlei Gründe: Erstens prüfen wir generell solche Sätze nicht, die unbezweifelbar in unserem System feststehen, und dazu gehören Weltbild-Sätze ebenso wie der Satz „Die Erde hat vor 150 Jahren existiert" in § 185. Denn sie sind so sicher wie „unser ganzes

---

[6] Vgl. die §§ 146 f.; siehe auch Kap. 3.

[7] An dieser Bemerkung Wittgensteins stören sich manche Interpreten. Vor allem bezeichnet Hamilton die §§ 185–88 als „curious remarks on systems and the certainties that they contain" und bemerkt:

One would think that doubting the existence of Napoleon is not merely "ridiculous", but amounts to "doubting our whole system of [historical] evidence". It is strange, in light of the arguments of *On Certainty*, that Wittgenstein should be more ready to listen to someone who did that. These passages show the relativistic Wittgenstein, but in a peculiar light; they conflict with OC 117–20, and illustrate the unrevised status of the work [Hamilton, A. (2014), S. 124; Einfügung von Hamilton].

Ähnlich versteht Kober den Zweifel an der Existenz Napoleons als „die Praxis Geschichte in Frage stellen oder gar aufheben", ohne aber dabei zu sagen, dass Wittgensteins Bemerkung „merkwürdig" sei (Kober, M. (1993), S. 135). Mir bereiten aber diese §§ 185 f. keine besonderen Schwierigkeiten, wenn ich sie in der Weise lese, dass die Existenz Napoleons eigentlich nicht so sicher ist wie sowohl der Satz „Die Erde hat vor 150 Jahren existiert" als auch unser ganzes System der Evidenz ist. Denn es könnte sich z. B. durch historische Untersuchungen herausstellen, dass die betreffende Person eigentlich nicht „Napoleon" hieße, was offensichtlich unser ganzes System nicht aufheben könnte, aber es wäre mit unserem System keineswegs vereinbar, anzunehmen, dass die Erde doch vor fünf Minuten entstanden wäre, etc.

System der Evidenz" und ein Zweifel an ihnen läuft dementsprechend auf einen Zweifel am ganzen System hinaus (§§185 f.). Zweitens sind einige Weltbild-Sätze wie der in (b.1.) besagte von ihrem Charakter her genau genommen zumindest im Alltag nicht richtig durch Erfahrung zu prüfen. Wie kann ich z. B. erfahren, ob meine Hände verschwinden, oder, ob der Tisch oder der Apparat stehenbleibt, wenn niemand inklusive mir darauf achtgibt? Der Nebensatz „wenn niemand achtgibt" oder ein anderer gleichartiger, der eine Verifikation des Hauptsatzes „Der Tisch bleibt stehen" z. B. vielleicht noch mehr erschweren könnte, sollte meines Erachtens aus alltäglicher Sicht als eine allzu strenge Bedingung verstanden werden, als dass der betreffende Weltbild-Satz richtig geprüft bzw. verifiziert werden könnte. Die Geschichte Napoleons kann man zumindest doch anhand historischer Dokumente prüfen, auch wenn man sie ohne zu hinterfragen aus Geschichtsbüchern lernt. Einige Weltbild-Sätze hingegen sind jedoch im Wesentlichen als außerhalb der Methode stehend anzusehen, mittels derer man sie auf den Prüfstand der Erfahrung stellt.

8.2.2 Der Zusammenhang zwischen ‚Prüfung' und ‚Voraussetzung'

In (b.3.) und (b.4.) thematisiert Wittgenstein dann den Zusammenhang zwischen ‚Prüfung' und ‚Voraussetzung'. In (b.3.) führt er uns das Bild „Wenn wir überhaupt prüfen, setzen wir damit schon etwas voraus, was nicht geprüft wird" vor Augen. Dies verstehe ich als eine allgemeine Bemerkung, die sicherlich in vielen alltäglichen Fällen für kontingente Sätze gelten kann, die zu prüfen sind. Wenn man – vor allem Historiker – die Geschichte Napoleons prüfen will, z. B., seine wundervolle Kurzschläfer-Geschichte, nach der er pro Nacht maximal nur vier Stunden geschlafen hat, dann setzt man zunächst voraus, was in den einschlägigen Berichten und Dokumenten steht, während man es nicht gleichzeitig prüft. Stattdessen prüft man die Kurzschläfer-Geschichte dadurch, dass man die Berichte und Dokumente als gegeben hinnimmt. Wenn man aber dann prüfen will, ob diese Berichte selbst wahr sind, dann muss man wiederum etwas, was zugleich nicht geprüft wird, voraussetzen. Solange etwas auf dem Prüfstand stehen sollte, wird nach diesem Bild etwas anderes hinter dem Geprüften als ungeprüft vorausgesetzt.

Dieses Bild scheint jedoch meines Erachtens zu drei müßigen Gedankengängen zu verleiten: Erstens könnte man hier nur allzu leicht denken wollen, dass die Kette der Prüfung/Begründung ins Unendliche weiterlaufe. Diese Kette hat

8.2 Weltbild-Sätze, ,Prüfen' und ,Voraussetzung' 127

aber, so wie ich §164 verstehe, ein Ende.[8] Wenn Wittgenstein diesbezüglich von „Grundlosigkeit unseres Glaubens" (§166) redet, ist „unser Glaube" nicht unser psychologischer Glaube. Er ist vielmehr der uns gemeinsame, grundlegende Glaube wie *der Glaube an* unser Weltbilde und an Mooresche Sätze, die – inklusive unserer Weltbild-Sätze – in unserem System als wahr feststehen. Diese Grundlosigkeit einzusehen ist jedoch, so wie ich §166 lese, vor allem für diejenigen schwierig, die die Kette der Begründung völlig verallgemeinern wollen. Am Ende dieser Kette stehen weder Prüfung noch Begründung, sondern, wie gesehen, das unbegründete *Lernen*, durch das wir eine Unmenge von Fakten inklusive Moorescher Sätze erworben und somit unser ganzes System von Geglaubtem/der Evidenz/... und unser Weltbild herausgebildet haben (§165). Der so gelernte grundlose Glaube ist ein Teil des sozusagen nackten Handelns, „welches am Grunde des Sprachspiels liegt" (§204).

Der zweite Gedankengang könnte darin bestehen, das Bild in (b.3.), dass wir bei der Prüfung etwas voraussetzen, was nicht geprüft wird, fälschlicherweise auch auf Weltbild-Sätze anzuwenden. Genauer gesagt, könnte man aus dem Bild, dass die Voraussetzungen nicht geprüft werden, umgekehrt darauf schließen, dass was nicht geprüft wird, als Voraussetzung betrachtet werden könne. Und wie gesehen, sind Weltbild-Sätze weder geprüft noch begründet. Aufgrund dieser Betrachtung läge dann der Schluss nahe, dass die Wahrheit von Weltbildsätzen auch als Voraussetzungen für die Prüfung angesehen werden sollte. In (b.4.) zieht aber Wittgenstein, so denke ich, genau diesen Punkt in Zweifel. Der Fokus in (b.4.) liegt also auf der Frage, ob man wirklich mit Recht behaupten kann, dass die Wahrheit von Weltbild-Sätzen überhaupt „vorausgesetzt" werde.

Wittgenstein lässt aber die Frage in (b.4.) wiederum einfach offen, so wie er das auch schon in §108 getan hat. Worauf will er hier hinaus? In der Sekundärliteratur beschreiben einige Interpreten bzgl. des §163 Mooresche Sätze inklusive der Weltbild-Sätze als „presuppositions [which] are not mere assumptions"[9] oder „specific, ungrounded presuppositions"[10] und ein Weltbild als etwas „mit selbstverständlicher Gewissheit vorausgesetztes"[11], etc. Und diese Beschreibung klingt fast so, als würden sie sagen, Wittgenstein wollte hier die Rede von „Voraussetzungen" akzeptieren. Allerdings bin ich unsicher, wie zutreffend diese Deutung im Zusammenhang mit anderen Paragraphen in ÜG sein kann, wie wir bereits mit

---

[8] Vgl. auch die §§34, 110, 192, 204, 563 und 625.

[9] Williams, M. (2007), S. 103.

[10] Wright, C. (2004a), S. 190; vgl. auch Wright, C. (2004b), S. 243.

[11] Krebs, A. (2007), S. 77.

Blick auf §153 gesehen haben. Ebenso wie im Fall des §153 haben wir Weltbild-Sätze im Zusammenhang mit einer Unmenge von Dingen gelernt. Diese Dinge, z. B., das Experiment in (b.4.) beruhen in unserem System nicht *einseitig* auf der Wahrheit jener Sätze, sondern sie beide stützen sich vielmehr *gegenseitig* aufeinander. In den §§153 und 337 will Wittgenstein dann in der Tat Sätze mit dieser Eigenschaft nicht als „Voraussetzung" beschreiben und lehnt diese Bezeichnung explizit ab. Deswegen denke ich im Gegensatz zu manchen Autoren von Sekundärliteratur, dass diese Ablehnung auch weiterhin im §163 gelten sollte, wenn das Wort „Voraussetzen" im Sinne von „*einseitig* stützen" o.ä. gemeint wird. Betrachten wir nun Hamiltons Deutung von (b.3.):

When Wittgenstein writes that "whenever we test anything, we are already presupposing something that is not tested" (OC 163), what is "not tested" is not the truth of a proposition, but a set of practices, or perhaps a world-picture.[12]

Zwar stimme ich mit ihm darin überein, dass das, was nicht geprüft wird eine Reihe von Praktiken und ein Weltbild sind, aber ist darin die Wahrheit Moorescher Sätze nicht enthalten? Meines Erachtens werden auch sie nicht geprüft, obwohl sie doch *wahr* sind, wie in (a.1.) nahegelegt wird. Wer dies bestreiten und behaupten will, die Wahrheit eines Satzes müsse geprüft sein, scheint mir von dem irreführenden Gedanken beherrscht zu sein, dass nur das Geprüfte oder das Begründete wahr sei, bzw., dass etwas nicht Geprüftes/Begründetes nicht wahr sei. Mit anderen Worten: Er will „wahr" mit „geprüft" oder „begründet" gleichsetzen. Auch wenn an dieser Stelle nicht klar wird, ob Hamilton selbst dies im Sinn hat, so gibt es doch viel Sekundärliteratur, die dies tut und sich dabei auf §205 beruft, in dem er sagt, dass Unbegründetes nicht wahr sei. Für solche Interpreten ist die Sichtweise, dass Unbegründetes auch wahr ist, vor allem schwierig – viel schwieriger als in §166 genannt – einzusehen. Die Bemerkung in §205 lässt sich eigentlich als eine Art philosophischer Versuchung verstehen, der Wittgenstein kurzfristig erlegen ist. Er hat aber dann im MS diesen §205 gestrichen, weil er meines Erachtens §205 schlicht als unhaltbar ansieht.[13]

Soweit ist klar, dass Mooresche Sätze im Gegensatz zu kontingenten Sätzen weder geprüft noch im Sinne von „*einseitig* stützen" vorausgesetzt werden, dass sie aber – so wie ich es lese, – doch wahr sind, wie es auch in (a.1.) behauptet wird. Diese Lesart ist auch gut vereinbar mit (a.9.), weil besagte Weltbild-Sätze,

---

[12] Hamilton, A. (2014), S. 97.

[13] Auf diese Thematik mit §205 werde ich später in Kap. 10 genauer eingehen. Hamilton selber bezieht sich in seinem Buch (Hamilton, A. (2014)) kein einziges Mal auf §205.

8.3   Ist ein Weltbild wahr oder falsch?   129

die zu Mooreschen Sätzen gehören, nicht prüfbar sind, und keiner Prüfung unterliegen. Die Antwort auf die Frage in (b.4.) ist eigentlich auch als ein Nein zu
verstehen, wenn die Weltbild-Sätze keine Voraussetzungen im genannten Sinn
sind. Kehren wir nun zurück zu der Frage in (a.7.): „Ist ein Weltbild wahr oder
falsch?".

8.3   Ist ein Weltbild wahr oder falsch?

Die Frage in (a.7.) lässt Wittgenstein wiederum einfach unbeantwortet stehen.
Wie ist seine Reaktion zu verstehen? In einiger Literatur wird die Frage in (a.7.)
sofort als Verneinung gedeutet, so dass ein Weltbild weder wahr noch falsch ist,
während z. B. Kober und Marie McGinn auch Bezug auf §205 nehmen, nach
dem Unbegründetes weder *wahr* noch falsch sei.[14] Ist ein Weltbild dann deshalb weder wahr noch falsch, weil es nicht begründet ist? Diese Frage wollen
natürlich diejenigen, die ‚wahr' als gleichbedeutend mit ‚ begründet' auffassen,
gerne bejahen. Weiterhin könnte man auch vielleicht deshalb sagen wollen, dass
ein Weltbild weder wahr noch falsch sei, weil es keinen Satz/keine Proposition,
dem/der ein Wahrheitswert zuzusprechen sei, darstelle.[15] Laufen aber diese Deutungen auf das hinaus, was Wittgenstein in (a.7.) dadurch impliziert, dass er die
Frage nicht direkt beantwortet? Das, so scheint mir, muss aus den folgenden
Gründen eher verneint werden.

Betrachten wir nun genauer, wie die *Wahrheit* Moorescher Sätze beschaffen
ist. Diese sind, wie bereits bemerkt, weder durch Erfahrung, Untersuchungen,
etc. zu begründen noch „an sich offenbar oder einleuchtend" (§144), sondern
werden von um sich Herumliegendem im System festgehalten. Sie sind in diesem Sinne weder ‚begründet wahr' noch an sich selbstverständlich wahr. Dies
heißt aber nicht, dass sie dann nicht wahr sind, sondern ist vielmehr so zu verstehen, dass sie unbegründeter Weise wahr sind. Tatsächlich weist Wittgenstein
nicht nur in (a.1.), sondern auch an manchen Stellen in ÜG[16] auf ihre ‚unbegründete Wahrheit' hin, indem er Mooresche Sätze inklusive der Weltbild-Sätze
explizit „wahr" nennt, und ich denke, dass man dies ernstnehmen sollte. Solche
„unbegründet wahren" Sätze sind dann so beschaffen, dass sie erst innerhalb des

---

[14] Kober, M. (2005), S. 229; McGinn, M. (1989), S. 152; vgl. auch Giehring, S. (2005),
S. 187, Fn.50; und Hamilton, A. (2014), S. 131, in dem Hamilton ohne Bezug auf §205
erwähnt: „*A world-picture is not judged true or false, but forms the background against
which one distinguishes true and false*".

[15] Siehe, z. B. Moyal-Sharrock, D. (2004a), S. 42. Expliziteres dazu, siehe Kap. 10.

[16] §§83 und 403; vgl. auch BF III, §348; und LS II, S. 106. Weiteres dazu, siehe Kap. 10.

Systems im Zusammenhang mit anderen Sätzen wahr sind. Anders gesprochen sind sie nicht einmal wahr oder falsch, wenn sie außerhalb ihres Zusammenhanges mit dem System, sondern an sich oder *isoliert* betrachtet werden. Dann ist nicht zu beantworten, ob sie wahr oder falsch sind.

Mir scheint, dass dieses Verständnis der ‚unbegründeten Wahrheit‘ nicht nur im Falle Moorescher Sätze, sondern auch im Falle eines Weltbildes eine wichtige Rolle spielt und für die Frage „Ist ein Weltbild wahr oder falsch?" in (a.7.) relevant ist. Unter diesem Aspekt betrachtet denke ich, dass Wittgenstein nicht deshalb die Frage in (a.7.) unbeantwortet stehen lässt, weil er ‚begründet‘ mit ‚wahr‘ gleichsetzt, oder, weil ein Weltbild kein Satz/keine Proposition sei, sondern, weil er sie als *Unsinn* im – Wittgensteinschen – Sinn ansieht, in dem man von ihr keinen Gebrauch machen kann.

Inwiefern ist aber die Frage in (a.7.) als *Unsinn* anzusehen? Wittgenstein rückt in §162 die Relation zwischen der *Wahrheit* der Sätze, die in Lehrbüchern stehen, und dem Weltbild in den Fokus. Mit dieser Relation verhält es sich ähnlich, wie bei dem Zusammenhang der Mooreschen Sätze: Besagte Sätze sind nämlich weder durch Erfahrung verifiziert noch an sich offenbar oder selbstverständlich wahr, sondern im Zusammenhang mit dem systematischen Weltbild wahr. Hier fungiert das Weltbild sozusagen als „Substrat" in (a.8.) oder, wie in §94 gesagt, „der überkommene Hintergrund, auf welchem ich zwischen wahr oder falsch unterscheide". Ohne Bezug auf dieses (Weltbild) könnte man also nicht einmal sagen, dass diese Sätze wahr oder falsch sind, und diese Äußerung wäre in diesem Sinne schlichter *Unsinn*. Wenn man trotzdem danach trachtet, ohne diesen Bezug zu sagen, dass sie wahr seien, würde man sozusagen das „an die Grenze der Sprache" anrennen (PU §119), wobei man in dieser Sprache von „wahr" und „falsch" reden kann. Was ist der Sinn der Frage in (a.7.)? Fragt Wittgenstein in (a.7.) danach, ob genau dieses Substrat wahr oder falsch sein könnte, was wohl darauf hinausläuft, dass damit dieses Weltbild *an sich* gemeint wäre"? Wenn es sich in dieser Weise auf kein jegliches System beziehen sollte, sondern an sich *isoliert* betrachtet werden sollte, muss die Frage in (a.7.) *Unsinn* sein und kann nicht beantwortet werden.

Mir scheint aber, anders gesagt, dass es auch in den Textstellen in ÜG eigentlich keinen Grund gibt, der dagegenspricht, selbst im Hinblick auf ein Weltbild von „wahr" oder „falsch" zu reden, sofern es auf ein System Bezug nimmt. Und diese Bezüge sind auf zweierlei Weisen denkbar: Erstens kann man hier an den Zusammenhang zwischen der *Wahrheit* der Weltbild-Sätze und einer Menge von Dingen, die wir gelernt haben und die unser System ausmachen, denken. Könnte man ebenfalls im gleichen Zusammenhang nicht sagen, dass ein Weltbild, das die Weltbild-Sätze beschreiben, wahr ist? Dabei könnte man sich vielleicht daran

8.3 Ist ein Weltbild wahr oder falsch? 131

stören, dass es kein Satz/keine Proposition ist. Ich bin jedoch unsicher, ob ein *nichtpropositionales* Weltbild und *propositionale* Weltbild-Sätze so klar trennbar sind. Vielmehr denke ich, dass beide miteinander gekoppelt sind, oder besser, dass die Unterscheidung zwischen der sogenannten *Propositionalität* und *Nichtpropositionalität* im Hinblick auf das Weltbild, das am Grunde des Sprachspiels steht, eher undeutlich ist und keinen klaren Sinn hat. Ohnehin kann man ein Weltbild in Satzform beschreiben, wenn man will, wie Wittgenstein selbst es in den MS-Passagen der §§95 und 162 tut, wenn er über „die Sätze, die es beschreiben" redet, wobei er diese auch nicht kategorial voneinander trennt (siehe MS174, 21v; MS174, 35r). Wenn man überhaupt sagen kann, dass Weltbild-Sätze innerhalb des systematischen Weltbilds wahr sind, dann finde ich es in diesem Lichte auch akzeptabel, im Falle eines Weltbildes folgendes zu sagen: Es ist wahr im Zusammenhang mit einer Unmenge von Dingen, die für es konstitutiv sind, oder sogar im Zusammenhang mit seinem eigenen System, was aber nicht heißt, dass es an sich – etwa im Sinne von „über ein jegliches System hinausgehend" – offenbar oder selbstverständlich wahr ist.[17]

Außerdem besteht, so denke ich, die Möglichkeit für die Rede von „wahr" oder „falsch" im Hinblick auf ein Weltbild, wenn man sich auf andere Weltbilder bezieht. §286 lässt sich z. B. so lesen, dass wenn ein *rudimentäres* physikalisches Weltbild einem *ausgereiften* Weltbild widerspricht, dass man dann ersteres im Vergleich mit letzterem für „weit ärmer" halten kann. Kann man aber hier nicht von seiner „Falschheit" reden? Obwohl Wittgenstein dies nicht explizit sagt, scheint mir, dass diese Möglichkeit eigentlich nicht ausgeschlossen ist, falls gewisse Sätze, die ein Weltbild ausmachen, im Zusammenhang mit einer Unmenge von Dingen in einem anderen Weltbild schlicht falsch sind. Vor allem könnte man von so einer Falschheit reden, falls es solche Weltbilder gäbe, in denen die Evidenz für diese Falschheit bereitgestellt worden wäre. In ähnlicher Weise könnte man sich hier auch solch ein Weltbild denken, das Evidenz für die Wahrheit für ein anderes Weltbild oder sogar über eine Verifikationsmethode dafür verfügt. Diese Art der Möglichkeit für die Wahrheit sowie Falschheit eines Weltbildes könnte aber, wenn überhaupt, bloß darin bestehen, sich auf andere Weltbilder zu beziehen, und keineswegs darin, dass es an sich über alle Systeme hinausgehend wahr oder falsch sein könnte.

---

[17] Eine ähnliche Diskussion drängt sich bei „*Handeln*" in §204 auf, das Wittgenstein aber in §206 explizit als wahr nennt. Weiteres dazu, siehe Kap. 10.

Teil III

Die Kritik an Wahrheitstheorien anhand der Korrespondenztheorie, das Verhältnis zwischen unserem Handeln und dem Wahrheitsbegriff, die Wahrheit kontingenter Sätze

§§193, 197, 199 f., 191/203 & 214 f.

9

9.1 Die Gewissheit der Wahrheit und der Kontrast zwischen „objektiv gewiß" und „subjektiv gewiß" in den §§193 f.

Zu §193 (MS175, 1r)

> Was heißt es, /: / Idie Wahrheitl einlesl Satzlesl sei <u>gewiß</u>?

In diesem Paragraphen packt Wittgenstein die *Gewissheit* der Wahrheit eines Satzes an, wobei das Wort „gewiß" im MS unterstrichen und betont wird. Der Ausdruck „gewiß/*gewiß* wahr" ist im Kontext der Umgebung des §193 wichtig, weil er sowohl in §191 als auch im fast mit ihm identischen §203 sowie in §197 ins Thema eingearbeitet wird.

Hierzu ist zunächst zu beachten, dass eine Aussage wie „Es ist gewiß wahr" zweideutig ist. Sie kann so etwas heißen wie, (a) „Ich bin mir dessen sicher, dass es wahr ist" oder (b) „Es hat den Charakter einer gewissen Wahrheit (bewiesene Sätze der Mathematik, z. B.)". Wenn z. B. in §191 gefragt wird, ob eine Hypothese, bei der alles dafür und nichts dagegen spricht, ‚gewiß wahr' ist, so ist es angemessener, dies im Sinne von (a) zu lesen. Wittgensteins Begriff der ‚objektiven Gewißheit' in §194 hingegen spricht eher für (b). Diese Zweideutigkeit sollte man durchweg in den §§191, 193, 197 und 203, in denen der Ausdruck „gewiß wahr" vorkommt, im Hinterkopf behalten. Zu bemerken ist dann noch, dass es in diesen Paragraphen angesichts der Unterstreichung des Wortes „gewiß" sowie ihres Kontexts genau um die Wahrheit eines Mooreschen Satzes geht, wie wir gleich sehen werden.

© Der/die Autor(en), exklusiv lizenziert an Springer-Verlag GmbH, DE, ein Teil von Springer Nature 2022
S. Hashimoto, *Der Wahrheitsbegriff in Über Gewißheit*,
https://doi.org/10.1007/978-3-662-65684-6_9

136   9 §§193, 197, 199 f., 191/203 & 214 f.

Betrachten wir nun §194, in dem Wittgenstein zwischen zwei verschiedenen
Arten von Gewissheit unterscheidet. Hier ein Zitat aus der entsprechenden MS-
Passage im MS175, 1r–1v:

> Mit dem Wort "gewiß" drücken wir die vollkommene /völlige/ Überzeugung, die
> Abwesenheit jedes Zweifels aus, & |wir| suchen damit den Andern zu überzeu-
> gen/reden/. ~~Aber d|~~D|as ist <u>subjektive</u> Gewißheit.
> Wann aber ist etwas objektiv Gewiß? – Wenn ein Irrtum nicht möglich ist. Aber was
> für eine Möglichkeit ist das? Muß der Irrtum nicht <u>logi|s|ch</u> ausgeschlossen sein?

Diesem Zitat zufolge ist „objektive Gewissheit" im Gegensatz zu „*subjektiver*
Gewissheit" so beschaffen, dass dabei kein Irrtum möglich ist. Und wie der letzte
Satz in §194 nahelegt, muss der Irrtum *logisch* ausgeschlossen sein. Wie kann man
aber das im MS unterstrichene Wort „*logisch*" verstehen? Es hat hier natürlich nichts
mit formaler Logik zu tun[1], sondern ist etwa als „innerhalb der Sprachspiele" zu
verstehen, wie es bereits in Kap. 2 zum Ausdruck kam. Wenn ein Irrtum *logisch*
ausgeschlossen sein soll, dann hat das Wort „Irrtum" im Sprachspiel gar keinen
Zug, oder, mit §647 gesprochen, ist kein Platz dafür im Sprachspiel vorgesehen.
In Anspielung auf die bisherigen Bemerkungen in den §§71–4 kann man hier an
die Differenz zwischen „Irrtum" und „Geistesstörung" (vgl. auch die §§155 und
217) denken: Sie ist an dem offenkundig, was zum Sprachspiel gehört, und dem,
was nicht dazu gehört, wobei ersteres innerhalb des Sprachspiels korrigierbar ist,
letzteres dagegen nicht. Dass ein Irrtum in einem Satz *logisch* ausgeschlossen ist,
heißt unter diesem Blickwinkel, dass es nicht zum Sprachspiel gehört, ihn für Irrtum zu halten, und dass, wer dies doch täte, unter Umständen für „geistesgestört"
gehalten werden könnte. Als Beispiel dafür wäre etwa der Fall in §195 zu werten,
in dem jemand zwar nicht in seinem Zimmer säße, aber zugleich ohne besonderen
Zusammenhang glaubte, dort zu sitzen. Die „Möglichkeit", von der in §194 die
Rede ist, ist so gesehen im *logischen* Sinn (§618; vgl. §155) oder im Sinne von
„innerhalb der Sprachspiele" zu verstehen, auf keinen Fall in anderen Sinnen, wie
im physikalischen Sinne etc.

   Genau in welchem Kontrast steht aber „*subjektive* Gewissheit" zur gerade
betrachteten objektiven Gewissheit? Man könnte, wie es teilweise in der Sekundärliteratur der Fall ist, sagen wollen, dass „*subjektive* Gewissheit" wie „subjektive
Sicherheit" in §563 zu lesen sei, die man mit der bloßen Äußerung von „Ich bin

---

[1] Rhees hält z. B. den Ausdruck „*logisch* ausgeschlossen" für irreführend: „He [= Wittgen-
stein] says (or suggests) that 'it is logically ruled out'. But if he had put this by saying that 'it
is a logical impossibility' it would have been confusing because of the associations the phrase
'logical impossibility' has" (Rhees, R. (2003), S. 49; vgl. auch Stroll, A. (2004), S. 37).

9.1 Die Gewissheit der Wahrheit ...   137

sicher" ausdrückt,[2] oder dass sie so etwas wie „a *feeling* of certainty"[3] sei, also von *bloß Psychologischem* und *Persönlichem/Individuellem* handle.[4] Im Gegensatz dazu sei dann „objektive Wahrheit" eher etwas Gemeinsames/Geteiltes für diejenigen, die das Sprachspiel kennen. Trifft aber dieses ‚*Persönliche/Individuelle*' den Punkt, den Wittgenstein in §194 mit dem im MS unterstrichenen Wort „*subjektiv*" betonen will? Demgegenüber bin ich skeptisch, weil er im Hinblick auf „*subjektive* Gewissheit" auch auf die Möglichkeit hinweist, nicht nur sich selbst, sondern auch andere zu überzeugen.[5] Ein wichtiger Kontrast in §194 scheint mir vielmehr dazwischen zu bestehen, dass man sich einerseits von etwas, das *subjektiv* gewiss ist, durch gute Gründe oder Evidenz zu überzeugen hat und sich doch auch in ihm irren kann, während man andererseits zu etwas, das *objektiv* gewiss ist, durch keine Begründung/Evidenz gelangt, weil es im Sprachspiel ohne die Möglichkeit eines Irrtums als wahr feststeht. In dieser Hinsicht ist der *subjektiv*/objektiv-Kontrast in §194 möglicherweise irreführend. Er ist vielmehr als ein psychologis/logischer Kontrast zu lesen, insofern es sich mit einer psychologischen Frage etwa so verhält: „Wie *überzeugt* man sich davon?" (vgl. PU §377), wobei „Logisches" in diesem Sinne nichts mit Begründung oder *epistemischer* Rechtfertigung zu tun hat.[6]

---

[2] Siehe z. B. Kober, M. (1993), S. 125 f.; Kober, M. (1996), S. 414.

[3] Hermann, J. (2015), S. 45.

[4] Vgl. auch Moyal-Sharrock, D. (2004a), S. 15 f.; Moyal-Sharrock, D. (2005), S. 76–8; Coliva, A. (2010), S. 75.

[5] Im MS scheint Wittgenstein als Variante von „überzeugen" „überreden" hingeschrieben zu haben, obwohl auch das nicht sehr klar ist. Diese Alternative finde ich verwirrend, weil er an manchen Stellen in ÜG „überreden" etwa im Sinne von „Bekehrung" zu einem neuen Weltbild gebraucht (vgl. die §§92, 262, 612 und 669), und solch eine Bekehrung spielt im jetzigen Kontext sicherlich keine Rolle. Wie diese Variante auch immer gedeutet werden mag, ich finde es nicht angemessen, hier den Kontrast von Persönlichem/Individuellem und Gemeinsamem zu betonen.

[6] Ich denke, dass auch Hamiltons Lesart in dieselbe Richtung geht:
It is important to contrast Wittgenstein's distinction between subjective and objective certainty, with the traditional distinction between *psychological* and *epistemic* certainty. "Psychological certainty" occurs when the subject is supremely convinced of the truth of their belief; "epistemic certainty", in contrast, though often accompanied by psychological certainty, need not be, and has some more objective basis – that the belief is or could not have been mistaken, or that it is justified in the highest degree. [Hamilton, A. (2014), S. 92 f.]
Ich bin jedoch unsicher, ob es angemessen ist, die „*subjektive* Gewißheit in §194 als im Kontrast stehend zu *epistemischer* bzw. *psychologischer* Gewißheit zu behandeln, weil mir scheint, dass eine Überzeugung anderer generell wie auch im Falle der „*subjektiven* Gewißheit" in §194 mit epistemischer Rechtfertigung, also mit der Angabe entsprechender Evidenz sowie Gründe zu tun hat, ohne die sie nicht bzw. nicht „richtig" erfolgt.

Unter Berücksichtigung dieses Kontrasts erhält der Ausdruck in §193: „die Wahrheit eines Satzes sei *gewiß*" eine größere Bedeutung. Wie schon gesagt, kommt der Ausdruck „gewiß/*gewiß* wahr" im Umkreis des §194 mehrmals vor. Ob das Wort „gewiß" im MS mit einer Unterstreichung betont wurde, ist von Paragraph zu Paragraph unterschiedlich. In den §§191 und 197 steht z. B. einfach „gewiß wahr" ohne eine Betonung. Aber wenn man sich die MS-Passage des §203 anschaut, der mit §191 fast identisch ist, dann fällt Wittgensteins sorgfältige Wortwahl auf: Zunächst schrieb und unterstrich er das Wort „gewiß" (was sich im veröffentlichten Text nicht widerspiegelt), dann fügte er noch die Wörter „objektiv" und „wahr" hinzu. Trotz dieser kleinen Unterschiede in den Formulierungen der vier Paragraphen denke ich vom Kontext her, dass alle von ‚objektiver Gewissheit' im soeben skizzierten Sinne handeln. So gelesen läuft die Frage in §193 darauf hinaus: Was heißt es, zu sagen, die Wahrheit eines Satzes sei objektiv gewiß?, oder: Was heißt es, zu sagen, ein Satz sei objektiv gewiß wahr? In diesem Zusammenhang bedeutet der teilweise betonte Ausdruck „*gewiß* wahr" nicht „*subjektiv* gewiß wahr" wie in §194, sondern er bezieht sich vielmehr auf ‚objektive Gewissheit'. Mooresche Sätze wie „Die Erde hat lange vor meiner Geburt existiert", oder „Ich sitze in meinem Zimmer" (wenn der Sprecher tatsächlich in seinem Zimmer sitzt, wie in §195) kann man als Sätze bezeichnen, die „objektiv gewiß wahr" sind. Denn für sie gibt es weder die Möglichkeit des Irrtums noch Gründe/Evidenz, durch die man sich von ihnen überzeugen könnte, sondern sie stehen in unserer Sprachpraxis eben unverrückbar fest. An dieser Stelle lässt sich natürlich der Ausdruck „*gewiß* wahr" im Sinne von „objektiv gewiß wahr" in beiden oben genannten Sinnen – (a) und (b) – verstehen. Wenn jemand etwa, wie im Falle des §195, in seinem Zimmer sitzend sagt, „Es ist gewiß wahr, dass ich in meinem Zimmer sitze", heißt seine Aussage im Sinne von (b), dass dieser Mooresche Satz „Ich sitze in meinem Zimmer" den Charakter einer gewissen Wahrheit besitzt. Sie läuft hingegen im Sinne von (a) darauf hinaus, zu sagen, „Ich bin mir dessen sicher, dass ich in meinem Zimmer sitze". Diese Sicherheit ist dennoch nicht bloß „*subjektiv*", sondern zeichnet sich vielmehr durch solch einen *logischen* Charakter aus, dass man sich im Sprachspiel keines Urteils sicher sein könnte, wenn man den betreffenden Mooreschen Satz in Zweifel zöge.[7]

---

[7] Siehe etwa die §§419, 490, 494 und 514 f.; vgl. auch die §§358, 360, 404, 415, 446 und 457.

9.2 „Sichere Evidenz" und deren bestimmte/spezielle Rolle ... 139

9.2 „Sichere Evidenz" und deren bestimmte/spezielle Rolle in unseren Sprachspielen

Vor der Analyse des §197, in dem die „sichere Evidenz" ins Zentrum gerückt wird, möchte ich diesbezüglich andere Paragraphen in seinem Umkreis kurz in Betracht ziehen. Was mit „sicherer Evidenz" konkret gemeint wird, ist in den §§201 f. leicht einzusehen, es handelt sich etwa um „die Evidenz unsres Gedächtnisses (oder unsrer Sinne)", auf die wir uns verlassen. Und wie bereits in Kap. 5 besprochen wurde, hängt diese Evidenz mit Mooreschen Sätzen wie „Ich war nie in Kleinasien", „Das ist ein Baum" eng zusammen. Denn diese Sätze verweisen auf ein ganzes Bündel von Evidenzen – darunter die Evidenz unserer Sinne – und „sagen beinahe aus, wir hätten ein Recht, uns auf diese Evidenz zu verlassen" (§202). Weiteres zu sicherer Evidenz bietet dann §196 bzw. dessen MS-Passage im MS175, 1v–2r:

> Sichere Evidenz ist die, die wir als unbedingt sich~~t~~er annehmen, nach der wir mit Sicherheit lohne Zweifell handeln.
> Was wir "Irrtum" nennen, spielt eine ganz bestimmte / spezielle / Rolle in unsern Sprachspielen, & was wir als sichere Evidenz betrachten, auch.

Hier beschreibt Wittgenstein sichere Evidenz, die mit Mooreschen Sätzen eng zusammenhängt, als etwas, das wir „annehmen" – im MS unterstrichen –. Es heißt aber natürlich nicht, dass sie von uns nach Belieben als „unbedingt sicher" *angenommen/akzeptiert wurde*, sondern dass sie vielmehr in unserem Sprachspiel eben „unbedingt sicher" *ist*. In §196 wird dann in schöner Weise geklärt, wie diese sichere Evidenz aussieht. Sie ist nämlich ebenso wie Mooresche Sätze in unserem Sprachspiel vom Zweifel ausgeschlossen und verwoben mit unserem *Handeln*, das wie in §110 als „unbegründet" zu verstehen ist. Dass wir nach sicherer Evidenz ohne Zweifel unbegründet *handeln*, zählt meines Erachtens zu ihrer „ganz bestimmten/speziellen Rolle", wobei Wittgenstein im MS das Wort „speziell" als Variante des Wortes „bestimmt" beschreibt. Zwar spricht er dort außerdem von „der ganz bestimmten/speziellen Rolle dessen, was wir»Irrtum« nennen", die vielleicht als identisch mit derjenigen in §138 zu lesen sein mag[8], jedoch kommt es in den nächsten Paragraphen so gut wie nur auf „sichere Evidenz" und Mooresche Sätze, die auf sie verweisen, an.

---

[8] Für expliziteres zur Rolle von „Irrtum", siehe Kap. 2 und 5.

Gehen wir nun zu §197 über, in dem die soeben angesprochenen Ausdrücke „sichere Evidenz" und „gewiß wahr" ins Zentrum gerückt werden, während *subjektive* Gewißheit" und „Irrtum" eher beiseite stehen.

9.3 Zwei Aspekte der Bemerkung in §197

Zu §197 (MS175, 2r)

> Falsch / Unsinn / aber wäre es, zu sagen, wir betrachten etwas als sichere Evidenz, weil es gewiß wahr ist.

Im MS merkt man Wittgenstein wiederum seine charakteristische Sorgfalt bei der Wortwahl an, die ihn veranlasste, als Variante von „falsch" nachträglich „Unsinn" hinzuschreiben. Diese zwei Wörter bedeuten in seiner späten Philosophie kategorial Verschiedenes, wie wir weiter unten genauer sehen werden. Obwohl die Herausgeber von ÜG nur das Wort „Unsinn" übernahmen, denke ich, dass man in §197 beide Bedeutungen hineinlesen kann und sollte. Das Wort „Unsinn" sehe ich hier auf Wittgensteins Standardauffassung über ‚Bedeutung/Sinn eines Wortes/Ausdrucks/…' als ‚seinen Gebrauch' bezogen (vgl. §61 und PU §43). Als ‚Unsinn' gilt hier demgemäß, dass der betreffende Ausdruck in §197 weder einen Gebrauch hat noch handlungsrelevant ist. Betrachten wir aber nun zunächst die Variante mit „falsch".

9.3.1 Die erste Variante: Falschheit

Zunächst ist zu klären, was dieses „etwas" in §197 heißen soll. Da „es" als sichere Evidenz betrachtet wird, handelt es sich um die oben genannte Evidenz unserer Sinne, unseres Gedächtnisses, etc. Sie ist, wie in den §§201 f. steht, eng mit Mooreschen Sätzen wie „Hier sind zwei Hände" verwoben. Aus diesem Zusammenhang ist zu entnehmen, dass diese Evidenz ebenso wie Mooresche Sätze sowohl vom Zweifel als auch vom Irrtum *logisch* – in unseren Sprachspielen – ausgenommen ist. So gesehen ist der Ausdruck „wir betrachten etwas [z. B. unsere Sinne, unser Gedächtnis] als sichere Evidenz, *weil* es gewiß wahr ist" nicht akzeptierbar. Denn es gibt, wie oben gezeigt wurde, prinzipiell weder Gründe noch Evidenz, durch die wir uns von etwas objektiv Gewissem zu überzeugen hätten, und dazu gehören nicht nur Mooresche Sätze, sondern auch sichere Evidenz. Unter demselben Aspekt finde ich es ebenso wenig richtig, zu sagen, „Es ist darum wahr, dass ich nie in der Stratosphäre war, *weil* ich es unmöglich

9.3 Zwei Aspekte der Bemerkung in §197

bezweifeln kann", so wie ich §222 lese. Denn dieser Rechtfertigungsversuch, den etwa immer nach Gründen suchende Philosophen zusammen mit dem Wort „weil" wagen möchten, passt nicht zu besagter Wahrheit aufgrund ihrer objektiven Gewissheit. Wir haben uns nicht in irgendwelchen kausalen Zusammenhängen davon überzeugt, unsere Sinne, unser Gedächtnis, etc. als sichere Evidenz zu betrachten, sondern wir besitzen in unserem Sprachspiel bereits sichere Evidenz, ohne uns davon überzeugt zu haben.

Ähnlich erklärt Morawetz im Hinblick auf *kausales*: „It is not a *reason* for regarding something as ‚sure evidence' that it is certainly true; that is merely a redescription of the evidence"[9]. Heißt das aber, dass eine kausale Erklärung für das Vorliegen „sicherer Evidenz" Unsinn ist? Ich glaube eher, dass sie einfach *falsch* ist, weil sichere Evidenz an sich keinen Grund für sich hat. Warum schreibt Wittgenstein dann an dieser Stelle nicht nur „falsch", sondern auch „Unsinn" als dessen Variante?

9.3.2 Die zweite Variante: Unsinnigkeit

9.3.2.1 Der Zusammenhang zwischen „wahr oder falsch" und „Entscheidung für oder gegen"

Meines Erachtens erhält das Wort „Unsinn" in §197 erst dann seine rechte Bedeutung, wenn man auf die nachfolgenden Paragraphen Bezug nimmt. Betrachten wir zuerst §200, in dem nicht nur das Wort „wahr" (wie auch in §197), sondern auch das etwas abrupt vorkommende Wort „Entscheidung" (wie auch in §198) thematisiert wird. Ich zitiere hier dessen MS-Passage im MS175, 2v–3r:

> "Der Satz ist wahr oder falsch" heißt eigentlich nur, es müßlssle eine Entscheidung für oder /& / gegen ihn möglich sein. Aber das sagt nicht, aus welchem Grunde man sich für oder gegen ihn entscheidet. | wie der Grüulnd zu so einer Entscheidung ausschaut. |

In dieser Passage fällt zunächst auf, dass die Ausdrücke „wahr oder falsch" und „Entscheidung für oder gegen" miteinander eng zusammenhängen, so wie Williams die §§199 f. als „remarks linking truth with decidability" liest.[10] Warum gebraucht Wittgenstein hier das Wort „Entscheidung" in dieser Weise, obwohl er es an anderen Stellen von ÜG[11] anders, d. h. nicht unbedingt an

---

[9] Morawetz, T. (1978), S. 69.

[10] Williams, M. (2004a), S. 274.

[11] Siehe z. B. die §§49, 125, 146, 230, 271, 362, 368, 516 und 641.

142   9 §§193, 197, 199 f., 191/203 & 214 f.

den Wahrheitsbegriff gekoppelt zu verwenden scheint? Die Williamssche Antwort
lautet:

> This question [= why does he make *any* connection between truth and decidability?]
> is not that hard to answer: the connection is simply a reflection of Wittgenstein's
> broadly inferentialist conception of meaning. Beliefs derive their content from their
> relations to circumstances, actions and other beliefs. This is why, with respect to hinge
> propositions [= Mooresche Sätze], while talk of 'doubt' and 'mistake' may be idle,
> talk of belief is not.[12]

Um über den genannten Zusammenhang („*connection*") im Weiteren zu erklären,
bezieht sich Williams auf §312: „dieser [= der *Glaube* an die Geschichte] hängt
mit so vielem zusammen". In diesem Lichte lässt sich sein Ausdruck „Wittgenstein's broadly inferentialist conception of meaning" so verstehen, dass für
Wittgenstein auch der Glaube („*belief*") im Hinblick auf Mooresche Sätze mit
vielem – nicht nur mit Umständen, Handeln, anderem Glauben – zusammenhängt,
so auch bzgl. ‚Entscheidung' (‚*decision*'), wie Williams über §312 sagt: „Only
connect. But where there are connections there will be grounds for decision (or
perhaps revision)".[13] Abgesehen davon, ob Wittgenstein diese Idee wirklich im
Sinn hat, denke ich jedoch, dass Williams an dieser Stelle nur sehr allgemein
darauf hinweist, dass *vieles,* inklusive der Begriffe „Glaube", „Entscheidung",
„wahr", in unserem Sprachsystem miteinander zusammenhängt. Er geht dabei
eigentlich nicht auf die Frage ein, warum Wittgenstein in §200 das Wort „Entscheidung" mit „wahr oder falsch" gekoppelt ins Spiel bringt, obwohl dieses Wort
an sich nicht unbedingt mit ‚Wahrem' zu tun hat. Diese Frage selbst ist wohl nicht
so leicht zu beantworten, wie Williams mit dem obigen Zitat nahelegt.

9.3.2.2 „Entscheidung" in Freges Sinn und die Idee der ‚Übereinstimmung'

Meines Erachtens ist es aber für das Verständnis der §§191–215 unentbehr-
lich, sich auf Freges Auffassung von Wahrheit zu berufen, umso mehr, da es
meines Wissens noch so gut wie keine Sekundärliteratur gibt, die auf diesen
Punkt hinweist. Der wahrheitsbezogene Vergleich zwischen Freges und Wittgensteins Überlegungen verliert nicht an Wichtigkeit, obwohl man zwischen

---

[12] Williams, M. (2004a), S. 277.

[13] Ebd. Diese zwei Sätze über „*connect/connection*" lässt Williams unmittelbar auf die englische Übersetzung von §312 folgen: „Here it strikes me as if this doubt were hollow. But in
that case – isn't *belief* in history hollow too? No; there is so much that this connects up with"
(siehe OC §312).

9.3 Zwei Aspekte der Bemerkung in §197   143

beiden auch gewisse Unterschiede finden kann. Beispielsweise spricht Frege an den unten anzuführenden Orten nur von „wahr" spricht, während es Wittgenstein in den §§199 f. um den Gebrauch von „wahr und falsch" geht. Dieser Unterscheidungspunkt bleibt entsprechend auch in der Sekundärliteratur unterbelichtet.

Betrachten wir nun zwei Passagen in Freges Schriften, die sowohl vom Zusammenhang zwischen ‚Wahrheit' und ‚Übereinstimmung', als auch vom in den §§198 und 200 befindlichen Wort „entscheiden" handeln. Das erste Zitat stammt aus seinem ‚Logik'-Manuskript, welches 1897 geschrieben worden sein soll und als vorläufige Version seines Aufsatzes ‚Der Gedanke', dem das zweite Zitat entnommen wird, angesehen werden kann (siehe dazu Kap. 3). Obwohl ich nicht weiß, ob es Belege dafür gibt, dass Wittgenstein das ‚Logik'-Manuskript tatsächlich gelesen hat, finde ich es doch lohnend, es hier als Ergänzung zu zitieren:

> Wollte man etwa sagen: „wahr ist eine Vorstellung, wenn sie mit der Wirklichkeit übereinstimmt", so wäre damit nichts gewonnen, denn, um dies anzuwenden, müßte man in einem gegebenen Falle **entscheiden**, ob eine Vorstellung mit der Wirklichkeit übereinstimme, mit anderen Worten: ob es wahr sei, daß die Vorstellung mit der Wirklichkeit übereinstimme. Es müßte also das Definierte selbst vorausgesetzt werden. Dasselbe gälte von jeder Erklärung von dieser Form: „A ist wahr, wenn es die und die Eigenschaft hat, oder zu dem und dem in der und der Beziehung steht". [...] Immer käme es wieder im gegebenen Falle darauf an, ob es wahr sei, daß A die und die Eigenschaften habe, zu dem und dem in der und der Beziehung stehe.[14]
> Kann man nicht festsetzen, daß Wahrheit bestehe, wenn die Übereinstimmung in einer gewissen Hinsicht stattfinde? Aber in welcher? Was müßten wir dann aber tun, um zu **entscheiden**, ob etwas wahr wäre? Wir müßten untersuchen, ob es wahr wäre, daß – etwa eine Vorstellung und ein Wirkliches – in der festgesetzten Hinsicht übereinstimmten. Und damit ständen wir wieder vor einer Frage derselben Art, und das Spiel könnte von neuem beginnen. So scheitert dieser Versuch, die Wahrheit als eine Übereinstimmung zu erklären. So scheitert aber auch jeder andere Versuch, das Wahrsein zu definieren. Denn in einer Definition gäbe man gewisse Merkmale an. Und bei der Anwendung auf einen besonderen Fall käme es dann immer darauf an, ob es wahr wäre, daß diese Merkmale zuträfen. So drehte man sich im Kreise.[15] [Hervorhebungen von mir]

In diesen Passagen gebraucht Frege das Wort „entscheiden" ebenfalls mit Bezug auf ‚Wahrheit'. Dabei geht es nämlich nicht um Entscheidungen im Allgemeinen – z. B. politische, berufliche, lebensverändernde, usw. –, sondern nur um

---

[14] Frege, G. (1897), S. 139 f.

[15] Frege, G. (1918–9), S. 60 (zitiert nach Originalpaginierung).

die wahrheitsbezogene Entscheidung, ob etwas wahr ist. Meines Erachtens rührt Wittgensteins Ausdruck „Entscheidung für oder gegen p" vom Fregeschen Ausdruck „Entscheidung, ob p wahr oder falsch ist" her, und in diesem Sinne sind in §200 „wahr oder falsch" und „Entscheidung für oder gegen" verknüpft. Vor diesem Hintergrund denke ich daher, dass Wittgenstein in den §§198–200 diese Fregesche Verwendung von „Entscheidung" im Hinterkopf behält und zudem – viel wichtiger –, dass er sowohl in den §§197–200 als auch in den nachfolgenden Paragraphen zugleich Freges philosophische Gedanken thematisiert, obwohl dies nur sehr implizit geschieht.

Aus diesem Grund finde ich es erforderlich, zum besseren Verständnis der vorliegenden Stellen in ÜG zu betrachten, was Frege in den obigen Zitaten behauptet. Inhaltlich sagen beide mehr oder weniger das gleiche aus.[16] Seine Kritik richtet sich ganz und gar gegen die gängige Korrespondenztheorie der Wahrheit mit der Pointe, dass mit dieser Idee nichts zu gewinnen ist. Ihm zufolge führt es generell zu einem Anwendungszirkel[17], wenn man versucht, „die Wahrheit als eine Übereinstimmung zu erklären", wie in ‚Der Gedanke' steht, und allgemeiner, die Wahrheit durch gewisse Eigenschaften/Merkmale so zu definieren, dass ein Satz genau dann wahr ist, wenn er sie erfüllt. Wo genau kommt aber dieser Definitionsversuch vom Weg ab? Um zu entscheiden – wie Frege sich ausdrückt –, ob ein Satz p[18] wahr ist, muss man nach Maßgabe dieser allgemeinen Definition untersuchen, ob p gewisse Eigenschaften/Merkmale hat. Um aber zu entscheiden, ob es wahr ist, dass p gewisse Eigenschaften/Merkmale hat, ist es in Freges Augen erneut nötig, zu untersuchen, ob p gewisse Eigenschaften/Merkmale hat, also, *per definitionem*, ob p wahr ist. Dies läuft jedoch im Hinblick auf die ‚Übereinstimmung' eigentlich darauf hinaus, zu sagen, dass p deshalb wahr ist, weil p mit der Wirklichkeit übereinstimmt, wobei dies deshalb wahr ist, weil p mit der Wirklichkeit übereinstimmt, sprich, p wahr ist. Diese Zirkularität beschreibt Frege redewendungsartig mit „So drehte man sich im Kreise".

---

[16] Ein kleiner Unterschied besteht darin, dass man dem Manuskript zufolge, um den Ausdruck „mit der Wirklichkeit übereinstimmen" anzuwenden, erst **entscheiden** muss, ob die betreffende Übereinstimmung wahr ist, während man nach ‚Der Gedanke' erst zu untersuchen hat, ob die betreffende Übereinstimmung wahr ist, um zu **entscheiden**, ob etwas wahr ist. Meine nachfolgende Erklärung der Zirkularität basiert einfachheitshalber nur auf ‚Der Gedanke', aber die Pointe im Manuskript ist dieselbe.

[17] Vgl. z. B. Künne, W. (2010), Kap. 2, §2.2.

[18] Genauer betrachtet, spricht Frege in beiden Zitaten von der Übereinstimmung einer „Vorstellung" mit der Wirklichkeit, aber ich ersetze sie einfachheitshalber durch „Satz".

9.3 Zwei Aspekte der Bemerkung in §197

9.3.2.3 Keine klare Anwendung von ‚Übereinstimmung'

Ich würde vorschlagen, den nicht-trivialen §197 sowohl in Anknüpfung an die ihm nachfolgenden Paragraphen als auch Freges soeben geschilderter Auffassung zu lesen. Die Bemerkung in §197 wird in dieser Hinsicht als Unsinn gewertet, wenn man, wie in §199 gewarnt wurde, im Hinblick auf sichere Evidenz dazu verleitet wird, „Es ist wahr oder falsch" mit „Es stimmt mit den Tatsachen überein oder nicht" zu identifizieren. Dies ist, wie schon Frege in ‚Der Gedanke' schreibt, der Versuch, „die Wahrheit als eine Übereinstimmung zu erklären". Wenn man von solch einem korrespondenztheoretischen Bild allzu besessen ist, könnte man §197 in der Weise lesen wollen: „Wir betrachten etwas als sichere Evidenz, weil es mit den Tatsachen übereinstimmt". Hat aber hier die Idee der ‚Übereinstimmung' eine klare Anwendung, wie in §215 gefragt wird? Für die klare Anwendung genügt es zweifellos nicht, „wahr" mit „Übereinstimmung mit der Wirklichkeit" definitorisch gleichzusetzen. Mit dieser Definition würde die Aussage „Ein Satz ist wahr oder falsch" nicht klarer, so dass sie nach wie vor nur darauf hinausläuft, zu sagen: „Es muss eine Entscheidung für oder gegen ihn möglich sein" (§200), d. h. Fregesch gesagt, eine Entscheidung, ob er wahr oder falsch ist. Um zu zeigen, dass ein Satz wahr ist, muss man zusätzlich klarmachen, „aus welchem Grund man sich für oder gegen ihn entscheidet"[19] oder „wie der Grund zu so einer Entscheidung ausschaut" (§200). Wenn Wittgenstein in §198 sagt, dass wir „vielmehr die Rolle der Entscheidung für und gegen einen Satz erst bestimmen" müssen, kann man unter dieser Rolle etwa die Funktion der Entscheidung, d. h. was mit der Entscheidung getan wird, verstehen. Man muss sich also nicht nur im Klaren darüber sein, ob eine Entscheidung möglich ist, sondern auch, aus welchem Grund oder mit welcher Evidenz man sie treffen kann. Insofern müsste man sich auch im Klaren darüber sein, wie man die Idee der ‚Übereinstimmung' anwendet, wenn man die Wahrheit im Falle des §197 als eine Übereinstimmung erklären wollte. Aber sofern es unklar bleibt, wie diese Anwendung aussieht, oder, mit §199 gesprochen, „was»Übereinstimmung« hier ist", hat der Ausdruck „es ist gewiß wahr" in §197 im Sinne von „es stimmt mit der Wirklichkeit überein" keine Anwendung, sondern ist schlichter *Unsinn*.

Läuft aber dieses Argument auf eine umfassende Ablehnung der Idee der ‚Übereinstimmung' hinaus? Kann man z. B. im Falle Moorescher Sätze (sowie der damit gekoppelten sicheren Evidenz, die in §197 angesprochen wird) der Anwendung von „Übereinstimmung mit den Tatsachen" nicht doch einen Sinn verleihen? Und wenn nicht, hat dies mit der Zirkularität, die in Freges Argument

---

[19] MS175, 3r. Dies ist die erste Variante des Ausdrucks, der in §200 vorkommt.

146   9 §§193, 197, 199 f., 191/203 & 214 f.

ins Zentrum gerückt wird, zu tun? Um diesen Fragen nachzugehen, möchte ich nun zu §203 und Weiterem übergehen.

9.4   Die Analyse des §203

Zu §203 (MS175, 3v–4v)

[a] Was wir |historische| Evidenz nennen /Alles was wir als Evidenz betrachten /, deutet drauf hin, ~~daß~~ die Erde |habe| schon s|lange| vor meiner Geburt| existiert ~~hat~~. Die entgegengesetzte Hypothese hat <u>keinerlei</u> <u>Bekräftigung</u> /entbehrt <u>jeder</u> Grundlage /. | hat <u>nichts</u> für sich. |

[b] Eine Hypothese, für welche alles, gegen welche nichts spricht, – / Wenn |nun| alles <u>für</u> eine Hypothese, nichts gegen sie spricht, – / ist sie |ihr Wahr| ||dann| objektiv| <u>gewiß</u> |wahr|? Man kann sie so <u>nennen</u>.

[c] |Aber| Stimmt sie <u>unbedingt</u> / gewiß / mit den Tatsachen / dem Tatsächlichen / mit der 'Welt der Tatsachen'/ überein? Sie zeigt uns bestenfalls, was "übereinstimmen" heißt. Wir finden es schwierig, sie uns falsch vorzustellen aber auch schwierig, eine Anwendung von ihr zu machen.

[d] – – – Mit dieser Frage bewegst Du Dich schon im Kreise.

[e] Worin besteht denn die|se| Übereinst. ~~eines solchen Satzes mit den Tatsachen~~, wenn nicht darin, daß, was in diesem Sprachsp. Evidenz ist, ~~dafür~~ |für unsern Satz| spricht. (~~Tract~~ Log. Phil. Abh.)

9.4.1   Wittgensteins Durchstreichung in §203

Wenn man sich die betreffende MS-Stelle anschaut, fällt auf, dass diese Passagen vor allem aufgrund von Wittgensteins nachträglichen und mehrfachen Überarbeitungen recht chaotisch gestaltet sind, obwohl dies im veröffentlichten Text nicht ersichtlich ist und (d) in der englischen Version nicht einmal vorkommt.[20] Zwar merken deren Herausgeber in einer Fußnote an, dass (a) bis (c) – inklusive (d)? – durchgestrichen wurden, aber erst beim näheren Betrachten der entsprechenden MS-Stellen kann man genauer sehen, welche Änderungen in §203 vorgenommen wurden: Zunächst hat Wittgenstein bei (a) und (b) mehrere Formulierungsvarianten erwogen, aber letzten Endes hat er (a) bis „Aber … 'Welt der Tatsachen'" in (c) doppelt senkrecht und den Rest von (c) sowie (d) einfach senkrecht gestrichen. Wie soll man diese nachträglichen Überarbeitungen verstehen? Sowohl aufgrund der Unterstreichungen, als auch vom Inhalt her wertet Coliva §203 als „one of

---

[20] Auch kommt (d) in der deutschen Ausgabe von 1970 nicht vor, und in Bd. 8 der Werkausgabe nur in einer Fußnote.

9.4 Die Analyse des §203 147

the most controversial entries in *On Certainty*"[21]. Mir scheint aber nicht nur, dass dessen Deutung den Lesern schwerfällt, sondern auch, dass Wittgenstein selber ziemlich unsicher ist, ob es zutreffend ist, was er in den von ihm durchgestrichenen Passagen (a) bis (d) sagen möchte. Im Gegensatz zu §203 ersieht man zwar am MS, dass die teils fast identischen §§190 f. nicht überarbeitet worden sind, aber dieser Unterschied scheint mir eigens von einem *philologischen* Grund herzurühren. Die Passagen in den §§190 f. stehen nämlich am Ende des MS174, während sich die Passagen in §203 im MS175 befinden. Daher lässt sich vermuten, dass es für Wittgenstein ausreichend war, zur nachträglichen Korrektur der betreffenden Passagen nur MS175 anzuschauen, weil die mit den §§190 f. gemeinten Passagen schon in §203 enthalten sind.

In Anbetracht von Wittgensteins anderen Bemerkungen gibt es in der Tat vieles, das mit den Passagen (a) bis (c) – sowie den §§190 f. – schwerlich vereinbar ist. Erstens nennt er merkwürdigerweise nicht nur das Gegenteil des Mooreschen Satzes „Die Erde hat schon lange vor meiner Geburt existiert", sondern auch, wie es in der Sekundärliteratur so gut wie unumstritten ist[22], den Satz selbst eine „Hypothese". Im Kontext der §§188–191 könnte man dabei vielleicht an eine Art *Ad-hominem*-Rede denken, die sich an jemanden richtet, der ihn anzweifelt und fernerhin eine „Hypothese" nennen wollte. Es ist aber schwer einzuschätzen, wie wichtig solche Rede in ÜG ist, weil sich Wittgenstein an nicht wenigen Stellen kritisch gegenüber dieser Benennung im Hinblick auf Mooresche Sätze äußert.[23] Auch ist es allein im Kontext des §203 kaum verständlich, warum Mooresche Sätze, die im Sprachspiel unverrückbar feststehen, und ihr Gegenteil „hypothetisch" genannt werden sollen. Zweitens finde ich es im Gegensatz zu mancher Sekundärliteratur[24] unklar, ob es in Wittgensteins Augen wirklich akzeptabel ist, im Hinblick auf Mooresche Sätze mit (b) die Wendung „Alles spricht *für* sie, nichts gegen sie" zu gebrauchen. Denn wie in den §§117–9 und in Kap. 6 besprochen wurde, scheint mir, dass diese Rede zumindest im *epistemischen* Sinn unangemessen ist, sprich, dass dies nicht als *epistemische* Rechtfertigung dafür gilt, Mooresche Sätze „wahr" zu nennen. Es ist also falsch, wenn man (b) so deutet und etwa sagt „Mooresche Sätze sind wahr, weil alles für sie und nichts gegen sie spricht", o.ä. Drittens könnte man sich, wie Morawetz, vielleicht am Ausdruck „Man kann sie so *nennen*" in (b) stören und wie er sagen wollen: „Wittgenstein says that I may *designate* a belief in the existence of the earth long

---

[21] Coliva, A. (2010), S. 162.

[22] Siehe z. B. ebd.; Williams, M. (2004a), S. 272.

[23] Vgl. z. B. die §§52, 55, 60 und 402; vgl. auch §167.

[24] Siehe z. B. Wright, C. (2004b), S. 41.

148   9 §§193, 197, 199 f., 191/203 & 214 f.

before my birth as true. This is misleading. We cannot designate such matters as true or false by will or by choice".[25] Ob Mooresche Sätze wahr sind, steht natürlich nicht zur Abstimmung, sondern sie stehen im Sprachspiel einfach als wahr fest, usw. usf.

9.4.2 „Log. Phil. Abh." und die Idee der ‚Übereinstimmung'

Auch als einen unklaren Punkt nennt Coliva den letzten Zusatz in (e) „*Log. Phil. Abh.*", weil sie die Bezugnahme auf TLP oder den *Tractatus* – nach Wittgensteins Bezeichnung: *Logisch-philosophische Abhandlung* – für schwer interpretierbar hält.[26] Zwar ist TLP selbst ein so schwieriges Werk, dass es verschiedene Deutungen zulässt, aber es erscheint mir fast offensichtlich, dass es im letzten Zusatz in (e) um die Idee der ‚Übereinstimmung' geht. Man muss sich also an dieser Stelle keineswegs über das ganze Werk im Klaren sein, sondern es soll genügen, die Abbildtheorie in TLP in gewisser Hinsicht parallel zur Korrespondenztheorie zu lesen. In TLP gibt es tatsächlich solche Bemerkungen, die sich mit der Idee der ‚Übereinstimmung mit den Tatsachen' wohl assoziieren lassen,[27] und einige Interpreten schreiben sogar explizit dem Wahrheitsbegriff in TLP eine – mehr oder weniger moderate – Korrespondenz-Auffassung zu[28]. Zu bemerken ist dann, dass Wittgenstein selbst im Nachhinein auf die Verwandtschaft beider Theorien hinweist und z. B. in den von ihm 1938 gehaltenen Vorlesungen sagt: „‚*P* is true' was defined by me (and others) 20 years ago as: ‚*P* agrees with reality'. ‚The proposition ‚It is raining' agrees with reality' means nothing more than ‚It is

---

[25] Morawetz, T. (1978), S. 68; auch Fn.5, S. 71.

[26] Coliva, A. (2010), S. 162: „[...] it isn't clear how one should interpret the reference to the *Tractatus* which occurs in the end: whether as a sign of having changed his mind with respect to that earlier work, or as meaning 'it sounds all too reminiscent of the *Tractatus*'".

[27] Siehe z. B. TLP, 2.21.-2.225.

[28] Siehe z. B. David, M. (2015); Dolby, D. (2017), S. 435.

9.4 Die Analyse des §203 149

raining'"[29]. Wenn er in §203 und in dessen Umkreis die Idee der ‚Übereinstimmung' kritisch darstellen sollte, dann sollte man aufgrund jener Parallelität den letzten Zusatz in (e) auch als Selbstkritik an der Theorie in TLP lesen. Wie kann man nun die Frage in (e) im Zusammenhang mit TLP verstehen? Meines Erachtens ist sie zwar als Kritik an TLP zu lesen, aber keineswegs als die Ablehnung der Idee der „Übereinstimmung mit den Tatsachen" selbst, sondern vielmehr als Verweis auf deren Gebrauchsweise. Obwohl (e) in Frageform geschrieben wurde, geht es in (e) wesentlich darum, wie unser alltäglicher Gebrauch von „Übereinstimmung" aussieht, nämlich so, dass die Übereinstimmung *genau* darin besteht, dass Evidenz im vorliegenden Sprachspiel für einen Satz spricht. Demzufolge kann man erst dann richtig sagen, dass ein Satz mit den Tatsachen übereinstimmt, wenn gewisse Evidenz für ihn spricht. Bei dieser Idee liegt eigentlich nahe, dass besagte Evidenz nicht nur belegt, dass er wahr ist, sondern zugleich, dass er mit den Tatsachen übereinstimmt, also, Fregesch gesagt, „die Wahrheit als eine Übereinstimmung zu erklären". Denn ansonsten wäre es unklar, warum die Übereinstimmung genau im Ausdruck „Evidenz spricht für einen Satz" läge. Diese Evidenz gilt dann wohl als *epistemische* Rechtfertigung für die Wahrheit eines gegebenen Satzes via ‚Übereinstimmung'. So gelesen finde ich die Rede von dieser „Übereinstimmung" in §203 nicht mit Mooreschen Sätzen wie „Die Erde hat schon lange vor meiner Geburt existiert" in (a), sondern eher mit kontingenten Sätzen vereinbar, weil dabei gegebene Sätze durch Evidenz sicherzustellen sind.[30] Zudem muss es dann klar sein, was in unserem Sprachspiel als Evidenz dafür gilt, dass ein Satz mit den Tatsachen übereinstimmt. Man

---

[29] WWCL, S. 53. Siehe auch BT, 188v:

Was macht uns glauben daß so etwas wie eine Übereinstimmung des Gedankens mit der Wirklichkeit besteht? – Statt Übereinstimmung könnte man hier ruhig setzen: „Bildhaftigkeit".

Ist aber die Bildhaftigkeit eine Übereinstimmung? In der „Log. phil. Abh." habe ich so etwas gesagt, wie: sie sei eine Übereinstimmung der Form. Das ist aber eine Irreführung.

Hier kann man auch vielleicht Wittgensteins Auffassung über die Abbildtheorie in TLP (Log. Phil. Abh.) als eine *Art Korrespondenztheorie* und zugleich seine Unzufriedenheit mit dieser Theorie erkennen.

[30] In diesem Lichte scheint mir (e) weniger Bedeutung zu haben, wenn man „diese Übereinstimmung" bloß als „die Übereinstimmung der Mooreschen Sätze mit den Tatsachen" liest (obwohl Kober beim Zitieren von §203 diese Einfügung vornimmt (Kober, M. (1993), S. 398)), als wenn man sie allgemein als „die Übereinstimmung eines Satzes mit den Tatsachen" liest. Diese Deutung steht auch im Einklang mit Wittgensteins Wegstreichung des Ausdrucks „eines solchen Satzes mit den Tatsachen", den er zunächst im MS schrieb, wobei er als auf den Mooreschen Satz „Die Erde ..." in (a) bezogen zu lesen ist.

kann also erst dann das Wort „Übereinstimmung" richtig anwenden, wenn Evidenz für diese Übereinstimmung bereits bestimmt ist, um weiterhin sagen zu können, dass der betreffende Satz wahr ist. Diese Idee passt eigentlich sehr gut zu dem, was in den §§198–200 naheliegt: Man muss erst bestimmen, wie der Grund sowie die Evidenz aussehen, um zu entscheiden, ob ein Satz wahr oder falsch ist. Nur wenn solche Evidenz vorhanden ist, hat die Idee der „Übereinstimmung" eine „klare Anwendung" (§215) und man kann auf die Frage antworten können, „was »Übereinstimmung« hier ist" (§199), wobei ich diese Frage in §199 als ausschließlich auf „Übereinstimmung mit den Tatsachen" bezogen lese, und auf keine andere.[31] In diesem Lichte richtet sich Wittgensteins Kritik an TLP genau auf den Punkt, dass es dort gar nicht klar gemacht worden ist, was als Evidenz für „Übereinstimmung" gilt, so dass die Idee der „Übereinstimmung" keine Anwendung hat.

9.5 Lehnt Wittgenstein die Idee mit ‚Übereinstimmung' gänzlich ab?

9.5.1 Gegensätzliche Deutungen

Obwohl in diesem (e) naheliegt, dass Wittgenstein von der Möglichkeit der Idee der ‚Übereinstimmung' redet, gibt es in der Sekundärliteratur bzgl. des §203 und seiner umliegenden Paragraphen tatsächlich nicht wenig Interpretationen dagegen. Ihnen zufolge lehnt Wittgenstein die Korrespondenzauffassung – z. B. als nur illusorisch[32] oder als zum Verständnis unseres Wahrheitsbegriffs nicht hilfreich[33], etc.[34] – ganz und gar ab, wie Edward Minar bescheibt: „It is not uncommon to read these passages and their kin as rejecting a full-blooded notion

---

[31] PU §§241 f. heranziehend hält Kober die Idee der „Übereinstimmung im Handeln und in den Meinungen" auch für wichtig im Kontext von ÜG. Vor allem sieht er diese Art Übereinstimmung als „das zugrundeliegende *Wahrheitskriterium*" an und sagt, „Dies wäre die Antwort auf Wittgensteins Frage von ÜG 199" (Kober, M. (1993), S. 241 und Fn.3; vgl. auch S. 397–9). Ich denke jedoch, dass in den §§197–203 und 215 von dieser Art Übereinstimmung überhaupt nicht die Rede ist.

[32] Baldwin, T. (2011), S. 560.

[33] Kusch, M. (2010), S. 222 f.: „Note for example that OC denies that the correspondence theory can help to illuminate our understanding of truth. The expression 'agreement with reality' has a meaning for us only insofar and to the extent as we understand the expression 'truth' (§§191, 199, 215)".

[34] Vgl. auch Williams, M. (2004a), S. 268; Moyal-Sharrock, D. (2013), S. 14, Fn.2.

9.5 Lehnt Wittgenstein die Idee mit ‚Übereinstimmung' gänzlich ab? 151

of truth as correspondence with reality"[35]. Wittgenstein wird auch oft als „Deflationist" gelesen, weil er an manchen Stellen wie in PU §136 ein deflationistisches Schema zu präsentieren scheint. Nach dieser Lesart sei er in seiner späten Philosophie von der korrespondenztheoretischen Idee weggekommen, und vertrete stattdessen eine deflationistische Auffassung der Wahrheit[36]. Oder: Er lehne aus antimetaphysischer deflationistischer Sicht die Idee der ‚Übereinstimmung' als metaphysische These gänzlich ab, die z. B. einen sogenannten ‚Wahrheitsmacher' voraussetze[37] oder nach Hamilton so lautet: „truth has an essence [which] involves correspondence to the facts"[38].

Nach obigen Betrachtungen trifft jedoch die gänzliche Ablehnung der Idee der ‚Übereinstimmung' nach Wittgenstein nicht wirklich ins Schwarze. Wie mir richtig erscheint, deuten ihn einige Interpreten unter einem anderen Blickwinkel und unterscheiden explizit zwischen solchen Fällen, in denen das Wort „Übereinstimmung" doch anwendbar ist, und solchen Fällen, in denen dies nicht zutrifft. In Wittgensteins Augen ist nämlich die Korrespondenzauffassung akzeptabel, sofern der Begriff von ‚Übereinstimmung' nicht sozusagen als *außersprachlich* aufgefasst wird, sondern der Gebrauch des Wortes innerhalb des vorliegenden Sprachspiels bestimmt wird.[39] In dieser Hinsicht lassen sich Paragraphen wie die §§198, 203 und 215 mit Minar[40] in der Weise – wie ich es ebenfalls richtig finde – lesen, dass der Gebrauch von „Übereinstimmung" doch gesichert ist, sofern seine Anwendung klar ist.

---

[35] Minar, E. (2005), S. 272. Mit „these passages" werden die §§5, 198–200, 203, 205 und 215 gemeint.

[36] Siehe z. B. Glock, H.-J. (2004), S. 19–30; Glock, H.-J. (1996), S. 365–368.

[37] Die metaphysische These, die aus deflationistischer Sicht zurückzuweisen ist, beschreibt Stoutland so: „'agreeing with reality' denotes a determinate relation, which a true proposition bears to something which makes it true" (Stoutland, F. (1998), S. 211), wobei dieses ‚something' sowie ‚Wahrheitsmacher' als nichts anderes als ein metaphysisches Wesen zu lesen ist.

[38] Hamilton, A. (2014), S. 114.

[39] Siehe z. B. Minar, E. (2005), S. 272 f.; Giehring, S. (2005), S. 165 f.; Ellenbogen S. (2003), S. 13; Huemer, W. (2006), S. 218; Morawetz, T. (1978), S. 67 f.

[40] Minar, E. (2005), S. 272 f.

9.5.2 Unterschiede zwischen dem metalogischen und dem normalen Sprachgebrauch und zwischen Mooreschen und kontingenten Sätzen

Wenn man sich Wittgensteins frühere Schriften anschaut, kann man in der Tat daraus ersehen, dass er eine ähnliche Unterscheidung macht. Er erwähnt z. B.:

> Wenn das Wort „Übereinstimmung mit der Wirklichkeit" gebraucht werden darf, dann nicht als metalogischer Ausdruck, sondern als (ein) Teil der gewöhnlichen, praktischen, Sprache.[41]
> Das Wort "in Übereinstimmung mit" // "entsprechend" // (dem Pfeil, z.b.) hat keinen Sinn, wenn es sich nicht auf ein System bezieht, dem der Pfeil angehört.[42]

Was mit diesen Zitaten gemeint ist, lässt sich mit der obigen Unterscheidung gut kompatibel machen: Der *metalogische* Ausdruck von „Übereinstimmung" ist ein bloßer philosophischer Ausdruck, dessen Gebrauch okkult bleibt, wie z. B. in TLP der Fall ist, und ist kein Teil unserer „gewöhnlichen, praktischen, Sprache". Zwar denke ich, dass solche metaphysischen Ideen wie ‚Wahrheitsmacher', die Deflationisten zurückweisen wollen, zu dieser Kategorie gehören, aber der Gebrauch von „Übereinstimmung" ist natürlich nicht nur auf diesen Fall beschränkt. Wir haben auch den normalen Gebrauch, der hingegen auf ein System Bezug nimmt und sinnvoll ist, weil es darin bestimmt ist, wie man einschlägige Wörter gebraucht. Diese Idee des normalen Gebrauchs passt wohl zur obigen Deutung von (e). Aus diesem Standpunkt geht eigentlich – auch als Antwort auf die obige erste Frage – hervor, dass man nach Wittgenstein in unserer gewöhnlichen Sprache von „Übereinstimmung" zu Recht reden kann. Frege betrachtet in seinen oben zitierten Passagen auf negative Weise die Idee von Wahrheit als eine Art Übereinstimmung, während Wittgenstein die Rede von ‚Übereinstimmung' als einen Aspekt unseres – richtigen – Gebrauchs von „wahr" ansieht. Im Alltag gebrauchen wir auch tatsächlich im Falle kontigenter Sätze das Wort „Übereinstimmung". Wir können z. B. – obwohl es etwas holprig klingen könnte – sagen, „Der (kontigente) Satz, den ein Zeuge äußert: ‚Der Mann hat im Laden eine Uhr gestohlen' ist wahr, weil der Satz mit den Tatsachen übereinstimmt", wobei die dort befindliche Überwachungskamera als Evidenz für diese Übereinstimmung anzusehen ist.

---

[41] BT, S. 158 f.

[42] MS110, 129; TS211, 214. Ähnliches sagt Wittgenstein auch in: AWL, S. 106 ff.; LFM, S. 68 f.

9.5 Lehnt Wittgenstein die Idee mit ‚Übereinstimmung' gänzlich ab?   153

Wie sieht es dann im Falle Moorescher Sätze wie „Die Erde hat schon lange vor meiner Geburt existiert" oder des Satzes in §214 aus? Meines Erachtens kommt es in den §§197–203 und 214 f. genau auf diese Thematik an. Vor allem in Anspielung auf §214 erwähnt Wittgenstein in §215, dass es unklar ist, wie man die Idee der ‚Übereinstimmung' anwenden kann, und dies sollte dann genau auf Mooresche Sätze bezogen gelesen werden. Warum ist es aber unklar? Im Gegensatz zum Fall kontingenter Sätze bringt es wesentlich nichts, die Wahrheit Moorescher Sätze via ‚Übereinstimmung' zu erklären. Denn zwar bedarf, wie gesehen, der richtige Gebrauch von „Übereinstimmung" triftiger Evidenz, aber was als „Evidenz" gilt, wird erst im Sprachsystem bestimmt, zu dem bereits die Wahrheit Moorescher Sätze gehört (vgl. z. B. die §§83 und 403). Da könnte man vielleicht mit Krebs einwenden wollen, dass die Idee der „Übereinstimmung" zwar sozusagen als *„Erläuterung"* der Wahrheit oder als *epistemische* Rechtfertigung für sie nicht gelte, aber dass sie doch einfach äquivalent zu ihrer Übereinstimmung mit der Wirklichkeit sei, oder anders gesagt, dass es trivial sei, zu sagen, Mooresche Sätze stimmen mit der Wirklichkeit überein[43]. Ist aber wirklich diese Äquivalenz selbstverständlich? Mir scheint, dass es sich nicht trivial sagen lässt, dass vor allem der Mooresche Satz in §214 „dieser Tisch verschwindet oder seine Form und Farbe verändert, wenn niemand ihn betrachtet" mit den Tatsachen übereinstimmt, und auch nicht, was als Evidenz für diese Übereinstimmung gelten könnte.[44] Meines Erachtens findet die Idee der ‚Übereinstimmung' im Fall solcher Moorescher Sätze von ihrem Charakter her keine klare Anwendung, wie im anschließenden §215 gesagt wird und wie es auch Rhees deutet[45]. So gesehen läuft die Kritik an der Korrespondenztheorie auch im Falle Moorescher Sätze eigentlich nicht auf die Kritik am Anwendungszirkel hinaus. Dies ist auch gut kompatibel mit Wittgensteins Durchstreichung des Satzes in (c), der so zu lesen ist: „Ein Moorescher Satz zeigt uns (bestenfalls), was»übereinstimmen« heißt", und auch der Formulierung in (d), die sich wegen der Parallelität zu Freges Formulierung „So drehe man sich im Kreise" wohl ebenfalls mit einer Zirkularität assoziiert.

---

[43] Krebs, A. (2007), S. 122 f.; vgl. auch Stoutland, F. (1998), S. 212.

[44] Wittgenstein scheint in §216 als Beispiel dafür auch den Satz „Es ist geschrieben" zu nennen. Man kann wohl erwägen, inwiefern man sagen kann, dass er zwar wahr ist, aber keine klare Anwendung der Idee der „Übereinstimmung" ermöglicht, und auch, ob er wirklich ein gutes Beispiel ist.

[45] Rhees, R. (2003), S. 166: „It is not that ‚tallying with the facts' in the examples we have considered is too obvious to mention, but that this notion has no application in the circumstances envisaged", wobei „the examples" als Mooresche Sätze zu verstehen sind.

9.5.3 Die ‚Übereinstimmung' ohne Zirkularität

Aus den bisherigen Betrachtungen geht eigentlich hervor, dass sich die Zirkularität aus Wittgensteins Sicht bei der Rede von „Überstimmung" nicht einschleicht. Im Falle Moorescher Sätze ist zwar der Gebrauch dieses Wortes fragwürdig, aber dies liegt nicht an irgendeinem Zirkel, sondern in der Unklarheit seines Gebrauchs. Wenn aber Evidenz dafür bestimmt und vorhanden ist, dass ein kontingenter Satz mit der Wirklichkeit übereinstimmt, ist dies im vorliegenden Sprachspiel gewöhnlich und legitim. Bei dieser richtigen gewöhnlichen Verwendung von „Übereinstimmung" muss man im Gegensatz zu Frege eigentlich nicht erneut untersuchen, ob es wirklich wahr ist, dass der Satz mit der Wirklichkeit übereinstimmt, wobei dies zur Zirkularität brächt, wenn man diese Wahrheit wiederum via ‚Übereinstimmung' erklären würde. Nach Wittgenstein kommt die Untersuchung sowie die Prüfung zu einem Ende (vgl. §164), wobei dieses Ende unser *Handeln*, unter dem Mooresche Sätze sowie sichere Evidenz in unserem Sprachspiel zusammengefasst sind, ist (§204). Die Untersuchung einer sicheren Untersuchung sowie die Prüfung einer hinreichenden Prüfung sind eher „absurd" (§§459 f.; vgl. auch §77). Auch in diesem Sinne liegt eine Zirkularität weder im Falle Moorescher Sätze noch im Falle kontingenter Sätze vor, weil es in unserem Sprachspiel nicht zu untersuchen ist, ob sichere Evidenz sowie Mooresche Sätze, die auf sie verweisen, wirklich wahr sind. Dies ist die Antwort auf die zweite und dritte Frage, die ich oben gestellt habe.

Unter diesem Aspekt finde ich es generell nicht richtig, §203 und seinen Umkreis als Einwand gegen irgendeine Zirkularität zu lesen, obwohl sich diese Lesart in mancher Sekundärliteratur findet.[46] Vor allem scheint mir Williams' Deutung weder zu ÜG noch zu Freges Argument von „zirkulär" gut zu passen. Williams erwähnt zunächst in Bezug auf §191:

> Again, there is no objection to designating the 'hypothesis' of the antiquity of the earth as true and even certain. But its certainty is not explained by its truth, even when the appeal to truth is tricked out with talk of correspondence to fact. Fact talk is just a stylistic variant of truth talk, which is itself redundant. This is why, in appealing to truth, we are simply going round in a circle.[47]

Es liegt hier zwar nahe, dass Williams diesen „fact talk" im Sinne von „talk of correspondence to fact" meint, aber es ist wiederum zweifelhaft, im Falle Moorescher Sätze inklusive dieser „Hypothese" diesen „fact talk" schlicht als „a

---

[46] Siehe auch z. B. Morawetz, T. (1978), S. 69; Bogen, J. (1986), S. 320.

[47] Williams, M. (2004a), S. 272.

stylistic variant of truth talk" zu lesen, weil beide nicht trivial äquivalent sind. Weiterhin sagt er dann diesmal mit Bezug zu den §§196–8:

> Why must we 'first' determine the role of deciding for and against a proposition? Because explaining certainty in terms of truth is just going around in a circle.[48]

Mir scheint, dass diese Deutung nichts mehr mit Freges Argument zu tun hat. Denn die Zirkularität geschieht nach Frege nicht bei der Erklärung über ‚Gewissheit', sondern bei der Erklärung über ‚wahr'. Zudem ist mir unklar, ob es auch in Wittgensteins Bemerkungen in den §§191 und 203, wo sich die Fregesche Formulierung findet, um einen Zusammenhang zwischen ‚Gewissheit' als *explanandum* und ‚Wahrheit' als *explanans* geht.[49]

9.6 Fazit und vielfältige Verwendungen von „wahr"

In Anbetracht bisheriger Überlegungen muss man bei der Rede von „Übereinstimmung" klar unterscheiden, ob es um einen *metalogischen* oder normalen Gebrauch geht, und zudem, ob es um Mooresche Sätze oder kontingente Sätze geht. Tabellarisch kann man wie folgt skizzieren, in welchen Fällen welcher Gebrauch von „Übereinstimmung" anwendbar ist.

	Gebrauch von „Übereinstimmung"	
	Metalogisch (außerhalb eines Sprachspiels)	Normal (innerhalb eines Sprachspiels)
Bei kontingenten Sätzen	X	akzeptabel
Bei Mooreschen Sätzen	X	X

Wenn das Wort „Übereinstimmung" *außersprachlich* oder metalogisch verwendet wird, und dessen Gebrauch im vorliegenden Sprachspiel gar keinen Platz

---

[48] Ebd., S. 273.

[49] Williams liest weiterhin §204 als Kritik am Versuch, ‚Gewissheit' mit ‚Wahrheit' zu erklären: „Explaining certainty in terms of truth is dangerous as well as futile: it fosters the illusion that some truths must be grasped in a peculiarly 'immediate' way, by a kind of seeing" (ebd., S. 279). Da bin ich jedoch unsicher, ob es auch in §204 überhaupt um solch eine Kritik geht. Weiteres zu §204 findet sich in Kap. 10.

hat, dann findet es keine Anwendung, egal ob es um kontingente Sätze oder Mooresche Sätze geht. Hingegen ist es wohl anwendbar, wenn in unserem normalen Sprachspiel bereits bestimmt ist, wie wir es gebrauchen. Wittgensteins Fokus liegt dann im Hinblick auf die §§197–203 und 214 f. eigens darin, dass es selbst in unserem normalen Sprachspiel unklar ist, wie man die Idee der „Übereinstimmung" auf Mooresche Sätze anwenden kann. Und dieses ganze Argument gilt, so scheint mir, auch bei allen möglichen Wahrheitstheorien wie pragmatischen Theorien (vertreten von William James, John Dewey ...), Kohärenztheorien (Francis Herbert Bradley, Otto Neurath, Nicholas Rescher ...), Konsenstheorien (Charles Sanders Peirce, Jürgen Habermas, Karl-Otto Apel ...), etc. Es ist, nämlich, ebenfalls Unsinn, entsprechend diesen Theorien von nützlich/kohärent/konsensual/... zu reden, wenn diese Wörter *metalogisch* gebraucht werden, aber doch sinnvoll, wenn es im vorliegenden Sprachspiel bestimmt ist, wie man sie gebraucht. Es scheint mir jedoch wiederum unklar zu sein, wie deren Gebrauch im Falle Moorescher Sätze aussieht. Denn sie sind wesentlich auch unabhängig von Eigenschaften wie ‚nützlich/kohärent/konsensual/...' bereits im Sprachspiel wahr, und es bringt nichts, sich auf diese Eigenschaft zu beziehen, um zu belegen, dass sie wahr sind, auf was aber die Wahrheitstheorien eigentlich abzielen.

So gesehen liegt es nahe, dass Wittgenstein dem Wort „wahr" bei dessen richtigem Gebrauch im Falle kontingenter Sätze nicht nur die Bedeutung von „Übereinstimmung", sondern auch vielfältige Bedeutungen wie „nützlich/kohärent/konsensual/... zuspricht. Diese Deutung ist gut vereinbar mit dem, was er einmal zur Wahrheitstheorie erwähnt:

> Philosophy is not a choice between different "theories". It is wrong to say that there is any one theory of truth, for truth is not a concept. We can say that the word has at least three meanings [= correspondence, coherence and pragmatism]; but it is mistaken to assume that any one of these theories can give the whole grammar of how we use the word, or to endeavour to fit into a single theory cases which do not seem to agree with it.
> [...]
> Thus it is nonsense to try to find *a* theory of truth, because we can see that in everyday life we use the word quite clearly and definitely in these different senses.[50]

Dabei weist er im Hinblick auf die drei Wahrheitstheorien – Korrespondenz-, Kohärenztheorie und pragmatische Theorie – darauf hin, wie beschränkt ihr einzelner Anwendungsbereich ist, um zu betonen, dass jede für sich genommen uns nicht die ganze Grammatik des Wortes „wahr" vor Augen führen kann. Dessen

---

[50] LWL, S. 75 f.

9.6 Fazit und vielfältige Verwendungen von „wahr"

vielfältige Verwendungen sind nicht allgemein definitorisch, sondern fallweise in unserem Sprachsystem bestimmt, und was als wahr gilt, gehört zu einzelnen Sprachspielen. Mit anderen Worten: Unser Gebrauch des Wortes „wahr" bzw. des diesbezüglichen Wortes „Evidenz" ist in unserem alltäglichen *Handeln* allzu facettenreich, als dass man ihn mit kargen definitorischen Worten verallgemeinern könnte. Von diesem Standpunkt könnte man dann vielleicht, wie der Gesprächspartner in §108, erneut dazu verleitet werden, zu denken, Wittgenstein sei doch eine Art Relativist, oder sozusagen, Sprachspiel-Relativist. Es ist aber wiederum fragwürdig, wie sinnvoll sich diese Frage beantworten lässt, wie wir bereits in Kap. 4 gesehen haben.

§§204–206

10

10.1 Die Analyse des §204

Zu §204 (MS175, 4v–5r)

[a.1.] Die Begründung aber, die Rechtfertigung der Evidenz / des Sprachspiels / kommt zu einem Ende; – [a.2.] aber das Ende |aber| ist nicht daß uns gewisse Sätze unmittelbar |als wahr| einleuchten, also eine Art <u>Sehen</u> unsrerseits, sondern unser <u>Handeln</u>, welches am Grunde des Sprachspiels liegt.

Meines Erachtens sind diese §§204–206 die umstrittensten Paragraphen in ÜG und lassen viele verschiedene Deutungen zu, weil sie nicht nur teils unklar, sondern teils widersprüchlich mit anderen Paragraphen in ÜG sind. Betrachten wir nun im Einzelnen sowohl diese Paragraphen als auch vielfältige Deutungen in der Sekundärliteratur.

10.1.1 „Die Begründung/Rechtfertigung der Evidenz des Sprachspiels"

Aus der MS-Passage des §204 ist zunächst ersichtlich, dass Wittgenstein im (a.1.) *über* den im veröffentlichten Text gedruckten Worten „der Evidenz" hinschrieb: „des Sprachspiels". Und man sollte erwägen, wie diese nachträglich formulierten Worte aufzufassen sind: z. B. ob sie einfach als Variante zu „der Evidenz" intendiert waren; wenn ja, ob diese Variante vielleicht den Vorzug gegenüber dem veröffentlichten Text verdient, wie Kober sie zu lesen scheint[1]; etc. etc.

---

[1] Kober, M. (1993), S. 136 (Fn. 1), 142 und 221.

© Der/die Autor(en), exklusiv lizenziert an Springer-Verlag GmbH, DE, ein Teil von Springer Nature 2022
S. Hashimoto, *Der Wahrheitsbegriff in Über Gewißheit*,
https://doi.org/10.1007/978-3-662-65684-6_10

Hierbei sollte man aber meines Erachtens an Zusammenhänge mit ‚Evidenz' in den vorangehenden Paragraphen, vor allem, mit dem Ausdruck „was in diesen Sprachspielen Evidenz ist" (im einzigen nicht durchgestrichenen Absatz in §203) denken. Diesen etwas verschwommenen Ausdruck verstehe ich ähnlich wie bei ‚Prüfung' in den §§82 und 110 als Bemerkung über die Logik: „was in unserem Sprachspielen als sichere Evidenz gilt". Diese Evidenz gehört nämlich ebenso wie „ausreichende Prüfung" zu unserer Logik oder, wie ich es verstehe, zu unserem Sprachspiel. In diesem Lichte finde ich es dann weniger angemessen, „des Sprachspiels" bloß als *eine Variante* von „der Evidenz" zu verstehen, anstatt beide etwa so zusammengesetzt zu lesen, dass „des Sprachspiels" *nach* „der Evidenz" in den Text von § 204 noch *eingefügt* worden ist. (Und es wurde von Wittgenstein tatsächlich nicht genau *über* „der Evidenz" hingeschrieben, sondern ein klein wenig nach rechts verschoben!). Demgemäß sollte (a.1.) entgegen der veröffentlichten Fassung wie folgt lauten: „Die Begründung aber, die Rechtfertigung der Evidenz des Sprachspiels kommt zu einem Ende", wobei „Evidenz des Sprachspiels" hier etwa „sichere Evidenz in diesem Sprachspiel" oder „was als sichere Evidenz im Sprachspiel gilt" bedeutet. Diese Deutung korrespondiert auch sehr schön mit dem Schluss von §204, nämlich, dem „unser *Handeln*" bezeichnenden Ausdruck „am Grunde des Sprachspiels": *dort* liegt eben sichere Evidenz wie etwa die unserer Sinne in §201, „die, die wir als unbedingt sicher *annehmen*, nach der wir mit Sicherheit ohne Zweifel *handeln*" (§196).

Beim Ausdruck „Die Begründung/Rechtfertigung der Evidenz des Sprachspiels" muss man des Weiteren noch zweierlei beachten. Zum einen ist er im Kontext des §204 nicht so zu lesen, dass die Evidenz selbst nicht zu rechtfertigen sei, z. B. indem man wie in §197 sagen wollte, dass etwas als sichere Evidenz verbürgt sei, weil es „gewiß wahr" sei. Diese Idee ist, wie in Kap. 9 gesehen, genau was Wittgenstein angreifen will. In (a.1.) in §204 geht es natürlicherweise um die Rechtfertigung von Sätzen, für die *epistemische* Bewertungen durch Evidenz eine wichtige Rolle spielen, und auch um das Ende dieser Rechtfertigungskette oder der Kausalkette.

Zum anderen lässt uns die Rede vom „Ende der Kausalkette" vielleicht an die diesbezügliche traditionelle Problematik wie das sogenannte „Agrippa-Trilemma" – infiniten Regress, Zirkel, Begründungsabbruch – denken. Und zwischen beiden gibt es tatsächlich eine gewisse Parallelität. In beiden Fällen geht es, nämlich, nicht *um Gründe für eine Sache p selbst*, sondern um *Gründe dafür, p zu glauben oder sich von p zu überzeugen*, wie ich in Kap. 2 kurz skizziert habe. Ersteres ist sicherlich relevant für Naturtatsachen, deren Untersuchung aber den späten Wittgenstein nicht interessiert. Bei Naturwissenschaften wie Physik, z. B., ist es für sich genommen nicht unbedingt ihr Ziel, einen „letzten Grund"

10.1 Die Analyse des §204   161

zu finden. Zwar muss man ohne ihn z. B. auf einen Regress stoßen, aber genau
genommen droht er physikalischen Untersuchungen nicht wesentlich, sondern ist
in diesem Sinne generell akzeptabel und irrelevant. In der Physik etwa würde er
bedeuten, dass man ohne Ende immer noch tiefere Erklärungsebenen findet, und
das *könnte* so sein. Aber es *könnte* auch sein, dass man irgendwann eine Ebene
findet, die man als „die letzte" bezeichnen würde, weil sie maximal befriedigend
ist. Das Agrippa-Trilemma wirkt hingegen vielmehr im Hinblick auf Glauben
sowie Überzeugungen bösartig. Denn wenn wir keinen unbezweifelbaren „letzten
Grund" hätten, könnten wir nie anfangen, zu *glauben* – zu trauen, zu entscheiden,
nicht zu zweifeln etc. – (vgl. §141; auch die §§146 und 150). An genau dieser
Stelle setzt dann Wittgenstein die Idee in den §§110 und 204 ein, dass an diesem Ende nichts mehr ist, das einer Begründung noch *bedürftig* sei – im Sinne
einer sachbezüglichen oder *wahrheitsrelevanten* Begründung –, sondern dort findet sich ein unbegründetes *Handeln*, oder, mit Goethe gesagt, „Im Anfang war
die Tat" (§402). Er steigt somit aus der Voraussetzung, die das Agrippa-Trilemma
erzeugt, aus, der Voraussetzung nämlich, dass uns die Frage nach der Wahrheit
in der Form der Frage nach entsprechenden Begründungen dauernd verfolgt.

Auch aufgrund mehrerer Textbelege in ÜG liegt nahe, dass es bei ‚Begrün-
dung/Rechtfertigung' durchgehend um ‚Glauben' oder ‚Überzeugung' geht. In
den §§173 und 175 ist ‚Begründung/Rechtfertigung' explizit mit ‚Glauben' und
in den §§91 und 148 mit ‚Überzeugung' verbunden (vgl. auch §208). Und in §92
redet Wittgenstein von der Überzeugung „von der *Richtigkeit* einer Anschauung",
die aber auf ihrer „*Einfachheit* oder *Symmetrie*", d. h., nicht auf Sachen selbst
gründet. Die Unterscheidung zwischen diesen beiden Arten von ‚Gründen' –
einmal für Sachen selbst und das andere Mal für Glauben/Überzeugung – ist
insbesondere in Hinblick auf Mooresche Sätze wichtig. Betrachten wir nun den
von N.N. formulierten Satz (N): „Ich heiße N.N." und auch die dem Sprecher
trivialen Aussagen wie „Die Adresse, an der Ich seit langem wohnte, heißt A"
(§70). Für sie kann man in der Tat sachbezüglich Gründe anführen, die z. B.
besagen, dass die Stadt seinem Haus die Adresse gegeben hat und dass seine
Eltern ihn N.N. genannt haben. Und weiterhin kann man fragen, warum sie so
benannt worden sind, etc. Diese „Warum"-Kette darf rein sachbezüglich immer
weiter fortfahren. Mit dieser Idee gut vereinbar sind auch die Bemerkungen in
den §§1 und 250, die etwa besagen: Alle Sätze einschließlich Mooresche Sätze
wie (N) lassen sich zwar immer aus anderen herleiten, aber diese anderen mögen
als Evidenz nicht sicherer sein als der hergeleitete Satz selbst.[2] Auch wenn man

---

[2] Siehe auch den zweiten Absatz in §111 und §307. §307 läuft zwar auf dieselbe Pointe hinaus, aber spricht nicht explizit Mooresche Sätze an, sondern „Handlungsweise". Zu einem

aus den soeben genannten sachbezüglichen Gründen (N) herleiten will, kann es nicht als *ausreichender* Grund für die Überzeugung von (N) gelten, da es ihn nicht sicherer machen kann. In unserer Praxis sind wir in der Tat durch Gründe weder zur Überzeugung von Mooreschen Sätzen noch zu ihrem Glauben gelangt. Die Idee eines Endes jener Kette passt, so scheint mir, am besten auf Glauben/Überzeugung, über deren Grundlosigkeit auf der Grundebene Wittgenstein schön formuliert: „Am Grunde des begründeten Glaubens liegt der unbegründete Glaube" (§253; vgl. auch §166).[3]

10.1.2 „Handeln" gegen „Sehen" als das Ende der Rechtfertigung

10.1.2.1 Verschiedene Deutungen zu „gewissen Sätzen" und „Sehen"

Betrachten wir nun (a.2.), die Idee eines Endes der Rechtfertigung im Hinterkopf behaltend. In der Sekundärliteratur gibt es zu diesem Abschnitt zwar viele verschiedene Deutungen, aber unter ihnen finde ich vor allem die folgende Idee vorherrschend: Aus Wittgensteins Aussage: „das Ende aber ist nicht, „daß uns gewisse Sätze unmittelbar als wahr einleuchten […], sondern unser *Handeln*" folge, dass das *Handeln*, das am Ende der Rechtfertigung steht, keine *Proposition*, sondern bloß *Nichtpropositionales* darstelle[4]. Darüber hinaus bieten einige Interpreten sozusagen wegen dessen *Nichtpropositionalität* weiterhin die Deutungen an, dass es weder Glaube (*„belief"*)[5] noch Wissen (*„knowledge"*)[6] noch Urteil (*„judgment"*)[7] sei. Ist dies aber die einzige mögliche Folgerung aus der

---

engen Zusammenhang zwischen diesen beiden werden wir gleich an der Stelle des §206 kommen.

[3] Wittgenstein nennt an anderen Stellen in ÜG den Glauben/die Überzeugung, am Ende der Rechtfertigung liegend, jeweils „unumstößlichen Glauben" (§245; vgl. auch §173) oder „unerschütterliche/endgültige Überzeugung" (§§86, 103/§291), und unterscheidet sie von bloßer *„Vermutung"*. Weiteres dazu, siehe Kap. 17.

[4] Zu dieser Interpretation des §204, siehe z. B. Brice, R. G. (2014), S. 7 und 13 f.; Moyal-Sharrock, D. (2004a), S. 33, 52, 60, 65 und 205; Moyal-Sharrock, D. (2005), S. 78, 84 und 89. Die sogenannte *nichtpropositionale* Lesart verknüpft sich auch oft mit einigen anderen Paragraphen wie §205, wie wir unten sehen werden.

[5] Prichard, D. (2012), S. 265; Prichard, D. (2017), S. 572 f.

[6] Boncomgagni, A. (2016), S. 170; vgl. Prichard, D. (2016), S. 85; Prichard, D. (2017), S. 572 f.

[7] Pritchard, D. (2011), S. 534.

10.1 Die Analyse des §204 163

genannten Aussage? Natürlich nicht, würde ich sagen. In (a.2.) weist Wittgenstein *nur* die Idee zurück, dass das Ende so beschaffen sei, dass „uns gewisse Sätze unmittelbar als wahr einleuchten", oder, wie er dies beschreibt, dass es „eine Art *Sehen* unsrerseits" sei. Dieser Zurückweisung widerspricht es offenbar nicht, Mooresche Sätze (die sich in ÜG nicht nur als „gewisse Sätze", sondern als „Urteile"[8] oder „Glaube"[9] bezeichnen) als das Ende der Rechtfertigung zu deuten, sofern sie nicht als „uns unmittelbar als wahr einleuchtend" verstanden werden. Unter dieser Bedingung muss es auch möglich sein, Mooresche Sätze als am Grunde des Sprachspiels liegend und in diesem Sinne als zu unserem *Handeln* gehörig oder als eine Form davon zu lesen, wie Williams bzgl. des §204 andeutet.[10] Nach dieser Sichtweise, die ich als richtig ansehe, ist es in Wittgensteins Augen eigentlich nicht unbedingt verfehlt, im Hinblick auf dieses Ende das Wort „Wissen" zu gebrauchen, wie er es z. B. in §431 und in LS II, S. 81 ausdrücklich tut.[11] Er meint zwar, dass es Unsinn ist, im Fall Moorescher Sätze zu sagen, „Ich weiß", um zu versichern, man besitze dieses Wissen, aber kritisiert damit eigens den Gebrauch von „Ich weiß" und lehnt nicht ab, Mooresche Sätze als unser Wissen zu bezeichnen. Die hier angebotene Lesart scheint mir zur Bemerkung über die *Wahrheit* in §206 besser zu passen, als die obige *nichtpropositionale* Lesart, die auch oft in Einklang mit dem anschließenden – und problematischen – §205 gebracht wird. Expliziteres dazu werden wir an den Stellen zu den §§205 f. genauer sehen.

Außerdem gibt es auch verschiedene Deutungen zu den Ausdrücken in (a.2.) „uns gewisse Sätze unmittelbar als wahr einleuchten" und „eine Art *Sehen* unsrerseits". Man deutet einmal dieses (a.2.) vermutlich mit Fokus auf „unmittelbar einleuchten" als Einwand gegen die „traditionelle/kartesische" Idee, dass das Ende sozusagen durch „das geistige Auge" klar und deutlich als wahr zu sehen sei[12], ähnlich auch gegen die Auffassung über das Ende als „kartesisches Cogito",

---

[8] Siehe z. B. die §§150, 419 und 517.

[9] Siehe z. B. die §§159, 166, 170 f., 234, 253, 286, 288 und 291, wobei dieses „Glauben" nichts mit *vermuten* zu tun hat.

[10] Williams, M. (2005), S. 53: „this passage [= §204] should not be taken to treat acting as something distinct from judging, on which judging can then be seen to rest. Rather, Wittgenstein's claim *is* that judging is a form of acting. The contrast in the passage just cited [= §204] is not between acting and *judging* but between acting and *seeing*." Hierbei denke ich aber weiterhin, dass es nicht nur „*judging*" (Urteilen), sondern „Glauben", „Sätze" betrifft.

[11] Siehe dazu Kap. 16.

[12] Child, W. (2011), S. 202; Hamilton, A. S. 99 f.; Kober, M. (1993), S. 188 f.; Krebs, A. (2007), S. 111; Stroll, A. (2004), S. 14 f.; Williams, M. (2005), S. 53. Williams nennt zwar dort René Descartes nicht explizit, aber seine Erläuterung bzgl. des §204: „Certainties are

das im Gegensatz zu nichtrationalem *Handeln* auf rationale/vernünftige Weise durch Introspektion unmittelbar erkennbar sei[13]; oder gegen die sogenannte „transzendental realistische" Idee, dass die Sprache sozusagen von „perception of the structure of reality" herrühre.[14] Ein andermal deutet man (a.2.) vermutlich mit Fokus auf „*Sehen*" als Kritik am „mathematischen Intuitionismus", nach dem man durch ‚Intuition' unmittelbar wisse, dass Mooresche Sätze sowie mathematische Sätze wahr seien.[15] Und ein noch andermal deutet man (a.2.) als Einwand gegen die korrespondenztheoretische Idee, die auch in den §§191, 197–203 und 215 thematisch ist, dass Fakten sowie die mit ihnen übereinstimmenden wahren Propositionen am Ende der Rechtfertigung stehen würden[16], etc.

10.1.2.2 Das „Einleuchten" aus Moores/Russells Sicht

Trotz so verschiedener Deutungsversuche bin ich aber unsicher, ob Wittgenstein im Kontext des §204 so etwas wie die genannten Deutungen wirklich im Sinn hat. Denn mir scheint eigentlich, dass keine davon zu den Ausdrücken „unmittelbar einleuchtend", „eine Art *Sehen*" und auch „*Log. Phil. Abh.*" in §203, und

---

not held fast because of their transparent truth (to the eye of the mind)" lässt sich von der Ausdrucksweise her als Einwand gegen einen kartesischen Standpunkt verstehen.

[13] Moyal-Sharrock, D. (2004a), S. 87 f.

[14] Brenner, W. H. (2005), S. 134. Laut William H. Brenner setzt Kant seinem transzendentalen Idealismus den transzendentalen Realismus gegenüber, der das Prinzip der Kausalität zurückführt auf „an intuition of the mind (like the 'substance' underlying the sensible qualities of Descartes' piece of wax)" (S. 129) oder „the mind's perception of the nature of things", (S. 134). Und Brenner hält dann Kant und Wittgenstein in diesem Punkt analog und behauptet, dass Wittgenstein ebenfalls diesen Realismus zurückweisen wolle (siehe vor allem, S. 128–130).

[15] Siehe z. B. Hermanns Deutung zu §204: „In saying that 'it is not a kind of *seeing* on our part', he [= Wittgenstein] uses the language of epistemological and mathematical intuitionists, who claim that there are propositions which we know to be true immediately, through intuition" (Hermann, J. (2015), S. 3 f.). Genau genommen liest Hermann §204 als Kritik gegen Russell in der Weise: „His [= Wittgenstein's] criticism of this view [= Russell's view of causation, according to which we can perceive 'causal or quasi-causal relations'], which is for instance expressed in paragraph 204 quoted above, is in turn rooted in his critique of intuitionism in mathematics" (Ebd., S. 60). Bei dieser Deutung stützt sie sich auf Gennip, die ihren Ausdruck „intuitionism in mathematics" mit „formulated by the mathematician Luitzen Brouwer" präzisiert (Gennip, K. v. (2008), S. 108).

[16] Siehe z. B. Coliva, A. (2010), S. 163 f.: „What, then, appears to us to be objectively certain is not a fact or a true proposition (in the sense required for instance by a correspondence theory of truth) which 'strikes' us as immediately true (OC 204). 'It is not a kind of *seeing* [a fact, or the truth of a proposition] on our part; but our *acting* – [that is to say, *judging*] –, which lies at the bottom of the language-game' (ibid.) [Einfügungen von Coliva]".

10.1 Die Analyse des §204   165

ebensowenig zu anderen Kontexten in ÜG gut passen könnte. Am Einfachsten
und am Einschlägigsten hierfür ist es meines Erachtens, (a.2.) als auf Moore,
Russell und den frühen Wittgenstein bezogen zu lesen. Denn diese Lesart ist eng
mit den genannten Ausdrücken und auch mit einem Unterfangen von ÜG verbunden, in dessen Rahmen sich Wittgenstein nicht nur mit Moore, sondern auch
mit den beiden anderen genannten Philosophen kritisch auseinandersetzt.

Betrachten wir nun genauer, wie das Wort „Einleuchten" in Wittgensteins
Schriften gebraucht wird. Häufig tritt dieses Wort u. a. in TLP – *Log. Phil. Abh.* –
auf. Und dort verwendet er es wesentlich im Sinne von Russells „acquaintance",
bei der z. B. Sinnesdaten, Logik – Universalien, logische Formen, etc. – einfach als gegeben hingenommen werden (TLP 5.4731)[17], obwohl er bereits zu
dieser Zeit seine Idee der „acquaintance" kritisch betrachtete (TB, datiert vom
3.9.14. und 8.9.14.). Und wenn man Russells Beschreibung von ‚acquaintance'
in Betracht zieht, kann man sich sofort einen engen Zusammenhang zwischen ihr
und dem Ausdruck „eine Art *Sehen* unsrerseits" vor Augen führen:

> When we ask what are the kinds of objects with which we are acquainted, the first
> and most obvious example is *sense-data*. When I **see** a colour or hear a noise, I have
> direct acquaintance with the colour or the noise [Hervorhebung von mir].[18]

Ohne das Wort „acquaintance" zu gebrauchen, spricht auch Moore in ähnlicher
Weise von „Sinnesdaten": „[...] this proposition [= ‚This is a human hand ']
also is undoubtedly a proposition about the sense-datum, which I am **seeing**
[Hervorhebung von mir], which is a sense-datum of my hand"[19], wobei der dort
genannte Satz „Das ist eine Menschenhand" ohne Zweifel zu Mooreschen Sätzen gehört. In diesem Zusammenhang denke ich, dass Wittgenstein in §204 und
auch in anderen Paragraphen in ÜG das Wort „einleuchten" im Sinne dieser Art
des „*Sehens*" verwendet und es kritisch behandelt. Dies betrifft meines Erachtens insbesondere §144 (vgl. auch §142), und so gedeutet passen die §§144 und
204 inhaltlich auch gut zusammen. So bedeutet §144 dann, dass Mooresche Sätze
nicht deshalb in unserem Sprachsystem feststehen, weil sie „an sich offenbar oder
einleuchtend" sind, sprich weil wir ‚acquaintance' mit ihnen haben. In unserem
System stehen sie also weder aufgrund des „Einleuchtens" noch des *Sehens* im

---

[17] Wittgenstein selbst gebraucht das Wort „einleuchten" an mehreren Stellen wie in TLP 5.42
und 5.5301 und auch in TB, datiert vom 20.09.14. (im ersten Satz) und 19.10.14. (im dritten
Satz).

[18] Russell, B. (1910), S. 109. Vgl. auch das gleichnamige fünfte Kapitel 'Knowledge by
Acquaintance and Knowledge by Description' in: Russell, B. (1914/2001), vor allem, S. 25.

[19] Moore, G.E. (1925/1993), S. 129. Siehe auch Kap. 15.

Mooresch/Russellschen Sinne fest, sondern werden mit einer Menge von Dingen, die man als Kind gelernt hat, verbunden und von ihnen festgehalten (vgl. auch die §§152, 225 und 343). Das Ende der Rechtfertigung für unser fundamentales Glauben ist nicht irgendeine Selbstverständlichkeit, die sich mit Russell als „acquaintance" oder in den Worten des §144 als „an sich offenbar oder einleuchtend" bezeichnen lässt.[20] Es ist vielmehr zufolge §144 etwa ihr Festgehalten-Sein im System von Geglaubtem oder, wie in §204 genannt, „unser *Handeln*, welches am Grunde des Sprachspiels liegt".[21]

Die Begriffe „Im-System-Festgehalten-Sein" in §144 und „unser *Handeln*" in §204 hängen meines Erachtens eng zusammen und für beide spielt das *Lernen* eine wichtige Rolle. Die ,Lernen'-Thematik wird oft in ÜG ins Zentrum gerückt,[22] und dies ist auch in den §§143 f. und §206 der Fall. Bevor ich auf diese Bündel von dem Festgehalten-Sein, „unserem *Handeln*" und dem Lernen zu sprechen komme, werde ich mich mit dem merkwürdigen §205 kurz auseinandersetzen.

10.2 Wittgensteins Streichung des §205

Zu §205 (MS175, 4v–5r)

Wenn das Wahre das Begründete ist, dann ist der Grund nicht *wahr*, noch falsch.

In §205 geht es sicherlich weiterhin um die Kette der Begründung und ihr Ende, aber diesmal ist die Idee mit der *Wahrheit* verknüpft. Wie Wittgenstein in §253 sagt, kann man, ohne die *Wahrheit* zu erwähnen, wohl von der Grundlosigkeit des Grundes so reden, dass der Grund des begründeten Glaubens unbegründet ist (vgl.

---

[20] So gelesen finde ich Kobers Deutung von §204 als „einem Verweis auf die Selbstverständlichkeit unseres Handelns" unangebracht (Kober (1993), S. 398; vgl. auch S. 221.).

[21] Interessant ist, dass sich 5.1363 in TLP thematisch ähnlich wie §204 verhält:
Wenn daraus, daß ein Satz uns einleuchtet, nicht *folgt*, daß er wahr ist, so ist das Einleuchten auch keine Rechtfertigung für unseren Glauben an seine Wahrheit.
Es hängt natürlich von Deutungen von TLP ab, wie diese Bemerkung gelesen werden sollte, z. B., ob Wittgenstein bereits in seiner frühen Phase dachte, dass das Einleuchten keine Rechtfertigung für die Wahrheit eines Satzes ist, etc. Wie dem auch sei, drückt er sich mindestens zu der Zeit von ÜG vor allem in den §§144 und 204 klarerweise so aus, dass das Einleuchten weder aus sich folgen lässt, dass Mooresche Sätze wahr seien, noch als Rechtfertigung für unseren Glauben an ihre Wahrheit gilt.

[22] Siehe etwa (ohne Anspruch auf Vollständigkeit) auch die §§165, 170, 315 f., 450, 472, 476, 527 und 538.

10.2 Wittgensteins Streichung des §205   167

§166). Und dieser Mangel an Begründungen versteht sich in ÜG bisweilen als der Mangel an „Raisonnement" (§§135 und 475), und er ist in diesem Sinne weder vernünftig noch unvernünftig (§559). Kann man jedoch fernerhin ähnlich sagen, dass der Grund weder *wahr* noch falsch ist, wie in §205 steht? Diese Bemerkung bereitet schon allein deshalb Deutungsschwierigkeiten, weil sie vor allem §83[23] schlicht zu widersprechen scheint, wenn Mooresche Sätze, deren *Wahrheit* zu unserem Bezugssystem gehört, als zu diesem „Grund" in §205 gehörig angesehen werden, wie es etwa Krebs tut: „Die Paragraphen *Über Gewißheit* 96 [sic: wohl gemeint: 83] und 205 geben in ihrer scheinbaren Widersprüchlichkeit also Anlass zu entsprechend divergierenden Interpretationen"[24]. Um diesem Widerspruch zu entkommen, muss man entweder §205 oder ähnliche Paragraphen wie §83 weichen lassen. Es gibt aber in der Tat enorm viel Literatur[25], die alle diese Paragraphen beibehält, vor allem §205 ganz ernst nimmt und sich auf geradezu quälende Weise mit ihren widerspruchsfreien Interpretationen abmüht. Und auf diese Weise wird §205 endlos zitiert und bis zum Überdruss diskutiert. Nach meiner Lesart sollte man jedoch unbedingt weder übersehen noch außer Acht lassen, dass Wittgenstein eigentlich §205 – meines Erachtens zu Recht – mit zwei wilden, kurzen und schrägen Wellenlinien gestrichen hat,[26] wie man im MS leicht erkennen kann.

10.2.1 Verschiedene Deutungsversuche des §205

Betrachten wir nun nennenswerte Deutungen des §205, die sich in der Literatur finden. Wie §205 oft so gedeutet wird, finde ich es an sich richtig, zu sagen, dass das Fundament – „unser *Handeln*" (§204), der unbegründete „Grund" (§205) – nichts *Epistemisches* ist, sondern außer Zusammenhang mit Begründung, Evidenz, Überzeugung etc. steht und in diesem *epistemischen* Sinn weder *wahr*

---

[23] Zur „Wahrheit" dieser Art, siehe auch §403; BF III, §348; und LS II, S. 106.

[24] Krebs, A. (2007), S. 122; vgl. auch Kusch, M. (2010), S. 223.

[25] Außer den unten zu betrachtenden Schriften, siehe z. B. Brice, R. G. (2014), S. 7; Ellenbogen, A. (2003), S. 4, 72 und 74; Hutto, D. D. (2004), S. 25; Kober, M. (1993), S. 198, 200, 208 und 245; Kober, M. (1996), S. 424 und 427; Kober, M. (2005), S. 227, 248; McGinn, M. (1989), S. 152; Minar, E. (2005), S. 272; Moyal-Sharrock, D. (2004a), S. 74 und 171; Morawetz, T. (1978), S. 69; Morawetz, T. (2005), S. 179 f.; Stroll, A. (1994), S. 7 und 142; vgl. auch Brenner, W. H. (2005), S. 130, wo Brenner bei seiner Kritik am transzendentalen Realismus das heranzieht, auf was §205 hinausläuft, ohne ihn explizit zu nennen.

[26] Es gibt in der Tat auch Wittgensteinsche Durchstreichungen mit langen geraden Strichen, die vielleicht nicht bedeuten, dass er unzufrieden war, sondern z. B. dass er die betreffende Passage woanders verwendet hat. Aber in §205 ist die Durchstreichung sicher ein Zeichen von Unzufriedenheit.

noch falsch ist. Aufgrund dieser sogenannten *Wahrheits*losigkeit lesen aber erstens einige Interpreten fernerhin diesen Grund als „Norm"[27], „Grammatik"[28], oder „*sentence*"[29], wobei alle im Gegensatz zur „Proposition" keinen Wahrheitswert besitzen würden. Um insbesondere ihre Lesart, dass das Fundament *keineswegs* wahr sei, zu verstärken, betont Moyal-Sharrock auch §205 heranziehend, dass es weder mit Wahrheit sowie Rechtfertigung zusammenhängendes Wissen[30] noch wahrer Glaube[31] sei, während laut ihr das schräggeschriebene Wort „*Wahrheit*" in §83 keine jegliche Wahrheit bezeichne.[32]

Zweitens erwähnt Stoutland vor allem gegen Winch[33]:

> That (= that propositions of which we are certain are *true*) is what commentators often deny. They appeal to remarks such as 205 [...], or 94 [...]. Some remarks, together with others, have led some to the view that certainties are rules which make true or false possible, but which themselves have no truth values[34].

Eigentlich lehnen nicht nur Stoutland, sondern auch Coliva und Williams nicht unbedingt ab, das Fundament in Satzform oder in Form eines Urteils als *wahr* zu bezeichnen. Dies heißt aber nicht, dass sie §205 kritisch betrachten, sondern vielmehr, dass sie ihn ernstnehmen und sogar für zentral halten. Williams erwähnt zwar, dass Mooresche Sätze „unproblematisch *wahr*" sind, wie z. B. in §83 steht,[35] aber andererseits dass der „Grund", zu dem sie gehören, für sich genommen doch nichtpropositional und deshalb weder *wahr* noch falsch sei, wie er ausdrücklich sagt: „This non-propositional ground is of course neither true nor

---

[27] Kober, M. (2005), S. 229.

[28] Forster, M. N. (2017), S. 270 f.

[29] Bei dieser Deutung geht Moyal-Sharrock davon aus: „It can be argued that for Wittgenstein, for a sentence to be a proposition, it must be susceptible of truth or falsity (see e.g., AWL 101; PLP 288; BT 61 [76])" (Moyal-Sharrock, D. (2017), S. 555; Einfügung von Moyal-Sharrrock). In ihrem anderen Text wird nahegelegt, dass das Wort „Sätze" in §136 nicht als „*propositions*", sondern „*sentences*" übersetzt und gedeutet werden solle (Moyal-Sharrock, D. (2004a), S. 87; vgl. auch Moyal-Sharrock, D. (2004b), S. 47.).

[30] Moyal-Sharrock, D. (2017), S. 552: „Basic certainty, as depicted by Wittgenstein and as it operates in our life, cannot be subsumed under 'knowledge.' For it has no truck with truth or justification."

[31] Ebd., S. 584.

[32] Moyal-Sharrock, D. (2004a), S. 218, Fn.23. Siehe dazu auch Kap. 2.

[33] Siehe, Winch, P. (1988), vor allem, S. 275.

[34] Stoutland, F. (1998), S. 209 und Fn.7 auf dessen Seite; siehe auch eine Skizze über die Debatte zwischen Stoutland und Winch in: Krebs, A. (2007), S. 122.

[35] Siehe Kap. 2 und Williams, M. (2004a), S. 255 und 267.

10.2 Wittgensteins Streichung des §205

false"[36]. Um §205 gelten zu lassen, unterscheidet dann Stoutland im Hinblick auf das Fundament im Sprachspiel zwischen „*ground*" und „certainty" wie folgt: „205 speaks of the *ground* as not true, but a certainty is not a ground"[37]. Obwohl er nicht explizit macht, was dieser „*ground*" bedeutet, lässt sich wohl vermuten, dass er ähnlich wie Williams im Gegensatz zu *wahren* Mooreschen Sätzen, über die wir uns sicher sind, diesen „*ground*" weder als propositional noch als wahr ansieht. Denn um die Interpretation des §94, dass ein Weltbild weder wahr noch falsch sei, gelten zu lassen, deutet er §94 auf parallele Weise so: „94 speaks of a *picture*, but a picture is not a proposition"[38]. Coliva akzeptiert zwar die Sichtweise, das Fundament in unserem Sprachspiel gänzlich als Proposition oder Urteil anzusehen[39], aber hält es *generell* weder für *wahr* noch falsch, weil es ihr zufolge weder deskriptiv noch faktisch, sondern normativ sei.[40] Höchstens könne es aus Colivas Sicht nur für *wahr* im „minimalen" Sinn gehalten werden,[41] was aber den Eindruck wecken könnte, als wäre die Wahrheit im *epistemischen* Sinn genuin.

Drittens werden einige Interpreten von §205 gemäß der traditionellen fundamentalistischen Sichtweise, dass fundamentale Propositionen wahr sein müssten, zur Debatte geführt, ob Wittgenstein ein Anti-Fundamentalist sei oder doch ein Fundamentalist besonderer Art sei, weil er sie nicht als wahr ansehe.[42]

Viertens trachten einige Interpreten den Widerspruch zwischen den §§204 f. und anderen Paragraphen in ÜG so zu lösen, dass das Fundament sozusagen einen *hybriden* – zum einen *propositionalen*, zum anderen *nichtpropositionalen* – Charakter besitze, und laut Stroll sogar dass Wittgenstein eher im späteren Teil in ÜG die *nichtpropositionale* Auffassung entwickelt habe.[43]

---

[36] Williams, M. (2004a), S. 279.

[37] Stoutland, F. (1998), Fn.7 auf Seite 209.

[38] Ebd.

[39] Coliva, A. (2010), vor allem §3.2.

[40] Siehe z. B. ebd., S. 136 f., 163, 171 und 183; Coliva, A. (2012), S. 348.

[41] Coliva, A. (2013a), S. 5 und auch Fn.8 auf derselben Seite; Coliva, A. (2013b), S. 89. Meines Wissens akzeptiert Coliva erst in den 2013 geschriebenen Aufsätzen den „minimalen" Sinn der *Wahrheit* in ÜG. Dabei bezieht sie sich auf Williams Auffassung über Mooresche Sätze als „unproblematisch wahr" in: Williams, M. (2004a), aber er selbst gebraucht dort kein einziges Mal den Term „minimal".

[42] Stroll, A. (2004), S. 14 f.; Stroll, A. (2005), S. 34 f.; Wright, C. (1985), S. 469.

[43] Stroll, A. (2004), S. 15; siehe dazu auch Hutto, D. D. (2004), S. 26 f.: „these ‚hinge propositions' are not properly propositions at all. It is this latter idea that Stroll sees as developing to maturity throughout *On Certainty*, with section 204 supposedly marking the crucial turning point." Vgl. auch, Brice, R. G. (2014), S. 56.

10.2.2 Gründe für Wittgensteins Unzufriedenheit mit §205

Zwar basieren diese Interpretationen gänzlich auf §205, aber, wie gesagt, wurde §205 von Wittgenstein durchgestrichen. Diese Durchstreichung kann man wie üblich in der Weise verstehen, dass er mit §205 unzufrieden ist. Aber was gefällt ihm genau nicht? Außer den bereits gesehenen Ungereimtheiten mit anderen Paragraphen wie §83 finde ich §205 zumindest noch in zwei Punkten abwegig.

Der erste Punkt zeigt den Hauptmangel von §205. Der Wenn-Satz – „Das Wahre ist das Begründete" – ist meines Erachtens eine vorschnelle Vereinfachung. Es ist fragwürdig, ob man einfach „begründet" mit „wahr" gleichsetzen kann, und auch, ob man aus der Begründetheit von p auf die Wahrheit von p schließen kann. Dies läuft aber entgegen den meisten Wahrheitsauffassungen – ausgenommen von der Evidenztheorie der Wahrheit – nicht darauf hinaus, dass die Idee, dass das Wahre das Begründete sei, für Wittgenstein grundfalsch ist. Sie findet vielmehr angesichts des alltäglichen Gebrauchs von „wahr" in bestimmten Fällen tatsächlich Anwendung. Wie in der Einleitung dieser Arbeit hervorgehoben, gibt es nicht nur die Interpreten wie Ellenbogen, die diese Idee als für Wittgensteins Wahrheitsbegriff charakteristisch ansehen, sondern man findet auch an einigen Stellen in seinen Schriften solche Passagen, die mit ihr nach meiner Einschätzung in Einklang stehen. Ein Beispiel zeigt sich bei einem bewiesenen mathematischem Satz, bei dem das Wahre sozusagen das Bewiesene ist (vgl. BGM, S. 118; auch S. 396). Ähnlich verstehe ich auch die §§50 und 563 in ÜG so, dass man durch die Rechtfertigung – Beweis, Prüfung – für einen Satz p in der Mathematik oder bei der Rechnung zeigen kann, man wisse p, und weiterhin, p sei wahr. Insbesondere in solchen Fällen sowie auch in juristischen Szenarien, die nicht selten in ÜG vorkommen, finde ich es durchaus berechtigt, zu sagen, das Wahre sei das Begründete/Gerechtfertigte/Bewiesene/…, sofern die Begründung im vorliegenden Sprachspiel als gültig anerkannt ist, so dass man damit jemandem zeigen kann, dass p wahr ist. Der anzugebende Grund muss hierfür objektiv gelten und gleichsam als Beweis für besagte Wahrheit dienen (§§13 f.).[44] Aber andernfalls, vor allen Dingen, im Falle Moorescher Sätze, für die *epistemische* Begründungen keine Rolle spielen, kann man nicht sagen, dass ein Satz, der „begründet" ist, wahr ist. Von diesem Standpunkt aus trifft der Wenn-Satz in §205, das Wahre sei das Begründete, für Wittgensteins Wahrheitsbegriff, der auf unserer Sprachpraxis gründet, in der Tat in bestimmten Alltagsfällen zu. Der Hauptsatz, der „Grund"

---

[44] Weitergehend zu einem engen Zusammenhang zwischen „Ich weiß" und ‚Wahrheit', siehe Kap. 11.

10.2 Wittgensteins Streichung des §205   171

sei weder *wahr* noch falsch, ist jedoch schlicht unhaltbar, da zu diesem „Grund"
auch *wahre* Mooresche Sätze zählen.

Zweitens könnte man vielleicht das in §205 Gesagte nicht auf „unser *Handeln*", sondern lediglich auf kontingente Sätze, die im Gegensatz zu Mooreschen
Sätzen *epistemisch* – gemessen an Gründen oder Evidenz – beurteilt werden können, bezogen lesen. Auch wenn man §205 so beschränkt liest, finde ich ihn jedoch
vom Kontext her überflüssig und vom Inhalt her ziemlich trivial. Im Kontext in
den §§204 und 206 kommt es offensichtlich nicht auf kontingente Sätze, sondern
eher auf die *Wahrheit* im Hinblick auf das Ende des Sprachspiels an. §205 zufolge
sei dann der unbegründete Grund weder wahr noch falsch, angenommen, dass das
Wahre das „Begründete", oder richtiger das objektiv gültig Begründete sei. Unter
dieser Annahme bedeutet „wahr" in §205 gleichsam „begründet wahr" oder, wie
in §336 gesagt, „erwiesenermaßen wahr". So gesehen ist es trivialerweise richtig,
zu sagen, dass das Unbegründete nicht erwiesenermaßen wahr ist, weil es nicht
in jeglichem Sinn z. B. durch Gründe, Evidenz, etc. erwiesen wird. Ist es dann
falsch, weil es nicht wahr ist? Laut §205 ist es auch nicht „falsch". Um §205 in
sinnvoller Weise zu lesen, lässt sich „falsch" nicht nur mit „nicht wahr" gleichsetzen, sondern ebenso als „erwiesenermaßen falsch"[45] verstehen. Erst unter all
diesen Annahmen könnte das in §205 Gesagte richtig sein. Es besagt so aber nur
Triviales, nämlich dass das Unbegründete weder erwiesenermaßen *wahr* noch
erwiesenermaßen falsch ist, weil es nicht erwiesen ist.

Aus diesen Gründen finde ich es gerechtfertigt, dass Wittgenstein §205 durchgestrichen hat. Vor diesem Hintergrund sollte man eigentlich nicht viel aus §205
entwickeln, weil es nun verdächtig ist, ob man von §205 aus Wittgensteins Wahrheitsbegriff richtig herausarbeiten kann. Um ihre Thesen zu entfalten, stützen sich
hingegen wie oben gesehen viele Interpreten auf §205. Wenn aber §205 zweifelhaft ist, hängen ihre Lesarten auf §205 basierend natürlich sozusagen in der Luft.
Beachtenswert sind vor allem solche Lesarten, dass unser *Handeln* deshalb *nichtpropositional* oder normativ sei, *weil* es weder unbegründet noch *wahr* sei, wie
in §205 nahegelegt. Sie beruhen zwar auch auf der bedenklichen Bemerkung
in §205, es lässt sich aber andererseits die folgende Frage stellen: Kann man
nicht doch außer Zusammenhang mit §205 sagen, dass dieses Handeln für sich
genommen *nichtpropositional* oder normativ ist? Kann man also z. B. nicht wie

---

[45] Der Ausdruck „erwiesenermaßen falsch" kommt in §336 vor, und bedeutet etwa: „p ist
falsch, wenn sich sein Gegenteil durch Gründe – Prüfung, Beweise – erwiesen hat" (vgl.
auch BGM, S. 118). Zu „sich als falsch erweisen", die siehe die §§402. 492, 571, 596,
599 und 641, und auch §66, in dem von der „Prüfung" die Rede ist, die „mich eines Irrtums überweisen könnte", sprich, die einen Irrtum – einen fälschlichen Glauben – erweisen
könnte.

Williams andersherum sagen, dass unser *Handeln* ohnehin keine *Proposition* sei, so dass es deshalb nicht *wahr* sei? Nach meiner Einschätzung unterstützt §206 keineswegs diese Thesen, sondern läuft vielmehr darauf hinaus, dass es aus Wittgensteins Sicht in ÜG für besagte *Wahrheit* eigentlich keine Rolle spielt, ob sie *propositional* sowie deskriptiv ist, wie wir es gleich sehen werden.

10.3 Der Wahrheitsbegriff im Hinblick auf das Handeln

Zu §206 (MS175, 5r–5v)

[b.1.] Wenn Einer uns fragte "Aber ist das <u>wahr</u>?", ~~mußte~~ könnten wir ihm sagen "Ja"; & wenn er Gründe verlangte, so könnten wir sagen "Ich kann Dir keine Gründe geben, aber wenn Du mehr lernst, wirst Du auch dieser Meinung sein.["]

[b.2.] Käme er nun nicht dahin, so hieße das, daß er, z. B., Geschichte nicht lernen kann.

10.3.1 Jenseits der ‚Propositionalität'- ‚Nichtpropositionalität'-Dichotomie

Betrachten wir zuerst, was mit der Frage „Aber ist das *wahr?*" gemeint wird. Vom Kontext her bezieht sich dieses „aber" auf die Unbegründetheit des „das", welches am Ende der Rechtfertigung steht, so dass die Frage etwa so lautet: „Ist das *wahr*, obwohl es unbegründet ist?" Und Wittgenstein gibt sofort die Antwort darauf mit „Ja", die eigentlich mit der Durchstreichung des §205: „Der unbegründete Grund ist nicht *wahr*" im Einklang steht. Fernerhin ist vom Kontext her klar, dass dieses Unbegründete – „der Grund" in §205 und „das" in §206 – „unser *Handeln*, welches am Grunde des Sprachspiels liegt" in §204 bezeichnet. So heißt es, dass „das" in §206 auf das – auch grammatisch neutrale! – Wort „*Handeln*" in §204 bezogen zu lesen ist.

Jedoch könnte sich man vielleicht wie in einiger Sekundärliteratur daran stören, von einem „Handeln" zu sagen: „Das ist *wahr*". Denn das Wort „Handeln" bezeichnet an sich im gängigen Sinn weder einen Satz noch, wenn man will, eine *Proposition*, dem/der wir einen Wahrheitswert zuschreiben wollen, sondern eher Tätigkeiten. Wie kann man dann dieses ‚*Handeln'* mit ‚*wahr'* kompatibel machen?

10.3 Der Wahrheitsbegriff im Hinblick auf das Handeln 173

An dieser Stelle muss man beachten, dass Wittgenstein eigentlich in ÜG von unserem grundlosen fundamentalen *Handeln* Mooresche Sätze, die für es konstitutiv sind, nicht kategorial auseinanderhält. Hier möchte ich wiederum auf die Parallelität zwischen den §§144 und 204 aufmerksam machen. Meines Erachtens versteht sich „unser *Handeln*" in §204 gleich wie das Handeln in §144, sprich, „nach diesem Glauben handeln". Den §§144 und 159–161 zufolge lernt man eine Menge von Dingen wie „Fakten z. B. daß jeder Mensch ein Gehirn hat" (§159), während man z. B. nach diesem Glauben handeln lernt. Aus dieser Sicht könnte man dieses Handeln nicht nur als Sprachhandeln verstehen, sondern zugleich als in sich Mooresche Sätze darstellend. Auf dieser Grundebene im Sprachspiel erscheint mir die Differenz zwischen der sogenannten *Propositionalität* und *Nichtpropositionalität* eher verschwommen. Wenn wir unser *Handeln* bewusst zum Ausdruck bringen wollen, können wir es natürlich ebenso wie unser fundamentales Weltbild in Satzform *propositional* beschreiben. Mir scheint es vollkommen akzeptabel zu sein, nicht nur von den Sätzen, „die ein Weltbild beschreiben" (§§95 und 162) zu reden, sondern auch von den Sätzen, die unser *Handeln* beschreiben, wobei die Sätze auch als zu unserem Weltbild/*Handeln* gehörig anzusehen sind.[46] An diesem „Grunde des Sprachspiels" (§204), wo eine klare Grenze zwischen ‚propositional' und ‚nichtpropositional' sozusagen abhandengekommen ist, gibt es entsprechend zwischen beiden Begriffen ‚*Handeln*' und ‚Sätzen, die es beschreiben' keinen wesentlichen Unterschied. Ähnlich verstehe ich dann auch die für den späten Wittgenstein charakteristischen Ausdrücke „*so rechnet man*" in den §§46 f. und „So handle ich"[47]. Beide bezeichnen sich vom Kontext her offensichtlich nicht lediglich als unsere „*nichtpropositionalen*" Tätigkeiten, sondern jeweils als „12 × 12 = 144" und „Ich habe zwei Füße, wenn ich mich von dem Sessel erheben will". Unter diesem Aspekt finde ich es gerechtfertigt, nicht nur Mooresche Sätze, sondern auch „unser *Handeln*", für das sie konstitutiv sind, als *wahr* zu bezeichnen, ohne dabei mit der Trennung zwischen „*propositional*" und „*nichtpropositional*" zu sehr besessen sein zu müssen.

---

[46] Ähnlich erwähnt auch Morawetz: „That ungrounded way of acting *can* be represented in sets of propositions ("The floor will support me" "The world has existed for centuries") if we become self-conscious about such practices" (Morawetz, T. (1978), S. 28).

[47] Vor allem im Kontext der Grundlosigkeit des Regelfolgens benutzt Wittgenstein auch den Ausdruck „So handle ich" (PU §217; vgl. auch PU §211) und den ähnlichen Ausdruck „*So machen wir ' s*" (BGM S. 119; vgl. auch BGM S. 61).

10.3.2 Der Zusammenhang zwischen ‚Handeln' und ‚Lernen'

Betrachten wir nun §206 weiter. So wie ich §206 verstehe, zweifelt deshalb der Gesprächspartner in (b.1.), ob unser *Handeln* wahr ist, weil es unbegründet ist, und nicht, weil es keine Proposition ist. Und Wittgenstein antwortet direkt darauf „Ja", und bezieht sich dabei auf die Relevanz des Lernens. Wie bereits gesehen, hängen das Lernen eines Systems von Geglaubtem und der Status Moorescher Sätze, die darin unverrückbar festgehalten sind, eng zusammen. Mit anderen Worten: Sie werden, wie in Kap. 7 gesehen, erst im Zusammenhang mit dem System und der dazugehörigen Unmenge von Dingen als unverrückbar feststehend und *wahr* angesehen, aber nicht, wenn sie *isoliert* betrachtet werden. Hinsichtlich des §83 lässt sich auch sagen, dass die *Wahrheit* zu einem „Bezugssystem" gehört, während sie aber für sich selbst nicht besteht. Unser *Handeln* ist dementsprechend zwar für diejenigen, die bereits unser System gelernt haben, in dessen Zusammenhang *wahr*, aber nicht für diejenigen wie den Gesprächspartner in §206, die weder viel gelernt haben noch einsehen, dass es im System unbegründet feststeht. Wenn man z. B. nicht in solchem Maße gelernt hätte, dass der Satz: „Die Erde hat schon lange vor meiner Geburt existiert" im System der Geschichte unverrückbar als wahr feststeht, und ihn anzweifelte, dann könnte man, wie in (b.2.) gesagt, eigentlich keine Geschichte lernen. Denn man hätte hier das Geschichte-Treiben oder das Sprachspiel der Geschichte noch nicht gelernt. Es verhält sich ähnlich wie die Fälle in den §§315 f., in denen ebenfalls das Lernen eine wichtige Rolle spielt: Man hätte ebenso noch nicht fragen oder suchen gelernt, wenn man nicht gelernt hätte, dass die Gesetzlichkeit der Natur oder der Satz: „Ein Gegenstand taucht Sekunden später nicht plötzlich auf" in unserem System unbezweifelbar feststehen. In allen diesen Fällen geht es offensichtlich um die Wichtigkeit des Systems und seines Lernens, und gar nicht darum, dass das Feststehende im System *propositional* oder deskriptiv sein muss, um einen Wahrheitswert zu haben.

10.3.3 Das Verhältnis zum Weltbild in §162

Zu guter Letzt möchte ich auf den Unterschied zwischen §204 und §162 aufmerksam machen. In §162 lässt Wittgenstein tatsächlich die Frage unbeantwortet, ob ein Weltbild wahr oder falsch ist, wobei es auch als am Grunde des Sprachspiels anzusehen ist. Wie in Kap. 8 gesehen, scheint mir diese Frage nur dann Unsinn zu sein, wenn man fragt, ob ein Weltbild *an sich* wahr oder falsch ist, ohne es in Zusammenhang mit anderen Dingen zu bringen. Genau dieser Punkt

10.3 Der Wahrheitsbegriff im Hinblick auf das Handeln 175

macht, so denke ich, den Unterschied zwischen dem Fall in §162 und dem Fall in §204, in dem der Zusammenhang mit dem gelernten System bereits gegeben ist. Wenn man ein Weltbild nicht *isoliert*, sondern von einem System aus betrachten sollte, kann man es meines Erachtens ebenso wie „unser *Handeln*" als wahr ansehen, wie in §206 genannt. Aus diesem Grund finde ich es ebenfalls abwegig, §205 heranziehend §162 so zu verstehen, dass Wittgenstein ein Weltbild eindeutig weder für wahr noch falsch halte, weil es *nichtpropositional* oder normativ und nicht deskriptiv sei.[48] Und auch aus anderen Paragraphen, mit denen wir uns bis jetzt auseinandergesetzt haben, geht eigentlich nicht hervor, dass das Fundament – unser Weltbild, unser *Handeln*, Mooresche Sätze – *nichtpropositional* oder normativ sei, weshalb es keinen Wahrheitswert besitze oder höchstens im minimalen Sinn wahr sei. Von solch einem Standpunkt aus bleibt es mir völlig unklar, warum einerseits unser *Handeln* laut §206 als wahr betrachtet werden kann, während andererseits die Wahrheit unseres Weltbildes verdächtig sein muss. Zentral und entscheidend für die *Wahrheit* dessen, was unverrückbar feststeht, ist in ÜG vielmehr, ob es von einer Menge von Dingen/Fakten im System festgehalten wird und ob man diese Menge sowie das System bereits gelernt hat.

---

[48] Zu „*nichtpropositional*" im Hinblick auf ‚Weltbild', siehe Moyal-Sharrock, D. (2004a), S. 42; zu „normativ", siehe Coliva, A. (2010), S. 183. Vgl, auch, Giehring, S. (2005), S. 187, Fn.50: „Tatsächlich lehnt Wittgenstein es explizit ab, im Zusammenhang des Weltbildes überhaupt von Wahrheit zu sprechen (vgl. ÜG 94, 205)".

§243

11

11.1 Der richtige Gebrauch von „Ich weiß" im Sinne von „Ich bin sicher" und dessen drei Bedingungen

Zu § 243 (MS 175, 17r):

[a.1.] "Ich weiß ...." sagt man, wenn man bereit ist, zwingende Gründe zu geben. [a.2.] "Ich weiß" bezieht sich auf eine Möglichkeit / Methode / des Dartuns der Wahrheit. [a.3.] Ob Einer etwas weiß, läßt sich zeigen, angenommen, daß er davon überzeugt ist.

[b] Ist aber was Eleﬁr glaubt von solcher Art, daß, die Gründe, die er geben kann, nicht sicherer sind, als seine Behauptung, so kann er nicht sagen, er wisse, was er glaubt.

Meines Erachtens wird in §243 nichts thematisch Neues angesprochen, sondern er dient eher dazu, den an anderen Textstellen bereits diskutierten Zusammenhang beider Verwendungen von „Wahrheit" und „Ich weiß" erneut zu veranschaulichen. Was bisher erläutert wurde, wird hier eher wiederaufgenommen und es wird vertiefend und genauer erklärt, warum es Unsinn ist, im Hinblick auf Mooresche Sätze zu sagen, „Ich weiß", um ihre Wahrheit „darzutun". Dieses etwas altertümliche Wort „dartun" verstehe ich an dieser Stelle einfach als Synonym von „zeigen", welches sogleich im Anschluss in (a.3) vorkommt.

(a.1.) legt zunächst fest, welcher Gebrauch von „Ich weiß" in §243 thematisch ist. So wie wir es in Kap. 1 gesehen haben, nennt Wittgenstein zumindest zwei richtige Verwendungen „Ich weiß": Man gebraucht es nämlich einmal im Sinne von „Ich bin sicher", wo man in der Lage sein muss, einen vorliegenden Satz zu begründen (§§18, 40, 483 f. und 550), und das andere Mal im Sinne „Ich *kann* mich nicht irren", wo man unbezweifelbar feststehenden Sätzen wie Mooreschen Sätzen eine

---

© Der/die Autor(en), exklusiv lizenziert an Springer-Verlag GmbH, DE, ein Teil
von Springer Nature 2022
S. Hashimoto, *Der Wahrheitsbegriff in Über Gewißheit*,
https://doi.org/10.1007/978-3-662-65684-6_11

logische Rolle anweisen will. Zufolge der Beschreibung in (a.1.) kommt hier dann nur die erste Verwendung in den Fokus, und nicht die zweite, die man wesentlich im Hinblick auf unbezweifelbare Sätze wie Mooresche Sätze mit Recht gebrauchen kann.

11.1.1 Die erste Bedingung: die Möglichkeit/Methode des „Dartuns der Wahrheit"

Wenn man sich die dem (a.2.) entsprechende MS-Passage anschaut, kann man leicht sehen, dass dort „Methode" als Variante von „Möglichkeit" eingefügt wurde, obwohl dies meines Wissens in der Sekundärliteratur nicht bemerkt wird. Zwar wurde nur die erste Variante im veröffentlichten Text übernommen, aber man sollte sicherlich bei genauer Lektüre beide Wörter in Betracht ziehen. Was meint aber Wittgenstein mit diesen zwei Varianten, die für sich genommen ganz Verschiedenes bedeuten?

Zunächst lässt sich (a.2.) mit der ersten Variante „Möglichkeit", wie im veröffentlichten Text steht, so verstehen, dass man „Ich weiß" nur dann sinnvoll sagen kann, wenn es im Sprachspiel möglich ist, die Wahrheit eines Satzes zu zeigen. Die Variante „Methode" klärt dann diese „Möglichkeit" genauer, also, in der Weise, dass in dieser Möglichkeit eine bestimmte Methode involviert ist. So gesehen redet Wittgenstein in (a.2.) von solchen Fällen, in denen es mit Hilfe irgendwelcher Methoden innerhalb des Sprachspiels möglich ist, die Wahrheit eines Satzes zu zeigen. Und diese Methode lässt sich dann im Zusammenhang mit „Gründen" in (a.1.) auf „Begründung" und weiterhin auch auf „Rechtfertigung", „Evidenz", „Beweis", wie in §240 genannt, etc. bezogen verstehen.[1] Mit dem richtigen Gebrauch von „Ich weiß" im Sinne von „Ich bin sicher", der wesentlich die Angabe der Gründe benötigt, lässt es sich auch gut vereinbaren, (a.2.) so zu lesen, dass man dieses „Ich weiß" nur dann sinnvoll verwenden kann, wenn die Methode der Begründung, der Rechtfertigung, etc. zu dem Zweck vorhanden ist, die Wahrheit eines Satzes zu zeigen. Dass solch eine richtige Methode im

---

[1] In Z §§554–556 redet Wittgenstein von „Unsicherheit" solcher Art, die auch ihren Grund haben soll, und weist in §555 auch auf den Zusammenhang zwischen „Methode" und „Evidenz" hin:

Die ›Unsicherheit‹ bezieht sich eben nicht auf den besondern Fall, sondern auf die Methode, auf die Regeln der Evidenz. [vgl. auch LS I §682].

Obwohl dort von „Unsicherheit" die Rede ist, halte ich diesen Paragraphen in Z und (a.2) in ÜG §243 für parallel, wenn es in beiden Fällen ebenso um Begründung geht.

11.1 Der richtige Gebrauch von „Ich weiß" ...   179

Sprachspiel verfügbar ist, ist also eine Bedingung für das Zeigen der gegebenen Wahrheit.

11.1.2 Die zweite Bedingung: Man ist durch Gründe überzeugt

Fernerhin bietet (a.3.) eine zusätzliche Bedingung für die richtige Verwendung von „Ich weiß" an, obwohl sie mit der ersten Bedingung eng verknüpft ist. Man kann zufolge (a.3.) sinnvoll sagen, „angenommen, daß er davon überzeugt ist". Wie ist aber diese „Annahme" zu verstehen? Sie klärt sich näher in §245, und vom richtigen Gebrauch von „Ich weiß" sagt Wittgenstein vor allem in der dem §245 entsprechenden MS-Passage: „so muß ich mir beweisen /mich davon überzeugen/ können, daß ich recht habe" (MS175, 18r). Nicht nur unter Berücksichtigung der Tatsache, dass hier „mich davon überzeugen" als eine Variante von „mir beweisen" geschrieben wird, sondern auch vom Kontext her liegt es nahe, die Überzeugung in §243 als auf *epistemische* Rechtfertigungen durch Gründe sowie Evidenz bezogen zu lesen. Wer nämlich sagt, „Ich weiß, dass p", muss davon durch irgendwelche Gründe sowie Evidenz überzeugt sein, dass p wahr ist, oder zur Überzeugung gelangt sein, dass p wahr ist. Wie in §21 gesehen, muss es also beim richtigen Gebrauch von „Ich weiß" in diesem Sinne sozusagen „die Möglichkeit des Sichüberzeugens" (§3) oder „die Möglichkeit, sich zu überzeugen" (§23) geben. So gesehen geht es bei der Rede von „Ich weiß" und „überzeugt sein" in §243 lediglich um kontingente Sätze, von denen man sich durch Gründe sowie Evidenz überzeugen kann, und nicht um Mooresche Sätze, die zwar an manchen Stellen in ÜG auch als „Überzeugungen" beschrieben werden, aber, zu deren Überzeugungen man „nicht bewußt durch bestimmte Gedankengänge /Evidenz/" (MS174, 23r; vgl. §103) gelangt ist, und man, wie in §91 nahegelegt, keinen richtigen *epistemischen* Grund besitzt.[2]

11.1.3 Die dritte Bedingung: Die Gründe sind sicherer als die Behauptung selbst

Darüber hinaus lässt sich (b) so verstehen, dass man nicht sagen kann, „Ich weiß, dass p", um jemandem zu zeigen, dass man weiß, dass p, wenn die anzugebenden

---

[2] Vgl. auch die §§148 und 208. Zur Benennung von „Überzeugung", siehe auch die §§86, 93, 104 106, 210 und 291.

Gründe für p nicht sicherer als p selbst sind. Andersherum betrachtet kann man es als eine andere Bedingung für den richtigen Gebrauch von „Ich weiß" im Sinne von „Ich bin sicher" ansehen, dass Gründe für p sicherer als p selbst sind.

In der Sekundärliteratur halten manche Interpreten wie Hermann und Krebs die Bemerkung in (b) und die Auffassung des Aristoteles über Rechtfertigungen für analog. Hermann betont: „As I use the term, a belief is justified if it is supported by reasons that are more certain than the belief they are supposed to justify. This view of justification goes back to Aristotle, and I take Wittgenstein to hold it"[3]. Sie und Krebs beziehen sich dabei auf die Formulierung des Aristoteles in den *Analytica Posteriora*:

> [...] in höherem Grade muß man von den Prinzipien überzeugt sein, entweder von allen oder einigen, als von der Konklusion.[4]

Mir erscheint es aber an dieser Stelle auch wichtig, *Unterschiede* zwischen Aristoteles und Wittgenstein zu nennen. Bei der genannten Erläuterung hat Aristoteles vor allem die *Demonstration* im Sinn, die auch als „Syllogismus" bezeichnet wird. So gesehen besagt dieses Zitat, dass wenn ein Satz als Konklusion aus einigen Prinzipien hergeleitet werden soll, die Prinzipien sicherer sein müssen als die Konklusion, damit diese Schlussfolgerung gilt. Bei Wittgenstein hingegen wird die Begründung nicht unbedingt auf die Form eines Syllogismus eingeschränkt, sondern sie kann einfach darin bestehen, einzelne sichere Gründe anzugeben. Zudem richtet sich Wittgensteins Einwand, auf den (b) abzielt, eigens gegen den Mooreschen Gebrauch von „Ich weiß", bei dem man diese Formulierung in einem Mooreschen Satz verwendet, um jemandem zu zeigen, dass man ein entsprechendes Wissen besitzt. Es wird aber von Aristoteles nicht thematisiert, ob man im Hinblick auf Unbezweifelbares mit Recht sagen kann, „Ich weiß", und er lehnt die Rede von „Ich weiß" im Hinblick auf Mooresche Sätze nicht explizit ab, obwohl nichts sicherer als sie sein kann. Ob man dabei wirklich sagen kann, „Ich weiß", ist jedoch eine der wichtigen Fragen, die in Wittgensteins Untersuchungen auch in §243 in den Vordergrund gerückt werden.

---

[3] Hermann, J. (2015), S. 15 f.; vgl. Krebs, A. (2007), S. 33.
[4] Aristoteles (1993), S. 20 (72a37–8).

11.2 Warum erfüllen Mooresche Sätze die Bedingungen nicht?

Soweit ist klar, welche Bedingungen der richtige Gebrauch von „Ich weiß, dass p" im Sinne von „Ich bin sicher" erfüllen muss. Erstens muss es *logisch*, sprich, im Sprachspiel möglich sein, die Wahrheit von p durch eine angemessene Methode zu zeigen. Zweitens muss es im Hinblick auf p die Möglichkeit des Sich-Überzeugens geben, damit man sich davon *epistemisch* durch Gründe, Evidenz, Beweise, etc. überzeugen kann, dass man weiß, dass p. Drittens muss man zwar bei diesem Gebrauch von „Ich weiß" zusätzliche triftige Gründe für dieses Wissen anführen können, aber die anzugebenden Gründe für p müssen sicherer sein als p selbst. Welche Sätze erfüllen dann diese drei Bedingungen?

Betrachten wir nun an einem konkreten Beispiel, wie diese Bedingungen erfüllt werden. §483 zufolge kann man vom kontingenten Satz „N.N. war gestern zu Hause" mit Recht sagen, „Ich weiß". Es ist in unserem Sprachspiel möglich, die Wahrheit dieses Satzes zu zeigen, weil darin die Person N.N. zu besuchen als eine angemessene Methode dafür gilt, herauszufinden, ob er zu Hause ist. Dies kann zugleich als ein guter Grund gelten, durch den man zur Überzeugung von der genannten Wahrheit gelangen kann, der auch sicherer als der zu begründende Satz ist. In diesem Falle werden die drei Bedingungen erfüllt, und man kann sagen, „Ich weiß, dass N.N. gestern zu Hause war", um jemandem zu zeigen, dass man es weiß.

Aber in (b) führt uns Wittgenstein solche Sätze vor Augen, von deren Inhalt man nicht aussagen kann, dass man ihn weiß. Zu ihnen gehören, wie im Umkreis des §243 suggeriert, offenbar Mooresche Sätze wie (HA): „Ich habe zwei Hände" (§§245–250). Warum es falsch ist, im Falle Moorescher Sätze zu sagen, „Ich weiß", wird in §240 gut geklärt, der sich nicht nur auf den Satz: „Alle Menschen haben Eltern" (§239 f.), sondern generell auf Mooresche Sätze bezogen lesen lässt, weil Wittgenstein ihn nach §§210 f. ebenfalls als im Sprachsystem feststehend anzusehen scheint.[5] §240 zufolge „gründet" dann der Glaube im Hinblick auf Mooresche Sätze auf „Erfahrung"[6]. Wie in §145 gesehen, bedeutet aber dieses „Auf Erfahrung gründen" nicht, dass man durch irgendeine empirische Untersuchung, etc. zur Überzeugung vom Inhalt der Mooreschen Sätzen

---

[5] Auf die Frage, ob der Satz „Alle Menschen haben Eltern" wirklich als ein Moorescher Satz in unserem Sprachsystem gilt, lasse ich hier offen. Vgl. auch Kap. 3.

[6] Weiteres zu ‚Erfahrung' dieser Art – also Sehen, Hören, Lesen –, siehe etwa die §§274–284 findet sich auch in Kap. 6.

gelangt ist. Denn, wie im allerletzten Satz in §240 nahegelegt, ist diese Erfahrung kein Beweis, und meines Erachtens auch weder Evidenz noch ein Grund, durch den man sich davon überzeugen kann, dass Mooresche Sätze wahr sind. Sie heißt vielmehr alltägliche „Erfahrung" solcher Art, dass wir von Kind auf z. B. über Menschen am Beispiel des §240 eine Unmenge von Dingen unhinterfragt gelernt – gesehen, gehört, gelesen – haben. Durch diese „Erfahrungen" haben wir einfach eine Menge von Dingen glauben gelernt und nach und nach unser Sprachsystem herausgebildet, wie in den §§143 f. gesagt. In diesem System stehen dann Mooresche Sätze bereits unverrückbar fest, ohne *epistemisch* gerechtfertigt zu sein.

Was als Methode dafür gilt, zu zeigen, dass Sätze wahr sind, ist auch in diesem System bestimmt. Nach Wittgensteins Unterscheidung in §318 gehören Mooresche Sätze im vorliegenden Sprachsystem nicht nur nicht zu „Sätzen innerhalb einer Methode", die durch gewisse Methoden zu begründen sind, sondern nach meiner Lesart lassen sich einige Mooresche Sätze wie Weltbild-Sätze als „methodologische Sätze" bezeichnen, weil sie den methodischen Charakter haben.[7] So gesehen haben wir keine Methode, die dem Sprachsystem vorausgeht und tiefergehend Gründe für die Wahrheit Moorescher Sätze liefern könnte, so dass wir uns von dieser überzeugen könnten. In diesem Sinne gibt es bei Mooreschen Sätzen weder Möglichkeit dafür, sie durch irgendeine Methode als wahr zu zeigen, noch Möglichkeit des Sich-Überzeugens. Mit anderen Worten: Sie erfüllen die ersten beiden Bedingungen nicht.

Man könnte z. B. von (HA) sagen wollen, dass der Anblick der eigenen Hände wie im Falle kontingenter Sätze als guter Grund für die Wahrheit von (HA) gelten könne, so wie es Moore gegenüber dem Skeptiker tut. Dagegen spricht aber Wittgensteins Sichtweise, weil nach ihm dieser Anblick eigentlich nicht sicherer als (HA) selbst ist. Wir haben, so lese ich Wittgenstein, durch Erfahrung, die auch den Anblick der eigenen Hände inkludiert, ohne zu hinterfragen gelernt, dass (HA) wahr ist. Im durch dieses Lernen herausgebildeten System vom Geglaubtem (§144) sind wir uns über (HA) und den Anblick der Hände gleich so sicher, dass wir an beiden nicht zweifeln. Weil wir durch den Anblick der eigenen Hände (HA) in diesem Sinne nicht sicherstellen können, gilt er wesentlich nicht als richtige Evidenz für (HA) in unserem Sprachspiel (vgl. die §§245 und 250). Wenn man trotzdem im Hinblick auf Mooresche Sätze sagt, „Ich weiß", heißt das, so wie ich §265 verstehe, nur zu sagen, „Der genannte Satz ist wahr, und ich habe zwingende Gründe, das zu glauben". Jedoch könnte man an dieser Stelle keine Gründe anführen, die sicherer als Mooresche Sätze selbst sind.

---

[7] Siehe dazu Kap. 3.

11.3 §243 in der Sekundärliteratur

In der Sekundärliteratur wird §243 meist als Wittgensteins Kritik, wie ich oben skizziert habe, gelesen, die sich gegen den falschen Gebrauch von „Ich weiß" im Hinblick auf Mooresche Sätze richtet[8]. Es ist, wie dort geschildert, richtig, dass man beim Gebrauch von „Ich weiß" triftige Gründe anführen können muss, um jemandem zu zeigen, dass man das Wissen besitzt. Mir erscheint es jedoch eine zu starke Deutung, wie Hamilton §243 so zu lesen: „Wittgenstein holds that ‚I know that p' is used correctly **only** when the grounds for p are surer than p itself is (OC 243) [Hervorhebung von mir]"[9]. Denn Wittgenstein unterscheidet, wie in Kap. 1 gesehen, grob gesagt, zwischen zwei verschiedenen richtigen Verwendungen von „Ich weiß".[10] Die eine benötigt zwar die Angabe triftiger Gründe dafür, dass man das Wissen besitzt, während die andere jedoch Mooreschen Sätzen vielmehr eine logische Rolle zuweist und diese „logische Rechtfertigung" darauf hinausläuft, zu sagen, „Ich *kann* mich nicht in ihnen irren". In diesem Lichte sollte man eigentlich §243 nicht so lesen, dass Wittgenstein damit behaupten wolle, dass es in unserem Sprachspiel *nur einen* richtigen Gebrauch von „Ich weiß" gebe, und man im Hinblick auf Mooresche Sätze keineswegs sagen könne, „Ich weiß".

Außerdem könnte es auch irreführend sein, wie Duncan Pritchard zu sagen, „Accordingly, Wittgenstein says that instead of saying that he *knows* a proposition like *p* [= Mooresche Sätze], Moore should have more honestly claimed that such a proposition 'stands fast for me' (OC 116; cf. OC 253)"[11]. Denn es könnte sich wiederum so anhören, als hätte es gar keinen Sinn, im Hinblick auf Mooresche Sätze zu sagen, „Ich weiß". Zwar lässt sich §116 so lesen, dass

---

[8] Siehe z. B. Boncompagni, A. (2016), S. 80; Child, W. (2010), S. 197; Coliva, A. (2010), S. 74; Gennip, K.v. (2008), S. 20 und 23; Malcolm, N. (1986), p.311. Hermann, J. (2015), S. 45; Prichard, D. (2005) S. 198 f.; Pritchard, D. (2011), S. 525.

[9] Hamilton, A. (2014), S. 188.

[10] Kober unterscheidet viele verschiedene Verwendungsweisen von „Ich weiß" und beschreibt die „Rollen" von „Ich weiß" in §243 als „Ich versichere dir ...", „Es ist wahr" und „Es ist gerechtfertigt, zu behaupten, daß ..." (Kober, M. (1993), S. 119). Nach meiner Lesart lassen sich jedoch diese drei „Rollen" von „Ich weiß" einfach unter dessen Gebrauch im Sinne von „Ich bin sicher" zusammenfassen, weil diese im Gegensatz zum Gebrauch im Sinne der logischen Rechtfertigung für darin analog gehalten werden können, dass sie alle die Angabe triftiger Gründe benötigen.

[11] Pritchard, D. (2005), S. 197. Vgl. auch Stroll, A. (1994), S. 133: „What Moore is trying to say is better expressed in a different idiom. He is trying to say that this proposition is exempt from doubt; but in such a case rather than saying 'I know' it would be better to say 'It stands fast for me' (O.C., 116). Or one might say 'That I have two hands is an irreversible belief' ".

Moore statt „Ich weiß" im Hinblick auf Mooresche Sätze etwa hätte sagen können, „Es steht für uns fest", aber diese Bemerkung richtet sich lediglich gegen den Mooreschen Gebrauch von „Ich weiß", bei dem Moore auf den Skeptiker mit „Ich weiß" entgegnet, um ihm zu versichern, dass Moore das Wissen besitzt (vgl. die §§520 f.). In §116 lehnt Wittgenstein den Gebrauch von „Ich weiß" im Falle Moorescher Sätze selbst nicht ab, sondern erwähnt sogar in §53[12], dass man Moore Recht geben könnte, wenn man seine Äußerung im logischen Sinne deutet. Dieser §53 lässt sich dann so verstehen, dass Moore doch Recht hätte, wenn er beim Gebrauch von „Ich weiß" die Funktion der logischen Rechtfertigung im Sinn hätte, wobei Malcolm und Wittgenstein Moores Fehler auch in der Weise beschreiben, dass es ihm nicht einmal klar ist, was er mit „Ich weiß" meint.[13]

In Anbetracht von Wittgensteins Analyse der Mooreschen Verwendung von „Ich weiß" erscheint mir auch fragwürdig, ob man wie Kusch mit Recht sagen kann: „He (= Moore) ignores a crucially important and obvious rule of evidence, to wit, the rule according to which the considerations supporting a claim to know have to be stronger than what is claimed as known (§§111, 125, 243, 245, 250, 429)"[14]. Wie in §178 und in Malcolms Aufzeichnungen nahegelegt,[15] sieht Moore nach Wittgenstein die Ausdrücke „Ich habe Schmerzen" und z. B. „Ich weiß, dass (HA)" für darin analog an, dass deren glaubwürdige Äußerungen als richtige Begründungen/Evidenz dafür gelten, dass man tatsächlich Schmerzen habe, sowie, dass man tatsächlich wisse, dass (HA). Wie auch in §389 nahegelegt, gebraucht Moore den Ausdruck „Ich weiß" in der Überzeugung, dass er ebenso gültig wie der Ausdruck „Ich habe jetzt da Schmerzen" für die Versicherung des Vorhandenseins dieser gemeinten Schmerzen sei. So geschen ignoriert Moore gewiss nicht die sogenannte „Regel der Evidenz", sondern behandelt vielmehr die bloße Äußerung von „Ich weiß" als – sogar die sicherste – Evidenz für (HA), so wie Stroll bemerkt: „When Moore says 'I know that I have two hands,'

---

[12] Am linken Rande der dem §53 entsprechenden Manuskriptstelle wurde eine Wellenlinie gezeichnet. Dies besagt aber meines Erachtens nur, dass Wittgenstein nicht den Inhalt kritisiert, sondern vielmehr mit der dortigen Wortwahl, vor allem, mit dem möglicherweise für Ontologie relevanten Ausdruck „da sei", den er im MS ebenso wie das Wort „existiert" in der vorangehenden Passage (entspr. §52) mit einer Wellenlinie unterzog, unzufrieden war. Siehe MS172, 17.

[13] Malcolm, M. (2001), S. 72. Siehe auch Kap. 1

[14] Kusch, M. (2010), S. 218 f.

[15] Malcolm, M. (2001), S. 71: „Moore treats the sentence 'I know so & so' like the sentence 'I have a pain.' The criterion that he knows so & so will be that he *says* that he does." Weiteres dazu, siehe Kap. 1.

11.3 §243 in der Sekundärliteratur 185

and so forth, he implies that no grounds could be surer than his claim to know; so he gives no grounds"[16].

Über die Kritik am falschen Gebrauch von „Ich weiß" gehen einige Interpreten hinaus, indem sie §243 so deuten, dass Mooresche Sätze sogar „nicht zu unserem ‚Wissen'" gehören.[17] Hier sei vor allem Moyal-Sharrock erwähnt, die behauptet: „he [= Wittgenstein] adheres to the standard view of knowledge as justified true belief".[18] Sind aber diese Deutungen mit anderen Bemerkungen in ÜG gut vereinbar? Zwar ist es nach Wittgenstein ein falscher Gebrauch von „Ich weiß", dies im Hinblick auf Mooresche Sätze zu sagen, um jemandem das Wissen zu zeigen, aber dies heißt meines Erachtens nicht, dass sich unser Wissensbegriff bloß auf den Glauben, der durch Begründungen als wahr deklariert wird, beschränkt. Wittgenstein behauptet nicht nur, dass es in unserem Sprachspiel auch eine richtige Verwendung von „Ich weiß" gibt, die auf Mooreschen Sätze anwendbar ist, sondern er redet auch im Falle von Mooreschen Sätzen tatsächlich vom „Wissen", das sich nicht durch *epistemische* Rechtfertigung, sondern „tagtäglich durch meine Handlungen und auch in meinem Reden"[19] zeigt. Wenn man dieses „Wissen" so ernst nimmt, dass es auch unseren Wissensbegriff ausmacht, dann gehören auch Mooresche Sätze zu unserem ‚Wissen', das sich als ‚unbegründet wahrer' Glaube bezeichnen lässt.

Betrachtenswert ist abschließend Glocks Bemerkung über die richtigen Verwendungen von „Ich weiß". In seinem *Wittgenstein Dictionary* erwähnt er zunächst:

> Wittgenstein occasionally suggests that we can talk of knowledge only where, (i) there is a logical possibility of being mistaken or ignorant, and (ii) that possibility has been ruled out by the application of 'clear rules of evidence'. But he also states that 'I know how it is = I can say how it is, and it is as I say it is', which implies that I *can* know in the absence of these conditions (LW II 49, 58 [entspr. LS II, S.67 und 80]; OC §§243, 250, 483-4, 564, 574-6).[20]

---

[16] Stroll, A. (1994), S. 133. Anschließend behauptet Stroll: „But to imply that no grounds could be surer than his claim to know is to misuse 'I know'", wobei man natürlich beachten soll, dass es auch eine richtige Verwendung von „Ich weiß" im Falle Moorescher Sätze gibt.

[17] Krebs, A. (2007), S. 32. Vgl. auch McGinn, M. (1989), S. 109 und 111; Rudd, A. (2005), S. 143.

[18] Moyal-Sharrock, D. (2017), S. 548.

[19] §431. Vgl. auch die §§395 f. und 426; LS II, S. 81. Weiteres dazu, siehe Kap. 15.

[20] Glock, H.-J. (1996), S. 77.

186   11 §243

Diese zwei Bedingungen gelten offenbar als solche für den richtigen Gebrauch von „Ich weiß" im Sinne von „Ich bin sicher", der in §243 thematisiert wird. So gesehen lässt sich Glocks Verweis auf mehrere Paragraphen in ÜG am Ende des Zitats als auf diese zwei Bedingungen bezogen verstehen, weil uns die §§483 f. insbesondere die Notwendigkeit der Angabe triftiger Gründe bei der Äußerung von „Ich weiß" vor Augen führen. In diesem Zitat weist Glock aber eher auf einen anderen Gebrauch von „Ich weiß" hin, der die genannten Bedingungen nicht erfüllen müsse, sondern nur dann legitim sei, wenn man einfach sagen *könne*, wie es ist. Unter diesem Aspekt lässt sich dann sein Verweis auf §243 angesichts des (a.2.) vielleicht auch in der Weise verstehen, dass die dort genannte Möglichkeit, auf die sich „Ich weiß" beziehen soll, etwa heiße, „Ich *kann* sagen, dass es wahr ist". Wie sieht aber dann der von Glock vorgeschlagene Gebrauch von „Ich weiß", der sich an solche Sätze, deren Irrtum *logisch* ausgeschlossen ist, sprich, Mooresche Sätze richtet, ohne sich auf „klare Regeln der Evidenz" (LS II, S. 67) zu berufen? Ohne die Funktion der logischen Rechtfertigung von „Ich weiß" zu nennen, erläutert Glock an einer anderen Stelle diesen Punkt näher:

> he [= Wittgenstein] concedes as much when he acknowledges that we have *kinaesthetic knowledge* of the position of our own limbs, while insisting that this knowledge is not derived from the alleged evidence provided by the kinaesthetic sensations postulated by psychologists like James and Kohler (see PI II, 185–6; RPP I 390, 786, 798; RPP II 63; LW II 5 [entspr. LS II, S.16]). This opens up the prospect that some hinge propositions can be known not because they are backed by evidence, but **because they are evident to the senses**. Why shouldn't Moore say that he can see and feel that what he holds up is his hand, and why shouldn't I say that I can see and feel that I'm sitting in front of a computer. At the very least, Wittgenstein has provided no arguments to rule out this option [Hervorhebung von mir].[21]

Abgesehen von der strittigen Frage, ob Wittgenstein solch ein „kinästhetisches Wissen" überhaupt akzeptiert oder nicht, bin ich zumindest unsicher, ob er die Option wirklich nicht ausschließen würde, dass man im Hinblick auf Mooresche Sätze wissen könne, z. B., dass (HA), *weil* sie sozusagen sinnlich evident seien. Denn dies scheint mir Wittgensteins zentralen Idee in ÜG schlicht zu widersprechen, die sich gegen Moore und Russell in der Weise äußert, z. B., „das Ende [der Rechtfertigung der Evidenz] aber ist nicht, daß uns gewisse Sätze unmittelbar als wahr einleuchten, also eine Art *Sehen* unsrerseits" (§204) sowie, dass Mooresche Sätze nicht „an sich offenbar oder einleuchtend" (§144) sind. In diesem Lichte richtet sich Wittgensteins Kritik in ÜG genau gegen diese Idee, dass Unbezweifelbares selbstverständlich oder evident sei, unabhängig davon, ob diese

---

[21] Glock, H.-J. (2004b), S. 71.

11.3 §243 in der Sekundärliteratur 187

Selbstverständlichkeit als dessen *Evidenz* gilt oder nicht. Ob man weiß, dass man gerade vor einem Computer sitzt oder es *wissen kann*, wie Glock formuliert, gründet entgegen seiner These im Wesentlichen nicht in dessen Selbstverständlichkeit mittels der Sinne, sondern bezieht sich vielmehr auf die ganze Praxis.[22] Der wichtige Punkt in Wittgensteins Untersuchungen in ÜG äußert sich in unserem Sprachsystem oder „unser[em] *Handeln*, welches am Grunde des Sprachspiels liegt" (§204), in dem Mooresche Sätze „von dem, was darum herumliegt, festgehalten" werden (§144).[23] Erst auf diesem Grund des Sprachspiels ergibt es meines Erachtens Sinn, von besagter „Selbstverständlichkeit" zu reden, der aber bereits das Wissen im Hinblick auf Mooresche Sätze und ihre Wahrheit angesichts Wittgensteins Konzeption der Sprachpraxis vorangehen.

In der Tat erläutert Wittgenstein das Schema: „„Ich weiß' = ‚Ich kann sagen'" in §591 genauer als LS II, obwohl Glock auf §591 nicht verweist. §591 zufolge heißt zwar „Ich weiß, was das für ein Baum ist" ungefähr: „Ich kann sagen, was ...", aber darauf sollte die zusätzliche Erklärung z. B. „Es ist eine Kastanie" folgen. Dabei liegt es nahe, diese Erklärung als eine Begründung dafür zu verstehen, dass man tatsächlich dieses Wissen hat. So gesehen bezieht sich auch der Ausdruck „Ich weiß" im Sinne von „Ich kann sagen" eher auf kontingente Sätze, die zu begründen sind, als auf Mooresche Sätze[24]. Angesichts dieser Begründetheit folgt dann aus dem Schema eigentlich nicht, dass man *alleine deshalb* im Hinblick auf Mooresche Sätze wie (HA) vom Wissen reden könne, weil man sagen *könne*, wie es sei, dass (HA), geschweige denn vom evidenzlosen „kinästhetischen Wissen". Wichtig am Wissensbegriff in ÜG ist vielmehr die Unterscheidung zwischen den zwei Verwendungen von „Ich weiß", deren eine auf kontingente Sätze, die durch Gründe wahr sein können, anwendbar ist, und, deren andere als ‚logische Rechtfertigung' auf Mooresche Sätze, die im System unverrückbar feststehen, anzuwenden ist. Nach meiner Einschätzung bezieht sich dann §243 (sowie das Schema: „„Ich weiß' = ‚Ich kann sagen'") nicht auf eine andere Möglichkeit, nach der man im Falle Moorescher Sätze den Ausdruck „Ich weiß" z. B., im Sinne vom „kinästhetischen Wissen" verwenden kann.

---

[22] Weiteres zum Wissensbegriff im Hinblick auf Mooresche Sätze findet sich vor allem in Kap. 15. Den dortigen Diskussionen zufolge lässt sich auch unter einem anderen Aspekt auf Glocks Fragen „Why shouldn't Moore say that he can see and feel that what he holds up is his hand, and why shouldn't I say that I can see and feel that I'm sitting in front of a computer" mit „Nein" antworten. Es hat unter normalen Umständen keinen Sinn, Mooresche Sätze bzw. solche von Glock angeführten Sätze, die sie in sich involvieren, auszusprechen, weil da kein Hintergrund für diese Äußerungen bereitgestellt wurde.

[23] Siehe auch Kap. 6–8 und 10.

[24] Siehe auch Kap. 18.

Teil IV

Die unaussprechbare Wahrheit Moorescher Sätze und deren Unbeschreiblichkeit durch sprachliche Ausdrücke

§§300–305

12

12.1 Der Status Moorescher Sätze und ihre „Korrekturen"

Zu beachten ist zunächst, dass es zwischen dem Niederschreiben des §299 und dem des §300 einen langen krankheitsbedingten Zeitsprung gab, und er wegen der Datierungen „23.9.50" in §287 und „10.3.51" in §300 wahrscheinlich ungefähr sechs Monate beträgt. Was Wittgenstein nach dem langen Zeitbruch hinschrieb, ist nach meiner Einschätzung nichts besonders thematisch Neues, sondern vielmehr eine Art Rekapitulation dessen, was er vorher geschildert hat. Vielleicht gibt es aus diesem Grund zwar nur wenig Literatur, die interpretatorische Erklärungen zu einzelnen dieser §§300-305 anbietet, ich finde es aber nicht unwichtig, sie und vor allem den „Relativitätstheorie" ansprechenden §305, genauer zu betrachten.

Zu §300 (MS175, 35r)

> Nicht alle Korrekturen unsrer Ansichten / Meinungen / ~~sind~~ stehen auf ~~der~~ gleichen⟨r⟩ Stufe.

Abgesehen vom subtilen Unterschied zwischen dem Ausdruck „auf der gleichen Stufe" im veröffentlichten Text und dem Ausdruck „auf gleicher Stufe", den man im MS als Wittgensteins Nachbesserung des ersteren Ausdrucks ansehen könnte, ist diese Bemerkung in §300 als ein gutes Fazit der vorangehenden Paragraphen in ÜG zu lesen. Betrachten wir nun dessen einzelne Punkte.

Dieser §300 verhält sich zunächst strukturell ähnlich zu dem allerletzten Satz in §162 „Die Sätze, die es [= ein Weltbild] beschreiben, unterliegen nicht alle gleichermaßen der Prüfung" und der Ausdruck in §167 „Daß unsre Erfahrungsaussagen nicht alle gleichen Status haben" (vgl. auch §447). Welche Sätze

---

© Der/die Autor(en), exklusiv lizenziert an Springer-Verlag GmbH, DE, ein Teil von Springer Nature 2022
S. Hashimoto, *Der Wahrheitsbegriff in Über Gewißheit*,
https://doi.org/10.1007/978-3-662-65684-6_12

welchen Status in unserem Sprachspiel haben, lässt sich in konkreten Fällen untersuchen. Prüfungen sowie Korrekturen sehen vor allem im Falle mathematischer Sätze von Satz zu Satz sehr verschieden aus und ihr Status ist auch verschieden gestaltet. Wichtig ist jedoch in den §§ 162, 167 und 300 insbesondere der eigentümliche Status Moorescher Sätze. Wie sich dieser Status im Hinblick auf die Prüfungen zeigt, ist in Anbetracht bisheriger Paragraphen klar zu sehen: Mooresche Sätze, zu denen der Satz in § 301:

(E) Die Erde hat schon lange vor meiner Geburt existiert,

zählt, stehen sozusagen am Ende der Prüfung (§ 167) und sind solche, „die wir ohne besondere Prüfung bejahen" (§ 136), während kontingente Sätze, von denen wir uns zu überzeugen haben, ausreichender Prüfungen benötigen, um bejaht zu werden. Im Gegensatz zu solchen kontingenten Sätzen, deren Wahrheit man zu prüfen hat, unterliegen Mooresche Sätze keinen Prüfungen.

Das Wort „Korrekturen" in § 300 lässt uns weiterhin an die Bemerkungen in den §§ 66–83 denken. Wichtig ist vor allem die Bemerkung in § 74 über den Irrtum, der „sich in das richtige Wissen des Irrenden einordnen" (§ 74) lässt. Und er hängt zudem mit der Prüfung engzusammen: Wer unser Sprachspiel kennt und einen (möglichen) Irrtum in seiner Aussage aufklären will, sieht erstens ein, „welche Prüfung [uns] eines Irrtums überweisen könnte" (§ 69), zweitens, dass die Erklärung nicht gilt, wenn er die Aussage nicht geprüft hat (§ 79), und drittens, was in unserem Sprachspiel als ausreichende Prüfung gilt (§ 82; vgl. auch § 110). Es ermisst sich also erst an den ‚erfolglosen' oder ‚negativen' Ergebnissen ausreichender Prüfungen, dass seine Aussage nicht wahr ist, sondern einen Irrtum offenbart. Sein Irrtum lässt sich jedoch auch dadurch „in das richtige Wissen einordnen", dass man ihm vor Augen führt, welche Aussagen durch welche Evidenz ausreichende Prüfungen bestehen können, um als wahr gelten zu können. Mit anderen Worten: Ein Irrtum ist korrigierbar, wie wir in Kap. 2 gesehen haben. Was in diesem Sinne korrigiert werden kann, sind dann lediglich kontingente Sätze, weil ein Irrtum in Bezug auf Mooresche Sätze hingegen *logisch* oder innerhalb unseres Sprachspiels ausgeschlossen ist, wie in § 194 naheliegt. Alleine schon aus dieser groben Unterscheidung zwischen Mooreschen und kontingenten Sätzen wird ersichtlich, dass ihre Korrekturen nicht auf gleicher Stufe stehen. Die Sätze, deren Korrekturen nicht auf gleicher Stufe stehen, werden zwar in § 300 als „unsere Ansichten" und in der MS-Variante als „unsere Meinungen" bezeichnet, aber ich lasse es offen, welcher Ausdruck den Vorzug haben sollte, und auch, ob beides überhaupt angemessene Bezeichnungen sind.

12.2 Die Annahmen, die uns nicht weiterbringen

Wie sehen aber dann „Korrekturen" im Falle Moorescher Sätze aus? Wer z. B. nicht glaubte, dass (E), kennte unser Sprachspiel nicht. Man könnte ihn im Sprachspiel nicht dahinbringen, (E) ins richtige Wissen einzuordnen, sondern würde ihn „geistesgestört" nennen. Wenn wir ihn trotzdem zu unserer Meinung „korrigieren" wollten, wäre das nichts anderes als „eine Bekehrung besonderer Art" (§92) oder „eine Art *Überredung*" (§§262, 612 und 669), sprich, die Änderung seiner Weltanschauung. Sie stünde dann natürlich nicht auf der gleichen Stufe wie die Korrektur im gängigen Sinn, die durch Evidenz, Prüfungen, etc. in ein und demselben Sprachspiel erfolgt.

12.2 Die Annahmen, die uns nicht weiterbringen

12.2.1 Bsp. 1: Mooresche Sätze seien nicht wahr

Zu §301 (MS175, 35r–35v)
Angenommen, es sei nicht wahr, daß die Erde schon |lange| vor meiner Geburt existiert hat, wie hat man sich die Entdeckung dieses Fehlers vorzustellen?

In §301 wird genau die Annahme thematisiert, dass Mooresche Sätze wie (E), die in unserem Sprachspiel nicht korrigierbar sind, nicht wahr seien, und es stellt sich die Frage, wie man sich „die Entdeckung dieses Fehlers" vorzustellen hat. Etwas befremdlich hören sich dabei die Verwendungen der Wörter „Entdeckung" und „Fehler" an. Ähnliche Ausdrücke benutzt aber Wittgenstein auch in §32 und es gibt tatsächlich eine gewisse Parallelität zwischen den §§32 und 301 f. Hier ein Zitat von den §§32 f.:

32. Es handelt sich nicht darum, daß *Moore* wisse, es sei da eine Hand, sondern darum, daß wir ihn nicht verstünden, wenn er sagte »Ich mag mich natürlich darin irren«. Wir würden fragen: »Wie sähe denn so ein Irrtum aus?« – z. B. die Entdeckung aus, daß es ein Irrtum war?
33. Wir merzen also die Sätze aus, die uns nicht weiterbringen.

Es geht in §32 ähnlich im Hinblick auf den ebenfalls unbezweifelbaren Mooreschen Satz „Es ist da eine Hand" um die Aussage „Ich mag mich natürlich irren" und auch um die Frage „Wie sähe die Entdeckung aus, daß es ein Irrtum war?". Dabei schreibt Wittgenstein weiterhin, dass wir jemanden – im Zitat Moore – nicht verstünden, wenn er sagte, „Ich mag mich natürlich darin irren". In welchem Sinn verstünden wir ihn nicht? Meines Erachtens könnten wir von ihm weder Methode noch Gründe dafür erkennen könnten, wie man sich in Mooreschen Sätzen irren könnte, wie man diesen Irrtum entdecken könnte, etc. Obwohl die Wörter „Irrtum" und „Fehler" je nach Situation verschiedene Bedeutungen haben, denke ich wegen der Parallelität zum §32, dass die Bemerkung in §301 auf den gleichen Punkt hinausläuft. Wenn wir nämlich annähmen, dass (E) nicht wahr wäre, verstünden wir nicht, wie sich (E) als verkehrt herausstellen könnte und wie man diesen Fehler entdecken könnte. Mit anderen Worten: Es wäre in unserem Sprachspiel unklar, was als Evidenz dafür gelten könnte, dass (E) falsch wäre, und dafür, dass man diesen Fehler entdeckt hätte. Wir haben also nicht einmal eine Vorstellung davon, wie besagte Entdeckung aussehen würde. Die Aussage „Ich mag mich in Mooreschen Sätzen irren" sowie die Annahme „Es ist nicht wahr, dass (E)" sind, wie in §33 gesagt, genau die Sätze, „die uns nicht weiterbringen". Und die Thematik dieses Mangels an Evidenz ist weiterhin eng mit dem nachgehenden §302 verknüpft.

Meines Erachtens ist sozusagen die Verfügbarkeit der angemessenen Methode bzw. Evidenz im Kontext der §§300–305 wichtig. In diesem Lichte finde ich es missglückt, wie Stroll[1] §301 etwa wie folgt zu deuten: Die Frage, wie *wir* uns die Entdeckung des Fehlers vorzustellen haben, sei deshalb Unsinn, weil *wir* nicht existierten, angenommen, dass die Erde nicht vor unserer Geburt existiert hätte. Ihm zufolge sei sie ebenso wenig sinnvoll wie die Fragen „Wie würden wir etwas entdecken, wenn wir nicht existierten?" oder „Wie kann nicht-Existierendes etwas entdecken?", und unter der genannten Annahme könne also nichts wirklich gefragt werden. Diese Interpretation läuft darauf hinaus, dass *unsere Existenz* für Fragestellungen notwendig sei, aber das scheint mir nicht der Witz von §301 zu sein. Wichtig ist eher, dass es im Falle Moorescher Sätze an der Methode und Evidenz für die Entdeckung des in §32 genannten Irrtums sowie des in §301 genannten Fehlers schlicht mangelt, wobei wir weder Evidenz noch Prüfung für ihre *Wahrheit* besitzen. Dieser Punkt ändert sich auch nicht, wenn man den Beispielsatz in §301, sprich, (E), z. B. durch andere Mooresche Sätze wie „Das ist ein Baum" – gesprochen, während man vor einem Baum steht oder sitzt (vgl.

---

[1] Stroll, A. (1994), S. 103: „It is obvious that if there were no physical objects, no astral bodies, including the earth, would exist. In that case whether human beings are considered to be physical objects or not, it is clear no human beings would exist either, since they depend for their existence on such bodies. So what would it mean to ask how *we* could discover the mistake? Given the suppositions that these 'physical objects' do not exist and that we don't, the question would make no sense. It would be equivalent to asking, If we did not exist, how would we find that out? How can anything nonexistent find anything out? Suppose nothing at all existed; how could we find that out? When questions like this are formulated, language has indeed gone on a holiday, and nothing is really being asked".

12.2 Die Annahmen, die uns nicht weiterbringen

die §§480 und 532) – ersetzt. Zwar würde *unsere Existenz* unter der Annahme, dass sie nicht wahr wären, nicht unbedingt gefährdet, aber es wäre ebenfalls Unsinn, anzunehmen, dass sie falsch seien, oder, zu sagen, dass man sich darin irren möge, weil weder Methode noch Evidenz für die Entdeckung dieses Fehlers sowie des Irrtums in unserem Sprachspiel vorhanden ist.

12.2.2 Bsp. 2: Keiner Evidenz sei zu trauen

Zu §302 (MS175, 35v)

> Es ist nichts nutz zu sagen „Vielleicht irren wir uns", wenn, wenn keiner Evidenz zu trauen ist, im Fall der gegenwärtigen Evidenz nicht zu trauen ist.

§302 wurde vor allem im Satzteil, in dem zweimal „wenn" vorkommt, ziemlich seltsam formuliert. Vielleicht lässt er sich zwar auf verschiedene Weisen umformulieren, z. B. wie: „wenn unter der Annahme, dass *keiner* Evidenz zu trauen ist, der gegenwärtigen Evidenz nicht zu trauen ist", ich möchte aber, ohne dies festzulegen, einfach seinen Inhalt in Angriff nehmen. Wie in §302 nahegelegt wird, geht es hier erstens um die Annahme, dass *keiner* Evidenz zu trauen ist. Und wenn überhaupt keiner Evidenz zu trauen sein sollte, dann sollte daraus natürlich folgen, dass auch „der gegenwärtigen Evidenz" nicht zu trauen ist. Was für eine Evidenz soll hier aber gemeint sein? Vom Kontext her verstehe ich sie als Evidenz dafür, dass dass ein gegebener Satz einen Irrtum ausdrückt, der sich korrigieren lässt, oder auch für die Entdeckung von dessen „Fehler", wenn man es mit §301 so nennen will. In §302 heißt es also dann: „Es ist nichts nutz zu sagen ‚Vielleicht irren wir uns in einem Satz', wenn keine Evidenz für seinen korrigierbaren Irrtum vorhanden ist".

Andersherum betrachtet ist es nicht „nichts nutz" zu sagen, „Vielleicht irren wir uns", wenn ausreichende Evidenz für den genannten Irrtum verfügbar ist. Man könnte natürlich mit Recht sagen, „Vielleicht irren wir uns", wenn man gerade etwas Unsicheres tut, z. B., wenn man in einem fremden Land nach einem bekannten lokalen Restaurant sucht. Die Evidenz für einen möglichen Irrtum äußert sich klarer Weise darin, dass man sich verläuft und es nicht finden kann. Und in solch einem Fall ist es nützlich zu sagen, „Vielleicht irren wir uns im Weg", um dann z. B. durch das Nachschauen in einer Landkarte den richtigen Weg zu finden. Hier ist eine klare Methode dafür vorhanden, mögliche Irrtümer oder mögliche Fehler zu entdecken, und sie gibt an, was als „(hinreichende) Prüfung" oder „Evidenz" für solche Irrtümer gilt. Im Falle Moorescher Sätze hingegen muss es anders laufen, weil es solche Methoden für einen möglichen Irrtum bzw. Fehler nicht gibt.

Was meint Wittgenstein genau mit dem verschwommenen Ausdruck „nichts nutz"? Am hilfreichsten finde ich es, wiederum inhaltlich ähnliche Bemerkungen zum Vergleich heranzuziehen. Den Satz „Vielleicht irren wir uns", der geäußert wird, wenn es keine Evidenz für den Irrtum gibt, kann man dann zu den Sätzen, „die uns nicht weiterbringen" im oben zitierten §33 zählen. Oder auch zur *müßigen* Annahme, von der Wittgenstein sagt: „Nichts würde daraus folgen, dadurch erklärt werden. Sie hinge mit nichts in meinem Leben zusammen" in §117, der ebenso wie die §§32 f. vom „Irrtum" bezüglich Moorescher Sätze handelt. Die Ausdrücke oder Sätze, die Wittgenstein mit „nichts nutz" markiert, kann man dann, so denke ich, als „*müßig*" oder als solche, „die uns nicht weiterbringen" verstehen. Aber zu welchem Schritt im Sprachhandeln bringen sie uns nicht weiter? Er äußert sich, wie soeben gesehen, darin, unter Berücksichtigung relevanter Evidenz den entstehenden Irrtum zu korrigieren. Allerdings ließe sich die Korrektur ohne vorhandene Evidenz nicht ausführen und dies betrifft ohne Zweifel Mooresche Sätze wie (E). Da brächte es uns also nicht weiter, von „Irrtum" zu reden, und solche Sätze wie die Annahme in §301 und die Aussage in §302 sind genau die Sätze, die Wittgenstein ausmerzen will (§§31 und 33).

Zudem ist es eigentlich nicht nur „nichts nutz", zu sagen, „Vielleicht irren wir uns", wie in §302 genannt, sondern es ist auch „logisch unmöglich", dass wir uns in Mooreschen Sätzen irren. Wittgenstein formuliert die „logische Unmöglichkeit" zu gleicher Zeit wie in ÜG im geschriebenen MS176 in der Weise: „Die logische Unmöglichkeit liegt in dem Fehlen exakter/klarer/scharfer/Regeln der Evidenz"[2]. Dies gilt ebenfalls im Kontext des §302, in dem keine Evidenz für den genannten Irrtum vorhanden ist. Es ist nämlich logisch unmöglich, oder, wie ich es verstehe, im vorliegenden Sprachspiel unmöglich, sich in Mooreschen Sätzen zu irren. So gesehen finde ich es irreführend, mit Coliva beim Deuten des §302 zu sagen, „Furthermore, not every *possible* doubt is meaningful for Wittgenstein (Cf. OC 302, 392, 606)"[3]. Obwohl sie das Wort „*possible*" kursiv geschrieben hat, ist es zumindest im Falle des §302 angesichts der „logischen Unmöglichkeit" nicht einmal *möglich*, an Mooreschen Sätzen zu zweifeln, weil es da an Evidenz, der zu trauen ist, schlicht fehlt.[4]

---

[2] MS176, 50v; vgl. auch, LS II, S. 125.

[3] Coliva, A. (2010), S. 116.

[4] Zur Unmöglichkeit des Zweifelns an Mooreschen Sätzen, siehe auch etwa die §§117, 120–3, 126, 222 f., 232, 280, 283, 317, 331, 345, 387, 394, 463, 494 und 613.

12.2 Die Annahmen, die uns nicht weiterbringen

12.2.3 Bsp. 3: Wir haben uns immer verrechnet

Zu §303 (MS175, 35v)

[a.1.] Wenn wir uns z. B. immer verrechnet haben und 12×12 nicht 144 ist, warum sollten wir dann irgendeiner anderen Rechnung trauen? [a.2.] Und das ist natürlich falsch ausgedrückt.

Meines Erachtens veranschaulicht Wittgenstein in §303 eine andere *müßige* Annahme und bringt dabei insbesondere das „Verrechnen" und unsere Praxis des Rechnens ins Spiel. Die Bemerkung in §303 verhält sich jedoch analog zu den Bemerkungen in den §§301 f. Das Wort „Verrechnen" lässt sich erstens auch als Bezeichnung von einer Art Irrtum verstehen, sprich, Irrtum in einer Rechnung, der auch korrigierbar ist. Zweitens handelt §303 ebenso wie in §302 von unserem Trauen mit der Pointe, dass „wenn wir uns z. B. immer verrechnet haben und 12×12 nicht 144 ist", wir nicht nur dieser Rechnung, sondern auch anderen Rechnungen nicht trauen sollten. Diese Annahme widerspricht schlicht unserer Praxis des Rechnens.

Warum wäre aber keiner Rechnung unter der genannten Annahme in (a.1.) zu trauen? Diese Diskussion geht wiederum in die gleiche Richtung wie diejenige, die in einer Reihe anderer Paragraphen,[5] mit §69 beginnend, ausgedrückt wird: Wenn man fälschlicher Weise glaubte, dass Mooresche Sätze nicht wahr seien, hätte man *keine* Gewähr, dass andere Aussagen noch wahr sein könnten. Denn Mooresche Sätze sind in unserem Sprachspiel sicherer als andere Sätze, und wenn sie unsicher wären, dann könnten die anderen keineswegs sicher bleiben. Diese Gefährdung unserer Sicherheit würde sich auch im Falle des Rechnens einschleichen, angenommen, dass man sich in so einfachen Rechnungen wie „12×12"[6] „immer verrechnet" hätte und glaubte, dass die Formel „$12 \times 12 = 144$" nicht wahr wäre. Hier könnten wir uns einfach nicht auf die Rechnung verlassen, und natürlich wäre dann auch anderen, vielleicht komplizierten Rechnungen, deren man sich nicht sicherer als „$12 \times 12 = 144$" ist, nicht zu trauen. So gesehen verhält es sich mit der Annahme in §303 eigentlich wie mit der Annahme in §217

---

[5] Z. B. §§419, 490, 494 und 514 f.; vgl. auch BF III §348/LS II, S. 106. Siehe auch Kap. 2.

[6] Weil die Formel „$12 \times 12 = 144$" eine Technik involviert, unterscheidet sie sich von Mooreschen Sätzen wie (E), die keine enthalten. Wittgenstein beschreibt jedoch in §651 eigens die Sicherheit dieser Formel „$12 \times 12 = 144$" ähnlich wie die Sicherheit Moorescher Sätze als „Ich kann mich darin nicht irren", und sieht diese Formel ebenfalls als eng mit Handlungen unseres Lebens verknüpft an. Vgl. auch die §§43 und 653 f.

198 12 §§300–305

„daß *alle* unsre Rechnungen unsicher seien und daß wir uns auf keine verlassen können", wobei derjenige, der dies annähme, „vielleicht für verrückt" erklärt werden würde (§217). Welche Satzteile in (a.1.) meint Wittgenstein aber mit dem Satz in (a.2.) „Und das ist natürlich falsch ausgedrückt"? Ich denke, dass er dabei die Ausdrücke „sich immer verrechnen", „trauen sollten" im Sinn hat. Wenn man bei der Rechnung „12×12" *immer* glaubte, dass 12×12 nicht 144 sei, wäre dies kein „Verrechnen", also, ein Irrtum in der Rechnung, weil dieser nicht zu korrigieren wäre, sondern man könnte vielleicht nur für „geistesgestört" gehalten werden (vgl. auch §217). Dieser Gebrauch des Wortes „Verrechnen" ist nicht unser gewöhnlicher, sondern in diesem Sinn ebenso Unsinn, wie der Gebrauch von „spielen", wenn man wie in §496 sagt, „ein Spiel sei immer falsch gespielt worden". Darüber hinaus erscheint es mir auch nicht ganz richtig, zu sagen, dass wir keiner Rechnung trauen *sollten*, wenn wir fälschlicher Weise glaubten, dass 12×12 nicht 144 wäre. Denn es könnte sich so anhören, als hinge es von unserer Wahl ab, was zu trauen sein *sollte*, aber in der Tat *wäre* keiner Rechnung unter der gegebenen Annahme zu trauen. Sinnvoller und richtiger wäre, zu sagen, „Wenn wir z. B. fälschlicher Weise glaubten, dass 12×12 nicht 144 ist, warum könnten wir dann noch irgendeiner anderen Rechnung trauen?", etc., wobei die Ausdrücke „immer verrechnen" und „trauen sollten" vermieden würden[7].

12.3 Der kategoriale Unterschied zwischen „Verwirrung" und „Irrtum"

Zu §304 (MS175, 36r)

[b.1.] Aber auch ich irre mich in dieser Formel des Einmaleins nicht. [b.2.] Ich mag später einmal sagen, ich sei jetzt verwirrt gewesen, aber nicht, ich hätte mich geirrt.

In §304 nimmt Wittgenstein erneut ein anderes Beispiel, nämlich, die Formel „1× 1"[8], um dann zu behaupten, „Ich irre mich in dieser Formel nicht". Da wir uns

---

[7] In Bezug auf §303 erwähnt zwar Kober „Die Annahme, daß wir uns immer verrechnen, ist absurd, weil es dann gar keine Praxis gebe, die wir ‚Rechnen' nennen würden (ÜG 650 f.)" (Kober, M. (1993), S. 290), aber wegen des Ausdrucks „immer verrechnen" denke ich, dass auch seine Beschreibung dieser Annahme falsch ausgedrückt ist.

[8] In §304 in OC steht aber dasselbe Beispiel wie in §303:
304. But nor am I *making a mistake* about twelve times twelve being a hundred and forty-four. I may say later that I was confused just now, but not that I was making a mistake.

12.4 Der Schritt der Relativitätstheorie 199

dieser Formel so sicher wie Mooresche Sätze wie (E) sind, lässt sich eigentlich auch sagen, dass der Irrtum in der Formel „1×1" in unserem Sprachspiel ausgeschlossen ist. Es gibt aber, wie in (b.2.) erwähnt, natürlich Fälle, in denen man später einmal sagen mag, „Ich bin jetzt verwirrt gewesen", und diese ,Verwirrung' soll etwas anders als ein ,*Irrtum*' sein. Aber was soll sie bedeuten? Wittgenstein unterscheidet an einer späteren Stelle genau zwischen ,Irrtum' und ,Regelwidrigkeit/Verwirrung', sprich, „zwischen einem Irrtum, für den, sozusagen, ein Platz im Spiel vorgesehen ist, und einer Verwirrung, die ausnahmsweise/als Ausnahme einmal/vorkommt" (MS177, 2v; Variante des §647). Unter dieser Regelwidrigkeit, die keinen Platz im Sprachspiel besitzt, verstehe ich aufgrund des Ausdrucks §625 etwas Paralleles zu „einer Art von Versprechen oder momentaner Verwirrung", die also nichts mit dem vorliegenden Sprachspiel zu tun hat.[9] Sie entspricht nicht unserem gängigen Gebrauch von „Irrtum", weil sie innerhalb des Sprachspiels nicht zu korrigieren ist, sondern eher davon handelt, ob man unvorsichtig oder unaufmerksam ist, wenn man die Formel „1×1" schreibt, ausspricht, ausdrückt, etc. Und wenn man sich hierbei einmal unvorsichtig verhält, sich in „$1 \times 1 = 1$" z. B. verschreibt, obwohl dies vielleicht im Alltag selten passieren könnte, heißt das nicht, dass man sich in dieser Formel irren könnte, so dass unser Sprachspiel, in dem sie unverrückbar feststeht, doch aufgrund dieser *Möglichkeit des Irrtums* verändert werden müsste. Denn dieses Missgeschick wird nicht einmal als vorgesehener Zug innerhalb unseres Spiels angesehen, sondern es geschieht eher außerhalb dessen z. B. wegen der physischen Verfassung desjenigen, der gerade „1×1" schreibt, ausspricht, ausdrückt, etc.

12.4 Der Schritt der Relativitätstheorie

Zu §305 (MS175, 36r)

Hier ist wieder ein Schritt nötig ähnlich dem der Relativitätstheorie.

Der Unterschied zwischen „1×1" und „12×12" ist meines Erachtens doch so groß, dass beide nicht verwechselt werden sollten, weil „$12 \times 12 = 144$" einen anderen Status als „1×1" besitzt. Zwar kann man sich nicht IMMER verrechnen, wie in §303 steht, aber man könnte doch möglicherweise in „$12 \times 12 = 144$" irren oder sich verrechnen, wenn man z. B. diese Rechnung seit langem nicht mehr im Kopf hatte. Das Verrechnen in „12×12" ist im mathematischen Sprachspiel korrigierbar, während es in diesem unmöglich ist, im Ernst zu sagen, „Ich *irre* mich in ,$1 \times 1 = 1$'".

[9] Vgl. BGM, S. 329.

In §83 kam bereits das Wort „Bezugssystem" vor, das uns an Einsteins Spezielle Relativitätstheorie denken lässt, und dort habe ich vor allem die Abhängigkeit z. B. der Gleichzeitigkeit vom Standpunkt verschiedener Bezugssysteme in den Fokus genommen. In §305 geht es zwar ebenso um die Relativitätstheorie, aber insbesondere um deren „Schritt". Wie ist er zu verstehen? Meines Erachtens vereinbart sich Pascal Zambitos Auffassung über Einsteins Spezielle Relativitätstheorie schön mit dem in §305 genannten „Schritt". Er beschreibt eine gewisse methodologische Verwandtschaft zwischen Einstein und Wittgenstein wie folgt:

Apparently, Wittgenstein was particularly impressed by Einstein's insight that, in order to measure something, in order to speak meaningfully about a physical concept, a definition is required which clarifies how the respective quality can be verified and quantified[10].

Für die Spezielle Relativitätstheorie ist die genannte Definition im Vorhinein nötig! Der für Wittgenstein wichtige Punkt besteht darin, dass Einstein „gleichzeitig" explizit definiert hat, und zwar relativ zu jedem Bezugssystem auf die gleiche Weise. *Dann* hat sich aber, wie in §83 gesehen, wegen des Speziellen Relativitätsprinzips und des Prinzips der Konstanz der Lichtgeschwindigkeit *ergeben*, dass Gleichzeitigkeit und zeitlicher und räumlicher Abstand vom Standpunkt verschiedener Bezugssysteme verschieden sind. Mit anderen Worten: die Pointe der Speziellen Relativitätstheorie kann in dieser *Definition* gesehen werden. Diese Definition ist genau der nötige „Schritt", den er in §305 meint.

Wie hängt aber diese Einsteinsche Idee mit „hier" in §305, sprich, mit den §§300–304 zusammen? Es lohnt sich, hier direkt Einsteins Bemerkung, auf die sich auch Zambito bezieht, zu zitieren. Einstein antwortet auf die Frage, ob die Aussage, nach der zwei Blitzschläge an zwei weit voneinander entfernten Stellen *gleichzeitig* erfolgt seien, „einen Sinn habe". Eine Reaktion auf diese Aussage von Vertretern der voreinsteinschen Physik lautete wie folgt: „Die Bedeutung der Aussage ist an und für sich klar und bedarf keiner weiteren Erläuterung"[11] und Einstein antwortet in der Weise:

Der Begriff [„gleichzeitig"] existiert für den Physiker erst dann, wenn die Möglichkeit gegeben ist, im konkreten Falle herauszufinden, ob der Begriff zutrifft oder nicht.

---

[10] Zambito, P. (2018), S. 294. In seinem Aufsatz erwähnt Zambito, dass Einsteins Einfluss auf Wittgensteins Philosophie in den drei Facetten, sprich, Verifikation, Intentionalität und Sicherheit ersichtlich ist, aber mir scheint es im jetzigen Kontext nicht nötig zu sein, auf diese Unterscheidung einzugehen.

[11] Einstein, A. (2009), S. 13 f.

12.4 Der Schritt der Relativitätstheorie   201

> Es **bedarf** also einer solchen Definition der Gleichzeitigkeit, daß diese Definition die Methode an die Hand gibt, nach welcher im vorliegenden Falle aus Experimenten entschieden werden kann, ob beide Blitzschläge gleichzeitig erfolgt sind oder nicht [Hervorhebung von mir].[12]

In diesem Zitat behauptet Einstein explizit, dass es der Definition des Begriffs „gleichzeitig" *bedarf*, und hier kann man auch sehen, dass dieser Schritt in der Speziellen Relativitätstheorie nötig ist. Obwohl Einstein die Wichtigkeit der Definition von Begriffen hervorhebt, ist es fraglich, ob Wittgenstein denkt, dass alle Begriffe, die wir gebrauchen, in unserer Praxis zu definieren seien, und, dass wir erst *dann* sinnvoll reden könnten[13]. Ohne das Wort „Definition" ins Spiel zu bringen, lässt sich jedoch dieses Zitat gut mit dem vereinbaren, was Wittgenstein in den §§300–304 erwähnt.

Betrachten wir einzelne Punkte näher. Wenn man wie in §301 annähme, ein Moorescher Satz wie (E) wäre nicht wahr, oder auch fälschlicher Weise glaubte, dass man sich in ihm irren könnte, dann gäbe es eigentlich keine Möglichkeit, diesen Fehler (§301) oder diesen Irrtum (§32) zu entdecken oder, Einsteinsch gesagt, herauszufinden. Vorausgesetzt, diese Annahmen träfen zu, dann wäre die Sicherheit im Hinblick auf Mooresche Sätze in Gefahr und im vorliegenden Sprachspiel wäre weder Evidenz noch Methode zu trauen. Es gäbe dann generell keine Möglichkeit, herauszufinden, ob ein Satz falsch ist oder von einem Irrtum zeugt, etc. An dieser Stelle lässt sich mit Einstein sagen, dass für uns die Begriffe wie „Fehler", „Irrtum" (§§302 und 304), „Korrektur" (§300), „wahr" (§301; vgl. auch die §§514 f.) nicht „existierten", so dass man von ihnen nicht sinnvoll reden könnte.[14] Man könnte ebenso vom „Verrechnen" nicht sinnvoll reden, angenommen, dass

---

[12] Ebd., S. 14.

[13] Siehe z. B. BlB, S. 25: „We are unable clearly to circumscribe the concepts we use; not because we don't know their real definition, but because there is no real 'definition' to them. To suppose that there *must* be would be like supposing that whenever children play with a ball they play a game according to strict rules".

[14] §305 liest Kusch als eine Bemerkung über Wittgensteins „*knowledge conditionals*":
What gives our concepts their content are operations or actions as criteria. Accordingly the knowledge conditionals should be taken as follows: „If x's actions and procedures seem to contradict relevant fundamental epistemic rules and assumptions, then we will hesitate to attribute to x knowledge that p (Kusch, M. (2010), S. 222).
Mit dem ersten kurzen Satz in diesem Zitat könnte Kusch vielleicht gemeint haben, was der Schritt der Relativitätstheorie besagt, sprich, dass es zuerst der Definition von Begriffen bedarf. Ohnedies denke ich aber nicht, dass es im Kontext der §§300–305 ausschließlich um den Wissensbegriff geht.

man sich „immer verrechnet" hätte (§304). Um die Begriffe sinnvoll zu gebrauchen, bedarf es also in Wittgensteins Augen eines ähnlichen Schritts wie dem der Relativitätstheorie. Es ist nämlich nötig, dass im Sprachspiel *bestimmt* und geklärt wird, ob und wie – z. B. nach welcher Methode, mit welcher Evidenz – man Begriffe treffend verwenden kann, obwohl sich auch diese *Bestimmung* zusammen mit dem Sprachspiel im Laufe der Zeit ändert (vgl. §256). Dabei ist es „nichts nutz", anzunehmen, dass Mooresche Sätze nicht wahr seien, dass wir uns in ihnen vielleicht irren könnten, dass wir uns immer verrechnet haben, etc., während hiervon solche Fälle, in denen man sich einfach verspricht oder verwirrt ist, ausgenommen sind.

Morawetz hingegen interpretiert §305 unter einem anderen Aspekt. Er nimmt zunächst an, dass so etwas Verblüffendes wie eine plötzliche Transportation während des Schlafs geschehen könnte. Im Hinblick auf solche außergewöhnlichen Fälle erwähnt er: „What counts as evidence for conclusions about physical events is at best suspended. New criteria are needed [...]" und er liest §305 weiterhin in der Weise: „I take it that Wittgenstein is referring to a change in the conception of (criteria of) evidence [...]"[15]. Meines Erachtens ist jedoch diese Erklärung genau das Gegenteil dessen, was Wittgenstein in den §§300–305 meint. Denn die genannte Annahme ist nichts anderes als die Annahme, dass Mooresche Sätze nicht wahr seien, sowie, dass man sich in ihnen irren könne, die Wittgenstein eigentlich ausmerzen möchte. Unter der Voraussetzung einer solchen *müßigen* Annahme wären, weil die Sicherheit im Sprachspiel in Gefahr wäre, weder Methode noch Evidenz dafür vorhanden, bestimmte Begriffe sinnvoll zu gebrauchen. Der wichtige Punkt für den nötigen „Schritt" in §305 äußert sich darin, dass im Sprachspiel *bestimmt* und geklärt sein muss, wie man Begriffe verwendet, und, dass es dabei Unsinn ist, *müßige* Annahmen ernst zu nehmen.

---

[15] Morawetz, T. (1978), S. 112 f. In der Fußnote 13 auf Seite 113 hält er diesen Wechsel („*change*") für analog zu Thomas Kuhns „Paradigmenwechsel".

§§403–405   13

13.1   Die Analyse des §403

Zu §403 (MS175, 69v)

[a.1.] Vom Menschen, in Moores Sinne, zu sagen, er *wisse* etwas; was er sage sei also unbedingt die Wahrheit, scheint mir falsch. [a.2.] – Es ist die Wahrheit nur insofern, als es eine unwankende Grundlage seiner Sprachspiele ist.

13.1.1 Die Wahrheit Moorescher Sätze als eine „unwankende Grundlage"

Bevor ich auf den Inhalt eingehe, möchte ich zunächst kurz eine terminologische Bemerkung machen: Der Ausdruck: „der Mensch", der sowohl aus dem Wort „Mensch", als auch aus dem bestimmten Artikel „der" besteht, findet sich in einigen Paragraphen in ÜG (siehe z. B. die §§155 f., 228 279, 284, 613 und 628; vgl. auch §428). Unter ihm verstehe ich generell den „vernünftigen" (z. B. §220) oder „gewöhnlichen" (§339) Menschen, der nicht an Mooreschen Sätzen zweifelt. Er ist zwar grammatikalisch – nicht im Wittgensteinschen Sinne – als eine dritte Person beschrieben worden, aber zu ihm gehören auch wir alle, sofern wir zum „vernünftigen" oder „gewöhnlichen" Menschen zählen.

Wie Wittgenstein in (a.1.) ausdrücklich schreibt, ist der Ausdruck „Ich weiß" in §403 im Moores Sinn zu verstehen. Aus diesem Grund lassen sich die Ausdrücke in (a.1.) „etwas" und „was er sage" nicht als beliebige Sätze, sondern vielmehr als Mooresche Sätze lesen. Rufen wir uns nun ins Gedächtnis, wie Wittgenstein vorher den Mooreschen Gebrauch von „Ich weiß" erklärt hat. Nach seinen bisherigen Erläuterungen inklusive der Bemerkung in §389 muss er darin

© Der/die Autor(en), exklusiv lizenziert an Springer-Verlag GmbH, DE, ein Teil   203
von Springer Nature 2022
S. Hashimoto, *Der Wahrheitsbegriff in Über Gewißheit*,
https://doi.org/10.1007/978-3-662-65684-6_13

bestehen, im Hinblick auf Mooresche Sätze z. B. zu sagen, „Ich weiß, dass das ein Baum ist", um zu *versichern*, dass man wirklich weiß, dass der gemeinte Gegenstand ein Baum ist. Nach Wittgenstein ist dieser Gebrauch kein richtiger Gebrauch von „Ich weiß". Denn wenn wir zur Versicherung sagen, „Ich weiß", dann muss es, wie in Kap. 1 gezeigt wurde, erstens Zweifel an einem vorliegenden Satz geben und zweitens müssen wir zwingende Gründe für das Wissen anführen können. Bei Mooreschen Sätzen können jedoch diese zwei Bedingungen deshalb nicht erfüllt werden, weil für sie wesentlich ist, dass wir sie in unserem Sprachspiel weder bezweifeln haben, durch deren Überzeugung man zu ihnen gelangt ist. Aus diesen Gründen ist Moores Gebrauch von „wissen" eher schlichter ‚Unsinn' in dem Sinn, dass wir in unserem alltäglichen Sprachgebrauch das Wort „wissen" nicht auf diese Weise gebrauchen.

Allerdings fokussiert sich Wittgenstein in (a.1.), wie mir erscheint, eigentlich nicht auf die *Unsinnigkeit* dieser Versicherung mit „Ich weiß", sondern, dass das, auf was der Ausdruck von „Ich weiß" in „Moores Sinn" hinausläuft, *falsch* ist. An dieser Stelle weist er, nämlich, auf ein neues – sprich, von ihm bisher zumindest nicht explizit geschildertes – Charakteristikum der Äußerung von „Ich weiß" hin, das kennzeichnend für das Folgende ist: Vom Menschen in Moores Sinn zu sagen, er *wisse* etwas, heißt, zu sagen, was er sage sei unbedingt die Wahrheit. Bevor wir darauf zu sprechen kommen, ob Moores Versicherung mit „Ich weiß" wirklich inhaltlich auf diese Äußerung hinausläuft, sollen wir zunächst den in §403 zentralen Punkt betrachten, dass es Wittgenstein falsch erscheint, im Hinblick auf Mooresche Sätze zu sagen, dass sie unbedingt die Wahrheit darstellen. Aber inwiefern falsch? Er macht gleich in (a.2.) die Bemerkung, die so zu verstehen ist: Ein Satz, der als ein Moorescher Satz anzusehen ist, ist nur insofern wahr, als er eine „unwankende Grundlage" der Sprachspiele ist, die im zugrundeliegenden Sprachsystem gespielt werden. Andersherum betrachtet: Er wäre nicht wahr, wenn er keine unwankende Grundlage im Sprachsystem wäre. Diese Bemerkung lässt sich auch gut mit der Idee vereinbaren, dass Mooresche Sätze im Sprachsystem im Zusammenhang mit einer Unmenge von Sätzen unverrückbar feststehen und ansonsten nicht feststünden (z. B. §144).

An dieser Stelle ist jedoch fragwürdig, ob Wittgenstein im letzten Satz in §403 alle Arten von Mooreschen Sätzen in Rechnung stellt. Die Bemerkung dort trifft, wie mir scheint, anstandslos auf solche Mooreschen Sätze zu, die den besagten Grundlagen-Charakter explizit besitzen, z. B., auf den Satz „Die Erde hat einige Zeit vor meiner Geburt schon existiert" (vgl. §397). Gehören aber alle Mooreschen Sätze zur Grundlage der Sprachspiele? Solche Mooreschen Sätze wie „Im letzten Monat habe ich täglich gebadet" (§417) scheinen zwar prima facie nicht zu den Kandidaten zu zählen, sind jedoch vielleicht in einem weiten

13.1 Die Analyse des §403

Sinne als dazugehörig anzusehen, weil sie mit dem tagtäglichen Leben so eng verbunden sind, dass etwa unser Gedächtnis gar nicht als Evidenz taugen könnte, wenn sie sich als falsch erwiesen (vgl. §202). Sie stehen, anders formuliert, in einem engen Zusammenhang mit gewisser Evidenz, die wir in unseren einzelnen Sprachspielen handhaben, machen in diesem Sinne ihre Grundlage aus und sind dementsprechend wahr.

Allerdings denke ich zugleich, dass es auch solche Mooreschen Sätze gibt, die selbst diesen etwas gemäßigten Grundlagen-Charakter nicht zu besitzen scheinen. Wie Wittgenstein in §185 erwähnt, käme es ihm zwar „lächerlich" vor, die Existenz Napoleons bezweifeln zu wollen, dies läuft aber meines Erachtens im Gegensatz zum Zweifel an der Existenz der Erde von 150 Jahren nicht darauf hinaus, „unser ganzes System der Evidenz" zu bezweifeln. Natürlich ließen sich die betreffenden Sprachspiele nicht mehr richtig spielen, wenn man ständig an solchen etwa im Geschichtsunterricht gelernten Mooreschen Sätzen wie „Napoleon Bonaparte hat existiert" oder „Die Schlacht bei Austerlitz begann 1805" zweifelte (vgl. die §§310–317). Mir scheint jedoch, dass unser ganzes System der Evidenz nach wie vor aufrechterhalten bleiben könnte, auch wenn es sich – mitunter zum Erstaunen – vor allem wissenschaftlich als falsch erwiese, dass Napoleon existierte, dass die Schlacht bei Austerlitz 1805 begann, oder auch solch ein physikalischer Satz wie „Das Wasser im Kessel wird auf der Gasflamme nicht gefrieren, sondern kochen" (vgl. §613). Obwohl wir uns im Alltag auch dieser Mooreschen Sätze sicher sind (vgl. §183), verhalten sie sich doch anders als diejenigen, deren Zweifel direkt „das Wesen aller historischer Evidenz" bzw. das Wesen aller sicherer Evidenz anzutasten scheint (vgl. die §§186 und 188). In diesem Lichte denke ich, dass einige Mooresche Sätze unter gewissen Umständen nicht mehr wahr sein, sondern sich als falsch erweisen könnten, während die Grundlage der Sprachspiele einschließlich der dafür relevanten sicheren Evidenz nicht ins Wanken geriete. Sie besitzen also, wie mir scheint, eigentlich keinen wesentlichen Grundlagen-Charakter oder sind zumindest nicht so grundlegend wie andere Mooreschen Sätze, die nicht falsch sein können, sofern die in §403 erwähnte Grundlage feststeht.

13.1.2 §403 in der Sekundärliteratur

Obwohl ich gerade nur relativ klare Punkte in §403 aufgezählt habe, sind eigentlich sowohl die §§403 f. als auch ihre umliegenden Paragraphen sehr kompliziert formuliert worden, wie wir unten genauer sehen werden. Bei der Lektüre des §403 wird in der Sekundärliteratur (a.2.) meist in den Vordergrund gerückt und dort wird auch betont, dass die „unwankende Grundlage", die einige Mooresche Sätze ausmachen, grundlos bzw. evidenzlos ist. Ausgehend davon, dass unser Wissensbegriff immer mit Rechtfertigungen durch Gründe sowie Evidenz verwoben sei, halten es dann einige Interpreten wiederum für falsch, die Wahrheit Moorescher Sätze als ‚Wissen' zu bezeichnen.[1] Wie aber auch z. B. mit Blick auf Kap. 11 gesehen wurde, lässt sich dies weder mit Wittgensteins Rede von „Ich weiß" (§§395 f.) noch mit seiner Rede von „Wissen" vereinbaren (§§426 und 431; vgl. auch LS II, S. 81). Bedenklich ist vor allem, was Moyal-Sharrock mit Bezug zu den §§151, 403 und 414 über ein/das ‚Wissen' im Hinblick auf Mooresche Sätze behauptet:

That is precisely what Wittgenstein will suggest – Moore does not *know* that he is now standing up and talking or that the object he is waving is a hand. This is not to say that Wittgenstein is questioning or belittling Moore's **assurance** about these things, only that he believes this **assurance** to be of another, more foundational, breed than knowing [...].
Wittgenstein then does not question the legitimacy of Moore's **assurance**, only whether Moore and philosophical tradition are right to call it 'knowledge'. [Hervorhebungen von mir][2]

Bei dieser Deutung von Wittgensteins Kritik an Moores Gebrauch von „Ich weiß" scheint mir insbesondere die Wortwahl von „*assurance*" missglückt und irreführend zu sein. Das Wort „*assurance*" wird nun in der gängigen englischen Übersetzung von ÜG, also in OC, als Übersetzung von Wittgensteins Wort „Versicherung" angeboten. Angesichts der Tatsache, dass sich kurz vor der zitierten Stelle Moyal-Sharrocks Bezeichnung „*Versicherung* ('assurance')"[3] findet, scheint sie ebenfalls diese Übersetzung in OC vorzunehmen. Problematisch scheint mir dann aber, dass sie diese „Versicherung" als eine Variante von „*Gewissheit*", „*Sicherheit*", „*Bestimmtheit*", „*Überzeugung*", „*(das) Sichersein*", „*unbedingt vertrauen*" und „*es steht (für mich) fest*" beschreibt.[4] Meines Erachtens lassen sich nach Wittgensteins Gebrauch die genannten Ausdrücke nicht einfach als äquivalent lesen. Denn das Wort „Versicherung/versichern" bedeutet in ÜG generell eher „Sicherstellen" („*making sure*")[5] oder „Beteuern" (vgl. §488)

---

[1] Z. B. Ertz, T.-P. (2008), S. 184; Moyal-Sharrock, D. (2004a), S. 15; vgl. auch Moyal-Sharrock, D. (2013), S. 21.

[2] Moyal-Sharrock, D. (2004a), S. 14.

[3] Ebd., S. 13.

[4] Ebd.

[5] Vgl. Malcolm, N. (2001), S. 72 f.

13.1 Die Analyse des §403   207

und ist in dieser Hinsicht anders beschaffen als die Ausdrücke wie „Gewissheit",
„Sicherheit". Im Gegensatz zu diesen Ausdrücken ist vor allem Moores Versicherung, die sich zusammen mit der Äußerung „Ich weiß" an Mooresche Sätze
richtet, eigentlich genau das, was Wittgenstein in ÜG kritisieren will. Wie er
in mehreren Paragraphen zum Ausdruck bringt, kann es nach ihm nicht genug
sein, jemandem auf Mooresche Weise, sprich, ohne Angabe von Gründen zu
versichern, man wisse das, was man mit einem Mooreschen Satz behaupten
möchte.[6] Dies ist schlechthin Wittgensteins Kritikpunkt an Moores Versicherung,
und nicht, dass Moore Mooresche Sätze als ‚Wissen' behandle, weil sich Wittgenstein selbst nicht weigert, sie ‚Wissen' zu nennen (§§419, 431 und 567; vgl.
auch §7 und LS II, S. 81).

In Bezug auf die *Wahrheit* Moorescher Sätze, die in §403 thematisiert wird,
erwähnt dann Hermann folgendes:

> The fact that Wittgenstein sometimes speaks about their truth has led some inter-
> preters to believe that these propositions [= Mooresche Sätze] can be true or false,
> whereas Wittgenstein explicitly writes that they can be regarded as true only in a spe-
> cial sense: they are true only inasmuch as they are 'an unmoving foundation of [our:
> Einfügung von Hermann] language-games' (OC 403).[7]

Zu diesen „some interpreters" zählt Herrmann zwar auch Williams, der Mooresche Sätze als „straightforwardly true"[8] beschreibt, aber ihre Haltung, dass
Mooresche Sätze nur in einem speziellen Sinn wahr sein könnten, ist eigentlich negativ. Denn anschließend erwähnt sie fernerhin: „Instead of saying that
they are true, we should say that they 'stand fast' for us (OC 152).[39] Justification
and truth are only applicable to propositions that operate as an empirical proposition"[9]. In der im Zitat genannten Fußnote 39 schreibt Hermann: „That truth is not
what is at stake here is emphasised for instance by Moyal-Sharrock"[10], während
sich Moyal-Sharrock am von Hermann angeführten Ort in der Weise ausdrückt:

---

[6] Siehe z. B. die §§15, 21, 37, 137, 389 f., 426, 438, 441 und 520.

[7] Hermann, J. (2015), S. 55.

[8] Ebd., S. 55, Fn.38. Vgl. auch Williams, M. (2004a), S. 255 und 267. Außer Williams zählt
Hermann auch Nigel Pleasants, der nach ihr die Position vertritt: „the beliefs in question
are true, though neither analytically nor necessarily true" (Hermann, J. (2015), S. 55, Fn.38;
Pleasants, N. (2008), S. 250, Fn.5), wobei es aber fragwürdig ist, ob Wittgenstein in ÜG „ana-
lytisch wahr" sowie „notwendig wahr", wie es auch immer gedeutet werden mag, überhaupt
thematisieren will.

[9] Hermann, J. (2015), S. 55.

[10] Ebd,. S. 55, Fn.39.

„Notice that *truth* here [= §83] is italicized; it does not refer to truth at all"[11]. Nach meiner Lesart sollte man jedoch, wie in Kap. 2 gesagt, die sogenannte „Wahrheit in einem speziellen Sinn" auch als solche betrachten, die unseren Wahrheitsbegriff ausmacht, und sie aus diesem Grund nicht vernachlässigen. Vor allem erscheint mir zweifelhaft, ob allein die Kursivierung von *„Wahrheit"* in §83 als Beleg dafür gelten kann, dass Wittgenstein Mooreschen Sätzen die Wahrheit abspricht, weil das Wort „Wahrheit" an anderen Stellen[12] inklusive des §403 nicht hervorgehoben wird.

Zu beachten ist auch noch, was Hermann an einer anderen Stelle über „wahr" erwähnt: „That the child in question **should** receive the anaesthetic should then be conceived of as true only insofar as it is 'an unmoving foundation of his moral language-games' (see OC 403) [Hervorhebung von mir]"[13]. Diese Bemerkung lässt sich dann nach Hermanns obiger Erläuterung als auf die Wahrheit in einem speziellen Sinne bezogen verstehen. Sie könnte jedoch ohne Weiteres zu Diskussionen führen, ob solche ‚Sollen-Sätze', die oft moralische Urteile zum Ausdruck bringen, entsprechend ÜG überhaupt als wahr angesehen werden können, und ob sie überhaupt zu den Mooreschen Sätzen, die Wittgenstein in ÜG in Angriff nimmt, gezählt werden können. Denn er greift bei der Rede von „wahr" in ÜG solche ‚Sollen-Sätze' gar nicht auf, sondern behauptet in §284 sogar im Hinblick auf Mooresche Sätze, „Damit will ich natürlich nicht sagen, daß der Mensch so handeln *solle*, sondern nur, daß er so handelt".

Darüber hinaus schreibt Kober Wittgenstein eine Art Idealismus zu, der anders sei als ein traditioneller radikaler Idealismus, der „die Welt" als „Produkte oder Ideen eines (erkennenden) Subjektes oder Geistes"[14] auffasst. Mit Bezug zu §403 bringt Kober dann seine zentrale Idee zum Ausdruck, wobei er Mooresche Sätze wie „Das ist eine Hand" als „primitive Normen"[15] beschreibt:

Wittgensteins Idealismus ist in der Nicht-Explizierbarkeit der Wahrheitsbedingungen einer primitiven Norm bzw. in der Autonomie der Grammatik begründet. Es ist demnach unmöglich, zu sagen bzw. zu wissen, wie die Welt wirklich ist. Denn der Bezug auf die Welt ist nur möglich innerhalb von Sprachspielen, die solche Normen als

---

[11] Moyal-Sharrock, D. (2004a), S. 86, Fn.23 (S. 218). In mancher Sekundärliteratur wird §403 zwar diskutiert, aber das dort auftretende Wort „Wahrheit" wird eher außer Acht gelassen (siehe z. B. Brice, R. G. (2014), S. 6; Moyal-Sharrock, D. (2017), S. 549).

[12] Siehe §193 und BF III §348/LS II, S. 106.

[13] Hermann, J. (2015), S. 92.

[14] Kober, M. (1993), S. 253; vgl. auch ebd., S. 251.

[15] Ebd., S. 245 und 249.

13.1 Die Analyse des §403

konstitutiv bereits voraussetzen. Das kann bedeuten, daß wir in unseren deskriptiven Sprachspielen über die Welt immer nur unter dem *Aspekt* (im Sinne [der Sichtweise im Rahmen eines Weltbildes, die Kober in Verbindung mit der Thematik des Aspekt-Sehens etwa im Teil II von PU erläutert]) sprechen, den uns unsere Begriffe erlauben.[16]

Was meint aber Kober mit dem Satz: „Es ist demnach unmöglich, zu sagen bzw. zu wissen, wie die Welt wirklich ist"? Wie vom Kontext her nahegelegt, betrachtet er die besagte Unmöglichkeit als einen Grund für Wittgensteins Verzicht auf die Korrespondenztheorie, genauer, für seine „Preisgabe der eigentlichen Idee von Wahrheit und Objektivität, unter der man sich im allgemeinen (gleichsam vorphilosophisch) eine Übereinstimmung [im korrespondenztheoretischen Sinn] von der Welt und dem, was über sie gesagt wird, vorstellt"[17]. In diesem Lichte lässt sich dann der Ausdruck „wie die Welt wirklich ist" als so etwas wie „was objektiv wahr ist" oder „was unabhängig von Sprachspielen wahr ist" verstehen. Kobers Vorgehensweise äußert sich nämlich darin, einmal vorauszusetzen, dass es *objektive* Wahrheit gäbe, und dann zu behaupten, dass es nach Wittgenstein unmöglich sei, zu sagen bzw. zu wissen, wie sie aussehe, um ihm anschließend einen Idealismus zuzusprechen.

An dieser Stelle konzentriere ich mich nicht auf die Fragen, ob es angemessen ist, in diesem Kontext – insbesondere bzgl. des Weltbildbegriffs – Wittgensteins Thematik des Aspekt-Sehens ins Spiel zu bringen, und auch nicht ob man wie Kober mit Recht sagen kann, dass die *objektive* Wahrheit eines Satzes in seiner Übereinstimmung mit der Wirklichkeit bestehe.[18] In der zitierten Passage erscheint mir aber schon alleine die Rede von „wie die Welt wirklich ist" im Sinne von ‚Objektivität' sowie ‚objektiver Wahrheit', die als von jeglichem Sprachspiel losgelöst zu verstehen ist, bedenklich. Denn sie ist ebenso problematisch wie die Rede von „objektiver Wahrheit" in §108, die ich kritisch deute. Wie ich das Argument im obigen Zitat verstehe, läuft es darauf hinaus, dass man sich nur innerhalb von Sprachspielen auf die Welt beziehen könne und es entsprechend von dem vorliegenden *Aspekt* abhänge, wie da diese Welt aussehe, weshalb sie keine „wirkliche" sei, die *objektiv* oder über alle Sprachspiele hinausgehend bestehe. Und Wittgensteins Bemerkung in §105 lässt sich tatsächlich ähnlich in der Weise lesen, dass man nur innerhalb von Sprachspielen von der Welt reden und weiterhin richtig argumentieren – prüfen, bekräftigen/bestätigen,

---

[16] Ebd., S. 253.

[17] Ebd., S. 254 f.

[18] Nach Krebs gehe Malcolm auch von dieser korrespondenztheoretischen Auffassung aus. Um ihn und Kober zu kritisieren, behauptet Krebs §199 heranziehend, dass mit der Idee mit ‚Übereinstimmung' nichts zu gewinnen sei. Zu seiner Kritik an Kober und Malcolm, siehe vor allem Krebs, A. (2007), S. 119–125.

entkräften – kann, wie sie aussieht. Ich bin jedoch unsicher, ob man dabei von der „wirklichen Welt" im Koberschen Sinn überhaupt sinnvoll reden kann. Denn diese „wirkliche Welt" ist nach meiner Einschätzung nichts anderes als solch eine *absolute* Welt, die nicht nur, wie in §108 angedeutet, außerhalb aller Sprachspiele besteht, sondern uns allen, die beim Argumentieren – mit Bezug zur Welt, z. B. – von einem Sprachspiel ausgehen, nicht zugänglich ist. In dieser Hinsicht stimme ich Krebs' Kritik an Kober zu, dass sich seine Deutung inzwischen auf seltsames „sprachspiel-externes" oder „sprachspiel-überschreitendes"[19] Terrain begibt. Wie mir scheint, ist es alleine schon ein philosophischer *metalogischer* Versuch, diese absolute/über alle Sprachspiele hinausgehende „wirkliche Welt" anzunehmen, unabhängig davon, ob man da die negativen Schlüsse ziehen will, dass es unmöglich sei, sich zu dieser Welt Zugang zu verschaffen. Falls man wie Kober gleichsam von hoher philosophischer Warte aus eine von allen Sprachspielen unabhängige Welt zunächst einmal annehmen und mit Rekurs auf die Unmöglichkeit ihres Wissens so reden will, als sei Wittgenstein ein Idealist, dann muss die Rede von „Wittgensteins Idealismus" auch philosophisch bzw. metalogisch gebraucht sein.[20]

13.2 Die Analyse der §§404 f.

Zu den §§404 f. (MS175, 69v–70r)

404. [b.1] Ich will sagen: Es ist nicht so, daß der Mensch in gewissen Punkten mit vollkommener Sicherheit die Wahrheit weiß. [b.2] Sondern die // Die // vollkommene Sicherheit bezieht sich nur auf seine Einstellung. [Im MS mit ein paar Wellenlinien versehen]
405. Aber auch hier ist natürlich noch ein Fehler.

13.2.1 Der Zusammenhang zwischen „vollkommener Sicherheit" und „Einstellung"

Was Wittgenstein in §404 sagen will, lässt sich klarerweise mit §403 verknüpfen, obwohl er die in §403 nicht auftretenden Ausdrücke „vollkommene Sicherheit" und „Einstellung" in §404 verwendet. In dieser Hinsicht lässt sich (b.1.) weiterhin

---

[19] Siehe etwa ebd., S. 121 und 124.
[20] Genaueres zum Verhältnis zwischen „objektiver Wahrheit" und „metalogisch" wird vor allem in Kap. 4 diskutiert.

13.2 Die Analyse der §§404 f.   211

in der Weise lesen, dass es um Mooresche Sätze und den falschen Gebrauch von „wissen" geht. So gesehen läuft das was Wittgenstein mit (b.1.) sagen will, darauf hinaus, dass es falsch ist, vom – vernünftigen – Menschen im Hinblick auf Mooresche Sätze oder „in gewissen Punkten", die sie zum Ausdruck bringen, zu sagen, er wisse mit vollkommener Sicherheit um deren Wahrheit.

Ähnlich wie in §403 weist Wittgenstein in §404 eher auf die *Falschheit* der Aussage hin, dass jemand mit vollkommener Sicherheit die Wahrheit wisse, als auf die *Unsinnigkeit* der Verwendung von „Ich/Er weiß". Wie in (b.2.) genannt, bezieht sich die vollkommene Sicherheit *nur* auf „seine Einstellung". Andersherum betrachtet wäre es falsch, zu sagen, dass jemand mit vollkommener Sicherheit die Wahrheit gewisser Sätze wisse, wenn „seine Einstellung" so geschaffen wäre, dass er sich über sie nicht vollkommen sicher wäre.

Es stellen sich aber die Fragen: Worin steckt der in §405 genannte Fehler in §404? Und auch: Wie ist der Ausdruck „seine Einstellung" zu verstehen, wobei Wittgenstein im MS wegen seiner Unzufriedenheit das Wort „Einstellung" mit ein paar Wellenlinien versehen hat? Betrachten wir hierfür zunächst, wie die §§404 f. in der Sekundärliteratur gedeutet werden.

13.2.2 §404 in der Sekundärliteratur

In der Sekundärliteratur bzgl. des §404 findet man auch ähnliche negative Deutungen wie in §403 über ‚Wissen' und ‚Wahrheit' im Hinblick auf Mooresche Sätze. Bspw. sieht McGinn sie vermutlich wegen des (b.1.) nicht als ‚Wissen' an[21], während Coliva sie, ohne eine *nichtpropositionale* Lesart zu vertreten, als solche Sätze („*propositionen*") liest, die deshalb weder wahr noch falsch sein könnten, weil sie nicht deskriptiv, sondern normativ seien.[22] Betrachtenswert ist dann insbesondere, wie Moyal-Sharrock nach ihrer *nichtpropositionalen* Lesart §404 deutet. Indem sie das Wort „Einstellung" in §404 ernst nimmt, interpretiert sie es als „non-epistemic, non-propositional attitude"[23]. Diesbezüglich behauptet

---

[21] McGinn, M. (1989), S. 118. Außer §404 bezieht sich McGinn auch die auf die §§111 f., 116, 151, und 414.

[22] Coliva, A. (2010), S. 183; Coliva, A. (2013a), S. 5, Fn.8. An beiden Orten bezieht sich Coliva auch auf die §§162–3, 204–205, 222, und 500.

[23] Moyal-Sharrock, D. (2004a), S. 62; Moyal-Sharrock, D. (2005), S. 84 f. An dieser Stelle übernimmt Moyal-Sharrock John Searles Auffassung über die ‚Background capacities' als ‚not in propositional form'. Siehe auch Searle, J. (1992), S. 58.

sie dann von „*our hinges*" bzw. „*objective certainties*", die sie wegen der *Nicht-propositionalität* als Mooresche Sätze o.ä. zu nennen vermeidet[24]: „Our hinges are not reflections of how the world is; they are our fundamental *Einstellungen* (OC 404), but these attitudes are not *grounded on* or *justified by* how the world is" und weiterhin:

> As an objective certainty, as a hinge, it [= the sentence: 'I speak French'] articulates no truth; it only translates my unjustified (to myself) certainty that I speak French. As *a hinge*, the sentence cannot be an object of knowledge or a description of facts.

Moyal-Sharrock zufolge seien ‚objektive Sicherheiten', die ich einfach als Mooresche Sätze beschreiben würde, weder propositional noch wahr noch Gegenstand von Wissen noch deskriptiv. An dieser Stelle gehe ich nicht mehr auf die Kritik an dieser Moyal-Sharrockschen Auffassung ein, da wir bereits an früheren Stellen gesehen haben, dass sich die genannte Einschätzung über Mooresche Sätze nach meiner Lesart mit einigen Bemerkungen in ÜG nicht vereinbart. Vielmehr möchte ich mich auf die Fragen konzentrieren, was Wittgenstein mit dem Wort „Einstellung" in §404 meint, und dann, ob man dort wie Moyal-Sharrock einfach von „Einstellung" reden kann.

Betrachten wir nun Kobers Deutung von §404. Das Wort „Einstellung" versteht er als „*something psychological*", genauer gesagt, als „subjektive Wahrheit", „Wahrhaftigkeit" („*truthfulness*"), oder „an attitude depending on subjective criteria"[25]. Fernerhin deutet er dann §404 zusammen mit den §§66, 366 f. und 415 wie folgt:

> Auch bei Wittgenstein finden sich Deutungen von „Gewißheit" als psychologisch beschreibbarer Zustand (s. *BPP* I 836; *BPP* II 277). Man kann dann von verschiedenen Graden der Sicherheit oder Überzeugtheit über die Wahrheit eines Satzes sprechen und „Gewißheit" als den höchsten Grad dieser Überzeugtheit definieren (vgl *ÜG* 66, 386f, 404, 415). In der Bemerkung *ÜG* 405 wird aber deutlich, daß das nicht der Aspekt ist, den Wittgenstein aus epistemologischer Sicht im Auge hat.[26]

Um beide Gedanken Kobers kompatibel zu machen, kann man ihn so verstehen, dass nach ihm „die vollkommene Sicherheit" in §404 „den höchsten Grad" der psychologischen Gewissheit von jemandem darstelle, mit der er über die Wahrheit

---

[24] Siehe z. B. Moyal-Sharrock, D. (2004a), S. 51: „I will, however in keeping with my appeal to call a spade a spade, no longer refer to hinge 'propositions', but simply to *hinges*".

[25] Kober, M. (1993), S. 234; Kober, M. (1996), S. 427.

[26] Kober, M. (1993), S. 124, Fn.1.

13.2 Die Analyse der §§404 f. 213

eines Satzes spreche, und sie sich nur auf seine subjektive bzw. psychologische Einstellung beziehe. Demzufolge ist die Interpretation naheliegend, dass Kober die kritische Bemerkung in §405 vor allem als gegen den Ausdruck „die vollkommene Sicherheit" gerichtet liest, um dann die Idee zurückzuweisen, dass man mit „vollkommener Sicherheit", die sich bloß auf die Wahrhaftigkeit bezieht, sprich, mit subjektiver Gewissheit über die Wahrheit eines Mooreschen Satzes spricht.

Ist aber diese Kobersche Deutung angemessen? Zwar bemerkt Krebs zu Recht, dass §404 „wegen der auf diesen Abschnitt bezogenen Selbstkritik in ÜG 405 nicht ganz statthaft ist"[27], meines Erachtens richtet sich aber diese Selbstkritik nicht gegen den Ausdruck „vollkommene Sicherheit", weil das Wort „Sicherheit" in ÜG nicht unbedingt im subjektiven oder psychologischen Sinne gebraucht wird.[28] Obwohl ich zugegebenermaßen unsicher bin, was genau der in §405 genannte Fehler ist und auch ob es in meiner Deutung eigentlich um einen „Fehler" geht, scheint mir zumindest der Ausdruck „Einstellung", unter den Wittgenstein im MS Wellenlinien zog, bedenklich und vielleicht eine Art „sprachlicher Fehler" zu sein. Denn das Wort „Einstellung" klingt ebenfalls, obwohl Kober dies im Hinblick auf den Ausdruck „vollkommen Sicherheit" erwähnt, zu subjektiv oder psychologisch. Die „Einstellung", auf die sich die vollkommene Sicherheit bezieht, ist also, wie Morawetz schreibt, „not *merely* an attitude. It is (as we say) a 'logical' condition of making judgments and using "true" and 'false'"[29], oder, wie Hermann über die „*attitude*" bemerkt, „one that we share with the other participants in the respective practice(s)"[30]. Diesen Bemerkungen folgend lässt sich dann sagen, dass die vollkommene Sicherheit über Mooresche Sätze weder bloß psychologisch noch subjektiv ist, sondern vielmehr *logisch*, also, zur Grundlage der Sprachspiele oder zu unserem *Handeln*, „welches am Grunde des Sprachspiels liegt" (§204) gehört. So gesehen ist es irreführend und deshalb unangebracht, sowohl in §404 als auch in §381 das viel zu subjektiv klingende Wort „Einstellung" zu verwenden.[31]

---

[27] Krebs, A. (2007), S. 120, Fn.1. Dort klärt aber Krebs nicht, was genau in §404 nicht statthaft ist.

[28] Siehe z. B. die §§196 und 357–9, vgl. auch „*mathematische* Sicherheit" in §651.

[29] Morawetz, T. (1978), S. 135.

[30] Hermann, J. (2015), S. 48.

[31] In seinem Aufsatz in Moyal-Sharrock, D., & Brenner, W. H. (Hg.) (2005) hat Kober jedoch meines Erachtens die von ihm 1993 und 1996 vertretene kritische Auffassung bezüglich der „Einstellung" als „subjektive Wahrheit" aufgegeben. Er vergleicht die Einstellung in §404 mit „a religious stance": „it [= a religious attitude or stance] is not necessarily linked to reason or justification […], it is neither rational nor irrational, neither true nor false, and there is no error possible" (Kober, M. (2005), S. 247; siehe auch S. 246). Da Kober nicht nur die

13.3 Wittgensteins „Kampf gegen Windmühlen"

Soweit sind wir – eher grob – auf die §§403–405 eingegangen und haben diesbezüglich einige Analysen in der Sekundärliteratur in Betracht gezogen. Ist es aber wirklich wahr, was Wittgenstein in den §§403 f. behauptet? Denn er drückt sich in den §§403 f. und in ihrem Umkreis eigentlich nicht nur unsicher, sondern auch ziemlich ungereimt aus. Wie in Kap. 1 gesehen, macht Wittgenstein bereits im Gespräch mit Malcolm aus dem Jahre 1949 in Ithaca ausdrücklich eine Unterscheidung zwischen zwei richtigen Verwendungen von „Ich weiß", sprich, der ‚logischen Rechtfertigung' Moorescher Sätze einerseits und der Versicherung kontingenter begründbarer Sätze anderseits, die zusätzlich die Angabe triftiger Gründe für das Wissen benötigt. Nach Wittgensteins damaliger Erklärung liegt dann Moores falscher Gebrauch von „Ich weiß", wie bereits zu Beginn dieses Kapitels gesehen, wesentlich darin, den Mooreschen Sätzen zur Versicherung ein „Ich weiß" voranzustellen, wobei diese bloße Versicherung ohne Begründung nicht ausreicht, um das Wissen zu zeigen. Dies lässt sich eigentlich als Wittgensteins Standardauffassung über den Mooreschen Gebrauch von „Ich weiß" lesen, die seinen bisherigen Bemerkungen zu entnehmen ist, aber mit ihr scheinen die Bemerkungen in den §§403 f. und in ihrem Umkreis nicht gänzlich übereinzustimmen.

Erstens beschreibt Wittgenstein in der Tat, wie in §407 nahegelegt, den falschen Mooreschen Gebrauch von „Ich weiß" als „philosophische Absicht", wobei er zu demjenigen, der anders als in unserer normalen Weise den Ausdruck „Ich weiß" gebraucht, sagen will, „Du *weißt* gar nichts!". Er drückt jedoch zugleich vor allem mit „ob mit Recht?" seine Unsicherheit aus, ob Moore wirklich im genannten philosophischen Sinne sagt, „Ich weiß". Dieser Zweifel deutet an, dass er im Hinblick auf Mooresche Sätze den Ausdruck doch richtig gebraucht haben könnte. Und dieser richtige Gebrauch von „Ich weiß" lässt sich z. B. im Sinne der ‚logischen Rechtfertigung' verstehen, die Wittgenstein an mehreren Stellen als legitim ansieht. Vor allem ist „der ganze Witz" von Wittgensteins Äußerung von „Ich weiß" im Hinblick auf Mooresche Sätze in §409 auch als ‚logische Rechtfertigung' zu lesen, weil er eigentlich auf den Charakter des Sprachspiels, sprich, die Unbezweifelbarkeit Moorescher Sätze innerhalb des Sprachspiels hinweist.

Einstellung für weder wahr noch falsch hält und nichts gegen die Rede von „Einstellung" spricht, ähnelt Kobers – zweite – Deutung nach meiner Einschätzung stark Moyal-Sharrocks Deutung, die aber, wie oben gesehen, von meiner Lesart abweicht.

13.3 Wittgensteins „Kampf gegen Windmühlen" 215

Zweitens schreibt Wittgenstein in §401: „Diese Feststellung [= die Feststellung, dass Mooresche Sätze zum Fundament alles Operierens mit Gedanken (mit der Sprache) gehören] ist nicht von der Form »Ich weiß, …«. »Ich weiß, …« sagt aus, was *ich* weiß, und das ist nicht von logischem Interesse". Zwar lässt sich diese Feststellung angesichts des zweiten Satzes mit dem Ausdruck „von logischem Interesse" als eine *logische* Anmerkung, sprich, eine Anmerkung über das Sprachspiel verstehen, aber es stellt sich die Frage: Warum kann man mit „Ich weiß" diese logische Anmerkung nicht ausdrücken? Hier liegt die Deutung nahe, dass Wittgenstein darin den Grund sieht, dass sich „Ich weiß" nur auf das bezieht, „was *ich* weiß" (§401; vgl. auch §637), also nur auf „persönliches Erlebnis" (vgl. §389), und nicht auf „das Spiel im allgemeinen" (§637; vgl. auch §440). Will aber Wittgenstein hier lediglich den Mooreschen Gebrauch von „Ich weiß", sprich, die Versicherung des Wissens im Falle Moorescher Sätze verwerfen oder auch dessen Gebrauch im Sinne ihrer ‚logischen Rechtfertigung', der nach Wittgenstein eigentlich legitim sein soll? An dieser Stelle schwankt er, scheint mir. Obwohl er in §424 darauf hinweist, dass er doch zumindest eine Verwendung von „Ich weiß" im Hinblick auf Mooresche Sätze akzeptiert, bin ich unsicher, ob keine jegliche Form von „Ich weiß" in seinen Augen dazu taugt, die logische Feststellung auszudrücken. Vielleicht fragt er sich an dieser Stelle, ob man dieses ‚Wissen' überhaupt *sprachlich* zeigen kann. Diese Thematik werden wir in Kap. 16 näher betrachten.

Drittens drückt Wittgenstein in §397 seinen Zweifel in der Weise aus, ob er sich nicht geirrt hat, wenn er den Mooreschen Gebrauch von „Ich weiß" kritisiert und Moore nicht vollkommen Recht hat. Worin könnte aber sein möglicher Irrtum liegen? Könnte man wirklich, wie er in §397 andeutet, seinen Irrtum als „den elementaren Fehler, zu verwechseln, was man denkt mit dem, was man weiß" ansehen? Meines Erachtens durchaus nicht, weil seine Kritik an Moores Gebrauch von „Ich weiß" genau darin besteht, diesen Ausdruck entgegen unserem alltäglichen Gebrauch zu verwenden, und nicht, ihn im Falle Moorescher Sätze trotz der Tatsache zu gebrauchen, dass man diese im Alltag nie aussprechen oder an sie denken würde (§398; vgl. die auch §§87 f., 159 und 167). Wer ‚Mooresche Sätze' für *nichtpropositional* hält und dann nicht als ‚Wissen' ansieht, könnte diese Vermengung nicht für falsch halten und sogar sagen wollen, dass es genau Wittgensteins Sichtweise sei, wie Moyal-Sharrock bemerkt, unser primitives Handeln als „nonratiocinated, noncognitive, nonpropositional, nonlinguistic"[32] anzusehen. Nach meiner Lesart kann man jedoch eine Vermengung dieser Art – ‚animalisch', ‚unvernünftig', *nichtpropositional*', ‚unausgesprochen', ‚kein Wissen', ‚Handeln,

---

[32] Moyal (2004a), S. 204 f.

welches am Grunde des Sprachspiels liegt' (§204) – insgesamt als „den elementaren Fehler" betrachten, den Wittgenstein nicht begeht. Sein „Irrtum", wenn man ihn wie in §397 so nennen will, lässt sich meines Erachtens eher so beschreiben, dass Wittgenstein zwar Moores Äußerung von „Ich weiß" kritisiert, aber dass sie eigentlich inhaltlich zutrifft, weil wir doch im Hinblick auf Mooresche Sätze tatsächlich Wissen besitzen. Wichtig daran ist, dass sich das Wissen im Falle Moorescher Sätze nicht *sprachlich* – durch das Denken daran bzw. durch die Äußerung von „Ich weiß" –, sondern darin zeigt, „wie ich handle und über die Dinge spreche" (§395), also, im Handeln sowie im Leben[33]. Das *Wissen* zeigt sich nach §398 sogar auch im „Sprachspiel (2)", während diese „vollständig primitive Sprache" (PU §2) nur aus simplen Wörtern „Würfel", „Säule", „Platte", „Balken" besteht und man in dieser Sprache noch nicht einmal sagen kann, „Ich weiß". So gesehen ist Wittgensteins Zweifel in §397 doch berechtigt, weil es eigentlich wahr ist, was Moore mit der Äußerung „Ich weiß" meint.

Viertens stellt sich die Frage, wie auch oben erwähnt: Läuft der Gebrauch von „Ich weiß" in Moores Sinn in §403 wirklich darauf hinaus, zu sagen, „Ein gegebener Moorescher Satz ist unbedingt die Wahrheit"? Wie wir in Kap. 14 genauer sehen werden, bringt Wittgenstein in §424 die Äußerung „Wenn ich jemand mitteilte, daß das ein Baum ist, so wäre es keine bloße Vermutung" und dann in §425 die Äußerung „Es wäre keine Vermutung, und ich könnte es dem Andern mit absoluter Sicherheit mitteilen, als etwas, woran nicht zu zweifeln ist" ins Spiel. Beide Äußerungen sind zwar etwas anders formuliert, aber handeln von Mooreschen Sätzen und sind meines Erachtens als Äquivalenten zu lesen. In §424 wirft er aber dann die Frage auf, ob solch eine Äußerung eigentlich nicht das ist, was Moore sagen wollte, und weiterhin in §425 die Frage, ob sie heißt, „daß es unbedingt die Wahrheit ist", wie auch in §403 gesagt. An dieser Stelle könnte man vielleicht, wie in §403 angedeutet, einfach die Aussage „Ein gegebener Moorescher Satz ist unbedingt die Wahrheit" als die Äußerung von „Ich weiß" in „Moores Sinn" oder das, was Moore sagen wollte, lesen. Aber in Ansehung dessen, dass Wittgenstein im Umkreis des §403 seine Unsicherheit darüber ausdrückt, worauf die Mooresche Verwendung von „Ich weiß" hinausläuft, ist es auch wohl zu vermuten, dass Wittgenstein auch an der Stelle des §403 unsicher ist und eigentlich nicht festlegt, ob die Ausdrücke äquivalent sind oder nicht. Relevant ist aber in §403 (und auch in §425), wie dem auch sei, die Frage, ob die Aussage „Ein gegebener Moorescher Satz ist unbedingt die Wahrheit" für sich genommen richtig ist. Denn Wittgenstein kämpft dort eher um diese Frage,

---

[33] §§7, 428 und 431; vgl. LS II, S. 81. Siehe auch Kap. 15.

13.3 Wittgensteins „Kampf gegen Windmühlen" 217

und so gesehen ist es vor allem für den Wahrheitsbegriff nicht entscheidend, ob die Aussage in §403 wirklich das ist, was Moore sagen wollte.

Fünftens drückt sich Wittgenstein in §403 erneut so unsicher aus, dass es ihm falsch *scheint*, zu sagen, „Ein gegebener Moorescher Satz ist unbedingt die Wahrheit". Wie oben gesehen, ist ein bestimmter Moorescher Satz mit dem Grundlagen-Charakter nur insofern wahr, als er „eine unwankende Grundlage" der Sprachspiele ist, und andersherum betrachtet wäre er nicht wahr, wenn er keine solche Grundlage wäre. Ähnlich kann man auch angesichts des §404 sagen, dass wir mit Mooreschen Sätzen nur insofern die vollkommene Sicherheit haben, als sie zur unserer „Einstellung", oder wie ich meine, zur unseren Sprachspielen gehören, und umgekehrt hätten wir sie nicht, wenn die betreffenden Sätze nicht zu unseren Sprachspielen gehörten. „Meine Einstellung zu ändern" ist etwas, was sozusagen im Fall der „»Revision«" (§492) der Sprachspiele geschieht. Mir scheint, dass die §§381 f., vor allem die MS-Passage in §382, diese *Möglichkeit* andeuten.[34] Ist es aber völlig falsch, zu sagen, dass Mooresche Sätze unbedingt wahr sind, sowie, dass wir über Mooresche Sätze vollkommen sicher sind? Meines Erachtens ist dies doch unter einem gewissen Aspekt wahr. Denn man muss sich in Bezug auf Mooresche Sätze so vollkommen sicher sein, dass man sie nicht bezweifelt, weil man ansonsten nicht garantieren könnte, was überhaupt noch ‚wahr' sein könnte. Hier besteht, nämlich, eine gewisse Spannung. Auf diese Thematik werden wir aber in Kap. 14 näher eingehen.

Meines Erachtens drückt sich Wittgenstein zumindest in diesen fünf Punkten ziemlich unsicher und unklar aus, und seine in diesem Sinne quälenden Untersuchungen lassen sich hier als ein „Kampf gegen Windmühlen" (§400) ansehen. Obwohl er an späteren Stellen weiterhin darum kämpft, über unseren Gebrauch des Wortes „wissen" mehr Klarheit zu gewinnen, ist es eigentlich nicht klar, wie sehr er sich mit seinen Untersuchungen in ÜG letzten Endes zufriedengab. In Ansehungen der bisherigen Ergebnisse lassen sich die §§403–5 jedoch zumindest wie folgt lesen. In den §§403–5 geht es lediglich um Mooresche Sätze. Es ist dann Unsinn, sprich, ein falscher Gebrauch von „Ich weiß", im Fall Moorescher Sätze zur Versicherung zu sagen, dass jemand etwas *weiß*, oder, dass er „in gewissen Punkten mit vollkommener Sicherheit die Wahrheit weiß" (z. B. §§520 f.). Es ist jedoch *de facto* wahr, dass man im Hinblick auf Mooresche Sätze Wissen besitzt, weil es sich tatsächlich im Handeln und Sprechen zeigt, auch wenn man es mit dem Ausdruck „Ich weiß" nicht zeigen könnte. Zugleich

---

[34] Eine Variante zu „mich eines andern zu überzeugen" in §382 (Siehe MS175, 62v–63r). Meines Erachtens hätte das Wort „Einstellung" hier ebenso wie in der MS-Passage in §404 mit Wellenlinien versehen werden sollen.

heißt es aber nicht *immer*, dass Mooresche Sätze unbedingt wahr sind, auch nicht, dass man mit vollkommener Sicherheit die Wahrheit weiß, weil dies nicht mehr der Fall wäre, wenn sie nicht zur Grundlage der Sprachspiele gehörten. Denn die Wahrheit Moorescher Sätze und die vollkommene Sicherheit über sie gründen wesentlich auf den Sprachspielen.

§§419 & 423–425

14

14.1 Erneut: Mooresche Sätze als unbegründete Fundamente

Zu §419 (MS175, 75r–75v)

[a.1.] Wenn ich sage "Ich war nie in Kleinasien", woher kommt mir dieses Wissen? [a.2.] Ich habe es nicht berechnet, niemand hat es mir gesagt; mein Gedächtnis sagt es mir. — [a.3.] So kann ich mich also darin nicht irren? [a.4.] Ist hier eine Wahrheit, die ich weiß? – [a.5.] Ich kann von dieser~m~ ~Feststellung~ Urteil nicht abgehen, ohne alle andern Urteile mitzureißen.

14.1.1 Das Wissen als „Blindheit gegen mein eigenes Unverständnis"

In §419 und in seinem Umkreis ist oft von Mooreschen Sätzen, die sich eher auf private Geschichten beziehen, die Rede. In §419 ins Spiel gebracht wird der von Wittgenstein formulierte Ich-Satz:

(NK) „Ich war nie in Kleinasien".

Er ist etwas anders gestaltet als Mooresche Sätze, die uns *allen* bekannt sein sollen (§100; vgl. auch die §§84, 116, 151 und 462), aber doch im Sinne analog zu ihnen als er vom Sprecher – hier Wittgenstein – unter normalen Umständen als unbezweifelbar aufgefasst wird, während er zu ihm weder durch irgendwelche Untersuchungen gelangt ist noch von ihm überzeugt worden ist. Die *Individualität* von (NK) ist meines Erachtens für die jetzige Diskussion eigentlich nicht relevant,

© Der/die Autor(en), exklusiv lizenziert an Springer-Verlag GmbH, DE, ein Teil von Springer Nature 2022
S. Hashimoto, *Der Wahrheitsbegriff in Über Gewißheit*,
https://doi.org/10.1007/978-3-662-65684-6_14

sondern Sätze solcher Art wie (NK) können einfach wie andere Mooreschen Sätze behandelt werden, obwohl ihre verschiedenen Sorten oft in der Sekundärliteratur unterschieden werden.

Betrachten wir zunächst, was sich aus §419 klar herausstellen lässt. (a.1.) zufolge bezeichnet Wittgenstein den gegebenen Satz ausdrücklich als „Wissen". Wichtig ist aber nun die Frage, woher er dieses Wissen hat. Darauf antwortet (a.2.) sofort, dass es nicht von der Begründung durch Berechnung oder Berichte anderer etc. herrührt, sondern, dass sein Gedächtnis es ihm sagt. Im Zusammenhang mit §417 könnte man dann diesen Punkt besser spezifizieren. Was ihm sein Gedächtnis sagt, heißt nämlich nicht, dass er sich zu diesem Wissen zusätzlich daran erinnert, dass er nie in Kleinasien war, oder, dass er es einem Eintrag im Kalender oder sonstigen Quellen entnimmt. Er verhält sich, wie Wittgenstein in §417 darauf hinweist, in gewisser Hinsicht ähnlich wie bei der Äußerung einer eigenen Empfindung, etwa, „Ich habe einen Stich im Arm empfunden". Denn, wie ich ihn verstehe, ist man sich einfach sicher, dass man eigene Empfindungen wie Schmerzen hat, ohne andere Evidenz, z. B. „ohne daß diese Lokalität mir auf eine andre Weise (durch ein Bild etwa) zum Bewusstsein käme" (§417).[1]

Ohne Mooresche Sätze mit Sätzen über eigene Empfindungen gleichsetzen zu wollen, möchte ich dem §417 entsprechend eher den Punkt hervorheben, dass man weiß, dass man nie in Kleinasien war, ohne sich auf konkrete Evidenz zu stützen. Es reicht in unserem Sprachspiel, jemandem – glaubwürdig – zu sagen, „Ich war nie in Kleinasien" und vielleicht noch so gut wie nichts Aufschlussreiches wie „Mein Gedächtnis sagt es mir" hinzuzufügen, um jemandem zu erklären, nie in Kleinasien gewesen zu sein. In diesem Zusammenhang lese ich dann §418 so, dass Wittgenstein meint, dass das Verstehen/Wissen im Falle Moorescher Sätze darauf hinausläuft, dass man eigentlich nicht versteht oder weiß, aus welchen konkreten Gründen – aus Berechnungen, Berichten etc. – es stammt. Zu sagen, „mein Gedächtnis sagt es mir", bringt nämlich gar keine konkrete Evidenz mit sich. Trotz dieser „Blindheit" konkreter Evidenz verfügt man nicht nur im Falle Moorescher Sätze über ein Verständnis/Wissen, sondern man könnte sogar mit Wittgenstein sagen, dass dieses Verstehen/Wissen sich durch „Blindheit" auszeichnet, so wie er auch an anderen Stellen das Wort „blind/Blindheit" ähnlich gebrauchte (vgl. v. a. PU §219).

Die Fragen in (a.3.) und (a.4.) könnte man dann in diesem Zusammenhang als diejenigen eines Gesprächspartners verstehen, die sich gegen Wittgenstein richten,

---

[1] Meines Erachtens ähnelt solch ein auf Individuen bezogener Moorescher Satz eher den Äußerungen über eigene Empfindungen als Mooresche Sätze, über die wir uns gemeinsam sicher sind, weil beide Individuen betreffen.

14.1 Erneut: Mooresche Sätze als unbegründete Fundamente 221

wobei er zu seinem Wissen, dass er nie in Kleinasien war, gar keine konkreten Gründe angibt, sondern nur sagt, „Mein Gedächtnis sagt es mir." Wer all das Wissen als ‚gerechtfertigt' ansieht[2], ist dazu geneigt, auch für unser Wissen im Falle Moorescher Sätze „gute" Gründe anzugeben. In seinen Augen gilt also der bloße Verweis auf das Gedächtnis nicht als hinreichender Grund für das Wissen (weder im Falle Moorescher Sätze noch im Falle kontingenter Sätze). Wittgenstein ist aber hier schlicht gegen solch eine Gleichstellung des ‚Wissens' mit ‚Begründetheit'. Obwohl er die Fragen in (a.3.) und (a.4.) unbeantwortet lässt, liegt es angesichts seiner bisherigen Bemerkungen in ÜG nahe, dass er da sagen will, dass er sich in (NK) nicht irren kann, obwohl er dazu nur behauptet, das Gedächtnis sage ihm es. Und auch, dass (NK) zwar keine Wahrheit ist, die er im Sinne von „sicher sein" weiß, in dem man zwingende Gründe angeben können muss, aber doch eine Wahrheit, die er im Sinne von „kann sich nicht irren" *weiß*, in dem sich eine logische Anweisung/Rechtfertigung zeigt[3]. Warum antwortet er aber trotz dieser naheliegenden Idee nicht direkt auf die Fragen in (a.3.) und (a.4.)?

14.1.2 Die Gefahr des Mitreißens aller anderen Urteile

Statt auf die Fragen in (a.3.) und (a.4.) explizit zu antworten, lässt Wittgenstein (a.5.) auf (a.4.) folgen. Was er in (a.5.) erwähnt, findet sich auch an mehreren Stellen in ÜG. Es ist zunächst wichtig daran zu erinnern, dass Mooresche Sätze als Grundlage oder Fundament unserer Sprachspiele, wo sie mit anderen Urteilen verwoben sind, fungieren. In den Sprachspielen stehen Mooresche Sätze als wahr fest und werden von anderen Urteilen festgehalten (§144). Ihr Gegenteil – im Ernst – zu äußern, ist da kein Irrtum, für den ein Platz vorgesehen wäre, sondern nur eine vollkommene Regelwidrigkeit, die ausnahmsweise vorkommt (§647), oder eine Verwirrung, die als Ausnahme einmal vorkommt (MS177, 2v; vgl. auch §304). Wenn man sich in einem Mooreschen Satz wie (NK) *irren* könnte, dann brächte das das ganze Sprachspiel, das auf dem Satz basiert, sowie andere Urteile in ihm in Gefahr (vgl. auch die §§69, 490, 494 und 514 f.; BF III §348/LS II, S. 106), oder: „Wenn das immer oder oft vorkäme, würde es

---

[2] Auf diese Weise versteht, wie mir scheint, z. B. Moyal-Sharrock unseren Wissensbegriff. Siehe z. B. Moyal-Sharrock, D. (2004a), S. 15: „It must first be noted that Wittgenstein adheres to the standard view of knowledge as justified true belief,[...] and therefore sees not only the claim to knowledge, but also the possession of knowledge as conceptually linked to justification".

[3] Zu diesen zwei richtigen Verwendungen von „Ich weiß", siehe Kap. 1.

allerdings den Charakter des Sprachspiels gänzlich verändern"[4] (§646). Auf denselben Punkt läuft (a.5.) eigentlich hinaus. Zu beachten ist vielleicht sonst noch, dass Wittgenstein in der dem (a.5.) entsprechenden MS-Passage zunächst (NK) als „Feststellung" bezeichnet hatte, aber dann das Wort wegen der Unzufriedenheit mit einer Wellenlinie unterstrichen und abschließend durchgestrichen hat. (NK) ist, um es zu wiederholen, kein kontingenter Satz, dessen Wahrheit durch zusätzliche Begründungen festzustellen ist, er sollte also nicht als „Feststellung", sondern eher einfach als „Urteil" bezeichnet werden, wie Wittgenstein es tut.

Dieses (a.5) ist aber doch keine direkte Antwort auf die Fragen in (a.3.) und (a.4.). Warum reagiert Wittgenstein nicht wiederum direkt auf (a.3.) und (a.4.)? Dies scheint mir dadurch begründet zu sein, dass (a.3.) und (a.4.) noch zu untersuchen sind, genauer gesagt, dass es, wie bereits in §403 betrachtet, fraglich ist, zu sagen, dass Mooresche Sätze wie (NK) unbedingt wahr seien. Einige Fälle sowie Umstände, die zur Untersuchung von (a.3.) und (a.4.) hilfreich sind, zieht Wittgenstein in den folgenden §§424 f. näher in Betracht.

14.2 Verschiedene Umstände bzgl. der Äußerung von „Ich weiß"

Zu §423 (MS175, 77r–77v)

[b.1.] Warum sag ich also mit Moore nicht einfach "Ich weiß, daß ich in England bin"? [b.2.] Dies zu sagen, hat unter bestimmten Umständen, ~~über~~ die ich mir vorstellen kann, Sinn. [b.3.] Wenn ich aber, nicht in diesen Umständen, den Satz ausspreche um zu zeigen / als Beispiel dafür /, daß ~~Sätze~~ |Wahrheiten| dieser Art |von| mir |mit| ~~g~~|G|ewißlheit| ~~sind~~ zu erkennen sind, dann wird er mir sofort verdächtig. – [b.4.] Ob mit Recht??

14.2.1 Die Umstände in den §§420–422

Um der Frage in (b.1.) gerecht zu werden, ist es erforderlich, die vorangehenden §§420 ff. zurückzuschauen, weil das Wort „also" als Rückbezug auf sie zu lesen ist. Sie werfen nämlich bereits Licht auf die Umstände, unter denen man geneigt ist, mit Moore zu sagen, „Ich weiß es", was in den §§423–425 thematisiert wird.

---

[4] Dies passt, wie Wittgenstein an manchen Stellen in ÜG erwähnt, zu dem Bild, dass sich das Sprachspiel mit der Zeit ändert (§256; siehe auch die §§96–99).

14.2 Verschiedene Umstände bzgl. der Äußerung von „Ich weiß"   223

Betrachten wir nun zunächst §420. Wie das erste Wort „auch" suggeriert, sieht Wittgenstein den von ihm formulierten Ich-Satz:

(IE): „Ich lebe jetzt in England"

analog zu dem in §419 angesprochenen Satz (NK) an. Dann schreibt er in §420, „ein Satz wie [(IE)] hat diese zwei Seiten: [(1)] „Ein *Irrtum* ist er nicht" – aber andererseits: [(2)] was weiß ich von England? Kann ich nicht ganz in meinem Urteilen fehlgehen?". Der Seite (1) entspricht genau die Reaktion, die man gemäß seinem zugrundeliegenden Sprachspiel unter normalen Umständen zeigen will, so wie ich es in meiner Analyse von §419 geschildert habe. Für diejenigen, die gerade in England wohnen, – inklusive Wittgenstein zu der damaligen Zeit – ist nämlich kein *Irrtum* in (IE) *logisch* – im Sprachspiel – möglich. Sie können sich also unter normalen Umständen in (IE) nicht *irren*, weil ansonsten alle anderen Urteile im Sprachspiel mitgerissen würden. Diese Seite des (IE) ist also eigentlich die normale Reaktion, wenn man sich auf das Sprachspiel, in dem (IE) unverrückbar feststeht, stützt.

Die Seite (2) ist dann als eine der Seite (1) entgegengesetzte Reaktion auf Mooresche Sätze wie (IE) anzusehen. In welcher Situation lässt sich aber im Hinblick auf (IE) sagen, „Was weiß ich von England? Kann ich nicht ganz in meinem Urteilen einschließlich (IE) fehlgehen?"? Im Zusammenhang mit dieser *Möglichkeit* des Fehlgehens kann man den zweiten Absatz in §420 lesen, in dem sich Menschen mit zwei extrem verschiedenen Betrachtungsweisen zusammenträfen. In dieser Situation kollidierten zwei verschiedene Betrachtungsweisen oder „Weltanschauungen" (§422; siehe auch „Naturanschauung", „Betrachtung" in den §§291 f.[5]) und es stünde sozusagen „Evidenz gegen Evidenz" (§641). Diese Situation lässt sich anhand des (IE) so beschreiben, dass wer gerade in England wohnen würde, solchen Menschen begegnete, die ›Beweise‹ für das Gegenteil von (IE) zu geben trachteten, während er aber wie §421 vielleicht einwenden wollte, „Alles um mich herum sagt es mir, sowie ich meine Gedanken schweifen lasse und wohin immer, so bestätigen sie mir's" (§421). Allerdings gälte dieser Einwand eigentlich nicht als ›Beweis‹ für (IE) gegenüber den genannten Menschen, während ihre ›Beweise‹ auch ihm gegenüber nicht als gültige Beweise für das Gegenteil von (IE) gälten, sofern er – aus unserer Sicht mit Recht – an seinem Glauben festhalten. Denn was als Beweis, Evidenz, etc. gilt, ist in unseren

---

[5] Im MS stehen die Wörter mit Wellenlinien „Naturanschauung" und „Betrachtung" (MS175, 32v).

Sprachspielen etwas anderes als in ihren „Sprachspielen". Beide Parteien könnten sich also gar nicht voneinander überzeugen, sondern hielten sich einander für – um den Wortlaut von §420 aufzugreifen – „Wahnsinnige" oder „Verrückte". Genau in dieser Situation wirft jedoch Wittgenstein zugleich die Frage auf, „Könnten mir da nicht Zweifel an dem kommen, was mir jetzt das Unzweifelhafteste ist?". Da (IE) zu diesem Unzweifelhaftesten zählt, deutet diese Frage eigentlich die gleiche *Möglichkeit* des Fehlgehens wie im ersten Absatz in §420 sowie in §421 an.

Die Situation der Zusammenkünfte mehrerer extrem verschiedener Weltanschauungen gleicht der Situation, in der Moore sagen würde, „Ich *weiß*, dass (IE)", also, die Situation in (b.1.) in §423. Wie an früheren Stellen gesehen, verwendet er den Ausdruck „Ich weiß", wenn er anderen Menschen, die Mooresche Sätze wie (IE) nicht als wahr ansehen oder an ihnen zweifeln würden, – z. B. dem König in §92 (vgl. auch §132) oder dem wilden Volksstamm in §264 (vgl. auch §106) – begegnet und auf sie zu antworten versucht. Dieses Verständnis Wittgensteins von Moores Gebrauch ist genauer ersichtlich aus den §§520 f., die ihn so schildern, dass er den an ihnen Zweifelnden zur Versicherung nur die Wendung, „Ich weiß" entgegenhält, wobei Wittgenstein diesen Gebrauch als „Moores Fehler" markiert. Allein diese Versicherung hat bei solchen Menschen mit einer extrem unterschiedlichen Perspektive offenbar keine Wirkung. Man könnte sich sogar vorstellen, dass (IE) aus ihrer Sicht doch falsch sein könnte. In dieser Vorstellung könnte man sich auch in ihre Lage hineinversetzen, um sich dann zu fragen, „Was weiß ich von England? Kann ich nicht ganz in meinem Urteilen inklusive des (IE) fehlgehen?". Dieses „Fehlgehen" ist natürlich kategorial verschieden von dem „*Irrtum*", der innerhalb eines Sprachspiels anerkannt wird, und die §§419 f. deuten bereits auf den Unterschied zwischen beiden Wörtern hin, der in §425 explizit geäußert wird. Hier kann man bereits sehen, dass man sich zwar in (IE) *logisch* – innerhalb seines Sprachspiels – nicht irren kann, aber dass dies nicht heißt, dass man darin unfehlbar ist, wie in §425 genannt.

In §422 will dann Wittgenstein die vorliegende Sachlage als das, was wie „Pragmatismus" klingt, bezeichnen. Mir scheint, dass er mit diesem Ausdruck nicht auf irgendeine philosophische These verweist, sondern verschiedene Weltanschauungen einfach als verschiedene Praktiken zeigt. Hier geht es nämlich nicht um eine Art der pragmatischen Wahrheitstheorie, die etwa besagt: Mooresche Sätze wie (IE) sind wahr gdw. sie praktisch sind. Die Pragmatiker könnten ja sagen wollen, (IE) sei wahr, weil er für uns – irgendwie – praktisch sei, während er für die in §420 genannten Menschen falsch sei, weil er für sie nicht praktisch sei. Wittgenstein geht es nicht um diese Idee. Denn sie enthält ebenso einen bedenklichen Punkt wie in §199 und in seinem Umkreis hinsichtlich der Idee mit der Übereinstimmung dargestellt wird. Es ist nämlich unklar, was „praktisch" dort heißen soll, wo es um Mooresche Sätze geht, und sodann, wie die Anwendung von „praktisch" auf diese Sätze aussieht. Von der Wahrheit Moorescher Sätze wie (IE) hat man sich nicht zu überzeugen, ganz zu schweigen davon, dass sie nicht *wegen* ihrer Nützlichkeit wahr genannt werden. Hier ist nämlich nebulös, wie solch eine Nützlichkeit, welche Mooresche Sätze gleichsam – etwa metaphysisch – *wahrmacht*, aussehen könnte.

14.2.2 Zu den Ausdrücken „verdächtig" und „Ob mit Recht?" in §423

Angesichts außergewöhnlicher Umstände wie in §420, in denen Menschen mit einer extrem unterschiedlichen Betrachtungsweise von Mooreschen Sätzen an Sätzen wie (IE) zweifeln würden, würde Moore einfach an seinem Gebrauch der Wendung, „Ich weiß" festhalten, Wittgenstein hingegen wirft in (b.1.) die Frage auf, warum er dies nicht tut. Betrachten wir zunächst solche Umstände, unter denen er (sowie wir) sagen würde, „Ich weiß, dass (IE)". Er redet gleich in (b.2.) von *„bestimmten Umständen"*, unter denen es Sinn hat, zu sagen, „Ich weiß, dass (IE)", und dieser Gebrauch von „Ich weiß" ist im Sinne von „Ich bin sicher" zu verstehen. Diese *„bestimmten Umstände"* sind zwar auch dahingehend außergewöhnlich, dass „Ich weiß" im Hinblick auf (IE) Sinn hat, aber sie sind doch anders beschaffen als jene außergewöhnlichen Umstände, die oben im Spiel sind, weil die Worte „Ich weiß" in letzterem Fall keinen Sinn haben sollen. Die in (b.2.) genannten *„bestimmten Umstände"* verstehe ich vielmehr als diejenigen, unter denen zwar ein Zweifel an (IE) auch bei jemandem, der gerade in England zu sein glaubt, angebracht wäre, sich (IE) jedoch auch rechtfertigen ließe. Man kann sich hier z. B. vorstellen, dass diese Person an der Grenze zwischen England und Wales wohnt, und sie (IE) durch das Nachschauen auf der Weltkarte richtig begründen kann, angenommen, dass ihr Gesprächspartner dieselben Sprachspiele spielt.

Wie (b.3.) nahegelegt, geht es aber hier nicht um solche *„bestimmten Umstände"*, unter denen es klarerweise Sinn ergibt, im Sinne von „Ich bin sicher" zu sagen, „Ich weiß, dass (IE)". Von welchen Umständen ist dann in (b.3.) die Rede? Es sind z. B. solche, unter denen man nur philosophiert (§467; vgl. auch die §§332 und 388), oder – wichtiger – die oben Betrachteten, unter denen Mooresche Sätze wie (IE) von jemandem mit einer anderen Betrachtungsweise in Zweifel gezogen würden und man – mit Moore – einfach sagen wollte, „Ich weiß, dass (IE)", obwohl man keine triftigen Gründe anführen könnte, die ihn überzeugen könnten.

Unter diesen Umständen ist der Satz „Ich weiß, dass (IE)" Wittgenstein laut (b.3.) verdächtig, wenn man ihn ausspricht, „als Beispiel dafür, daß Wahrheiten dieser Art", sprich, Mooresche Sätze wie (IE), „von mir mit Gewißheit zu erkennen sind" (§423). Aus den bisherigen Betrachtungen ergibt sich, warum er den Satz „Ich weiß, dass (IE)" verdächtig findet. Denn Mooresche Sätze, die nicht *epistemisch* begründet sind, und der Gebrauch von „Ich weiß", der der Angabe zusätzlicher Gründe bedarf, passen unter diesen Umständen nicht zusammen. Wie Wittgenstein schreibt, scheint dann der Satz „Ich weiß, dass (IE)" weder dazu zu taugen, zu zeigen, dass Mooresche Sätze „von mir mit Gewißheit zu erkennen sind", noch scheint er ein Beispiel dafür zu geben.

Warum sagt aber Wittgenstein in (b.4.) wiederum mit einem Gedankenstrich, „Ob mit Recht?"? Woher kommt dieser zweite Verdacht, dass es unter den vorliegenden Umständen doch Sinn ergeben könnte, wie Moore zu sagen, „Ich weiß, dass (IE)"? Vielleicht könnte man gleich die Frage bejahen wollen, so wie Moyal-Sharrock auf die ins Englische übersetzte Frage „– Ought it to?" direkt mit „It ought to" antwortet.[6] Ich denke aber, dass Wittgenstein hier erneut genauer betrachten will, wie unsere Verwendungen von „Ich weiß" im Falle Moorescher Sätze aussehen, und, auf was Moores Gebrauch von „Ich weiß" genau hinausläuft. In diesem Sinne sollte man die Frage „Ob mit Recht?" nicht als eine rhetorische, o.ä., lesen, sondern eher als eine zu untersuchende Frage, mit der er weiterhin kämpft. Wie vor allem in Kap. 1 detailliert betrachtet, gibt es nach Wittgenstein eine Verwendungsweise von „Ich weiß", die auch im Falle Moorescher Sätze wie (IE) legitim sein soll. Wittgenstein greift in §424 erneut auf Unterschiede verschiedener Gebrauchsweisen von der Wendung „Ich weiß" zurück.

14.3 Zwei verschiedene Verwendungen von „Ich weiß" und Moores Intention

Zu §424 (MS175, 77v–78)

[c.1.] Ich sage "Ich weiß p" entweder um zu versichern, daß auch mir die Wahrheit p bekannt sei, oder einfach als eine Verstärkung von ⊢ p. [c.2.] Man sagt auch "Ich glaube es nicht, ich weiß es". [c.3.] Und das könnte man auch so ausdrücken (z. B.): "Das ist ein Baum. Und das ist keine bloße Vermutung."

---

[6] Moyal-Sharrock, D. (2004a), S. 14 f.; Moyal-Sharrock, D. (2004b), S. 44.

14.3 Zwei verschiedene Verwendungen von „Ich weiß" ...

[d.1.] Aber wie ist es damit: "Wenn ich jemand mitteilte, daß das ein Baum ist, so wäre es ~~nicht~~ |kleine bloße Vermutung." [d.2.] Ist nicht dies, was Moore sagen wollte?

14.3.1 Die Funktion der Verstärkung

Obwohl Wittgenstein bereits vorher zwischen zwei richtigen Verwendungen von „Ich weiß" unterschieden hat, führt er uns in §424 noch einmal zwei verschiedene richtige Gebrauchsweisen von „Ich weiß" vor Augen. Die erste Verwendung, von der in §424 die Rede ist, taugt laut (c.1.) zur *Versicherung*, dass jemandem, der sagt, „Ich weiß, dass p", die Wahrheit, dass p auch bekannt sei. Aufgrund des Wortes „Versicherung" verstehe ich diesen Gebrauch als lediglich an kontingente Sätze, die sicherzustellen sind, gerichtet, also, als denselben wie den Gebrauch von „Ich weiß" im Sinne von „Ich bin sicher" in §8, der zusätzlicher Gründe für das Wissen bedarf[7]. So gesehen muss „p" in „Ich weiß p" beim ersten Gebrauch in §424 solch ein kontingenter Satz sein, wie der Satz „N.N. war gestern zu Hause", für dessen Begründung man z. B. sagen kann, „Ich habe gestern mit ihm gesprochen" (vgl. §483). Mit anderen Worten: Dieses „p" kann beim richtigen Gebrauch von „Ich weiß" im Sinne der Versicherung kein Moorescher Satz sein, dessen Wahrheit man nicht zu begründen hat. Andernfalls wäre diese Versicherung kein richtiger Gebrauch von „Ich weiß", so wie Wittgenstein ihn in (a.3.) in §423 als „verdächtig" beschreibt und auch als Moores Fehler ansieht.

Als eine andere richtige Verwendung von „Ich weiß p" nennt Wittgenstein in §424 „eine Verstärkung von $\vdash$p". Im Gegensatz zu der ersten Verwendung von „Ich weiß p" kann man zunächst die zweite so verstehen, dass es bei „p" diesmal um einen Mooreschen Satz geht. Denn Wittgenstein bringt gleich in (c.3.) im Hinblick auf diesen Gebrauch den Satz:

(DB): „Das ist ein Baum"

ins Spiel, wobei (DB) „keine bloße Vermutung", sondern, wie nahegelegt, ein unbezweifelbarer Moorescher Satz ist, also etwa als vor einem Baum geäußert gedeutet werden soll. Wie hängt aber dann das Zeichen „ $\vdash$" in §424 mit dieser zweiten Verwendung von „Ich weiß" zusammen?

Betrachten wir nun Wittgensteins weitere Passagen. Gleich nach (c.1.) schreibt er meines Erachtens den Ausdruck „eine Verstärkung von $\vdash$p" in (c.2.) und (c.3.)

---

[7] Zu „Versicherung mit ‚Ich weiß'", siehe etwa die §§15, 21, 23, 113, 137, 389 f., 426, 428, 431, 438, 441, 520 und 581. Relevant hierfür finde ich vor allem die §§21, 438 und 441.

wie folgt um: „Ich weiß p" im Sinn der „Verstärkung" heißt etwa: „Ich *glaube* p nicht, ich *weiß* p"; oder auch: „Das ist ein Baum. Und das ist keine bloße Vermutung." Aus diesen zwei Umformulierungen sind die folgenden zwei Eigenschaften ersichtlich. Was mit „Verstärkung" gemeint ist, ist erstens als „Betonung" dessen zu verstehen, dass p dabei nicht *geglaubt*, sondern *gewusst* wird. Unter denjenigen, die unser Sprachspiel kennen und dieses *Wissen* anerkennen, folgt zweitens z. B. aus dem Satz „Ich weiß, dass (DB)" einfach der Mooresche Satz (DB) mit der Betonung, dass (DB) keine bloße Vermutung ist. Diese Austauschbarkeit zwischen „Ich weiß p" in diesem Sinn und „p" wird auch an späteren Stellen in ÜG thematisiert. Nach Wittgenstein gibt es zwar zwischen dem „Ich weiß p" und „p" den Unterschied, dass eine Person („ich") erwähnt wird, aber dessen ungeachtet sind sie in gewisser Weise miteinander verwandt: „Man ersetzt jedenfalls oft die erste Form [= „Ich weiß, dass es so ist "] durch die zweite [= „Es ist so "] und gibt dieser dann oft eine besondere Intonation" (§587). Oder: „»Ich weiß …« hat nur Sinn, wenn eine Person es äußert. *Dann* ist es gleichgültig, ob die Äußerung ist»Ich weiß …« oder»Das ist …«" (§588). So gesehen lässt sich das „Ich weiß p" im Sinne der Verstärkung einfach als eine Verstärkungsform von „p" verstehen, die betont, dass p kein bloßer subjektiver *Glaube* sei, sondern das *Wissen* der Person darstellt, die es äußert.

Am Ehesten lässt sich in diesem Lichte dieses „ $\vdash$" in §424 einfach als das zur logisch-philosophischen Folklore gehörige Zeichen verstehen. Es wurde erstmals von Frege in dessen *Begriffsschrift* eingeführt, ist in Freges *Grundgesetzen der Arithmetik* omnipräsent, wird dann ebenfalls dauernd von Russell verwendet (in leicht anderer Bedeutung als bei Frege, was aber hier keine Rolle spielt). Vor diesem geschichtlichen Hintergrund dieses Zeichens bietet sich die Deutung an, dass damit „Freges »Urteilsstrich«" gemeint wird, von dem auch Wittgenstein in TLP einmal sagt, dass Frege und Russell „die so bezeichneten Sätze für wahr halten"[8], oder „das Fregesche Behauptungszeichen", von dem er in PU §22 sagt, es „betont den *Satzanfang*"[9]. Wittgenstein ist gegenüber dem üblichen Gebrauch dieses Zeichens zwar kritisch eingestellt, aber in §424 benutzt er den Ausdruck „ $\vdash$p" – meines Erachtens sogar ohne Zweifel – einfach aus Bequemlichkeitsgründen: gemeint ist die *Behauptung*, dass p. Und er sagt dann, dass ein davor gesetztes»Ich weiß« einfach als Verstärkung dieser Behauptung gelesen werden kann.

Entspricht aber dieser zweite Gebrauch von „Ich weiß" in §424 dessen Verwendung im Sinne von „Ich *kann* mich nicht irren" in §8, sprich, im Sinne

---

[8] TLP 4.442; vgl. auch TB, Anhang I, S. 202.
[9] Siehe auch BT S. 160; Z §684.

14.3 Zwei verschiedene Verwendungen von „Ich weiß" ...

„logischer Rechtfertigung", die auch, wie in Kap. 1 gesehen, nur im Falle Moorescher Sätze im Gebrauch ist? Sind beides eigentlich zwei verschiedene richtige Verwendungen oder erklärt Wittgenstein die EINE Verwendung erneut in §424 mit dem Ausdruck „Verstärkung ⊢p" genauer? – Dies erscheint mir unklar und nebulös, weil Wittgenstein dazu so gut wie nichts sagt. In einem anderen Winkel als zuvor könnte man vielleicht einmal sagen wollen, dass das Zeichen „ ⊢" nicht bloß „das Fregesche Behauptungszeichen" sei, sondern sozusagen ein *logisches* Symbol, welches andeute, dass dieser Gebrauch eigentlich im Sinne „logischer Rechtfertigung" gemeint sei. Man könnte sich aber das andere Mal auch fragen: Ist es wirklich „eine Verstärkung", im Sinne „logischer Rechtfertigung" zu sagen, „Ich weiß p", um dann die logische Rolle von p im vorliegenden Sprachspiel auszuweisen, welche darin besteht, dass wer dies sagt, – ebenso wie diejenigen, die das Sprachspiel kennen – sich in p nicht irren *kann* (vgl. auch §308)? Zu diesem Zweck muss man eigentlich nicht unbedingt „eine besondere Intonation" geben wollen, um zu betonen, dass p nicht *geglaubt*, sondern *gewusst* wird. Alle diese Fragen will ich hier offenlassen. Wie auch immer, geht es jedenfalls dem Kontext entsprechend bei der zweiten richtigen Verwendung von „Ich weiß p" in §424 um dessen Gebrauch solcher Art, dass „Ich weiß p" darauf hinausläuft, mit Emphase zu sagen, „p".[10]

14.3.2 Die Vermengung der zwei Verwendungen von „Ich weiß"

Obwohl es unklar bleibt, ob die ‚logische Rechtfertigung' und die Verstärkung mit „Ich weiß" verschiedenes bedeutet, ist es meines Erachtens im jetzigen Kontext viel wichtiger, dass Wittgenstein richtige Verwendungen von „Ich weiß" auch im Falle Moorescher Sätze akzeptiert, als, *wie viele* richtige Verwendungen davon wir in unserem Sprachspiel haben.[11] Es ist also nicht unbedingt ein falscher Gebrauch, auch im Falle Moorescher Sätze zu sagen, „Ich weiß", obwohl Wittgenstein in §423 die Äußerung von „Ich weiß" unter normalen Umständen einmal

---

[10] Kober bemerkt den ersten Satz in §424 – also (c.1.) – zitierend, dass Wittgenstein die Redundanztheorie der Wahrheit akzeptiere, weil „unter bestimmten Umständen ‚ist wahr' in dieser lediglich emphatischen Weise verwendet wird" (Kober, M. (1993), S. 238; vgl. auch Kober, M. (1996), S. 428). Mir scheint jedoch, dass es hier nicht um „‚p ist wahr' = ‚p' ", sondern eher um „‚Ich weiß, dass p' = ‚p' " geht. Es ist in diesem Sinne auch fraglich, ob es angebracht ist, anstelle von „Ich weiß" einfach „ist wahr" zu erklären.

[11] Wittgenstein macht uns an ein Paar Stellen in ÜG auf verschiedene Verwendungen von „Ich weiß" aufmerksam. Er schreibt z. B. in §176 etwa auflistend:

als „verdächtig" beschrieben hat. Unter diesem Aspekt kann man Wittgensteins Zweifel „Ob mit Recht?" in §423 als gerechtfertigt ansehen und auf ihn wie folgt reagieren. Denn es hat zwar keinen Sinn, wie Moore im Sinne von „Ich bin sicher" oder zur Versicherung zu sagen, „Ich weiß, dass (IE)", aber es ist doch legitim, auch von (IE) im Sinne von „Ich kann mich nicht irren" oder zur Verstärkung zu sagen, „Ich weiß, …".

Gehen wir zum nächsten Absatz in §424 über, wobei wir die bisherigen Betrachtungen im Hinterkopf behalten. Wittgenstein wirft in (d.1.) die Frage auf: „Aber" – also, obwohl es sinnvoll ist, im Falle Moorescher Sätze wie (DB) zu sagen, „Das ist ein Baum. Und das ist keine bloße Vermutung" – „wie ist es damit:»Wenn ich jemand mitteilte, daß das ein Baum ist, so wäre es keine bloße Vermutung« [fortan: (MB)]." Er unterscheidet nämlich zwischen der bloßen Aussage „Das ist ein Baum" und (MB), und der wichtige Unterschied liegt offenbar darin, ob von „wenn ich jemand mitteilte" die Rede ist.

Woher kommt aber die Idee mit (MB)? Meines Erachtens ist sie ein Produkt der Vermischung der beiden richtigen Verwendungen von „Ich weiß" in (d.1.), sprich, der Versicherung und der Verstärkung. Man sagt mit (MB), einerseits, dass der Mooresche Satz: (DB) keine bloße Vermutung sei, andererseits, um ihn jemandem zu versichern oder mitzuteilen. In (d.2.) stellt sich dann die Frage: „Ist nicht dies [= (MB)], was Moore sagen wollte?". Darauf reagiert z. B. Morawetz: „And *if* Moore was trying to say this [= (MB)], he was correct. That this is my hand, or that that is a tree, is not a surmise on the basis of particular evidence"[12]. Hat aber Wittgenstein dies in §424 wirklich im Sinn? Wie gesehen, gebraucht

---

176. Statt »Ich weiß es« kann man in manchen Fällen sagen »Es ist so; verlaß dich drauf«. In manchen Fällen aber »Das habe ich schon vor Jahren gelernt«; und manchmal: »Ich bin sicher, daß es so ist«.
Und auch in LS II, S. 80:
Ich weiß … = Ich bin sicher, daß es so ist und es ist so.
Ich wußte … = Ich war sicher, daß es so ist und es war so.
Andererseits unterscheidet er auf etwa grobe Weise, wie in Kap. 1 gesehen, zwischen „Ich weiß" im Sinne von „Ich bin sicher" und im Sinne von „Ich *kann* mich nicht irren" oder ‚logischer Rechtfertigung'. Ich bin mir nicht sicher, ob man in diese zwei Grammatiken alle Verwendungen von „Ich weiß", die z. B. in §176 aufgezählt sind, einfach einordnen kann, und wie viele Grammatiken von „Ich weiß" in ÜG überhaupt angeschnitten sind. Relevant für den Wahrheitsbegriff sind jedoch nur die groben Unterscheidungen von „Ich weiß", nämlich zwischen dem richtigen Gebrauch im Falle kontingener Sätze einerseits und dem richtigen Gebrauch im Falle Moorescher Sätze andererseits, und in diesem Sinne interessiert uns die Frage nicht, wie VIELE Verwendungen von „Ich weiß" es gibt.
[12] Morawetz, T. (1978), S. 90 f. Dort bezieht sich Morawetz auch auf die §§397 f. mit.

14.4 „Wahrheit" und „Fehlbarkeit"   231

Moore im Falle Moorescher Sätze wie (DB) den Ausdruck „Ich weiß", um jemandem, der an ihnen zweifeln würde – dem König, dem wilden Volksstamm, den Menschen in §420 – zu versichern, dass er weiß, dass (DB). Betrachtet man es in diesem Lichte könnte man denken, dass Moores Äußerung auf (MB) hinausläuft, obwohl Wittgenstein die Frage in (b.2.) unbeantwortet lässt. Ich bin jedoch unsicher, ob es „korrekt" ist, (MB) zu äußern, auch unabhängig davon, ob Moore (MB) gebrauchen wollte oder nicht. Denn (MB) lässt sich zwar als eine Vermengung beider richtigen Verwendungen von „Ich weiß" in §424 betrachten, ist aber dann, wie mir scheint, kein normaler Gebrauch mehr von „Ich weiß" in unserem Sprachspiel, sondern vielmehr solch eine falsche Vermengung sprachlicher Ausdrücke, die wir in Kap. 1 als Wittgensteins Kritikpunkt an Moore betrachtet haben. Außerdem würde (MB) natürlich von jemandem nicht für „korrekt" gehalten werden, der nicht nur unser Sprachspiel nicht kennt, sondern eine extrem unterschiedliche Betrachtungsweise besitzt, so wie solche Menschen, die auch in §420 thematisiert werden, wobei Moore nach ÜG genau zu solchen Menschen sagen will, „Ich weiß es".

14.4 „Wahrheit" und „Fehlbarkeit"

Zu §425 (MS175, 78–79)

[e.1.] Es wäre keine Vermutung & ich könnte es dem Andern mit absoluter Sicherheit mitteilen, als etwas woran nicht zu zweifeln ist. [e.2.] Heißt das aber, daß es unbedingt die Wahrheit ist? [e.3.] Kann sich das, was ich mit der vollsten Bestimmtheit für lalsl den Baum erkenne, den ich mein Leben lang hier gesehen habe, lkann sich dasl nicht als etwas anderes entpuppen? [e.4.] Kann es mich nicht verblüffen?
[f.1.] Und dennoch war es richtig unter den Umständen, die diesem Satz Sinn verleihen, zu sagen "Ich weiß (ich vermute nicht nur), daß das ein Baum ist." [f.2.] Zu sagen, in Wahrheit, glaube ich es nur, wäre falsch. [f.3.] Es wäre gänzlich <u>irreführend</u> zu sagen: ich glaube, ich heiße L.W. [f.4.] Und es ist auch richtig: ich kann mich darin nicht <u>irren</u>. [f.5.] Aber das heißt nicht ich sei darin unfehlbar.

14.4.1 Erneut zum Ausdruck „unbedingt die Wahrheit"

Wegen der Ähnlichkeit der in (e.1.) auftretenden Ausdrücke wie „keine Vermutung", „dem Andern mitteilen" lässt sich (e.1.) trotz kleiner Abänderungen einfach als eine Variante von (MB) in §424 lesen. In §424 hat Wittgenstein zwar die Frage aufgeworfen, ob (MB), oder auch (e.1.), genau das ist, was Moore sagen wollte, er stellt aber in (e.2.) die weitere Frage: „Heißt das aber, daß es unbedingt die Wahrheit ist?". Wittgenstein macht es an dieser Stelle, wie mir scheint, nicht explizit klar, ob die Aussage „Es ist unbedingt die Wahrheit" das ist, was Moore sagen wollte. Es ist zu vermuten, dass er diese beiden und auch (MB) für äquivalent hält, so wie er in §403 die Äußerung von „Ich weiß" in Moores Sinn einfach als „Es ist unbedingt die Wahrheit" darstellt. Ob sie alle äquivalent sind oder nicht, ist jedoch meines Erachtens ebenso wenig wichtig für die Diskussion in §425 wie in den §§403 f. Denn Wittgenstein setzt sich an beiden Stellen eher mit der Frage auseinander, ob die Aussage „Es ist unbedingt die Wahrheit" für sich genommen zutrifft, als mit der Frage, welche Moores Intention war.

Wie in Kap. 13 gesehen, betrachtet Wittgenstein die Aussage „Es ist unbedingt die Wahrheit" im Hinblick auf Mooresche Sätze kritisch. Und sie erinnert an die Bemerkung im zweiten Satz des §403, die ich so verstehe, dass Mooresche Sätze gewisser Art nur insofern wahr sind, als sie eine „unwankende Grundlage" der Sprachspiele ausmachen. Zu diesen Kandidaten zählen meines Erachtens klarerweise solche Sätze wie „Die Erde hat einige Zeit vor meiner Geburt schon existiert" (§397) und in einem etwas weiten Sinn auch solche, die mit sicherer Evidenz etwa unserem Gedächtnis eng verknüpft sind, wie „Im letzten Monat habe ich jeden Tag gebadet" (vgl. §417) bzw. „Ich war nie in Kleinasien" (§419). Dazu gehören aber nicht solche wie „Napoleon Bonaparte hat existiert" (vgl. §185), wie ich in Kap. 13 erwähnte. Welcher dieser drei Satzarten lässt sich dann der Mooresche Satz „Das ist ein Baum" in §424 zuordnen, der in §425 weiterhin in der Weise charakterisiert wird, dass der angeführte Baum ein Leben lang an einem gegebenen Ort gesehen wurde? Um die Aussage „Es ist unbedingt die Wahrheit" besser zu verstehen, gilt es zunächst zu beleuchten, welche Art von Mooreschen Sätzen man dabei in Rechnung stellt.

Die Frage, ob der betreffende Mooresche Satz „Das ist ein Baum" den Grundlagen-Charakter der Sprachspiele besitzt, ist im Gegensatz zu dem Mooreschen Satz „Die Erde hat einige Zeit vor meiner Geburt schon existiert" eher klärungsbedürftig. In gewisser Hinsicht scheint mir, dass man diese Frage bejahen kann, wie im Falle solcher Mooreschen Sätze wie „Ich war nie in Kleinasien". Der Mooresche Satz „Das ist ein Baum" hängt, nämlich, auch mit sicherer Evidenz. B, z., der Evidenz „unsrer Sinne" (§201) eng zusammen. Falls er nicht wahr wäre, wäre dieser Evidenz und weiterhin der Grundlage der mit ihr verwobenen Sprachspiele bzw. Weltanschauung nicht zu trauen. Denn es wäre überhaupt nicht klar, was noch sicher bliebe, wenn auch solche Mooreschen Sätze, die die tagtäglich unzählbar oft durch die Sinne bestätigten Fakten zum Ausdruck bringen, einfach nicht wahr wären. Andersherum gilt auch, dass wenn dieser Evidenz, etc. zu trauen ist, sie dann wahr sind und nicht falsch sein können. In Anbetracht

14.4 „Wahrheit" und „Fehlbarkeit"   233

dieser Gefahr der Grundlage lässt sich offenbar nicht sagen, dass der Mooresche
Satz unbedingt wahr ist.

Andererseits lässt sich auch denken, dass sich der Mooresche Satz „Das ist
ein Baum" wie „Napoleon Bonaparte hat existiert" verhält. In diesem Fall würde
die betreffende „unwankende Grundlage" nicht gefährdet, auch wenn er sich
auch erstaunlicherweise als falsch erwiese. Wenn etwa ein namhafter Forstwis-
senschaftler feststellt, dass das Gemeinte kein Baum ist, heißt es nur, dass ein
neues wissenschaftliches Wissen hinzugefügt wurde, wobei die Evidenz unserer
Sinne, unsere Weltanschauung und die auf ihnen beruhenden Sprachspiele eigentlich nach wie vor aufrechterhalten bleiben. Unter solchen Umständen ist der Satz
„Das ist ein Baum" nicht im obigen Sinne als zur Grundlage gehörig anzusehen,
weil er doch wohl nicht wahr sein mag, ohne dass sich der Charakter des betreffenden Sprachspiels gänzlich verändern müsste. So gehen ist es auch natürlich
falsch, zu sagen, dass er unbedingt wahr ist.

Meines Erachtens lässt sich auch der Beispielsatz „Ich heiße L.W." im zweiten
Abschnitt in §424 unter diesen zwei Aspekten betrachten: Zum einen scheint er
mit der Evidenz des Gedächtnisses eng verwoben zu sein und entsprechend die
Grundlage der Sprachspiele auszumachen (vgl. die §§514 f. und auch §594); zum
anderen wäre der Evidenz sowie der Grundlage weiterhin zu trauen, auch wenn
er sich z. B. durch archivistische Untersuchungen des Standesregisters erstaunlicherweise als falsch herausstellte. Wie Wittgenstein selbst andeutet, scheint der
Mooresche Satz, der mit dem Personennamen operiert, nicht unbedingt unbestreit-
bar zu sein (§§655–657; vgl. auch §470). Wittgenstein zählt in ÜG tatsächlich
viele Mooresche Sätze dieser Art auf, zu denen meines Erachtens auch der
Beispielsatz „Ich bin in England" in den §§421 und 423 gerechnet wird.

Obwohl mir scheint, dass die Mooreschen Sätze in §424 unter den zwei
Aspekten betrachtet werden können, passt die Deutungsoption, wonach sie den
genannten Grundlagen-Charakter besitzen, besser zum vorgegebenen Kontext.
Denn diese Deutung steht vor allem in gutem Einvernehmen mit dem Verweis
auf „Weltanschauung" in §422 und der Bemerkung in §419 über das „Abgehen"
vom Urteil im Falle Moorescher Sätze, bei dem alle anderen Urteile im Sprachspiel mitgerissen werden würden. Genauer klärt Wittgenstein dieses „Abgehen"
oder das „Fehlgehen" in §420 in (e.3.) und (e.4.) derart, dass sich Mooresche
Sätze „als etwas andres entpuppen" sowie „mich verblüffen" könnten. Wenn dies
passieren könnte, dann würde es „den Charakter des Sprachspiels gänzlich verändern"[13] (§646), wie wir oben in 14.1.2. gesehen haben, oder sozusagen eine

---

[13] Dies passt, wie Wittgenstein an manchen Stellen in ÜG erwähnt, zu dem Bild, dass sich
das Sprachspiel mit der Zeit ändert (§256; siehe auch die §§96–99).

„»Revision«" der Sprachspiele (§492) herbeiführen. In diesem Lichte betrachtet hinge diese Verblüffung mit der Veränderung des vorliegenden Sprachspiels eng zusammen, und wäre kein Irrtum, „für den, sozusagen, ein Platz im Spiel vorgesehen ist", sondern nichts anderes als eine „Regelwidrigkeit" (§647), für die kein Platz im Sprachspiel vorgesehen wäre. In dieser Hinsicht lässt sich auch behaupten, dass solch ein Verblüffen nicht bloß innerhalb des vorliegenden Sprachspiels, sondern z. B. im Zusammentreffen von zwei verschiedenen Sprachspielen, von denen in einem ein Satz als wahr feststeht, während er es in dem anderen nicht tut, geschehen könnte – ein Fall, der nicht nur in §420, sondern oft in ÜG thematisiert wird.[14]

Dieser ‚Irrtum'-,‚Fehlbarkeit'-Kontrast ist außerdem bei der Deutungsoption nicht deutlich, wonach die genannten Mooreschen Sätze keine besonders fundamentale Rolle spielen. Auch in diesem Fall zweifeln wir eigentlich unter normalen Umständen ohne besondere Gründe nicht an den Mooreschen Sätzen „Das ist ein Baum" sowie „Napoleon Bonaparte hat existiert". Wir erkennen sie dabei ebenfalls „mit absoluter Sicherheit" oder „mit der vollsten Bestimmtheit", wie in §425 gesagt, als wahr. Es könnte entsprechend tatsächlich verblüffend sein, wenn sie sich z. B. durch forstwissenschaftliche bzw. historische Forschungen als falsch erwiesen hätten. Dieses – wissenschaftliche – Nachweisen könnte jedoch innerhalb des vorliegenden Sprachspiels geschehen, weil sich meines Erachtens dessen Charakter nicht gänzlich verändern müsste, auch wenn es sich herausgestellt hätte, dass wir bislang fälschlich z. B. an die Existenz Napoleons geglaubt hätten. So gesehen liegt es nahe, diesen „fälschlichen Glauben" (vgl. auch §72) eher als einen korrigierbaren Irrtum im Sprachspiel zu betrachten, denn als eine Regelwidrigkeit, die hingegen außerhalb dessen stattfinden könnte. Dabei erscheint dann nicht leicht ersichtlich, was die „Fehlbarkeit" im Kontrast zum „Irrtum" im Hinblick auf diese Mooreschen Sätze bedeuten könnte.

Aus diesen Gründen werde ich mich im Folgenden insbesondere auf die Auffassung stützen, dass die Mooreschen Sätze in den §§424 f. den Grundlagen-Charakter besitzen, um besser veranschaulichen zu können, wie Unterschiede zwischen „Irrtum" und „Fehlbarkeit" genauer aussehen.

---

[14] Vgl. z. B. den König in den §§92 und 132, den wilden Volksstamm in den §§106 und 264, die Menschen in §420. Siehe auch die §646 vorangehenden §§638–645.

14.4 „Wahrheit" und „Fehlbarkeit" 235

14.4.2 Unterschiede zwischen „Irrtum" und „Fehlbarkeit"

Gehen wir nun zu dem zweiten Absatz über. Abgesehen davon, welche Umstände und auch welche richtige Gebrauchsweise von „Ich weiß" in (f.1.) hier genau gemeint sind, kommt es in diesem Absatz offenbar auf die Wahrheit Moorescher Sätze wie des (DB) oder des von ihm formulierten Satzes: (IL) „Ich heiße L.W." an. Um diesem Absatz gerecht zu werden, sollte man auf zwei verschiedene Verwendungen des Wortes „Glauben" achten, wie ich an der Stelle des §500 näher erläutern werde, – nämlich im Sinne von bloßem „Vermuten" einerseits und auch etwa im Sinne von „unerschütterliches Glauben" bzw. „unumstößliches Glauben", das sich lediglich auf Mooresche Sätze bezieht, andererseits.[15] Das „nur glauben" in (f.2.) läuft auf ein bloßes Vermuten hinaus und in diesem Sinne passt „nur glauben" nicht zu „Wahrheit", weil sie natürlich keine bloße Vermutung darstellt, wie in §424 hervorgehoben. Angesichts dieser zwei Gebrauchsweisen von „glauben" könnte man es nach (f.3.) als „gänzlich *irreführend*" beschreiben, im Falle Moorescher Sätze wie (IL) zu sagen, „Ich glaube es". Denn angesichts dieser Äußerung könnte es sich so anhören, als seien Mooresche Sätze nur so etwas *Subjektives* wie bloße Vermutungen, wie es beim Wort „Einstellung" in §404 auch der Fall war. Unser Glaube im Hinblick auf Mooresche Sätze ist hingegen etwas *Objektives/Logisches*, sprich, er gehört zu unserem Sprachspiel, in dem wir uns in ihnen nicht *irren* können, wie in (f.4.) genannt.[16] In diesem *logischen* Sinn zu sagen „Ich glaube ..." oder das Wort „Glaube" dementsprechend zu verwenden scheint zwar in Wittgensteins Augen legitim zu sein, weil er auch oft im Hinblick auf Mooresche Sätze das Wort „glauben" benutzt,[17] aber keineswegs im Sinne von „bloßem Vermuten".

Zur Unmöglichkeit eines Irrtums in Mooreschen Sätzen erwähnt Wittgenstein dann in (f.5.) „Aber das heißt nicht, ich sei darin unfehlbar". Diese Bemerkung hängt offensichtlich mit „als etwas andres entpuppen" sowie „mich verblüffen" in §425 zusammen. Betrachten wir dazu Anna Boncompagnis Deutung von (f.5.), bei der sie die englische Übersetzung „that does not mean that I am infallible about it" heranzieht:

> There is a form of fallibilism in Wittgenstein's position too, [...] I think that Wittgenstein's point is that the *physical* possibility of a failure of knowledge in these matters

---

[15] Vgl. die §§173 und 245; auch die §§86 und 103.

[16] Zu diesem Kontrast zwischen „subjektiv" und „objektiv", siehe auch §194 und Kap. 9.

[17] Siehe etwa die §§141, 159, 170 f., 173, 234, 239–242, 245, 252 f., 279, 281, 284 ff., 288, 291, 323, 326 f. und 340; vgl. auch die §§263, 277 und 675.

is not ruled out, and yet at the same time its *grammatical* possibility is ruled out in the logic of our words, that is, in the logic of our life.[18]

Boncompagnis „Fallibilismus" stimme ich darin zu, dass es nach Wittgenstein keine *logische/grammatische* Möglichkeit für den Irrtum in Mooreschen Sätzen gibt. Ich finde aber die Kontrastierung zwischen „*Physikalischem*" und „*Logischem/Grammatischem*" irreführend und bin folglich unsicher, ob er die Rede von der „*physikalischen* Möglichkeit" akzeptieren würde. Denn sie klingt fast so, als befinde sich *Physikalisches* jenseits von *Logischem/Grammatischem*, m.a.W., als sei es außerhalb der Logik oder, wie es Krebs sagen würde, „sprachspiel-extern" bzw. „sprachspiel-überschreitend". So wie wir es in Kap. 6 in Bezug auf Kobers Erwähnung der „wirklichen Welt" gesehen haben, ist es nach meiner Lesart schlichter Unsinn, von solch einer „sprachspiel-externen" Welt bzw. Möglichkeit zu reden, die über Sprachspiele hinausgehen oder von ihnen losgelöst sein soll.[19] Zwar behauptet Wittgenstein in §425, dass aus der logischen Unmöglichkeit eines Irrtums in Mooreschen Sätzen nicht folgt, dass man in ihnen unfehlbar ist, dies reicht aber auch nicht so weit, die metalogische philosophische Äußerung zu machen, dass es hinter *Logischem/Grammatischem* etwas *Physikalisches* oder Ähnliches gebe.

---

[18] Boncompagni, A. (2016), S. 73. Anschließend an dieses Zitat gibt Boncompagni Beispiele für die „*physikalische* Möglichkeit":
Let me elaborate a little. Although it is highly unlikely, it can turn out that my real name is actually different than I always thought – for instance, I may discover that according to the General Registrar's Office I have a middle name, or my name is spelled differently than I assumed. This is certainly possible. Similarly, it is possible that tomorrow, opening the door of my house, I would find myself in front of a ravine – a landslide might have occurred. But my acting with no doubt when I use my name or open the door and walk out in the morning manifests the logical impossibility of mistakes: it manifests that certainty is an inner trait of our life.
Angesichts dieser Beispiele gehe ich meiner Deutung entsprechend davon aus, dass Boncompagni die Mooreschen Sätze nicht als zur Grundlage gehörig anzusehen scheint, weil sie in den von ihr genannten Fällen eigentlich nicht ins Wanken geriete. Jedoch denke ich, dass man bei der Lektüre des §425 den Kontext in den §§419 und 422 nicht ignorieren sollte, sondern auch Mooresche Sätze mit dem Grundlagen-Charakter in Rechnung stellen muss. Für die folgende Hauptkritik an Boncompagnis „Fallibilismus" spielt jedoch die Beurteilung dessen keine Rolle, wie fundamental die genannten Mooreschen Sätze sind.

[19] Vgl. auch Kap. 4. Zu Krebs' Kritik an Kober (bzw. Malcolm bzgl. des §425) und seinen Ausdrücken „sprachspiel-extern" und „sprachspiel-überschreitend", siehe Krebs, A. (2007), S. 119–125.

14.4 „Wahrheit" und „Fehlbarkeit" 237

Aus diesen Unterschieden zwischen „Irrtum" und „Fehlbarkeit" scheint mir auch hervorzugehen, warum Wittgenstein nicht klar behauptet, dass sich Mooresche Sätze wie (DB) als falsch entpuppen können, u.ä., sondern dazu Frageformen in den §§420 f., und 425 benutzt und in einer etwas abweichenden Form sagt: „das heißt nicht, ich sei darin unfehlbar". Obwohl es auch solche Paragraphen gibt, in denen Wittgenstein ohne Frageform im Falle Moorescher Sätze schreibt, „Es könnte sich als falsch erweisen"[20], denke ich, dass er dazu neigt, direkte Behauptungen wie „(DB) kann sich als falsch entpuppen" zu vermeiden.[21] Denn wir können dies in unserem Sprachspiel eigentlich nicht ernsthaft sagen, weil wir uns innerhalb dessen in (DB) nicht nur nicht irren *können*, sondern – was für (DB) wesentlich ist – über (DB) „die vollkommene Sicherheit" (§404), „absolute Sicherheit" oder „die vollste Bestimmtheit" (§425) haben. Andernfalls wäre (DB) vom Zweifel nicht ausgeschlossen, so dass es gar keine Sicherheit im Sprachspiel gäbe und dies nicht gespielt werden könnte.

Ähnlich kann man, wie mir scheint, auch den Ausdruck „scheint mir falsch" in §403 verstehen. Wichtig ist hierbei, dass Wittgensteins Idee in den §§251 f., die ich so lese, dass jeder Vernünftige „unbedingt nach diesem Glauben [nach Mooreschen Sätzen wie ,Ich habe zwei Hände'] handeln" und sich „durch nichts beirren lassen" wird,[22] als eine *logische* Bemerkung über unser Sprachspiel zu verstehen ist. Demgemäß lassen sich auch die Bemerkungen „Mooresche Sätze sind unbedingt wahr" in §403 und „Man weiß mit vollkommener Sicherheit die Wahrheit Moorescher Sätze" in §404 meines Erachtens zu Recht auch als *logische* Bemerkungen auffassen. Mit anderen Worten: Man kann *innerhalb eines vorliegenden Sprachspiels* doch mit Recht sagen, dass Mooresche Sätze unbedingt wahr sind und dass man mit vollkommener Sicherheit ihre Wahrheit weiß, weil es ansonsten Zweifel an ihnen gäbe. Es ist dann im Sprachspiel *logisch* unmöglich zu sagen, dass beide Bemerkungen falsch *sind*, und auch sogar von einer – z. B. von Boncompagni angesprochenen – *physikalischen* Möglichkeit dafür zu reden, dass Mooresche Sätze doch falsch sein *können*. Unter diesem Aspekt betrachtet lässt sich Wittgensteins Argumentationsweise so verstehen, dass wir uns auf unser Sprachspiel stützend die Behauptung, dass (DB) uns verblüffen kann, nicht – im Ernst – aufstellen, sondern sie höchstens nur in Frageform äußern, oder sagen können, „Mir scheint es so".

---

[20] Siehe die §§4, 571, 596 und 641.

[21] Siehe auch z. B. die §§492 und 599.

[22] Zu dem Wort „unbedingt", siehe auch die §§39, 196, 337 und 604. Die Bemerkungen in diesen Paragraphen lassen sich meines Erachtens auch als *logische* verstehen.

§426

15

15.1 Der Rückgriff auf BF I

Zu §426 (MS176, 22r–22v)

21.3.51.
[a.1.] Wie aber ist es Einem zu zeigen, daß wir nicht nur Wahrheiten über Sinnesdaten sondern auch solche über Dinge wissen? [a.2.] Denn es ist doch nicht genug // kann doch nicht genug sein //, daß jemand uns versichert, er wisse dies.
[b] ~~Von~~|Wovon| muß man denn ausgehen um das zu zeigen?

Bei diesem auf den 21. März 1951 datierten Eintrag stellen sich zunächst insbesondere Fragen zu den folgenden drei Punkten: Warum ist – prima facie – plötzlich von „Wahrheiten über Sinnesdaten" im Kontrast zu „Wahrheiten über Dinge" die Rede?; was wird sowohl mit „Sinnesdaten" als auch mit diesen „Dingen" gemeint?; und dann; auf was nimmt das „aber" in (a.1.) Bezug? Denn mit dem im veröffentlichten Text vorangehenden §425 endet zwar MS175, aber MS176 beginnt nicht mit diesem §426, sondern mit §1 in *Bemerkungen über die Farben*, Teil I (BF I). Die Passage in §426 folgt also in Wittgensteins Manuskript direkt auf die Passage im allerletzten §88 in BF I. Dieser §426 scheint, nämlich, ursprünglich als die nächste Passage im §88 in BF I geschrieben worden zu sein, obwohl die Herausgeber die im MS aufeinanderfolgenden Passagen in zwei verschiedene Werke geteilt haben. Betrachten wir nun diese drei Punkte im Einzelnen, indem wir im Hinterkopf behalten, dass §426 wesentlich das *Zeigen* des *Wissens* der Wahrheiten zu jemand anderem thematisiert.

© Der/die Autor(en), exklusiv lizenziert an Springer-Verlag GmbH, DE, ein Teil   239
von Springer Nature 2022
S. Hashimoto, *Der Wahrheitsbegriff in Über Gewißheit*,
https://doi.org/10.1007/978-3-662-65684-6_15

15.1.1 „Sinnesdaten" und „Dinge"

Unter „Sinnesdaten" versteht man im philosophischen Kontext normalerweise das dem Bewusstsein unmittelbar Gegebene. Russell z. B. definiert sie einmal als „the things that are immediately known in sensation: such things as colours, sounds, smells, hardnesses, roughnesses, and so on"[1], während Moore den Begriff wie folgt erklärt:

> I saw a patch [...] of a particular whitish colour, having a certain size, and a certain shape, a shape with rather sharp angles or corners and bounded by fairly straight lines. These things: this patch of a whitish colour, and its size and shape I did actually see. And I propose to call these things, the colour and size and shape, *sense-data* [...], things *given* or presented by the senses – given, in this case, by my sense of sight.[2]

Sicherlich kennt Wittgenstein auch von Moore und Russell den Term „Sinnesdatum". Und er selbst beschreibt in seinen Schriften sowohl aus den 1930-er Jahren als auch ungefähr aus den Jahren 1946–1949 das „Sinnesdatum" in der Weise, dass „es undenkbar ist, daß der andere sie [= Sinnesdaten] hat" (PB §61). Er charakterisiert es auch z. B. als „‚Gegenstand', den ich unmittelbar mit dem geistigen Auge, Ohr, etc. etc. erfasse" (BPP I §109), als „unmittelbar[es] inner[es] Bild" (BPP I §390), „Gesichtsbild" (BPP I §426) oder als „privates Objekt, das vor meiner Seele steht" (BPP I §440/Z §498).[3] Zu den Sinnesdaten gehören bei Wittgenstein ebenso z. B. eigene Sinneseindrücke von Farben wie Rot oder von Tönen. Zu beachten ist zudem, dass er in BlB ausdrücklich zwischen diesen „Sinnesdaten" und „physikalischen Körpern/Objekten" unterscheidet, bei denen man von ihrer Identität sinnvoll reden kann, z. B. mit Sätzen wie „Das ist derselbe Tisch wie ich vor einer Stunde gesehen habe"[4] oder „A und B haben denselben Baum gesehen". In Anbetracht von Wittgensteins Schriften liegt es also nahe, dass er grundsätzlich mit „Sinnesdaten" eigens „eigene Sinnesendrücke" meint. Nach diesem Verständnis lässt sich dann auch das Wort „Sinnesdaten" im

---

[1] Russell, B. (1912/2001), S. 4.

[2] Moore, G.E. (1953/1993), S. 47 f. Diese Passage stammt aus Moores erst im Jahre 1953 veröffentlichtem Aufsatz ‚Sense-Data', zu dem Thomas Baldwin, der Herausgeber von Moore, G.E. (1993), in der Fußnote auf S. 45 folgendes bemerkt: „This lecture was originally written for delivery in 1910".

[3] Vgl. auch PB §§216 und 226; BT S. 320 f., 347 f., 351 und 358 f.; PU §486; BPP I §392; LS I §151; LS II, S. 17.

[4] Siehe BlB, S. 55; vgl. auch S. 64 und 70 ff.

15.1 Der Rückgriff auf BF I 241

Ausdruck „Wahrheiten über Sinnesdaten" in §426 als „eigene Sinneseindrücke" lesen.

Worum geht es dann bei den „Dingen", die in §426 im Kontrast mit „Sinnesdaten" zu stehen scheinen? Allein aus den dem §426 nachfolgenden Paragraphen ist die Deutung naheliegend, dass mit diesen „Dingen" solche gemeint werden, die man zwar nicht gerade sieht, aber, deren man sich doch vollkommen sicher ist, weil man sie tagtäglich erlebt. Und diese Sachverhalte werden dabei z. B. in Satzform so ausgedrückt: „Ich habe Hände und Füße" (§428), „Ich habe fünf Zehen an jedem Fuß" (§429), „Dieses Zimmer ist auf dem zweiten Stock" (§431). Sie gehören nämlich zu den Mooreschen Sätzen wie der Satz „Die Erde hat schon lange vor meiner Geburt existiert", der nicht durch unmittelbare Sinneswahrnehmung verifiziert werden kann aber doch in unserem Sprachspiel feststeht. In dieser Hinsicht kann man dann nicht nur den Kontrast zwischen den „Sinnesdaten" und den „Dingen" sehen. Zwischen ihnen findet sich auch die Ähnlichkeit, die darin besteht, dass es in Wittgensteins Augen Unsinn ist, die Wahrheit beider Sätze zu versichern, indem man sagt, „Ich weiß es". Denn es ist ebenfalls nicht legitim, im Falle eigener Sinneseindrücke sowie eigener Empfindungen diese Formulierung „Ich weiß es" zu verwenden (vgl. PU §426).

15.1.2 Ob ÜG und BF I wirklich miteinander zusammenhängen?

Betrachten wir nun diese Differenz zwischen den Wahrheiten über „Sinnesdaten" und über „Dinge" im Hinterkopf behaltend, wie das Ende von BF I aussieht. Interessant ist, dass Wittgenstein auch in BF I §84 tatsächlich zwei hinsichtlich ihrer Überprüfbarkeit unterschiedliche Arten von wahren Aussagen thematisiert:

84. Die Aussage »Ich sehe einen roten Kreis« und die »Ich sehe (bin nicht blind)« sind logisch nicht gleichartig. Wie prüft man die Wahrheit der ersten, wie die Wahrheit der zweiten?[5]

Stimmt aber diese Unterscheidung wirklich mit derjenigen in §426 in ÜG überein? Hier könnte man vielleicht sagen wollen, dass sich der Satz „Ich sehe einen roten Fleck" auf den Ausdruck in §426 „Wahrheiten über Sinnesdaten" bezieht und der Satz „Ich sehe (bin nicht blind)" auf den Ausdruck „Wahrheiten über Dinge". So könnte man vielleicht die Diskussion am Ende in BF I zu §426 in

---

[5] Vgl. auch BF III §283.

ÜG passend interpretieren. Diese Deutung könnte z. B. dadurch bestärkt werden, dass man auf das Ende von *Bemerkungen über die Farben*, Teil III (BF III) Bezug nimmt. Laut der Herausgeberin soll BF I im März 1951 geschrieben sein, und ist „[…] eine Auswahl und zugleich eine Revision des früheren Materials"[6], mit dem die im Frühjahr 1950 geschriebene BF III gemeint wird. Und in der Tat kann man einen engen Zusammenhang zwischen den Enden beider Werke sehen. Bei beiden geht es zwar ebenfalls um „die Sehenden" und „die Blinden" (vgl. BF III §332), aber Wittgenstein schreibt nur in BF III z. B. folgendes:

> 346. Angenommen, ein Blinder sagte zu mir: „Du kannst gehen ohne irgendwo anzu-stoßen, ich kann es nicht" – wäre der erste Teil des Satzes eine Mitteilung?
> 347. Nun, er sagt mir nichts neues.
> 348. Es scheint Sätze zu geben, die den Charakter von Erfahrungssätzen haben, deren Wahrheit aber für mich unanfechtbar ist. D.h., wenn ich annehme, daß sie falsch sind, muß ich allen meinen Urteilen mißtrauen.[7]

Man merke hier zunächst eine klare Parallelität zwischen dem zweiten Satz in BF III §348 und dem letzten Satz in ÜG §419, der im Umkreis des §426 steht.[8] Es liegt zudem aufgrund des Inhalts des BF III §346 nahe, dass nicht nur Mooresche Sätze wie „Hier sind zwei Hände", sondern auch die Äußerung in BF III §346 zu solchen unanfechtbaren Sätzen gehören. In diesem Lichte kann man weiterhin sowohl die in BF III §340 genannten Sätze wie „Es gibt Menschen, welche reden können", als auch den Satz „Ich sehe (bin nicht blind)" (BF I §84) sowie den Satz „Es gibt Menschen, welche sehen" (BF I §88) als unanfechtbare Sätze ansehen. Außerdem könnte man auch BF I §83 ähnlich wie ÜG §426 als Verweis auf den falschen Gebrauch von „Ich weiß" lesen. Unter diesem Aspekt betrachtet, zeigen sich eigentlich nicht wenige inhaltliche Gemeinsamkeiten zwischen den letzten Paragraphen in BF I und ÜG §426, und sie lassen sich also in gewissem Maß thematisch vereinbaren.[9]

Andererseits muss man BF I und ÜG §426 bei deren Lektüre nicht unbedingt miteinander verknüpfen, obwohl §426 in ÜG in seinem Manuskript auf BF I folgt. Denn am Ende von BF I findet sich zwar §84, in dem das Wort „Wahrheit" vorkommt, aber doch stellt sich die Frage, ob es bei der dortigen Unterscheidung

---

[6] Siehe das Vorwort von BF.

[7] Dieselben Passagen stehen auch in LS II, S. 106.

[8] Siehe auch die §§69, 490, 494 und 514 f.

[9] Interessant ist auch der gemeinsame Punkt, dass Wittgenstein nicht nur in BF III §330, sondern auch in ÜG §430 „Marsbewohner" ins Spiel bringt, wobei BF III §§328 und 331 klarerweise in BF I als §§86 f. aufgenommen wurden.

15.1 Der Rückgriff auf BF I   243

zwischen den zwei Arten von wahren Aussagen wirklich um „Sinnesdaten" und
„Dinge" in ÜG §426 geht. Auch erwähnt Wittgenstein zwar in BF I §84, dass
beide Arten von wahren Aussagen „logisch nicht gleichartig" sind, die Diskussion über diese „logische" Unterscheidung wird jedoch in ÜG §426 nicht weiter
vertieft. In der Tat erscheint es auch nicht falsch, §426 an die §423–425 in ÜG
anknüpfend in der Weise zu lesen, dass es in §426 weiterhin um den Mooreschen
Gebrauch von „Ich weiß" und um die Kritik an ihm geht, wie im veröffentlichten
Text nahegelegt. Hier muss ich zugestehen, dass nicht deutlich klar ist, worauf
sich das Wort „aber" bezieht, und ich will hier nur darauf hinweisen, dass es
sich, obwohl der veröffentlichte Text dies suggerieren könnte, nicht unbedingt
auf §425 in ÜG beziehen muss.[10]

15.1.3 Die Analyse von „Wahrheiten über Sinnesdaten"

Inwiefern kann man aber den Ausdruck „Wahrheiten über Sinnesdaten" in §426
im Zusammenhang mit „eigenen Sinneseindrücken" lesen? So wie Wittgenstein
das Wort „Sinnesdaten" prinzipiell in diesem Sinne zu gebrauchen scheint, könnte
man hier „Sinnesdaten" als „eigene Sinneseindrücke", die anderen nicht zugänglich sind, oder, über so etwas, „was mein Nachbar nicht hat" (PU §398) deuten.
Entspricht es aber überhaupt unserem legitimen Sprachgebrauch, von der Wahrheit über eigene Sinneseindrücke zu reden? – Man könnte vielleicht sagen wollen,
diese sei eine „subjektive Wahrheit". Der Satz „Ich habe DIESEN – sprich, meinen visuellen – Sinneseindruck von ‚grün'" wäre dann subjektiv wahr, so wie
Wittgenstein den Ausdruck einmal in §179 eingeführt hat, obwohl er, wie mir
scheint, nicht explizit erklärt, was er heißt.

Die Idee mit dieser „subjektiven Wahrheit" könnte man aber vielleicht
kritisieren wollen, indem man sich auf Russell bezieht, der schreibt:

The actual sense-data are neither true nor false. A particular patch of colour which I
see, for example, simply exists: it is not the sort of thing that is true or false. It is true
that there is such a patch, true that it has a certain shape and degree of brightness,
true that it is surrounded by certain other colours. But the patch itself, like everything
else in the world of sense, is of a radically different kind from the things that are true
or false, and therefore cannot properly be said to be *true*. Thus whatever self-evident

---

[10] Aus rein philologischer Sicht ist auch eigentlich unklar, ob Wittgenstein die Ansicht hatte,
§426 in ÜG an den allerletzten §88 in BF I inhaltlich anzuknüpfen. Denn die Stifte, die er
jeweils gebraucht hat, haben weder dieselben Farben noch dieselben Stärken, sind also nicht
dieselben, was uns vermuten lässt, dass es vielleicht einen zeitlichen Bruch zwischen beiden
Einträgen gab.

truths may be obtained from our senses must be different from the sense-data from which they are obtained[11].

Demzufolge ist es nach Russell falsch, im Hinblick auf Sinnesdaten oder eigene Sinneseindrücke von „Wahrheit" zu reden. Was *wahr* sein kann, sind eher solche Sätze wie der im Zitat genannte Satz: „Er hat eine bestimmte Gestalt und eine bestimmte Intensität", die zwar auf Sinnesdaten bezogen sind, aber deren Wahrheit nicht eine Eigenschaft der Sinnesdaten selbst ist. Nach Russell gibt es also zwar keine Wahrheit über eigene Sinneseindrücke, man kann jedoch von Wahrheiten, die wir der Sinneswahrnehmung entnehmen, zu Recht reden. Wenn Wittgenstein an der Stelle des §426 diese Idee im Sinn haben sollte, dann könnte man unter seinem Ausdruck „Wahrheiten über Sinnesdaten" zwar keine Wahrheiten über eigene Sinneseindrücke, aber doch solche Wahrheiten, die wir der Sinneswahrnehmung entnehmen, lesen. In dieser Lesart geht es in §426 eigentlich nicht um die „subjektive Wahrheit", die sich bloß auf Sinnesdaten bezieht.

Moore redet in folgender Weise von „Sätzen über Sinnesdaten": „[…] this proposition [= ‚This is a human hand'] also is undoubtedly a proposition about the sense-datum, which I am seeing, which is a sense-datum *of* my hand"[12]. Der dort genannte Satz „Das ist eine Menschenhand" gehört ohne Zweifel zu den Mooreschen Sätzen, die in unserem Sprachspiel als wahr feststehen, und in diesem Sinne kann man vielleicht sagen, dass Moore „Wahrheiten über Sinnesdaten" anerkennt. Allerdings scheint mir, dass es bei den Wahrheiten – sowohl im Russellschen Sinne, als auch im Mooreschen Sinne – wesentlich nicht um eigene Sinneseindrücke, die keine „Nachbarschaft" besitzen, sondern eher um „physikalische Objekte" im Wittgensteinschen Sinn geht.[13] Und ich finde es tatsächlich angebracht, die Wörter „Hände" und „Erde", die in gewissen bei Moore und in ÜG angesprochenen Sätzen wie „Hier sind zwei Hände" auftreten, so zu lesen, dass sie „physikalische Objekte" bezeichnen, weil dabei mit den Wörtern wie „Hand" nichts Privates, sondern vielmehr Dinge gemeint werden sollen, die auch anderen zugänglich sind.

Ohne eigene Sinneseindrücke ins Spiel zu bringen, könnte man also vielleicht die „Wahrheit über Sinnesdaten" als einen solchen Satz wie z. B. „Das ist ein Baum" deuten, der für uns unverrückbar als wahr feststeht, wenn man ihn z. B. vor einem Baum sitzend äußert, den man klar sehen kann (vgl. die §§467 und

---

[11] Russell, B (1912/2001). p.63; vgl. auch S. 3, 25 f. und 53.

[12] Moore, G.E. (1925/1993), S. 129.

[13] In dieser Hinsicht ist es angemessen, §267 als Moores Aussage zu lesen: „»Ich habe nicht nur den visuellen Eindruck eines Baumes, sondern ich *weiß*, daß es ein Baum ist.«", wobei „Es ist ein Baum" mehr als das Vorhandensein des visuellen Eindrucks besagt.

15.2 Worin zeigt sich das Wissen im Falle Moorescher Sätze?   245

480). Im Kontrast dazu könnte man dann unter „Wahrheiten über Dinge" solche Mooreschen Sätze verstehen, deren Wahrheit wir uns ohne einen Zusammenhang zu unseren Sinnesorganen sicher sind. Das sind solche Sätze wie „Ich habe fünf Zehen an jedem Fuß" in §429 – wobei der Sprecher bei der Äußerung seine Zehen nicht sieht! – oder der Satz „Die Erde hat schon lange vor meiner Geburt existiert", der vielmehr mit einer Menge von historischen Botschaften verbunden ist.

15.2 Worin zeigt sich das Wissen im Falle Moorescher Sätze?

Zentral an §426 sind aber jedenfalls die Fragen in (a.1.) und (b). Wie kann man, wie (a.1.) fragt, jemand anderem *zeigen*, dass man *weiß*, dass Mooresche Sätze wahr sind? Wie früher und auch in (a.2.) gesagt, taugt es nicht, wie Moore zur Versicherung zu sagen, „Ich weiß es". Das genannte *Wissen zeigt* sich vielmehr, so Wittgenstein, tagtäglich in „Gebaren" (§427), „Handlungen (und Reden)" (§428; vgl. die §§395 f. und 431), oder im „ganzen Benehmen" (LS II, S. 81). Der Gebrauch des im MS von Wittgenstein unterstrichenen Wortes „*zeigen*" ist anders als dessen Gebrauch, der meines Erachtens die gleiche Funktion hat wie die Versicherung mit der Wendung „Ich weiß, …": Bei der Versicherung gibt man jemandem, nämlich, Gründe sowie Evidenz an, um ihm zu zeigen, dass man z. B. weiß, „N.N. war gestern zu Hause" (vgl. §483). So gesehen geht es in (b) lediglich um das *Zeigen* im besonderen Sinn und um Mooresche Sätze, von denen man sich nicht durch Begründungen zu überzeugen hat. In diesem Zusammenhang lässt sich dann die Frage in (b) so verstehen: Wovon muss man denn ausgehen, um das *Wissen* im Falle Moorescher Sätze durch Handlungen und im Reden zu zeigen? Mit anderen Worten: Was muss der Ausgangspunkt dafür sein, dass jemand z. B. mein *Wissen* im Falle Moorescher Sätze aus meinen Handlungen und Reden entnehmen kann?[14] Der Ausgangspunkt liegt wesentlich darin, dass er ebenso wie wir das zugrundeliegende Sprachspiel bereits erlernt hat und weiß, was woraus in dem Sprachspiel folgt. Demgemäß kann nur derjenige, der unser Sprachspiel kennt, das *Wissen* im Falle Moorescher Sätze aus unseren Handlungen und Reden entnehmen, und derjenige, der es nicht kennt, wie der Marsbewohner in §430, könnte dies nicht tun, sondern er würde sich darüber nur wundern, dass wir ohne Gründe oder Evidenz so etwas *wissen*. Und zu dem hier

---

[14] Ich bin also mit Anscombes Übersetzung des (b) einverstanden: „Well, what must our starting point be if we are to shew this?" (siehe, OC, §426).

genannten „Reden" zählt es keineswegs, wie Moore zu sagen, „Ich weiß es", sondern meines Erachtens vielfältiges Reden, das z. B. im Falle von „Dieses Zimmer ist auf dem zweiten Stock" besagt, dass der Redende weiß, was die im Satz vorkommenden Wörter bedeuten, dass er tatsächlich in diesem Zimmer wohnt, dass er oft nach Hause zurückkommt, etc.

Von welchen Wahrheiten und welchem *Wissen* Wittgenstein in §426 genau reden will, will ich aber offenlassen. Auch gibt es meines Wissens so gut wie keine Sekundärliteratur, die dazu etwas Aufschlussreiches sagt.[15] Meint Wittgenstein mit „Wahrheiten über Sinnesdaten" doch gewisse Wahrheiten im Hinblick auf eigene Sinneseindrücke? Wenn ja, wäre es auch Unsinn, jemandem z. B. zu sagen, „Ich weiß, dass ich meinen eigenen Sinneseindruck von ‚grün' habe", um ihm dieses *Wissen* zu zeigen. An dieser Stelle könnte man dann doch vielleicht sagen wollen, dass es sich ebenso in Handlungen und Reden *zeige*. Zugleich würde darin impliziert werden, dass der Redende die Bedeutung des Wortes „Grün" kenne, und nicht farbenblind sei, etc. Oder: Will Wittgenstein in §426 zwischen zwei verschiedenen Sorten gewisser wahrer Sätze über „physikalische Objekte" unterscheiden? Wenn ja, könnte man vielleicht die Sätze wie „Das ist eine Hand", „Das ist ein Baum", die vor den Gegenständen geäußert werden, als „Wahrheiten über Sinnesdaten" und die Sätze, die zwar nicht von Sinnesdaten herrühren, aber doch in unserem Sprachspiel feststehen, als „Wahrheiten über Dinge" deuten wollen. An dieser Stelle will ich eher nur auf den zentralen Punkt in §426 und in seinem Umkreis hinaus: Es kann nicht genug sein, im Falle Moorescher Sätze jemandem etwas einfach mit „Ich weiß es" zu versichern, um ihm dieses *Wissen* zu zeigen, sondern man muss es tagtäglich durch Handlungen und auch im Reden *zeigen* und dies tun nur bei denjenigen, die das Sprachspiel kennen.

---

[15] Bzgl. des §426 schreibt z. B. Boncompagni: „[...] he [= Wittgenstein] now replies to Moore's strategy – which *is*, after all, based on sense-data – and states that it is not enough for someone to say that he or she *knows* something and to try assuring the listener of this self-confidence (OC, §426)" (Boncompagni, A. (2016), S. 154 f.). Ich vermute, dass sich die sogenannte „Moores Strategie" auf den Ausdruck „Wahrheiten über Sinnesdaten" in §426 bezieht, Boncompagni geht jedoch auf die Unterscheidung in §426 zwischen ihm und dem Ausdruck „Wahrheiten über Dinge" nicht ein.

§§464, 466 & 470

16

16.1 Wittgensteins „Schwierigkeit" und zwei relevante Aspekte

Zu §464 (MS176, 32v)

[a.1.] Meine Schwierigkeit läßt sich auch so demonstrieren: Ich sitze mit einem Freund im Gespräch. [a.2.] Plötzlich sage ich: "Ich habe schon die ganze Zeit gewußt, daß Du der N.N. bist." [a.3.] Ist dies wirklich nur eine überflüssige |, wenn auch wahre,| Bemerkung?
[b] Es kommt mir vor, als wäre|n| ~~so eine~~ ~~Bem~~Äußerung |diese Worte| ähnlich ~~den Worten~~ |eine m| "Grüßgott", wenn man es mitten im Gesprach [!] dem Andern sagte.

Das „auch" in (a.1.) kann man als Rückbezug auf die vorangehenden Paragraphen verstehen, und demgemäß wurde Wittgensteins Schwierigkeit bereits dort „demonstriert". Dabei gefällt ihm das Wort „demonstrieren" eigentlich nicht, aber es ist bei der Lektüre des §464 nicht besonders relevant, klarzumachen, welches Wort besser passen könnte.

Betrachten wir nun zuerst die dem §464 vorangehenden Paragraphen. In den §§460 f. wird die Situation ins Spiel gebracht, in der ein Patient einem Arzt – ihm seine Hand zeigend! – sagt, „Das ist eine Hand". Dieses „ihm seine Hand zeigend"[1] ist hier wichtig und deutet an, dass an diesem Beispiel kein Zweifel daran besteht, dass der Patient seine Hand hat. Der Satz „Das ist eine Hand" verhält sich dann wie Mooresche Sätze, wobei die im Satz ausgedrückte Tatsache, wie §462 hinweist, nicht nur für eine Person, sondern für alle, die unsere Sprachspiele spielen, in der gegebenen Situation nicht zu bezweifeln ist. An dieser Stelle fragt sich

---

[1] Wittgenstein hat in §461 die Worte „zeigt mir seine Hand" nachträglich eingefügt, und ich finde diese Präzisierung für die genannte Situation wichtig.

© Der/die Autor(en), exklusiv lizenziert an Springer-Verlag GmbH, DE, ein Teil von Springer Nature 2022
S. Hashimoto, *Der Wahrheitsbegriff in Über Gewißheit*,
https://doi.org/10.1007/978-3-662-65684-6_16

Wittgenstein, ob der Patient „nur eine überflüssige Mitteilung" machte (§460), oder, ob man seine Worte, wie in §461 ausgedrückt, „wirklich als eine Mitteilung, wenn auch eine überflüssige, ansehen" könnte. Und diese beiden Fragen verhalten sich offenbar wie die Frage in (a.3.).

Zwischen den Fällen in den §§460 f. und §464 sieht man eigentlich ein paar Unterschiede: In (a.3.) des §464 steht anstelle von „Mitteilung" „Bemerkung"; (a.2.) handelt von einem Satz mit „wissen", also, in der Satzform „Ich habe … gewusst"; und (a.3.) ist aufschlussreicher als die §§460 f., weil Wittgenstein in §464 den Ausdruck „wenn auch wahre" zusätzlich – vielleicht nachträglich im Zusammenhang mit §466 – geschrieben hat. Ich denke aber, diese machen zwischen beiden Fällen keinen wesentlichen Unterschied. Wittgenstein verwendet also in den §§460 f. „Mitteilung" im Sinne von „Bemerkung" in §464. Und an dem in (a.2.) angesprochenen Satz „Du bist der N.N." zweifelt auch in der gegebenen Situation ein vernünftiger Mensch ebenso wenig, wie an dem Satz „Das ist eine Hand" in den §§460 f. In diesem Sinne sollte man den Satz in (a.2.) „Du bist der N.N." ebenso wie „Das ist eine Hand" als in unserem Sprachspiel unverrückbar feststehend deuten.

Was aber ist unter Wittgensteins „Schwierigkeit" dann genau zu verstehen? Es ist eigentlich eine *prima facie* sehr natürliche Sichtweise, einen Mooreschen Satz p wie „Das ist eine Hand" (§§460 f. und 463) bzw. einen aus ihm und „wissen" bestehenden Satz wie „Ich weiß/habe … gewusst, dass p" (vgl. die §§464 und 466) einfach als „eine überflüssige, wenn auch wahre, Bemerkung" anzusehen. Für Wittgenstein ist es jedoch schwierig, diese Sichtweise zu akzeptieren. Denn ihm kommt es so vor, „als wären diese Worte ähnlich einem»Grüß Gott«, wenn man es mitten im Gespräch dem Andern sagte", wie in (b) parallelisiert. Auch aufgrund seiner Fragestellungen „Würde ich dies wirklich als eine Mitteilung, wenn auch eine überflüssige, ansehen?" (§461; vgl. auch §460), „Würde ich es nicht mehr für Unsinn halten, der allerdings die Form einer Mitteilung hat?" (§461) lässt sich seine Haltung im Folgenden verstehen. Es ist nämlich in seinen Augen ebenso wenig sinnvoll oder ebenso „absurd" (§460) wie dieses unpassende „Grüß Gott", einen Mooreschen Satz p bzw. „Ich weiß/habe … gewusst, dass p" als eine Mitteilung/Bemerkung zu äußern, selbst wenn diese Äußerung als überflüssig charakterisiert wird. Zwar ist es auch vor allen Dingen deshalb schwierig, die betreffende Sichtweise abzulehnen, weil sie ohne genaue grammatische Untersuchungen sehr natürlich erscheint, es ist aber für Wittgenstein fraglich, ob sie wirklich richtig ist.

Die auf Wittgensteins Schwierigkeit bezogene Fragestellung in §464 hat nach meiner Einschätzung zwei Aspekte, die für seine weiteren Bemerkungen relevant sind. Wie auch in §466 die Rede ist, geht es hier um eine Äußerung der Art:

16.2 Der erste Aspekt: ‚Mitteilung'   249

(IG) „Ich habe … schon die ganze Zeit gewußt",

wobei „…" für einen Mooreschen Satz steht, und dieser Satz (IG) ist als eine
einfachere Form des Satzes in (a.2.) zu verstehen. Ob es im Wesentlichen
überflüssig ist, in einer alltäglichen Situation, in der keinerlei Unklarheiten diesbezüglich bestehen, Mooresche Sätze sowie (IG) zu äußern, könnte man vielleicht
thematisieren wollen. Meines Erachtens rückt jedoch gerade die Frage der „Überflüssigkeit" nicht in den Mittelpunkt der Diskussion im Umkreis des §464. Der
Beschreibung in §460 zufolge finde ich es sogar schon annehmbar, diese in alltäglichen – also nicht sehr seltsamen – Fällen gemachte Äußerung dem Ausdruck
in den §§460 f. und 464 folgend einfach als „überflüssig" zu behandeln. Wichtig
im vorliegenden Kontext erscheinen mir eher die gerade erwähnten zwei Aspekte,
unter denen ich Wittgensteins Fragestellung in §464 unter die Lupe nehmen will:

1) Ob es eine Bemerkung bzw. Mitteilung ist, plötzlich (IG) zu äußern?
2) Ob das in (IG) Gesagte wahr ist?

Betrachten wir nun diese zwei Punkte im Einzelnen genauer.

16.2 Der erste Aspekt: ‚Mitteilung'

16.2.1 Die Unmöglichkeit für Bemerkungen/Mitteilungen im Falle Moorescher Sätze

Zunächst zur Frage 1). Wie Wittgenstein ‚Mitteilung' – sowie ‚Bemerkung' –
versteht, äußert sich vor allem im Umkreis des §464. Wie in §460 nahegelegt,
kann man nach Wittgenstein generell erst dann etwas mitteilen, wenn es einem
Zweifel unterliegt, sprich, wenn man jemandem zu verstehen geben will, worüber
man sich nicht sicher ist. Wie steht es aber mit dem Satz „Das ist eine Hand",
wenn er, eine Hand vor Augen habend, geäußert wird und für uns also unbezweifelbar ist? Wenn man mit ihm eine sinnvolle Mitteilung machen wollte, müsste er
in Zweifel gezogen worden sein, aber in diesem Fall wäre das Zweifeln eher „absurd" (§460), weil ansonsten, wie früher gesehen, in Gefahr käme, was überhaupt
noch als wahr angesehen werden könnte.[2] Wenn solch ein Zweifel angemeldet
werden sollte, dann könnten auch z. B. die – ebenso „absurden" – Zweifel entstehen, ob die Bedeutung der Worte „Das ist eine Hand" überhaupt richtig wäre

---

[2] Vgl. z. B. die §§69, 490, 494 und 514 f.; BF III §348/LS II, S. 106.

(§456), ob man wirklich ein Mensch wäre, der gerade diese „Mitteilung" macht (§460), wie man ebenso seiner Sache – z. B. wo ein Mensch wohnt – sicher sein könnte (§461). Um ein Sprachspiel richtig spielen zu können, zweifelt man nicht an Mooreschen Sätzen wie „Das ist eine Hand". Anders ausgedrückt, kann man nicht in der Lage sein, mit ihnen eine Mitteilung zu machen, die ihren Zweifel oder ihre Unsicherheit voraussetzt. Kurz: Im Sprachspiel ist die Möglichkeit für die Mitteilung im Falle Moorecher Sätze ausgeschlossen. Dies beschreibt Wittgenstein in §461 mit: „Es fehlt der Mitteilung der Hintergrund". Wie ist aber dieser „Hintergrund" zu verstehen?

16.2.2 Der Hintergrund der Bemerkung/Mitteilung

Obwohl auch die §§460, 463, 465 und 467 ff. andeuten, was Wittgenstein mit dem „Hintergrund" meint, hat er die gleiche Thematik bereits in den §§348 ff. angepackt und meines Erachtens wird es dort erhellender. Betrachten wir nun §350, in dem von dem Satz „Ich kann noch immer das und das und das tun" die Rede ist. Es wäre unter normalen Umständen wunderlich und merkwürdig, wenn man ihn ohne jeglichen Zusammenhang wiederholt vor sich hinspräche. Im Gegensatz dazu wäre es aber doch verständlich, vorausgesetzt, dass man z. B. allzu wenig Selbstbewusstsein hätte und sich durch diese Äußerungen immer ermutigen wollte. An dieser Stelle hat man also gleichsam „einen Hintergrund, eine Umgebung für diese Äußerungen eingezeichnet, ihnen also einen Zusammenhang gegeben" (§350). So ist es laut Wittgenstein auch im Fall des Satzes „Ich weiß, daß das ein Baum ist" in den §§349 f., wenn er wegen der gegebenen Situation unbezweifelbar ist, und meines Erachtens auch im Fall von §§464 und 466. Dem Satz „Ich habe schon …" in (a.2.) des §464 oder (IG) in §466 fehlt es also an einem Hintergrund, nämlich, an relevanten Zusammenhängen, in denen er nicht allzu selbstverständlich wäre, als dass man ihn mit Recht mitteilen könnte.

Dass einem Mooreschen Satz der Hintergrund dafür fehlt, dass man mit ihm etwas mitteilen kann, beschreibt Wittgenstein auch als die Unbestimmtheit seines Sinnes. Anhand des Satzes „Ich bin hier" erklärt er in §348, dass solch ein Satz Unsinn ist, wenn er geäußert wird, während man dem Sprecher gegenüber sitzt und ihn klarsieht. Man könnte diese Äußerung in der gegebenen Situation für überflüssig halten, wofür die Tatsache zu sprechen scheint, dass das Wort in den §§460 und 464 steht, aber Wittgenstein führt die Unsinnigkeit solcherlei Äußerungen nicht auf deren Überflüssigkeit zurück. Die Worte „Ich bin hier" haben in der gegebenen Situation keinen Sinn, „[…] und zwar nicht darum, weil sie dann überflüssig sind, sondern, weil ihr Sinn durch die Situation [in der man

16.2 Der erste Aspekt: ‚Mitteilung'   251

gegenüber dem Sprecher sitzt und ihn klarsieht] nicht *bestimmt* ist, aber so eine
Bestimmung braucht" (§348). Um einen Satz sinnvoll äußern zu können, muss
man seinen Sinn bereits *bestimmt* haben, aber der Sinn des Satzes „Ich bin hier"
wird in der gegebenen Situation nicht *bestimmt*, obwohl diese *Bestimmung* dafür
nötig ist, jemandem den Satz mitteilen zu können. Meines Erachtens gilt dieses
Argument wiederum ebenfalls bei Mooreschen Sätzen mit dem Wort „wissen"
wie „Ich weiß, daß das ein Baum ist" (§§347, 349 f. und 352) und folglich bei
den in §464 und in seinem Umkreis angesprochenen Sätzen wie „Das ist ein
Baum" (§463), (IG), etc. Ihre Äußerungen sind gleichfalls nicht deshalb Unsinn,
weil sie in der gegebenen Situation überflüssig sind, sondern weil ihr Sinn nicht
bestimmt ist.

Aus diesen Betrachtungen geht hervor, dass es bei Mooreschen Sätzen, die
angesichts der gegebenen Situation unbezweifelbar sind, am Hintergrund dafür
fehlt, als Mitteilung oder auch als Bemerkung zu gelten. Mit anderen Worten: In
der gegebenen Situation ist kein *bestimmter* Sinn dafür vorhanden, Mooresche
Sätze als Mitteilungen oder Bemerkungen zu äußern. So gesehen ist es zugleich
kein Wunder, dass Wittgenstein in (b) in §464 den gegebenen Satz nicht mit
„Bemerkung", sondern mit „diese Worte" bezeichnet.[3] Aus diesen Gründen sollte
die Frage 1) als verneint angesehen werden. Mooresche Sätze sind also weder
Mitteilungen noch Bemerkungen, und haben, als Mitteilungen oder Bemerkungen
betrachtet, keinen Sinn.

16.2.3 Andere alltägliche Beispiele

(b) in §464 veranschaulicht einen ähnlichen Fall wie in (a.2.) und (a.3.). „Grüß
Gott" ist ebenfalls – obwohl es natürlich kein Moorescher *Satz* ist – weder Mitteilung noch Bemerkung, und es hat auch keinen Sinn, wenn man jemanden so
grüßt, während man mitten im Gespräch mit ihm ist. Andere verwandte Fälle finden sich auch in seinen umliegenden Paragraphen, und lassen sich im Folgenden
auflisten:

1. Eine Hand zeigend sagen, „Das ist eine Hand" (§§460 f.)
2. Im Gespräch mit einem Freund plötzlich sagen, „Ich habe schon die ganze
   Zeit gewußt, daß du der N.N. bist" (§464)

---

[3] Aus dem MS wird ersichtlich, dass Wittgenstein, um den gegebenen Satz zu bezeichnen,
zunächst „so eine Bemerkung" oder „so eine Äußerung" hingeschrieben hat, aber, dass er
später diese Varianten durchgestrichen und stattdessen „diese Worte" eingefügt hat.

3. Plötzlich ohne jeglichen Zusammenhang aussprechen, „Man weiß heute, daß es über ... Arten von Insekten gibt" (§465)
4. Auf einen Baum in der Nähe zeigend zum wiederholten Malen sagen, „Ich weiß, daß das ein Baum ist" (§467)
5. Irrelevanter Weise sagen, „Das ist ein Baum" (§468)
6. Im Gespräch zusammenhangslos sagen, „Ich wünsche dir alles Gute" (§469)

Der Sinn dieser Sätze wird wiederum durch die gegebenen Situationen nicht *bestimmt*, weshalb es unsinnig ist, sie als Mitteilung zu äußern. Sie können nur dann sinnvoll sein, wenn sie z. B. so interpretiert werden, dass man die Aussage als Witz macht (§463), beim Aussprechen schwärmt (§465), beim Aussprechen in einer Trance ist (ebd.), philosophiert (§467), die Aussage als Ausruf oder als Erklärung der deutschen Grammatik macht (§468), oder sie in irgendeinem Zusammenhang mit dem Gesprächspartner macht (§469). So könnte man sich mögliche Fälle vorstellen, in denen es Sinn hätte, die obigen Sätze zu äußern, obwohl sich hier vielleicht eine andere Frage aufdrängen könnte, und zwar, ob die Äußerungen dann alle – vielleicht außer dem deutschen Unterricht wie in §468 – als Mitteilung/Bemerkung angesehen werden könnten. Dies sind ohnehin außergewöhnliche Fälle, in denen der Sinn gegebener Sätze *bestimmt* wird, oder der Hintergrund dafür bereitstellt wird, sie sinnvoll äußern zu können.

Sind aber dann Mooresche Sätze, die weder Bemerkungen noch Mitteilungen sein können, überhaupt wahr? Dies war genau die Frage 2). Um ihr gerecht zu werden, gilt es, so denke ich, zunächst zu §466 überzugehen.

16.3 Der zweite Aspekt: ‚Wahrheit'

Zu §466 (MS176, 33r)

> Es scheint mir also, ich habe etwas schon die ganze Zeit gewußt, & doch habe es keinen Sinn dies zu sagen⸗ |,| diese Wahrheit auszusprechen!

16.3.1 Die Spannung zwischen dem Wahrsein Moorescher Sätze und deren Unaussprechbarkeit

Wie das „also" in diesem §466 vermuten lässt, liegt die Deutung nahe, dass sich die §§465 f. parallel verhalten. Um vielleicht auf den Punkt in §466 mehr Licht zu werfen, bringt Wittgenstein in §465 statt des „Ich weiß" inkludierenden Satzes

16.3 Der zweite Aspekt: ‚Wahrheit'   253

„Ich weiß, daß das ein Baum ist" eher den etwas allgemeineren Satz „Man weiß, daß es über … Arten von Insekten gibt" ins Spiel. Zufolge §465 hätte dieser Satz auch nur in einem gewissen seltsamen Kontext – im Trance-Fall, etc. – Sinn. Ansonsten hat er keinen Sinn und lässt sich weder als Mitteilung noch als Bemerkung äußern. Hier stellt sich dann natürlich die Frage: Ist es aber nicht wahr, dass es über … Arten von Insekten gibt bzw. dass man es weiß? Ähnliches kann man auch über (IG) in §466 sagen: (IG) ist zwar solch ein Satz, der in der gegebenen Situation nicht als sinnvolle Bemerkung geäußert werden kann, aber ist das in (IG) Gesagte nicht wahr, in dem Sinne, in dem Wittgenstein ihn in §466 als „Wahrheit" bezeichnet? Hier könnte man nämlich eine Spannung verspüren zwischen der Meinung, dass es unsinnig sei, (IG) zu äußern, und der, dass das in (IG) Gesagte doch wahr sei.

Nun möchte ich also auf die Frage 2) zurückkommen, sprich, auf die Frage, ob das in (IG) Gesagte wahr ist. Obwohl sich „diese Wahrheit" in §466 einfach als auf einen Mooreschen Satz in (IG) bezogen lesen lässt, finde ich bei der Lektüre der §§464 und 466 nicht nur die Frage: „Ist der Mooresche Satz wahr?" wichtig, sondern auch die aus einem Mooreschen Satz und „wissen" zusammengesetzte Frage, z. B. „Weiß ich, dass das ein Baum ist?". In Anbetracht der Ergebnisse der bisherigen Analysen von ÜG sind beide Fragen eigentlich schon zu bejahen, dies wird aber auch aus einigen Bemerkungen im Umkreis des §464 deutlich.

Wie oben ausführlich betrachtet, hält es zwar Wittgenstein für falsch, (IG) als eine Bemerkung/Mitteilung zu betrachten, dies rührt aber nicht daher, dass (IG) und ein besagter Moorescher Satz nicht wahr seien, sondern lediglich, dass es keinen Sinn hat, unter normalen Umständen diese Sätze als Bemerkungen/Mitteilungen zu äußern. Wittgenstein führt einige Beispiele für eine solche – möglicherweise seltsame – Situation an, in der z. B. der genannte Baum im Nebel nicht klar zu sehen ist (vgl. §349), also der Sinn der Sätze „Das ist ein Baum" und „Ich weiß, dass das ein Baum ist" *bestimmt* ist und ein angemessener Hintergrund gegeben ist. Werden diese Sätze etwa in dieser Situation geäußert, könnte man sie zu Recht als wahre Bemerkungen/Mitteilungen betrachten. Diese Beispiele zeigen meines Erachtens eher auf, dass es in der alltäglichen gewöhnlichen Situation einfach an diesem angemessenen Hintergrund für diese Äußerungen fehlt, und keineswegs, dass sie für gewöhnlich nicht nur unsinnig, sondern falsch seien.

Darüber hinaus kommt wiederum die ‚Lernen'-Thematik in den Fokus, etwa in §455, wonach wir Mooresche Sätze wie „Dies ist ein Sessel" mit der „gleichen Unerbittlichkeit" wie den Satz „2 × 2 = 4" gelernt haben (§455; vgl. auch die §§449 f. und 472 f.). Wir haben, konkret gesagt, von Kind auf unzählige Male gelernt – gehört, gesehen, gelesen –, z. B. was die Wörter „Hand", „Baum", „Sessel" bedeuten, und, dass die Personennamen – N.N. (§464) –, die Wohnadressen (§70), etc. unter normalen Umständen nicht plötzlich verändert werden können. Einiges des Gelernten wurde uns dann „als Grundlage gelehrt" (§449), zu der einige Mooresche Sätze gehören, so wie ich §449 ähnlich wie §403 verstehe. Sie machen dann nach §403 zum einen „eine unwankende Grundlage" der Sprachspiele aus und sind zum anderen wahr (vgl. auch die §§83 und 206). Was das *Wissen* im Falle Moorescher Sätze anbetrifft, so *zeigt* es sich, so Wittgenstein, genau im Gebaren (§427), durch Handlungen und in Reden (§§428; vgl. die §§395 f. und 431) und im ganzen Benehmen (LS II, S. 81). So gesehen erscheint es legitim, sowohl Mooresche Sätze als auch die „Ich weiß" involvierenden Sätze wie „Ich weiß, daß das ein Baum ist" bzw. (IG) als wahr zu bezeichnen.[4]

Alleine die Tatsache, dass Mooresche Sätze und solche „Ich weiß/habe … gewusst" involvierenden Sätze wie (IG) wahr sind, könnte dann natürlicherweise den Anschein erwecken, als sei es „eine überflüssige, wenn auch wahre, Bemerkung", z. B. (IG) plötzlich zu äußern. Es ist aber für Wittgenstein schwierig, diese Sichtweise zu akzeptieren. Denn es mangelt dabei an einem angemessenen Hintergrund für diese Äußerung, wobei er dies für ähnlich dem willkürlich eingestreuten „Grüß Gott" in §464 hält. In diesem Sinne denke ich, dass der Wahrheitsbegriff auch an dieser Stelle eine wichtige Rolle spielt, weil es ansonsten – vor allem bei der auf §205 beruhenden Interpretation, dass Mooresche Sätze weder *wahr* noch falsch seien – nicht deutlich wäre, warum die genannte Sichtweise so natürlich ist und warum Wittgenstein gegen sie kämpft.

Das Problem, das in §466 ausgedrückt wird, bezieht sich nicht nur auf den Wahrheitsbegriff, sondern stellt eigentlich auch eine Art der ungereimten sprachlichen Charakteristika dar, mit denen der späte Wittgenstein durchgehend kämpft. Es ist bereits in seiner mittleren Phase ersichtlich, dass er sich mit der Fragestellung befasst: „Was heißt es, zu wissen, was eine Pflanze ist? Was heißt es, es zu wissen und es nicht sagen zu können?", und zwar gegen den Gedanken des Sokrates „Du weißt es & kannst hellenisch reden, also mußt Du es doch sagen können".[5] Obwohl es sich um Sätze anderer Art als Mooresche Sätze handelt, weist er in seiner mittleren Phase anhand einiger Beispiele auf das Sprachphänomen einer gewissen Kluft hin, dass man zwar etwas weiß/wissen kann, aber

---

[4] An dieser Stelle folge ich Wittgensteins Ausdrucksweise in LS II, S. 81: „Es ist wahr, daß Moore weiß, daß dies ein Baum ist, dies zeigt sich in seinem ganzen Benehmen", wo er das genannte Wissen tatsächlich als „wahr" beschreibt.

[5] MS115, 40; vgl. auch BT, S. 195 und PU §75. Diese Bemerkung im MS115 wurde so früh wie ungefähr Ende 1933 hingeschrieben.

16.3 Der zweite Aspekt: ‚Wahrheit‘   255

es nicht sagen kann. Eine Kluft ähnlicher Art drängt sich, wie in §466 nahegelegt, auf, wenn es um das Wissen im Falle Moorescher Sätze geht. Es scheint
zwar, dass ein gegebener Moorescher Satz bzw. (IG) wahr ist, aber man kann
diese Wahrheit nicht aussagen, also, im Sprachspiel weder als Mitteilung noch
als Bemerkung äußern. Wer wagen wollte, die Äußerung als Bemerkung zu
betrachten, würde sozusagen an die Grenze der Sprache anrennen, weil diese
„Bemerkung" in unserem Sprachspiel ausgeschlossen ist. In diesem Lichte kann
man den Ausdruck „Es scheint mir so" in §466 auf zweierlei Weisen auffassen.
Einmal lässt er sich einfach als eine Umformulierung von Wittgensteins auch
etwas undezidierter Haltung in §464 lesen, dass es ihm ähnlich „vorkommt",
(IG) plötzlich zu äußern, wie das unpassende „Grüß Gott", dessen Sinn in der
gegebenen Situation nicht *bestimmt* ist. Einmal lässt sich aber dieser Ausdruck
auch so verstehen, dass man, wie Wittgenstein es in §466 tut, die betreffende
Wahrheit höchstens nur mit den Worten „Es scheint mir so" beschreiben kann,
weil es eine unsinnige Bemerkung sein würde, wenn er aussagte, „Der Mooresche
Satz ist wahr" sowie „Es ist wahr, dass (IG)".

An dieser Stelle könnte folgender Zweifel aufkommen: Kann man im Hin-
blick auf Mooresche Sätze im Sinne von „Ich *kann* mich nicht irren" (vgl. §8)
bzw. zur „Verstärkung" (§424) wirklich die Wendung „Ich weiß, …" verwenden?
Vor allem läuft diese „Verstärkung" darauf hinaus, z. B. zu sagen, „Das ist ein
Baum. Und das ist keine bloße Vermutung", wie wir in Kap. 14 gesehen haben.
Die Diskussionen in den §§424 und 466 und in ihrem Umkreis werfen – meines
Erachtens ebenso wie in §401[6] – vielleicht ein schlechtes Licht auf diese Ver-
wendungen von „Ich weiß". Denn z. B. die Äußerung von „Ich weiß, dass das
ein Baum", in welchem Sinn auch immer, erscheint unter normalen Umständen
so überflüssig und irrelevant wie die Äußerung Moorescher Sätze selbst. Oder:
Könnte man doch sagen, dass diese Verwendungen von „Ich weiß" nach wie vor
legitim bleiben, selbst wenn es unter normalen Umständen Unsinn ist, Mooresche
Sätze zu äußern? Da bin ich unsicher, und lasse deswegen einfach offen, ob die
Verwendung von „Ich weiß" im Falle Moorescher Sätze generell unter normalen
Umständen irrelevant ist oder doch in beschränkter Weise legitim sein kann. Wie
dem auch sei, lässt sich der wichtige Punkt in den §§464 und 466 so beschreiben,
dass unser Wissen im Hinblick auf Mooresche Sätze sowie deren Wahrheit nicht
auszusprechen sind, sondern in unserem Handeln gründen und sich darin *zeigen*.

---

[6] Siehe dazu Kap. 13.

16.3.2 §466 in der Sekundärliteratur

Nach meiner Lesart kommt es in den §§464 und 466 vor allen Dingen auf die gerade geschilderte Spannung an und sie sollte sehr ernst genommen werden. In der meisten Sekundärliteratur werden jedoch die §§464 und 466 unter anderen Aspekten betrachtet. Bei einigen ihrer Deutungen wird z. B. nur der Ausdruck „Ich weiß, …" in den Vordergrund gerückt, als ob die §§464 und 466 bloß zur Kritik an Moores falschem Gebrauch von diesem „Ich weiß" dienen würden. Dabei wird Wittgensteins Bemerkung zu „wahr" oft fast vollständig ignoriert.[7] Betrachtenswert ist vor allem Glocks Interpretation:

> Wittgenstein tentatively suggested that to say, with Moore, that we *know* hinge propositions creates confusion because it invites sceptical doubts, and is hence at odds with our treating them as certain, which shows itself in the way we act (e.g. OC §§7, 466). But this is not to say that it creates confusion or fuels scepticism to draw attention to these propositions, as long as one does not mistake them for ordinary empirical claims. Like the structure of Husserl's 'life-world', facts of nature and hinge propositions are not ineffable, but special: their role is too basic to be easily noted.[8]

Glock behauptet zwar zu Recht, dass die Äußerung von „Ich weiß" in Bezug auf Moorescher Sätze Verwirrung stiftet, aber mir scheint es zu sehr mit philosophischen Kontexten verbunden zu sein, den Grund für diese Verwirrung darin zu sehen, dass diese Äußerung zu irgendwelchen „skeptischen Zweifeln" einlade. Die Sache ist aus alltäglicher Sicht vielmehr, dass man die Äußerung einfach nicht versteht (§§465 und 468), wenn es am Hintergrund dafür fehlt, dieses Wissen preiszugeben sowie Mooresche Sätze zu äußern. Wegen dieses Mangels denke ich im Gegensatz zu Glocks Deutung, dass Mooresche Sätze unter normalen Umständen doch „unaussprechbar" („*ineffable*") und in diesem Sinne speziell sind. Was sich in unserem Handeln zeigt, ist zudem nicht nur, dass wir uns Moorescher Sätze sicher („*certain*") sind, sondern auch, dass sie wahr sind. So gesehen lässt sich die Spannung in §466 in folgender Weise beschreiben: Man kann im Falle Moorescher Sätze nicht nur sagen, „Ich weiß", obwohl man sich ihrer sicher ist, sondern auch, dass man unter normalen Umständen sowohl dieses „Ich weiß, …" als auch Mooresche Sätze nicht sinnvoll äußern kann, obwohl sie beide wahr sind.

---

[7] Siehe z. B. Coliva, A. (2010), S. 69 f.; Ertz, T.-P. (2008), S. 186; Gennip, K.v. (2008), S. 20; Moyal-Sharrock, D. (2004a), S. 66 und 94; Moyal-Sharrock, (2005), S. 90; Moyal-Sharrock D. (2017), S. 558; Morawetz, (1978), S. 77 f.; Morawetz, T. (2005), S. 165 f.; Prichard, D. (2005), S. 198 f.; Prichard, D. (2017), S. 573. Stroll, A. (1994), S. 131 f.

[8] Glock, H.-J., (1996), S. 139.

16.3 Der zweite Aspekt: ‚Wahrheit'   257

Kober hingegen geht zwar mit Bezug zu den §§460 und 464 – jedoch nicht
zu §466 – auf „Wahrheit" ein, aber erwähnt auf §205 referenzierend:

> Wenn in diesem Sinne „Das ist eine Hand" [in §460] als Gewißheit in einem Sprach-
> spiel gilt bzw. als ein dem Urteilen zugrundeliegendes Prinzip verwendet wird (ÜG
> 124), kann – so werde ich jetzt darlegen – dieser Satz aus logischen$_w$ [nach Kober:
> im Sinne von 'die Beschreibung eines Sprachspiels'] Gründen weder als wahr noch
> als falsch betrachtet werden: „Wenn das Wahre das Begründete ist, dann ist der Grund
> weder wahr, noch falsch" (ÜG 205).[9]

Kober behauptet hier, dass Mooresche Sätze weder als wahr noch als falsch
betrachtet werden könnten, dies erscheint mir jedoch aus zwei Gründen verfehlt. Denn erstens denke ich, dass der von Wittgenstein durchgestrichene §205
nicht ernstgenommen werden sollte, und zweitens lehnt §466 keineswegs ab, dass
Mooresche Sätze wahr sind. Mir scheinen die §§464 und 466 vielmehr sogar
ohne Einbeziehung dieser Wahrheit weniger Sinn zu ergeben, weil es dabei nicht
deutlich wäre, warum die Sichtweise, gegen die sich Wittgenstein dort wehrt, so
natürlich klingt.

Betrachten wir nun auch Winchs Deutung des §466:

> Moore's examples of claims to know various things] (e.g. at the beginning of his
> lecture 'Certainty') share with Sartre's 'Wellington' example the characteristic that
> while we have an inclination to think them true, there seems, in the given context, an
> absurdity about making such claims. As Wittgenstein puts it in *On Certainty* (§466):
> […]
> Of course though this is an inclination which Wittgenstein is at that point confessing
> himself to be prone to, he attempts throughout to display it as a confusion.[10]

Abgesehen davon, was genau Jean-Paul Sartres Beispiel bedeutet, ist beachtenswert, was Winch unter Wittgensteins *Denkneigung* in §466 versteht. In Ansehung
von Winchs Abneigung, Mooresche Sätze als wahr zu betrachten,[11] lässt sich
seine Deutung des §466 so verstehen, dass wir zwar *geneigt* seien, sie als wahr zu
betrachten, aber dass sie eigentlich nicht wahr seien. Diese *Neigung* bezeichnet

---

[9] Kober, M. (1993), S. 200. Zu „logisch$_w$", siehe z. B. ebd. S. 65.

[10] Winch, P. (1988), S. 268.

[11] Siehe vor allem ebd., S. 275. Vgl. auch Stoutland, F. (1998), S. 203, „Peter Winch has
argued that certainty is not a matter of true-or-false, but is rather what makes possible the
very distinction between the true and the false"; Krebs, A. (2007), S. 122: „Nach Peter
Winch will Wittgenstein hier darauf hinaus, dass es unmöglich sei, Moore'schen Sätzen einen
Wahrheitswert zuzuschreiben".

Winch zwar im zweiten Absatz des Zitats als *„confusion"*, aber kämpft Wittgenstein in den §§464 und 466 gegen diese *Denkneigung*? Ich denke nicht. Als Verwirrung ist hier nicht die Betrachtung anzusehen, dass Mooresche Sätze wahr sind, sondern eher ist die Spannung verwirrend, dass man unter normalen Umständen Mooresche Sätze nicht als wahre Bemerkungen/Mitteilungen äußern kann, obwohl sie wahr sind und den Ausdruck „Ich weiß, ..." im Hinblick auf sie nicht verwenden kann, obwohl auch diese Worte wahr sind.

16.4 Ein Deutungsversuch des §470 im Zusammenhang mit den §§464 und 466

Zu §470 (MS176, 34r-v)

> [c.1.] Warum ist kein Zweifel, daß ich L.W. heiße? [c.2.] Es scheint durchaus nichts, das man ohne weiteres zweifelsfrei feststellen könnte. [c.3.] Man sollte nicht meinen, daß das eine der unzweifelhaften Wahrheiten ist.
> 5.4.
> [d] [Hier ist noch eine große Lücke in meinem Denken. Und ich zweifle, ob sie noch ausgefüllt werden wird.]

Allein §470 scheint prima facie Wittgensteins bisherigen Meinungen zu widersprechen, weil Wittgenstein in ihm unbezweifelbare Mooresche Sätze wie „Ich heiße L.W." (= (IL)) in Zweifel zu ziehen scheint, obwohl dies wesentlich *logisch* – im Sprachspiel – ausgeschlossen ist.

Die Frage (c.1.) deutet zwar Zweifel an Mooreschen Sätzen wie (IL) an, aber betrachten wir sie zunächst eher wortwörtlich etwa in der Weise: „Warum zweifeln wir tatsächlich nicht an Mooreschen Sätzen wie (IL)?". Die Unbezweifelbarkeit bezieht sich wiederum auf den Aspekt ‚Lernen‘, der in den nachfolgenden Paragraphen in den Vordergrund gerückt wird. Wir lernen demzufolge beim Erwerb unserer Sprache auch Mooresche Sätze als *„Anfang"* (§471), „was nicht zu untersuchen ist" (§472), „eine bestimmte Grundform" (§473), etc. unhinterfragt (vgl. auch die §§476 und 480). Dieses Lernen zählt jedoch nicht als „Grund" (§474) im epistemischen Sinn für die Zweifellosigkeit von (IL), weil was als „Grund" gilt, erst im Sprachspiel bestimmt wird, und die Rechtfertigung sowie die Begründung also erst nach seinem Erwerb vor sich gehen können. Aus dieser Perspektive will Wittgenstein auch den Menschen, der von Kind auf die Sprache sozusagen „hinuntergeschluckt" (vgl. §143), als Tier, „als ein primitives Wesen, dem man zwar Instinkt, aber nicht Raisonnement zutraut", oder „[a]ls ein Wesen in einem primitiven Zustande" ansehen (§475; vgl. auch §359). In diesem

16.4 Ein Deutungsversuch des §470 im Zusammenhang ...   259

Sinne sagt Wittgenstein: „Die Sprache ist nicht aus einem Raisonnement hervorgegangen" (§475). Mooresche Sätze lassen sich als solche ansehen, die man in
dieser Sprache als etwas nicht zu untersuchendes gelernt hat. Dass es in unserem Sprachspiel keinen Zweifel an Mooreschen Sätzen wie (IL) gibt, besteht also
darin, dass wir gewisse Dinge als unbezweifelbar gelernt haben.

Dann besagen (c.2.) und (c.3.) genau das Gegenteil davon, dass es keinen
Zweifel an (IL) gibt. Wie ist dann §470 zu verstehen? Könnte man ihn vielleicht nicht so deuten, dass man doch Zweifel an Mooreschen Sätzen haben
wollte, wenn man sie wegen der in §471 geschilderten Schwierigkeit nicht als
den *Anfang* des Sprachspiels ansehen könnte? Oder: Will Wittgenstein im ersten
Absatz des §470 erneut auf den Punkt zurückgreifen, dass man in Mooreschen
Sätzen doch fehlgehen könnte, wie in den §§419 f. und 425 gesehen? Oder: Meint
er einfach, dass (IL) eigentlich keinen Grundlagen-Charakter besitzt und sich als
falsch erweisen kann, ohne dass unser ganzes Sprachspiel geändert werden muss,
bzw. dass diesem (IL) im Gegensatz zu solchen wahren Sätzen wie „12 × 12 =
144" nicht „offiziell der Stempel der Unbestreitbarkeit aufgedrückt worden" ist
(§§655 f.)? Diese Deutungen mögen zwar richtig sein, aber verweisen sie wirklich
auf „eine große Lücke" in Wittgensteins Denken, wie in (b) gesagt? Mir scheint
vielmehr, dass der etwas seltsame §470 auch im Zusammenhang mit der Problematik in den §§464 und 466 gelesen werden und dabei mehr kontextgebundene
Bedeutung erhalten könnte.

Ähnlich wie im Falle in den §§464 und 466 lässt sich dann eine gewisse
Spannung in §470 sehen. Wie oben geschildert, lernt man als Kind eine Menge
von Dingen sozusagen animalisch und erwirbt damit die Sprache, in der Mooresche Sätze als wahr feststehen. Da sie bereits innerhalb der Sprache der „*Anfang*"
(§471) und „nicht zu untersuchen" (§472) sind, ist es überflüssig und irrelevant,
ihre Wahrheit zusätzlich – durch Begründungen, etc. – zweifelsfrei festzustellen,
und man tut dies im Sprachspiel eben nicht. So gesehen hat diese „Feststellung"[12]
im Hinblick auf die Wahrheit der Mooreschen Sätze unter normalen Umständen
einfach keinen Sinn, weil sie in der Sprache offensichtlich unverrückbar feststehen. In diesem Sinne ist die Wahrheit der Mooreschen Sätze tatsächlich, wie (c.2.)
gesagt, „durchaus nichts, das man ohne weiteres zweifelsfrei feststellen könnte",
weil der Hintergrund für die Feststellung fehlt. Wer z. B. als Philosoph immer
nach Gründen für Wahrheiten suchen will und denkt, dass unzweifelhafte Wahrheiten einmal zweifelsfrei festgestellt werden müssten, könnte weiterhin dazu

---

[12] In §406 beschreibt Wittgenstein „Ich weiß, dass das ..." als „beiläufige Feststellung".
Wenn er auch in §470 diese „Feststellung" im Sinn hat, hat es nach den §§464 und 466
natürlich keinen Sinn, weil ihnen zufolge die Äußerung von „Ich weiß" im Hinblick auf
Mooresche Sätze keinen Sinn hat. Vgl. auch §564.

geneigt sein, wie (c.3.) zu sagen, „Man sollte nicht meinen, dass nicht festzu-
stellende Wahrheiten unzweifelhafte Wahrheiten sind". Meines Erachtens wehrt
sich Wittgenstein auch gegen diese philosophische Neigung. Denn die Spannung,
die sich in §470 findet, lässt sich angesichts der Paragraphen in dessen Umkreis
geradezu so beschreiben: Man kann zwar im Sprachspiel die Wahrheit der Mooreschen Sätze nicht zweifelfrei feststellen, aber sie stehen darin doch tatsächlich
als unbezweifelbare Wahrheiten fest. Diese Kluft lässt sich meines Erachtens als
analog zur Kluft in den §§464 und 466 ansehen.

Die Spannungen, die sowohl in §470 als auch in den §§464 und 466 ausgedrückt sind, lassen sich wohl als „eine große Lücke in meinem Denken" in (d)
verstehen. In (d) fügt er dann hinzu, „Und ich zweifle, ob sie noch ausgefüllt
werden wird". Ich denke, dass dies ein ernsthafter Zweifel ist, und es bleibt im
Grunde genommen fragwürdig, ob man die Lücke überhaupt ausfüllen kann, und
auch, ob Wittgenstein selbst in seinen allerletzten Schriften eine Lösung oder eine
Auflösung von ihr finden konnte.

In dieser Hinsicht denke ich, dass sich das Wort „hier" in (d) genau auf die
genannte Spannung bezieht, und dass es nicht nur zu allgemein, sondern zu stark
ist, (d) wie Stroll einfach so zu lesen, „Wittgenstein confessed that he was dissatisfied with what he had achieved so far in *On Certainty* or what he was likely
to achieve in his rapidly constricting future"[13]. Ähnlich schreibt Kober bzgl. des
(d):

> Und das ist wahr: Wittgensteins Auffassungen zu den einzelnen Aspekten sei-
> ner Untersuchungen bleiben aus sachlicher Perspektive häufig eher unbefriedigend
> unausgearbeitet.[14]

Ebenfalls finde ich es zu stark, wenn man ÜG so liest, dass solche „großen
Lücken" in Wittgensteins Denken wie in (d) in ÜG omnipräsent seien. Mir scheint
eher, dass der in §470 genannte Zweifel u. a. so schwerwiegend ist, dass ähnliche
Zweifel nicht häufig in ÜG auftreten. An dieser Stelle sollte man Wittgensteins
Auffassung in §470 und in seinem Umkreis nicht als eine solche bezeichnen, die
er wie in vielen anderen Stellen in ÜG „unbefriedigend unausgearbeitet" ließ,
sondern eher als solche, die er wegen der besonderen Schwierigkeit nicht richtig
ausarbeiten konnte.

Betrachten wir abschließend Hamiltons Deutung des §470. Er liest zunächst
dessen ersten Absatz wie folgt:

---

[13] Stroll, A. (1994), S. 79.
[14] Kober, M. (1993), S. 9.

16.4   Ein Deutungsversuch des §470 im Zusammenhang ...   261

These "indubitable truths" are the traditional, Cartesian certainties noted earlier – *a priori* truths of logic, mathematics and metaphysics such as "2 + 2 = 4" and "Every event has a cause", psychological self-certainties such as "I am in pain", and observational statements such as "I see a red patch". Moorean propositions differ from these traditional certainties in being neither necessary or logical truths, nor psychological or observational statements. They appear to be empirical, but turn out not to be – neither in the metaphysical sense of "factual" or "contingent", nor in the epistemic sense of "liable to be supported by evidence"[15].

Diese Deutung des §470 klingt mir fast so, als wolle Wittgenstein vor allem in (c.3.) sagen, „Man sollte nicht meinen, dass (IL) eine der ‚traditionellen kartesischen Gewissheiten' ist". Sie geht in der Tat mit Hamiltons Grundhaltung von ÜG gut einher, dass Wittgenstein dadurch das sogenannte „kartesische Projekt" zurückweisen wolle, dass er zwischen diesen „traditionellen kartesischen Gewissheiten" und Mooreschen Sätzen wie (IL) unterscheide.[16] Allerdings bin ich erstens unsicher, eine wie große Rolle das „kartesische Projekt" für ÜG spielt, zweitens, warum in §470 plötzlich von „unzweifelhaften Wahrheiten" im Sinne der „traditionellen kartesischen Gewissheiten" die Rede sein sollte, und drittens, worin nach Hamiltons Deutung die „große Lücke" in Wittgensteins Denken besteht, weil ihr zufolge doch gerade keine „große Lücke" übrig zu bleiben scheint.

Wie deutet dann Hamilton eigentlich (d)? Mir erscheint seine Interpretation des (d) etwas schwächer als dort erwartet. Er liest Wittgensteins Anmerkungen in §400 sowie (d) als Verweis auf seine „perennial dissatisfaction":

Perennial dissatisfaction is one driving force of the therapeutic method. The phrase "Wittgenstein suggests" appears often in this Guidebook, because his claims are often not categorical. He sometimes signals that a remark should not be taken at face-value, for instance by the prefix "I should like to say" or "I want to say". This usually means that Wittgenstein is dissatisfied with his formulation, or feels that it may be misunderstood (for instance OC 69, OC 89, 401, 447).[17]

Es könnte wahr sein, dass Wittgenstein bisweilen in seinen ganzen Schriften die Ausdrücke „Ich will sagen", „Ich möchte sagen" im genannten Sinn gebraucht. Jedoch denke ich, dass sich die „große Lücke" in §470 weder darin äußert, dass

---

[15] Hamilton, A. (2014), S. 88.

[16] Siehe z. B. ebd., S. 2: „According to a central project of Western epistemology since Descartes, such indubitable truths form the bedrock of certain knowledge. *On Certainty* rejects that project. In particular, it denies that "The Earth is very old" or "I am called Andy Hamilton" are foundations in any post-Cartesian sense". Vgl. auch S. 3.

[17] Ebd., S. 55 f.

er einfach mit seiner Formulierung unzufrieden war, noch sozusagen in seiner Angst, dass sie missverstanden werden mag, noch in irgendeiner „therapeutischen Methode", auch wenn Hamilton §470 in einer oder mehreren dieser Weisen zu verstehen scheint. Was genau die „große Lücke" im seltsamen §470 darstellt, ist zwar wegen der Dürftigkeit des Texts schwer zu konstatieren, sie liegt aber nach meinem kontextbezogenen Deutungsvorschlag genau im hier diskutierten ungereimten Sprachphänomen, gegen das Wittgenstein sogar durchgehend in seiner späten Philosophie gekämpft hat.

§§500 & 514 f.

17

17.1 Die seltsame Spannung in §498

Zu §500 (MS176, 41r)

[a] Aber es schiene mir auch Unsinn zu sein, zu sagen "Ich weiß, daß das Gesetz der Induktion wahr ist".
[b] Denk Dir so eine Aussage in einem Gerichtshof gemacht! Richtiger wäre noch "Ich glaube an das Gesetz ....", wo ꞱꞱꞱ'|glaubenꞱ'| nichts mit <u>vermuten</u> zu tun hat.

Betrachten wir zunächst wegen der im §500 auftretenden Wörter „aber" und „auch", was in den ihm vorangehenden Paragraphen steht. Wittgenstein schreibt zunächst in §498:

498. Das Seltsame ist, daß wenn schon ich es ganz richtig finde, daß Einer den Versuch, ihn mit Zweifeln in dem Fundamente [im MS steht aber, obwohl etwas undeutlich, „in den Fundamenten"] irre zu machen, mit dem Wort »Unsinn!« abweist, ich es für unrichtig halte, wenn er sich verteidigen will, wobei er etwa die Worte »Ich weiß« gebraucht.

Was ist hier aber das Seltsame? Hier findet man die folgende seltsame Spannung: Es ist zwar in Wittgensteins Augen richtig, jemanden, der an Mooreschen Sätzen zweifelt, mit der Äußerung „Unsinn!" zu widersprechen, aber es ist unrichtig, die Worte „Ich weiß" zu verwenden um im Falle Moorescher Sätze Wissen zu beanspruchen. Mit anderen Worten: Es ist zwar in unserem Sprachspiel zugelassen, ohne Angabe zwingender Gründe bloß zu sagen, „Unsinn!", um einen Zweifel an Mooreschen Sätzen zurückzuweisen, aber doch ausgeschlossen ist, zum selben Zweck bloß zu sagen, „Ich weiß es".

© Der/die Autor(en), exklusiv lizenziert an Springer-Verlag GmbH, DE, ein Teil   263
von Springer Nature 2022
S. Hashimoto, *Der Wahrheitsbegriff in Über Gewißheit*,
https://doi.org/10.1007/978-3-662-65684-6_17

Dieses seltsame Phänomen unseres Sprachspiels hat Wittgenstein bisher oft thematisiert. Ihm zufolge haben wir keine Gründe, durch die wir zu Mooreschen Sätzen gelangt sind oder durch die wir uns von ihnen überzeugt haben, sondern sind beim Erwerb der Sprache in unzähligen Verbindungen mit anderen Urteilen unhinterfragt gelernt worden. Wenn jemand unser Sprachspiel nicht kannte und an Mooreschen Sätzen zweifeln würde, könnten wir ihn auch nicht von ihrer Wahrheit überzeugen, sondern ihn für „geistesgestört" (§155; vgl. auch die §§71 und 73) halten oder höchstens nur mit „(Ach) Unsinn!" zurechtweisen (§§138 und 495). Und dies ist weder ein richtiges Argument noch eine richtige Antwort, und hierfür kann auch keine triftige Begründung, die wir für das *Wissen* im Falle Moorescher Sätze nicht benötigen, angeführt werden. Andererseits ist es ein falscher Gebrauch, um jemandem die Wahrheit Moorescher Sätze zu versichern, bloß zu sagen, „Ich weiß es", so wie Moore es tut. Denn wenn das „Ich weiß" im Sinne der Versicherung (§424) oder von „Ich bin sicher" (§8) gebraucht werden würde, dann benötigte es die Angabe zwingender Gründe, die es aber für sie nicht gibt (§§18, 40, 243, 483 f. und 550). Die Äußerung von „Ich weiß" in diesem Sinn wird auch im Umkreis von §500 als negativ, oder, z. B. so wie ich §503 deute, als *nutzlos* bezeichnet (vgl. auch die §§487 f. und 502 ff.). Vor allem erwähnt Wittgenstein in §504: „Ob ich etwas *weiß*, hängt davon ab, ob die Evidenz mir recht gibt oder mir widerspricht", und weiterhin, „Denn zu sagen, man wisse, daß man Schmerzen habe, heißt nichts". Dieser §504 ist, wie mir scheint, ähnlich wie §417 zu verstehen. Man kann nämlich richtig sagen, „Ich habe Schmerzen", ohne weitere Evidenz, z. B. „ohne daß diese Lokalität mir auf eine andre Weise (durch ein Bild etwa) zum Bewusstsein käme" (§417; vgl. auch Kap. 14). So gesehen heißt es natürlich nichts, mittels solcher – vermeintlicher – „Evidenz" für eigene Schmerzen zu versichern, „Ich weiß, dass ich Schmerzen habe" bzw. „Man weiß, dass man Schmerzen hat". Angesichts dieser falschen Verwendung von „Ich weiß" – im Sinn von „Ich bin sicher" – lässt sich ebenfalls sagen, dass es nichts heißt, im Falle Moorescher Sätze, für deren Wahrheitsbeurteilung wir keiner Evidenz bedürfen, zur Versicherung zu sagen, „Ich weiß es".[1]

---

[1] Im anschließenden Paragraphen steht:
505. Es ist immer von Gnaden der Natur, wenn man etwas weiß.
Der Ausdruck „Gnaden der Natur" lässt vielleicht verschiedene Deutungen zu. Ihn deutet z. B. Stefan Tolksdorf (Tolksdorf, S. (2017)) auf ÜG basierend als Wittgensteins eigenen Ausdruck, ich habe aber das Gefühl, dass dieser Ausdruck einfach nur ein geliehener aus anderer Literatur ist. Es ist zwar rätselhaft, was Wittgenstein genau damit meint, aber ich finde es interessant, was Goethe, auf den er sich manchmal bezieht, in seinem kleinen Text ‚Studie nach Spinoza' schreibt:
Das Unendliche aber oder die vollständige Existenz kann von uns nicht gedacht werden.

17.2 „Das ›Gesetz der Induktion‹" vs. „gewisse partikulare Sätze" ...   265

17.2 „Das ›Gesetz der Induktion‹" vs. „gewisse partikulare Sätze" in §499

Auf die Erklärung dieser Spannung lässt Wittgenstein die Passage in §499 folgen. Hier ein Zitat aus der dem §499 entsprechenden MS-Passage (MS176, 41r):

> Ich könnte auch so sagen: Das 'Gesetz der Induktion' läßt sich ebensowenig begründen als gewisse partikuläre[2] Sätze, das Erfahrungsmaterial betreffend.

In den §§499 f. richtet sich Wittgensteins Augenmerk nicht zuletzt auf das Gesetz der Induktion, das im Kontrast zu „gewissen partikulären Sätzen" zu stehen scheint. An dieser Stelle hat er, wie mir scheint, Russells folgende Ausführung über das Induktionsprinzip (bzw. Prinzip der Induktion) im Kopf:

> [...] the principle of induction, while necessary to the validity of all arguments based on experience, is itself not capable of being proved by experience, and yet is unhesitatingly believed by everyone, at least in all its concrete applications.[3]

Um Missverständnisse zu vermeiden, möchte ich hier betonen, dass Russells Erörterung des genannten Induktionsprinzips eigentlich auf David Humes Induktionsskepsis anspielt, die im Wittgensteinschen Kontext keine Rolle spielt. Es

---

Wir können nur Dinge denken, die entweder beschränkt sind oder die sich unsre Seele beschränkt. Wir haben also insofern einen Begriff vom Unendlichen, als wir uns denken können, daß es eine vollständige Existenz gebe, welche außer der Fassungskraft eines beschränkten Geistes ist. [Goethe, J. W. v. (1989), S. 14].

[...]

Nun möchten wir zwar nach unsrer Art zu denken diese Beschränkung keine Gabe nennen, weil ein Mangel nicht als eine Gabe angesehen werden kann, wohl aber möchten wir es als eine Gnade der Natur ansehen, daß sie, da der Mensch nur meist zu unvollständigen Begriffen zu gelangen imstande ist, sie ihn doch mit einer solchen Zufriedenheit [in] seiner Enge versorgt hat. [Ebd., S. 17; die Einfügung des Wortes „in" steht im Text].

Die Idee mit der Zufriedenheit könnte man vielleicht in Übereinstimmung mit dem bringen, was Wittgenstein in §344 erwähnt: „Mein *Leben* besteht darin, daß ich mich mit manchem zufriedengebe" (vgl. auch §344 und „*satisfied*" in §299). Was in §344 mit „manchem" gemeint wird, ist Unbezweifelbares wie der Inhalt der Mooreschen Sätze. Für dieses Wissen können wir, wenn auch nicht wegen der Beschränktheit unserer Denkfähigkeit, keine richtigen Gründe oder Evidenz anführen, brauchen jedoch, wie in Goethes Text gesagt, bloß die Zufriedenheit, die die „Gnade der Natur" uns Menschen bietet.

[2] Im veröffentlichten Text steht zwar „partikular", aber ich folge hier der Beschriftung im MS „partikulär".

[3] Russell, B. (1912/2001), S. 39. Vgl. auch S. 38, 41 und 43.

scheint mir jedoch wichtig zu sein, kurz zu betrachten, wie Russell an dieser Stelle die für §500 relevanten Wörter gebraucht. Er beschreibt Prinzipien wie das Gesetz der Induktion als allgemein („*general*") einerseits und ihre „concrete applications" als „particular application of the principle" andererseits.[4] Und im gleichen Zusammenhang nennt er z. B. den arithmetischen Satz „Zwei und zwei sind vier" – und vom Kontext her auch „Alle Menschen sind sterblich" – als „general proposition" sowie den Satz „Brown und Jones und Robinson und Smith sind vier" als „particular proposition"[5]. Mit Blick auf Russells Erläuterungen erhalten, so denke ich, die §§499 f. mehr Bedeutung.

Den Ausdruck: „gewisse partikuläre Sätze" verstehe ich zunächst aufgrund des Zusatzes „das Erfahrungsmaterial betreffend" gleich wie „Erfahrungssätze, die uns als gewiß gelten" (§273) oder „Sätze von der Form der Erfahrungssätze [, die] zum Fundament alles Operierens mit Gedanken (mit der Sprache) [gehören]" (§§401 f.).[6] Und sie sind nichts anderes als Mooresche Sätze, die in unserem Sprachspiel unverrückbar feststehen, wie „Hier sind zwei Hände".

Wie kann man aber das Wort „partikulär" verstehen? – Wie aus dem obigen Zitat ersichtlich ist, hat Wittgenstein es im MS wegen seiner Unzufriedenheit mit einer Wellenlinie versehen. Mir scheint, als hätte er ursprünglich das „Gesetz der Induktion" und gewisse „partikuläre" Sätze in Kontrast zueinander setzen wollen, so wie Russell die Allgemein-partikulär-Unterscheidung macht. Und wenn dem so wäre, hätte er sicherlich die Idee im Sinn gehabt, dass beide zwar für unsere Sprachspiele fundamental seien, aber, dass das „Gesetz der Induktion" allgemein gelte, während „Sätze von Form der Erfahrungssätze" nur einzelne Fälle zu betreffen scheinen. Zu diesen Sätzen, sprich, Mooreschen Sätzen gehören jedoch nicht nur partikuläre Sätze – im Russellschen Sinn – wie „Hier sind zwei Hände". Dazu zählen auch natürlich solche allgemeinen Sätze wie „Katzen wachsen nicht auf Bäumen wachsen" (§283), die bezogen auf alle Katzen – nicht nur Brown, Jones, etc. – und alle Bäumen gilt, und sogar der Satz, der das Induktionsprinzip beschreibt: „Was *immer* geschehen ist, wird auch wieder geschehen" (§135). In §499 geht es in dieser Hinsicht nicht um die Allgemein-partikulär-Dichotomie, sondern vielleicht einfach um den Unterschied, ob man Unbezweifelbares in Satzform wie „Hier sind zwei Hände" ausdrückt, oder, ob man ihm bloß einen Namen wie „Gesetz der Induktion" oder „die Physik" (§602) gibt.

---

[4] Ebd. S. 39.

[5] Ebd. S. 43 f.

[6] Zu „Erfahrungssätzen" sowie „Erfahrungsurteilen", siehe etwa die §§83, 96, 136, 167, 308 und 519.

17.3 Die Analyse des §500 267

Geht man von diesem Verständnis von „gewissen partikulären Sätzen" aus, dann kann man §499 so verstehen, dass sich das ›Gesetz der Induktion‹[7] ebenso wenig wie Mooresche Sätze *begründen* lässt. Wie gesehen, sind wir zu ihnen nicht durch Begründungen gelangt, sondern wir haben sie beim Spracherwerb unhinterfragt gelernt. Ebenfalls bedürfte es dann keiner Begründung für das ›Gesetz der Induktion‹, sondern wir haben es eher dadurch gelernt, dass wir das Sprachspiel, in dem es unverrückbar feststeht, zu spielen lernten.

17.3 Die Analyse des §500

17.3.1 Das ›Gesetz der Induktion‹ und „Ich weiß"

Ähnlich wie §498 lese ich dann §499 und (a) in §500 weiterhin wie folgt: Das ›Gesetz der Induktion‹ bedarf zwar keiner Begründung, aber es scheint Unsinn zu sein, ohne Gründe dafür anzuführen zu sagen, „Ich weiß, dass das Gesetz der Induktion wahr ist". Es könnte zwar vielleicht gemäß Wittgensteins bisherigen Bemerkungen sinnvoll sein, im Sinne von „Ich kann mich nicht irren" (§8) oder zur Verstärkung (§424) die Worte „Ich weiß" zu verwenden. Dennoch denke ich, dass er in (b) die Äußerungssituation auf eine solche wie in einem Gerichtssaal einschränkt, in der man jemandem das Wissen mit zwingenden Gründen zu verstehen geben muss. Der Ausdruck „Ich weiß" muss hier also lediglich im Sinne von „Ich bin sicher" zur Versicherung gebraucht werden (vgl. auch §8). So gesehen ist die Aussage in (a) ohne Weiteres Unsinn, weil kein Zweifel am ›Gesetz der Induktion‹ im vorliegenden Sprachspiel zugelassen ist.

Interessant ist aber dann auch, dass Russell zu der Zweifellosigkeit der unserer Sprache zugrundeliegenden Prinzipien inklusive des Prinzips der Induktion eine ziemlich ähnliche Haltung hat, wie auch Wittgenstein sie in ÜG zum Ausdruck bringt:

---

[7] Vielleicht könnte man die eckigen Klammern hier so lesen wollen, dass Wittgenstein damit etwa unser unbegründetes animalisches Handlungsprinzip meint, das in unser Raisonnement, wie in §135 angedeutet, nicht zu bringen ist, und nichts Theoretisches wie Faradaysches Induktionsgesetz oder die vollständige Induktion, durch die wir mathematische Beweise rechtfertigen können (vgl. auch §287). Ich bin mir aber nicht sicher, ob hier Wittgenstein die Unterscheidung zwischen den zwei Sorten der Induktion machen will, weil ebenso die theoretischen Gesetze ähnlich wie „die Physik" in §602 nicht unbedingt als begründet angesehen werden könnten (siehe Kap. 19), und zudem, weil es auch in Russells Kontext nicht um diese Unterscheidung geht.

268   17 §§500 & 514 f.

In fact, the truth of the principle [= das logische Prinzip] is impossible to doubt, and its obviousness is so great that at first sight it seems almost trivial. Such principles, however, are not trivial to the philosopher, for they show that we may have indubitable knowledge which is in no way derived from objects of sense.[8]

Im Zitat ist zwar von „dem logischen Prinzip" die Rede, aber dies gilt auch beim Gesetz der Induktion. Und solche Philosophen, die die Gewißheit in Bezug auf solche Prinzipien nicht für offensichtlich halten, wären natürlich diejenigen, die Wittgenstein kritisieren wollte. Zwar scheinen Russell und Wittgenstein darin einig zu sein, dass gewisse Prinzipien unbezweifelbar sind, aber ich denke, dass Russell dazu tendiert, im Zusammenhang mit solch Unbezweifelbarem allzu oft die Wörter „know", „known" zu gebrauchen und möglicherweise sogar im Sinne der Versicherung ihrer Gewißheit falsch zu verwenden, wenn er z. B. sagt:

[...] we must know general principles of some kind by means of which such inferences can be drawn.[9]
The logical principle is as follows: 'Suppose it known that if this is true, then that is true. Suppose it also known that this is true, then it follows that that is true.'[10]
[...] the rationalists [...] maintained that, in addition to what we know by experience, there are certain 'innate ideas' and 'innate principles', which we know independently of experience [...]. It must be admitted, for the reasons already stated, that logical principles are known to us, and cannot be themselves proved by experience, since all proof presupposes them.[11]
The fact is that, in simple mathematical judgements such as 'two and two are four', and also in many judgements of logic, we can know the general proposition without inferring it from instances, although some instance is usually necessary to make clear to us what the general proposition means[12] [Hervorhebungen von mir].

Angenommen, dass Russell sowie Moore das Wort „Wissen" falsch verwendet, scheint sich die Kritik in den §§499 f. eigentlich nicht nur gegen Moore zu richten, sondern auch gegen Russell.

---

[8] Russell, B. (1912/2001), S. 40.
[9] Ebd., S. 33.
[10] Ebd., S. 40. Dort scheint mir, dass Russell auch solche Fälle nicht ausschließt, in denen dieses „this" oder „that" etwas Unbezweifelbares bezeichnet.
[11] Ebd., S. 41.
[12] Ebd., S. 44.

17.3.2 Das ›Glauben‹ ohne Verbindung mit dem Vermuten

Im zweiten Absatz des §500 erwähnt Wittgenstein weiterhin, es wäre richtiger, zu sagen, „Ich glaube an das Gesetz", als im Sinne von „Ich bin sicher" zur Versicherung zu sagen, „Ich weiß, dass das Gesetz wahr ist". Und man kann hier einen deutlichen Zusammenhang zwischen dem Wort „Glauben" und Russells obigem Zitat: „the principle of induction […] is unhesitatingly **believed** by everyone"[13]. Was ist aber das ›Glauben‹ dieser Art? – Wie in den §§486 und 490 ff. thematisiert wird, kann zur Beschreibung unseres *Wissens* im Falle Moorescher Sätze sowie im Fall vom „›Gesetz der Induktion‹" die Frage „Weiß ich, oder glaube ich nur, dass …?" nicht passen, wenn sie bedeutet: „Bin ich sicher, oder vermute ich nur, dass …?" (§491). Es liegt zum einen darin begründet, dass der Gebrauch der Worte „Ich weiß" im Sinne von „Ich bin sicher", wie soeben gesehen, im Falle Moorescher Sätze Unsinn ergibt, und zum anderen darin, dass es bei ihrem *Wissen* nicht um einen bloßen subjektiven Glauben geht. Aus diesem Grund fügt Wittgenstein dem „Richtiger wäre noch »Ich glaube an das Gesetz …«" den Zusatz „wo ›glauben‹ nichts mit *vermuten* zu tun hat" hinzu, wobei sich das im MS unterstrichene Wort „*vermuten*" als ein psychologisches Wort, das sich auf einen subjektiven Glauben bezieht, verstehen lässt.

Betrachten wir nun dieses ›glauben‹ näher und ohne Zusammenhang mit dem, was im Geiste vorgeht. Wie es auch in Kap. 14 bzgl. des §425 bereits erwähnt wurde, lässt sich das Wort „glauben" nicht im Sinne von „Vermuten" verstehen, sondern vielmehr im Sinne von „unerschütterliches Glauben" oder „unumstößliches Glauben"[14]. Zu diesem Glauben zählt Wittgenstein z. B. die Sätze „Dort steht ein Sessel" (§173), „Hier sind zwei Hände" (§245)[15], und sie gehören ohne Zweifel zu Mooreschen Sätzen, die in unserem Sprachspiel feststehen. Der Glaube dieser Art ist nicht begründet (§§173, 253 und 323) und kann auch im Sprachspiel nicht entkräftet werden, weil man dabei „nicht bereit [ist], irgend etwas als Gegenbeweis dieses Satzes gelten zu lassen" (§245). Für diesen Glauben spielt wiederum der Aspekt ‚Lernen' eine wichtige Rolle. Wir lernen, wie oben gesehen, als Kinder eine Unmenge von Dingen unhinterfragt zu glauben und weiterhin ein ganzes System von Geglaubtem (§§141, 144 und 159), weil

---

[13] Ebd., S. 39. Hervorhebung von mir.

[14] Ähnlich wird der Ausdruck „unerschütterliche Überzeugung" in den §§86 und 103 gebraucht.

[15] Andere Beispiele finden sich etwa in den §§141, 159, 170 f., 234, 239 f., 240 ff. 252 f., 279, 281, 284 ff., 288, 291, 323, 326 f. und 340; vgl. auch die §§263, 277 und 675.

der Zweifel erst *nach* dem Glauben kommt (§160). Dieser Glaube und das Lernen stützen sozusagen so einander, dass „woran wir glauben", sprich, Mooresche Sätze einerseits von dem, „was wir lernen" abhängt (§286), während das weitere Lernen z. B. der Wissenschaften andererseits natürlich auf dem Glauben geographischer, chemischer, geschichtlicher Tatsache etc., den Mooresche Sätze zum Ausdruck bringen, beruht (§170). So lernen wir also nach gewissem Glauben handeln und weiterhin ein ganzes System, in dem er unverrückbar feststeht (§144). Andererseits kann man mit Wittgenstein von Menschen sagen: „aus ihren Handlungen kann man ersehen, daß sie Gewisses mit Bestimmtheit glauben, ob sie diesen Glauben aussprechen oder nicht", oder, „daß er [= der Mensch] so handelt" (§284[16]). So gesehen ist unser Glaube dieser Art mit unserem Handeln mit Sicherheit (§§196 und 331) verbunden. In dieser Hinsicht verhält er sich wie religiöser Glaube, der auch keine bloße Vermutung darstellt, sondern mit dem Handeln z. B. der Katholiken so einhergeht, dass sie z. B. auf den Glauben „Jesus hatte nur eine menschliche Mutter" hin religiöse Handlungen wie Marienverehrung (§459; vgl. §239) ausüben. Zur Beschreibung des mit dem Handeln verbundenen Glaubens würde Wittgenstein generell aufgrund des fehlenden Zweifels im vorliegenden Sprachspiel nicht „Ich weiß", sondern eher „Ich glaube" bevorzugen, so wie er es in §500 erwähnt (vgl. auch die §§288 und 291).

17.3.3 Zum Ausdruck „Richtiger wäre"

Wie ist aber Wittgensteins etwas abgeschwächte Formulierung „richtiger wäre" in §500 zu verstehen?[17] Meines Erachtens lässt sie sich, wie auch in Kap. 7 bzgl. des §248 gesehen, als folgende therapeutische Maßnahme Wittgensteins verstehen: „Wenn du im Falle Moorescher Sätze oder des ›Gesetzes der Induktion‹ sagen wolltest, ‚Ich weiß, …', dann sag besser, ‚Ich glaube, …'!". Außer dem in §425 genannten Kritikpunkt, dass es „gänzlich *irreführend*" wäre, im Falle Moorescher Sätze die Wendung, „Ich glaube, …" zu gebrauchen, weil sie dann gemäß meiner Deutung doch nach *Vermutungen* klingen könnten, hält Wittgenstein diese Äußerung von „Ich glaube" doch nicht für völlig richtig. Denn, so wie

---

[16] Vgl. auch die bereits z. B. in Kap. 15 gesehene Idee, dass sich unser Wissen im Falle Moorescher Sätze tagtäglich in „Gebaren" (§427), „Handlungen (und Reden)" (§428; vgl. die §§395 f. und 431), oder im „ganzen Benehmen" (LS II, S. 81) *zeigt*.

[17] Wittgenstein gebraucht in seinen sämtlichen Schriften immer wieder die Formulierung „richtiger wäre" o.ä., z. B. in BT, S. 63 und 457; BGM, S. 147; PU §186; VW S. 28. Vgl. auch BT, S. 241, 316, 322, 330, 342 und 500; BGM, S. 31, 55 und 133; PU §§58, 82 und 153; Z §§258 und 711.

17.3 Die Analyse des §500 271

ich §501 deute,[18] könnte man hier wiederum auf die Schwierigkeit stoßen, dass man das, was gewiss ist, in unserem Sprachspiel nicht ausdrücklich beschreiben kann. Demgemäß kann man also allein mit „Ich glaube es" nicht beschreiben, was in unserem Sprachspiel unverrückbar feststeht. So gesehen heißt es in §500 eigentlich, dass sich die Wahrheit Moorescher Sätze sowie die des ›Gesetzes der Induktion‹ nicht durch bloße sprachliche Erklärungen wie „Ich weiß, ...", „Ich glaube, ...", etc. zeigt, sondern ausschließlich in unserer Praxis der Sprache sowie unseren Handlungen im Sprachspiel, wie wir bereits in den §§428 und 431 gesehen haben.

Betrachten wir genauer, warum die Äußerung von „Ich glaube" uns auch wenig zu bringen scheint. Dies liegt im Gegensatz zur Äußerung von „Ich weiß" nicht an ihrem falschen Gebrauch – sprich, an der Versicherung mit „Ich weiß" ohne Angabe triftiger Gründe –, sondern, so denke ich, hauptsächlich an den folgenden zwei Punkten. In Anknüpfung an die §§348 und 461 fehlt es erstens im Falle von dem, was gewiss ist, auch am Hintergrund für die Mitteilung „Ich glaube, ..." und dann ist auch der Sinn dieser Mitteilung durch die gegebene Situation nicht *bestimmt*, so wie man mitten im Gespräch nicht sinnvoll „Grüß Gott" sagen kann (§464). Wittgenstein beschreibt zwar die Situation in §500 besonders als solche wie in einem Gerichtssaal, in der man bereit sein muss, seine Aussage zu begründen, aber ich bin mir nicht sicher, ob diese Situationsbeschreibung ausreichend dafür ist, der bloßen Äußerung von „Ich glaube, ..." einen bestimmten Sinn zu geben. Und zweitens, auch wenn dort das „Ich glaube, ..." überhaupt – und ehrlich – geäußert werden sollte, müsste man zwar im Gegensatz zu „Ich weiß" im Sinne von „Ich bin sicher" keine Gründe anführen (§550), aber das hieße nicht, dass diese Äußerung ohne Zusammenhang mit unserer tagtäglichen Praxis zeigt, dass Gewisses in unserem Sprachspiel feststeht. Woran man ohne Zweifel mit Sicherheit glaubt, zeigt sich nach Wittgenstein vielmehr an der Praxis. Es bringt also ebenso wenig, einfach mit „Ich glaube, ... " aufzuzählen, was man glaubt, wie mit Moore mit „Ich weiß, ..." aufzuzählen, was man weiß. Obwohl dieser Gebrauch von „Ich glaube" in dieser Hinsicht im Falle von Gewissem nicht angebracht ist, ist er doch zumindest um den Punkt richtiger als

---

[18] In dieser Hinsicht stimme ich Malcolm mit seiner Deutung zu, dass Wittgenstein eigentlich mit dem §500 Gesagten unzufrieden ist. Malcolm erwähnt auch §501 heranziehend: *Logic cannot be described!* I take this to mean that it is not appropriate for Wittgenstein to say either that he 'knows', or 'believes' or is 'certain', or is 'convinced' or 'assumes', or does not 'doubt', that his name is L.W., or that this is called a 'hand', or that the law of induction is true. None of these terms are correct [Malcolm, N. (1986), S. 316]. , wobei nach meiner Lesart der Term „wissen" in der gegebenen Situation noch unangemessener als die Anderen ist.

„Ich weiß", dass er kein falscher Gebrauch ist, auch wenn er alleine ohne Angabe zwingender Gründe geäußert wird.

In mancher Sekundärliteratur wird §500 als einer der Paragraphen in ÜG interpretiert, die die Deutung verstärken würden, dass die „Angeln" – Mooresche Sätze, Weltbilder, das Gesetz der Induktion, etc. – keinen Wahrheitswert haben würden, wobei sich vor allem Coliva auf den von Wittgenstein gestrichenen problematischen §205 bezieht.[19] Nach meiner Lesart ist der Satz „Ich weiß, daß das Gesetz der Induktion wahr ist" in §500 nicht deshalb Unsinn, weil alles Unbezweifelbare weder wahr noch falsch sein kann, sondern, weil in ihm die Worte „Ich weiß" falsch verwendet werden. Zudem äußert sich Pritchard auf die Paragraphen – nach seiner Zitierweise „§464; cf. §§10, 35–7, 461, 463, 500" – referenzierend, als hielte Wittgenstein das Äußern Moorescher Sätze für so unsinnig, wie die Handlung, die Person, mit der man grade mitten im Gespräch ist, plötzlich mit „Grüß Gott" zu grüßen.[20] Dieser Lesart stimme ich, wie oben gesagt, insofern zu, als es sowohl bei „Ich glaube, ..." als auch bei „Ich weiß, ..." im Falle Moorescher Sätze am Hintergrund für die Mitteilung fehlt. Jedoch denke ich, dass Wittgenstein in §500 ebenso wie in §10 die Unsinnigkeit von „Ich weiß" nicht nur auf dessen Gebrauch in der unpassenden Situation, in der z. B. die Äußerung „Ich bin hier" keinen Sinn hat, zurückführt. Dessen falscher Gebrauch zeigt sich vielmehr dort, „wo es keinen Zweifel gibt" oder „auch dort, wo der Ausdruck des Zweifels unverständlich wäre" (§10). Denn ungeachtet dieser eigentümlichen falschen Verwendung von „Ich weiß" würde man nicht genau einsehen, warum der Gebrauch von „Ich glaube" im Falle Moorescher Sätze noch „richtiger" wäre.

17.4   Erneut zu Revisionsfällen

Zu §§514 f. (MS176, 43v–44r)

> [§514] Diese Aussage erschien mir als fundamental; wenn das falsch ist, was ist noch 'wahr' & 'falsch'?!

---

[19] Coliva, A. (2013a), S. 5, Fn.8. Coliva beschreibt einige Paragraphen in ÜG wie folgt: „It remains, however, that several other ones [= passages] suggest the idea that for Wittgenstein truth is epistemically constrained. Therefore hinges couldn't be either true or false (OC 162–3, 204–205, 222, 404, 500)". Da die §§162 f. und 500 jeweils von Weltbildern und dem Gesetz der Induktion handeln, denke ich, dass sie auch zu den „Angeln" zählen. Siehe auch Hamilton, A. (2014), S. 114; Coliva, A. (2010), S. 183 und S. 231, Fn.34.

[20] Pritchard, D. (2016), S. 86; Pritchard, D. (2017), S. 573.

[§515] Wenn mein Name nicht L.W. ist, wie kann ich mich darauf verlassen, was unter "wahr" & "falsch" zu verstehen ist?

17.4.1 Der Zusammenhang zwischen der Revision eines Sprachspiels und dessen Sicherheit

Die Thematik in den §§514 f. ist eigentlich nicht neu, sondern wurde bereits z. B. in den §§69 und 419 diskutiert.[21] Hier geht es also wiederum um Mooresche Sätze, die in unserem Sprachspiel feststehen, und in §514 f. werden jeweils der Satz „Das ist ein Haus" und der von Wittgenstein geäußerte Satz „Mein Name ist L.W." als Beispiele für sie genannt. Und ebenso wie die §§69 und 419 laufen diese Paragraphen darauf hinaus, dass es keine Gewähr mehr gäbe, was in diesem Sprachspiel noch ‚wahr' und ‚falsch' ist (§514) oder was unter diesen Begriffen „wahr" und „falsch" zu verstehen wäre (§515), wenn ein Moorescher Satz *nicht* wahr wäre, wie in §515 ausgedrückt. In diesem Kontext lese ich also die Mooreschen Sätze „Mein Name ist ..." (§515) bzw. „Ich heiße ..." in der Weise, dass sie eher den Grundlagen-Charakter haben und dass auch alle anderen Urteile mitgerissen würden, wenn sie falsch wären.[22]

Im Umkreis der §§514 f. wird aber diese Gefahr etwas detaillierter erläutert. Unter der Annahme, dass sich ein Zweifel an Mooreschen Sätzen erhöbe, schreibt Wittgenstein einmal mit dem Zusatz „Ich könnte sagen", dass man z. B. „keines Urteils sicher sein" könnte (§490), einmal in Klammern, „»An diesem Satz kann ich nicht zweifeln, ohne alles Urteilen aufzugeben«" (§494[23]; vgl. die §§506 f.),

---

[21] Siehe auch BF III §348/LS II, S. 106.

[22] Zum „Grundlagen-Charakter" , siehe etwa Kap. 13 und 14.

[23] Zu bemerken sind in Bezug auf §494 Folgendes: Erstens steht im MS als Variante von „An diesem Satz kann ..." „Daran kann ...", und dies deutet an, dass es hier nicht bedeutend sein soll, ob es eine Satzform ist. Zweitens wird mit Freges Bemerkung über das Gesetz der Identität wohl das Folgende gemeint:
Aus der Logik heraustretend kann man sagen: wir sind durch unsere Natur und die äussern Umstände zum Urtheilen genöthigt, und wenn wir urtheilen, können wir dieses Gesetz – der Identität z. B. — nicht verwerfen, wir müssen es anerkennen, wenn wir nicht unser Denken in Verwirrung bringen und zuletzt auf jedes Urtheil verzichten wollen. [Frege, G. (1893), S.xvii].
Kontrapositiv gesehen, heißt der letzte Teil dieses Zitats etwa: „Wenn wir das Gesetz der Identität nicht anerkennen würden, dann müssten wir unser Denken in Verwirrung bringen und zuletzt auf jedes Urteil verzichten". Und dies passt schön zum jetzigen Kontext. Übrigens: Dieses Zitat selbst findet sich nicht auf Seite xviii, auf der es die Herausgeber in der angeführten Fußnote verorten.

als ob er dies nicht aus seinem eigenen Mund kommen lassen wollte, und einmal in Frageform, „Worauf kann ich mich verlassen?" (§508; vgl. die §§506 f.), so wie es auch in den §§514 f. der Fall ist. Diese etwas evasive Reaktion zeigt sich meines Erachtens nicht eigens als Wittgensteins Unsicherheit. Mit dieser evasiven Reaktion deutet er eher daraufhin, dass wir so etwas wie Metaaussagen über Sprachen und die obige Gefahr, dass wir uns keines Urteils mehr sicher sein könnten, weder sinnvoll noch ernsthaft treffen können, indem wir aus unseren Sprachspielen austreten.

Darüber hinaus redet Wittgenstein von einer solchen „›Revision‹" in eckigen Klammern, die ich nicht als sinnvoll aussagbar innerhalb des Sprachspiels deute, und die Wittgenstein für identisch mit „einer Vernichtung aller Maßstäbe" zu halten scheint. Wären aber im Revisionsfall wirklich alle Maßstäbe vernichtet oder alle Urteile aufzugeben, wie in §492 steht? Oder übertreibt Wittgenstein einfach? Denn man könnte hier vielleicht sagen wollen, dass der Maßstab des Urmeters in Paris (PU §50) unverändert bleiben könnte, auch wenn z. B. der Mooresche Satz „Ich heiße …" falsch wäre, weil dieser Maßstab und der eigene Name in keinem sachlich kausalen Zusammenhang stehen. Wittgenstein gibt zugleich konkrete Beispiele der aufzugebenden Urteile, sprich, solche über die Bedeutungen der Wörter „täuschen" (§507), „wahr", „falsch" (§§514 f.), etc., die wir in unserem Sprachspiel bereits gut kennen (vgl. auch die §§114 f.). Die Sachlage hier verstehe ich ähnlich wie in den §§456 und 460 so, dass andere Urteile auch dann einem Zweifel unterliegen sollten, wenn Mooresche Sätze in Zweifel gezogen würden, so wie wir es in Kap. 16 gesehen haben. Wir sind uns in unserem Sprachspiel über gewisse Dinge – z. B. den eigenen Namen –, die wir von Kind auf unzählige Male gehört, gesehen, gelesen haben[24] und die im Sprachspiel im Zusammenhang mit anderen Urteilen unverrückbar feststehen, vollkommen sicher, wie in §404 gesagt wird. Wenn aber so sichere Dinge überhaupt infrage gestellt werden sollten, dann wären es auch gleich sichere Dinge sowie weniger sichere Dinge. Konkreter könnte man z. B. sagen, dass wer sich plötzlich einbilden könnte, seit langem an einer anderen als seiner tatsächlichen Adresse gelebt zu haben, sich ebenso einbilden könnte, dass das Urmeter in Paris ‚zwei Meter' lang sei, obwohl beide sachlich nicht verbunden sind. Wenn Wittgenstein also meint, dass alles andere auch mitgerissen würde, hat er, so verstehe ich ihn, keinen sachlich kausalen Zusammenhang zwischen allen Urteilen einschließlich ihrer Maßstäbe im Sinn, sondern vielmehr sozusagen die Basis der Sicherheit

---

[24] Wenn es wie in §515 um den eigenen Namen geht, sagt Wittgenstein: „Daß ich meinen Namen weiß, ist nur darum selbstverständlich, weil ich ihn, wie jede Andre, unzählige Male verwende" (§568; vgl. auch §598).

oder der Gewissheit. So gesehen lässt sich das, was Wittgenstein zur ›Revision‹ sagt, nicht als Übertreibung auffassen.

17.4.2 Der Unterschied zwischen dem „Fundament" und dem „Fundamentalismus"

Zu beachten ist vielleicht noch, dass Wittgenstein in den §§498 und 514 f. (auch in §517) Mooresche Sätze selbst „fundamental" nennt, obwohl er hauptsächlich die Grundlage unseres Sprachspiels als „Fundament" beschreibt (§§401, 411 und 558[25]). In §512 liegt dann die Idee nahe, dass sie deshalb ›fundamental‹ sind, weil wir unsere „Meinung" (§512) über sie nicht ändern *müssten*, auch wenn sie sich einmal anders oder als gegenteilig zu entpuppen scheint. In diesem Sinne sind Mooresche Sätze im Sprachspiel fundamentaler als alles andere, weil das ganze Sprachspiel verändert werden müsste, wenn sie sich wirklich als falsch erwiesen. In dieser Hinsicht verhalten sie sich anders als „Hypothesen, die, wenn sie sich als falsch erweisen, durch andere ersetzt werden" (§402), während bei dieser Ersetzung das ganze Sprachspiel sowie Mooresche Sätze, die darin feststehen, nicht mitgerissen werden. Diese Erklärung zu ›Fundamentalem‹ lässt sich auch in Anknüpfung an §641 so verstehen, dass man die Evidenz gegen die Evidenz für das Gegenteil Moorescher Sätze weiterhin behalten oder sich für die bisherige Evidenz *entscheiden* kann, wobei bei nicht fundamentalen Sätzen solch eine *Entscheidung* nicht auftaucht.

Ist dies aber eine ausreichende Erklärung dafür, warum Mooresche Sätze ›fundamental‹ sind? Dies lässt sich meines Erachtens nicht bloß darauf zurückführen, dass sie nicht geändert werden *müssen*, sondern weiterhin darauf, dass sie als Basis der Sicherheit gelten, wie wir soeben gesehen haben. Dieses „Fundamentale" hat dann so gesehen wenig mit einem solchen erkenntnistheoretischem Fundamentalismus zu tun, nach dem Mooresche Sätze sozusagen unbegründete Basisüberzeugung sind und als Fundament der Rechtfertigung sonstiger Überzeugungen dienen würden. Denn man sieht bei dieser kausalen Erklärung durch die Rechtfertigungskette nicht richtig ein, warum auch der Maßstab des Urmeters in Gefahr geraten könnte, falls der Mooresche Satz „Ich heiße …" falsch wäre, so wie die §§514 f. auf diese Art von Gefahr hindeuten. Er dient nämlich in nennenswertem Umfang weder als Basisüberzeugung für den sachlich irrelevanten Meter-Maßstab noch zu seiner fundamentalen kausalen Rechtfertigung.

---

[25] Zu beachten ist, dass Wittgenstein im MS „in das Fundament" als Variante von „in die Grundlage" geschrieben hat (vgl. MS176, 60v).

Stroll spricht Wittgenstein z. B. einen Fundamentalismus solcher Art zu, dass das Fundament des Sprachspiels außerhalb des Sprachspiels als „Angel" stehe, aber doch das Sprachspiel verbürge.[26] Gegen Stroll vertritt Williams dann die Meinung, dass Wittgenstein zwar gegen die Drohung des Skeptizismus, vor allem, gegen einen unendlichen Rechtfertigungsregress die Idee von Fundamenten für Wissen nicht abstreite, aber doch kein Fundamentalist sei, weil seine Position gewisse Bedingungen für den Fundamentalismus nicht erfülle.[27] Diese Präzisierungsdebatte finde ich aber bezüglich Wittgensteins Rede von „Fundament" und „›Revision‹ des Sprachspiels" nicht relevant, wenn man in dieser Debatte die Kausalkette und ihren Regress ins Unendliche thematisieren will. Denn er erwähnt nirgendswo in ÜG, dass die ›Revision‹ deshalb vor sich ginge, weil beim In-Gefahr-geraten des „Fundaments" die darauf gründende Kausalkette und sozusagen der kausal verstrickte epistemische Aufbau zerstört würden, sondern er deutet vielmehr darauf hin, dass eine Revision vollzogen werden könnte, weil die Sicherheit selbst verloren gehen würde.

---

[26] Stroll, A. (1994). Siehe vor allem, S. 141 und 146. Vgl. auch Stroll, A. (2004), S. 14.
[27] Siehe z. B. Williams M. (2005), S. 47 und 49.

§§532, 544, 549 & 578

18

18.1 Die Kluft zwischen Tatsachen und unserer Sprachverwendung in §532

Zu §532 (MS176, 54v–55r)

[a] Moore also, wenn er, vor dem Baume sitzend, sagte "Ich weiß, daß das ein ….", ~~sagte~~ |sprach| einfach die Wahrheit über seinen (damaligen) Zustand aus.
[b] [Ich philosophiere jetzt, wie ein|e| alt~~es Weib~~ |Frau|, das|ie| fortwährend etwas verlegt & es wieder suchen muß; einmal die Brille, einmal den Schlü~~ß~~|ss|elbund →]

18.1.1 Wittgensteins damaliger verwirrter Zustand

Betrachten wir zunächst kurz, was mit dem (b) gemeint sein soll. Vom Wort „Verlegen" („*mislay*") sagt z. B. Moyal-Sharrock, „[…] we must recognize that the 'mislaying' is not a bad thing". Und zum ganzen (b) erwähnt sie weiterhin: „This unflattering self-image of a dying philosopher can be read in the light of the less damning analysis of his 'method' in *Philosophical Investigations*", nämlich, im Lichte von „Wittgenstein's sketching of the same landscape from multiple perspectives"[1]. Anders deutet dann Hans Sluga (b) etwa als Beschreibung von Wittgensteins aussichtsloses Gefühl beim Denken: „[…] he felt that it [= his thinking] was not taking him anywhere"[2]. Hat aber eine alte Dame wirklich entweder solch eine „Methode" oder sogar das Gefühl, dass das Denken ihr

---

[1] Moyal-Sharrock, D. (2004a), S. 4.
[2] Sluga, H. (2011), S. 17.

© Der/die Autor(en), exklusiv lizenziert an Springer-Verlag GmbH, DE, ein Teil von Springer Nature 2022
S. Hashimoto, *Der Wahrheitsbegriff in Über Gewißheit*,
https://doi.org/10.1007/978-3-662-65684-6_18

278   18 §§532, 544, 549 & 578

nichts weiterbringt? Mir leuchtet nicht ohne weiteres ein, in welchem Zusammenhang der Ausdruck „eine alte Frau" mit diesen Beschreibungen stehen soll.
Ohne voreilige Schlüsse ziehen zu wollen, lese ich (b) einfach als Beschreibung von
Wittgensteins damaligen verwirrten Zustand beim Philosophieren, in dem er sich
nicht nur beim Hinschreiben des §532 befindet, obwohl Morawetz (b) so deutet.[3] So wie die in (b) angesprochene Dame verschiedene Dinge verlegt und nach
ihnen immer wieder sucht, hat Wittgenstein im letzten Teil von ÜG verschiedene
Themen ziemlich auseinandergerissen und verstreut geschrieben, und kommt auf
einzelne Themen hin und wieder zurück. Bei der Lektüre und Analyse gehe ich
dementsprechend auch auf etwas weit auseinander liegenden Paragraphen ein.
Trotz ihrer Verworrenheit denke ich, dass einige Paragraphen wie die §§532,
544, 549 und 578 doch thematische Gemeinsamkeiten haben, und genauer, wie
in den §§464 und 466, weiterhin von der Kluft zwischen Tatsachen und unserer
Sprachverwendung handeln.

18.1.2 Die Parallelität der §§531 f. und deren zwei Fragestellungen

Um (a) gerecht zu werden, werde ich zunächst die umliegenden Paragraphen des
§532 in Betracht ziehen. Es geht vor allem in den §§527–548[4] um das Wort „heißen" im Hinblick auf die Namen der Grundfarben sowie Personennamen (vgl. die
§§540 f. und §543). Der dort häufig vorkommende Ausdruck „Diese Farbe heißt
auf Deutsch ..." o. ä. scheint von seiner Form her ein grammatischer Satz wie
„Diese Farbe heißt ‚Sepia'" zu sein, der uns als *Mittel* der Darstellung oder Paradigma beschreibt, wie wir das Wort gebrauchen und demgemäß Farbaussagen
machen (PU §50).[5] Im Kontext in ÜG sollte dieser Ausdruck jedoch meines
Erachtens unter einem anderen Aspekt nämlich eher in der Weise betrachtet

---

[3] Genauer behauptet Morawetz:
   Wittgenstein appends to 532 the following remark: „I do philosophy now like an old
   woman who is always mislaying something and having to look for it again: now her spectacles, now her keys." The „mislaid spectacles" through which to see the problem of 532 is
   the point that there is no such thing as simply stating [Morawetz, T. (1978), S. 79].
   Bei dieser Deutung wird zwar der Ausdruck „verlegte Brille" (*„mislaid spectacles"*) in
   den Vordergrund gerückt, mir ist jedoch unklar, welche Rolle das Wort „Schlüsselbund" in
   (b) spielt.
[4] Zu Beginn der dem §527 entsprechenden Passage im MS findet sich ein Schrägstrich, der
   sich meines Erachtens als ein Zeichen für den Themenwechsel zu „heißen" verstehen lässt
   (MS176, 53v).
[5] Siehe dazu auch Kap. 5.

18.1 Die Kluft zwischen Tatsachen und unserer Sprachverwendung in §532   279

werden, dass er ebenso wie der Mooresche Satz „Hier sind zwei Hände" solch einen Satz darstellt, der in der gelernten Sprache unverrückbar feststeht. Welche Farbe auf Deutsch ‚rot' heißt, wird ebenso wie „Hand" zusammen mit unzähligen Sprachspielen, die sich mit ‚rot' beschäftigen, unhinterfragt gelernt (vgl. §374) oder mit ihnen sozusagen hinuntergeschluckt (§143). Dieser Erwerb der Fähigkeit Farbnamen zu gebrauchen rührt weder von irgendeiner Untersuchung noch von Antworten auf solche Fragen wie „Wie weißt du es?" her – in dieser Lernphase die Ausdrücke „wissen", „sicher sein" normalerweise noch keine Rolle (vgl. die §§143, 527 und 538). Er besteht einfach darin, Deutsch gelernt zu haben.[6] Mit den Namen der Grundfarben wie ‚rot' und auch mit Eigennamen verhält es sich also wie mit grundlegenden Wörtern wie „Platte" im „vollständigen primitiven" Sprachspiel in PU §2, die man als Kind sogar vor dem Beherrschen des Begriffs „heißen" oder der Fähigkeit nach Namen zu fragen bereits zu gebrauchen gelernt hat.[7]

Die dem (a) vorangehenden §§530 f. handeln dann nicht nur von diesem Ausdruck „Diese Farbe heißt auf Deutsch ‚rot'", sondern auch von den diesbezüglichen Worten „Ich weiß". Hier zitiere ich die dem §531 entsprechenden Passage aus MS176, 54v:

> Ist es n̶i̶ nun aber nicht richtig, meinen gegenwärtigen Zustand d̶a̶d̶u̶r̶c̶h̶ |so| zu beschreiben: ich wisse, wie diese Farbe auf Deutsch heißt̲/e/? Und wenn das richtig ist, warum soll ich dann nicht meinen Zustand mit den |entsprechenden| Worten "Ich weiß etc" beschreiben?

In welchem Zusammenhang stehen diese zwei Fragen mit (a)? Der Zusammenhang erhält mehr Bedeutung, wenn man – erstmal ungeachtet des Unterschieds zwischen „Ich weiß, wie …" und „Ich weiß, dass …", auf den ich unten eingehen werde – die §§531 f. wie folgt liest: Beide Ausdrücke in §531 „meinen gegenwärtigen Zustand beschreiben" und „Ich *weiß*, wie diese Farbe auf Deutsch heißt" sind analog zu beiden Ausdrücken in (a) „die Wahrheit über seinen damaligen Zustand aussprechen" und „Ich weiß, dass das ein Baum ist". In dieser Hinsicht liegt es nahe, dass Moores Äußerung in (a) die Bejahung der Fragen in §531 voraussetzt, sprich, dass es richtig wäre, zur Beschreibung seines gegenwärtigen Zustandes bloß zu sagen, „Ich weiß".

---

[6] Anders gesagt, kann man ausschließlich denjenigen, die bereits die Begriffe „wissen" und „heißt" beherrschen, die Frage „Wie weißt du, dass diese Farbe auf Deutsch ‚rot' heißt?" o.ä. stellen. Dann können sie auf diese Frage zurecht damit antworten, dass sie einfach sagen: „Ich habe Deutsch gelernt" (Vgl. die §§528 und 583; PU §381).

[7] Siehe dazu etwa die §§527,536, 538, 540, 547 f. und 566.

Hier stellen sich dann die folgenden zwei Fragen: Ist es überhaupt richtig, im Falle Moorescher Sätze einfach zu sagen „Ich weiß", um den gegenwärtigen Zustand zu beschreiben? Was wird mit diesem „gegenwärtigen/damaligen Zustand" genau gemeint? Hier ist vor allem zu beachten, dass Wittgenstein im MS zunächst das Wort „damaligen" in Klammern gesetzt, aber sie im Nachhinein durchgestrichen hat, so als sei dieser Zusatz „damaligen" in §532 doch wichtig.

18.1.3 Der „gegenwärtige/damalige" Zustand vs. der Wissenszustand

18.1.3.1 Der richtige Gebrauch von „Ich weiß, was/dass" und der Wissenszustand

In etwas späteren Paragraphen in ÜG erläutert Wittgenstein „den Zustand des Wissens", statt den Ausdruck „gegenwärtigen/damaligen Zustand" zu verwenden. Hier zitiere ich die den §§589 f. entsprechenden Passagen aus MS176, 67v:

> Wie lernt denn Einer den / seinen / Zustand des Wissens erkennen?
> Von dem ~~Wissen~~ |Erkennen| eines Zustandes könnte man eher noch reden, ~~bei den Worten~~ |wo es heißt| "Ich weiß, was das ist". Man kann sich hier davon überzeugen, daß man dieses Wissen wirklich besitzt.

In diesen Zitaten weist Wittgenstein auf die Möglichkeit hin, vom Erkennen eines Wissenszustands zu reden, und dies geschieht z. B. dort, wo es heißt, „Ich weiß, was das ist". In seinen früheren Schriften veranschaulicht er auch bereits denselben Charakter des Ausdrucks „Ich weiß, wohin/wieviel", für den es charakteristisch ist, jemandem mitzuteilen, „ich besitze etwas" (BPP II §285, Z §406), „ich könne etwas" (BPP II §300; Z §406) oder „ich habe einen gewissen Besitz" (BPP II §300). Da dieser „Besitz" sowie dieses „können" als eine Art Wissen zu verstehen ist,[8] halte ich dieses „Ich weiß, wohin/wieviel" für gleichartig wie das in ÜG angesprochene „Ich weiß, was/wie". Einfachheitshalber nenne ich fortan Sätze dieser Art mit den sogenannten Fragewörtern wie „was", „wohin" pauschal als „Ich weiß, was" im Kontrast zu „Ich weiß, dass".

Kann man sich aber wirklich allein mit dem Ausdruck „Ich weiß, was" davon überzeugen, dass man dieses Wissen besitzt, wie in §531 thematisiert? Er schreibt in §591 weiterhin:

> 591. »Ich weiß, was das für ein Baum ist. – Es ist eine Kastanie.«

---

[8] Siehe z. B. PU §150; vgl. auch ÜG §534.

18.1 Die Kluft zwischen Tatsachen und unserer Sprachverwendung in §532   281

[…] Das erste »Ich weiß« heißt ungefähr: Ich kann sagen.[9]

Den Ausdruck „Ich weiß, was" verwendet man, so Wittgenstein, im Gegensatz zu „Ich weiß, dass" im Sinne von „Ich kann sagen". Demgemäß kann man aus „Ich weiß, was das für ein Baum ist" etwa herleiten, „Ich kann sagen, was das für ein Baum ist". Außer diesem Ausdruck muss man dann sagen können, was das für ein Baum ist, z. B., wie hier genannt, dass es eine Kastanie ist. Nicht nur mit dem „Ich weiß, was", sondern auch mit der Angabe dessen, was es ist, kann man jemanden davon überzeugen, dass man das Wissen wirklich besitzt.

Wenn es um die Überzeugung vom Besitz des Wissens geht, denke ich, dass es sich mit dem Gebrauch von „Ich weiß, was" eigentlich ähnlich wie mit dem Gebrauch von „Ich weiß, dass" im Sinne von „Ich bin sicher" oder im Sinne der Versicherung verhält, obwohl man, wie soeben erwähnt, natürlich zwischen beiden gewisse Unterschiede sehen kann[10]. Alleine mit „Ich weiß, dass" kann man nämlich, wie bereits oft bemerkt wurde, jemandem nicht zu verstehen geben, dass man etwas weiß. Zudem muss man zwingende Gründe für das Wissen angeben können.[11] Erst nach der Begründung könnte es im Falle der Versicherung mit „Ich weiß, dass" gelingen, jemanden davon zu überzeugen, dass man ein bestimmtes Wissen besitzt.

Kann man aber das Gleiche im Falle Moorescher Sätze wie „Diese Farbe heißt ‚rot'" oder „Das ist ein Baum" in §532 sagen? Hierbei äußert sich Wittgenstein zunächst negativ im Hinblick auf „Ich weiß, wie diese Farbe heißt":

546. »Ich weiß, wie diese Farbe heißt« würde ich z.B. sagen, wenn es sich um Farbtöne handelt, deren Namen nicht jeder kennt.

Andersherum betrachtet kann man den Ausdruck „Ich weiß, wie diese Farbe heißt" nicht verwenden, wenn es um die Grundfarben wie ‚rot' geht, deren Namen jeder, der das Sprachspiel gelernt hat, kennt. Den Grund hierfür sehe ich darin, dass der Ausdruck „Ich weiß, was" zwar dazu dient, jemanden vom Besitz des Wissens zu überzeugen, aber dass man sich von Mooreschen Sätzen nicht zu überzeugen hat. Man gelangt nämlich nicht durch irgendwelche Überzeugungen zu ihnen, sondern hat sie beim Spracherwerb unhinterfragt gelernt. Es ist also

---

[9] Vgl. auch §586 und LS II, S. 80: „Ich weiß, wie es ist = Ich *kann* sagen, wie es ist und es ist wie ich's sage."

[10] Vgl. auch z. B. in BPP I §301. Gilbert Ryle befasst sich vor allem in seinem Buch *The Concept of Mind* (Ryle, G. (1949)) mit dieser Thematik, aber seine Einsichten sind für die jetzige Diskussion nicht relevant.

[11] Siehe etwa die §§18, 40, 483 f. und 550.

Unsinn, im Falle Moorescher Sätze zu sagen, „Ich weiß, was ...", weil dessen Funktion genau in diesem Überzeugen liegt. So gesehen verhält es sich genau wie mit Moores falschem Gebrauch von „Ich weiß, ...", sprich damit, im Falle Moorescher Sätze zur Versicherung zu sagen, „Ich weiß, dass ...". Denn dies ist ebenfalls Unsinn, weil es dort keine Möglichkeit des Sich-Überzeugens gibt, wie wir in Kap. 1 bereits gesehen haben. Aus diesen Gründen ist es im Falle Moorescher Sätze nicht richtig, einfach zu sagen „Ich weiß, was" oder „Ich weiß, dass", um zu zeigen, dass man das Wissen besitzt.[12]

18.1.3.2 Der Mooresche Gebrauch von „Ich weiß, was/dass" und der seelische Zustand

Wir haben zwar bis jetzt in Betracht gezogen, wie man jemandem den Wissenszustand zeigen kann, aber läuft der „gegenwärtige/damalige ustand" in den §§531 f. wirklich auf diesen Wissenszustand hinaus? Dies ist eigentlich zweifelhaft. Denn wenn man im Falle Moorescher Sätze vom Wissenszustand reden wollte, dann könnte er weder „gegenwärtig" noch „damalig" sein, sondern müsste im Sprachspiel unabhängig vom Zeitbegriff bestehen, so wie Wittgenstein in §510 sagt, „Ich denke nicht an Vergangenheit oder Zukunft (So geht es natürlich auch Moore)". Rufen wir uns nun ins Gedächtnis, wie Moores Gebrauch von „Ich weiß" aussieht. Wie in Kap. 1 gesehen, waren es Moores Fehler, nicht nur im Falle Moorescher Sätze die Worte, „Ich weiß" zu verwenden, sondern auch ohne Angabe zwingender Gründe einfach zu sagen, „Ich weiß es". Diese Äußerung ohne Begründung ist gleichbedeutend mit der Äußerung, „Ich glaube zu wissen".[13] Mit diesem Gebrauch von „Ich weiß, ..." – im Sinne von „Ich glaube zu wissen" – drückt man nach LS II, S. 81 so gut wie „das Gefühl des Wissens" aus, also, einen seelischen Zustand wie z. B. das Spüren von Schmerzen. Allerdings ist der Wissenszustand kein bloßer *seelischer* Zustand, so wie Wittgenstein ihn bereits in PU §§146–150 zusammen mit dem Begriff „verstehen" diskutierte. Die Attribute „damals", „gegenwärtig" passen insbesondere zur Beschreibung seelischer Zustände, so wie man ohne Zweifel mit Recht sagt, „Ich hatte damals Schmerzen", „Ich habe jetzt – gegenwärtig – ein gewisses Gefühl", etc. So gesehen könnte man jemandem allein mit der Äußerung von „Ich weiß, was" oder „Ich weiß, dass" höchstens nur den seelischen Zustand, in dem man damals oder

---

[12] Bei „Ich weiß, was das ist" kann man sich also nicht unbedingt davon *epistemisch* überzeugen, dass man das Wissen besitzt, z. B., wenn es von Mooreschen Sätzen handelt. Dementsprechend könnte eine Deutung der Wellenlinie unter „hier" an der dem §590 entsprechenden MS-Stelle heißen, dass dabei Mooresche Sätze ausgeschlossen sind.

[13] Siehe etwa die §§21, 84, 137 und 488.

18.1 Die Kluft zwischen Tatsachen und unserer Sprachverwendung in §532   283

jetzt glaubt, etwas zu wissen, mitteilen, wenn es überhaupt richtig wäre, dies zu äußern.

18.1.3.3 Beide Zustände und verschiedene „Zusammenhänge" in §533

Im an §532 anschließenden §533 fügt Wittgenstein eine weitere Bemerkung über den „Zustand" hinzu. Hier zitiere ich die entsprechende MS-Passage aus MS176, 55r:

> Nun, wenn es ~~für ihn~~ richtig war, ~~daß er~~ außer dem Zusammenhange seinen Zustand zu beschreiben, dann ware es auch / ebenso / richtig außer dem Zusammenhange ~~einfach~~ ~~zu sagen~~ die Worte "Das ist ein Baum" auszusprechen.

Der Ausdruck „seinen Zustand beschreiben" lässt sich wegen der §§531 f. als gleichbedeutend mit der Äußerung „Ich weiß, dass das ein Baum ist" verstehen. Mir erscheint es aber ziemlich schillernd, was hier mit „seinem Zustand" und mit dem im MS teils mit einer Wellenlinie versehenen Ausdruck „außer dem Zusammenhange" gemeint wird, so wie vielleicht (b) in §532 andeutet, Wittgenstein meine hier mal dies, mal jenes. Betrachten wir nun, wie dieser §533 je nachdem aussieht, ob es um den „Wissenszustand" oder den „seelischen Zustand" geht.

Nehmen wir zunächst an, dass §533 als auf den „Wissenszustand" bezogen zu lesen ist. Wie sieht dann der Zusammenhang aus, wenn es richtig sein sollte, mit dem Ausdruck „Ich weiß, dass das ein Baum ist" den Wissenszustand zu beschreiben, und weiterhin die Worte „Das ist ein Baum" auszusprechen? Klarerweise kann man dazu solch einen Kontext nennen, in dem es nicht offensichtlich ist, was mit „Das" im Satz „Das ist ein Baum" – oder auch mit „diese Farbe" im Fall der Frage „Wie heißt diese Farbe auf Deutsch?" –, z. B., weil der angesprochene Gegenstand im Nebel schwer zu sehen ist (§349; vgl. auch §451). In diesem Fall ist eigentlich ein angemessener Hintergrund angegeben worden, in dem es Sinn ergibt, nicht nur zu sagen, „Ich weiß ...", sondern „Das ist ein Baum" oder „Diese Farbe heißt auf Deutsch ..." (vgl. die §§348 und 350). Wenn man neben dem „Ich weiß" triftige Gründe dafür angibt (z. B. dadurch, dass man in die Nähe des Gegenstandes kommt), dann kann man jemandem zu erkennen geben, dass man ein bestimmtes Wissen besitzt. In dieser Hinsicht heißt „außer dem Zusammenhange" etwa „außer dem Zusammenhange, in dem es Unsinn ist, zu sagen, ,Das ist ein Baum'sowie ,Ich weiß'". Und *dieser* Zusammenhang bezieht sich dann genau auf die Situation in §532, in der man bei dieser Äußerung vor dem Baum sitzt oder auf einem Baum in der Nähe zeigt (§467).

In der gleichen Situation, in der es Sinn hat, z. B., zu sagen, „Das ist ein Baum", ist es auch eigentlich nicht ungerechtfertigt, ohne Angabe zwingender Gründe zu äußern, „Ich weiß es", also, es im Sinne von „Ich glaube zu wissen" zu äußern, obwohl man damit den Wissenszustand nicht zeigen kann. Es ist nämlich nicht unbedingt falsch, außer dem Zusammenhang zu der Situation des §532, in der das „Das" im Satz „Das ist ein Baum" trivialerweise klar ist, alleine mit dem Ausdruck „Ich weiß es" den damaligen seelischen Zustand des Glaubens zu beschreiben. Wenn man also „außer dem Zusammenhange" als auf §532 bezogen, also etwa als „außer dem Zusammenhang zu der Situation in §532" versteht, kann man „seinen Zustand" auch als „seinen seelischen Zustand" lesen.

Erinnern wir uns aber nun auch, was wir in Kap. 16 gesehen haben. Wittgenstein betont im Umkreis des §464, dass es Unsinn ist, „plötzlich außer allem Zusammenhang" (§465) – oder auch „isoliert" (§451), „plötzlich" (§464), „irrelevant" (§468) oder „zusammenhangslos" (§469) – als Mitteilung oder Bemerkung auszusprechen, „Ich weiß, dass das ein Baum ist" (§467; vgl. auch die §§348–350 und 554), und auch, „Das ist ein Baum" (§468). Beide Äußerungen sind ebenso wenig sinnvoll wie „Grüß Gott" mitten im Gespräch (§464) zu äußern. Wenn man „außer dem Zusammenhange" in §533 mit diesem „außer allem Zusammenhang" gleichsetzt, sprich, wenn es als das Gegenteil der obigen Deutung gelesen werden sollte, ist es aus Wittgensteins Sicht nicht richtig, auszusagen, „Das ist ein Baum". Aus §533 folgt dann kontrapositiv, dass es auch nicht richtig ist, z. B. plötzlich oder zusammenhangslos die Worte, „Ich weiß" zu verwenden, um den „Zustand" zu beschreiben. So gesehen denke ich, dass es schlicht Unsinn ist, außer *allem* Zusammenhang die Worte, „Ich weiß" auszusprechen, weil dort kein Sinn für dieses Aussprechen *bestimmt* ist[14]. Da könnte die Äußerung von „Ich weiß" vielleicht höchstens nur insofern sinnvoll sein, als dass man philosophiert, wie in §467 bemerkt wurde, aber dies ist alles andere als unser normaler Gebrauch von „Ich weiß".

18.1.4 Die Ergebnisse meiner Analyse und die Sekundärliteratur

Kommen wir jetzt zurück auf die oben gestellten zwei Fragen. Obwohl ich soeben auf die zwei möglichen Deutungen von „außer dem Zusammenhange" in §533

---

[14] Wie in Kap. 16 gesehen, lasse ich es offen, ob die Verwendung von „Ich weiß" im Sinne der ‚logischen Rechtfertigung' sowie der Verstärkung außer allem Zusammenhang legitim ist.

18.1 Die Kluft zwischen Tatsachen und unserer Sprachverwendung in §532   285

hingewiesen habe, sind beide Situationen in §531 f. eigentlich so zusammenhangslos beschaffen, dass es Unsinn ist, zu sagen, „Diese Farbe heißt auf Deutsch ,rot'" oder „Das ist ein Baum", und auch im Hinblick auf diese Sätze zu sagen, „Ich weiß es". Sie stellen nämlich weder einen Zusammenhang noch einen Hintergrund bereit, in dem es sinnvoll wäre, zu sagen, „Das ist ein Baum" sowie die Formulierung „Ich weiß, ..." zu verwenden. Die Antwort auf die zweite Frage, was mit „gegenwärtigem/damaligem Zustand" gemeint wird, muss dann höchstens lauten: ein seelischer Zustand. Denn man kann erstens in den gegebenen Situationen einen Wissenszustand im Falle beider Sätze nicht mit „Ich weiß" beschreiben, und zweitens kann man generell allein mit „Ich weiß" ohne zusätzliche Evidenz – wie es ist/heißt, warum es so ist, etc. – nur einen seelischen Zustand ausdrücken, in dem man etwas wissen zu glaubt. Moore ist zwar versucht, mit diesen kargen Worten „Ich weiß" seinen Wissenszustand zu beschreiben, aber dies könnte nur bedeuten, „die Wahrheit über seinen damaligen Zustand" auszusprechen. Mit anderen Worten: Es **ist** zwar **wahr**, dass man im Falle Moorescher Sätze den Wissenszustand besitzt, aber man kann ihn **nicht** durch „Ich weiß" **ausdrücken**, sondern nur den seelischen Zustand. Moore drückt de facto nur seine „subjektive Wahrheit"[15] aus, dass er damals einfach geglaubt hat, dass das ein Baum ist. Und dies könnte höchstens nur in solch einem Zusammenhang, in dem man philosophiert, vor sich gehen, und nicht in unseren alltäglichen Gesprächen. Man könnte in dieser Hinsicht die erste Frage, ob es überhaupt richtig ist, in der gegebenen Situation mit „Ich weiß, ..." den „gegenwärtigen/damaligen Zustand" zu beschreiben, so beantworten: Es ist in unserem Sprachspiel Unsinn und unrichtig, obwohl Philosophen wie Moore beim Philosophieren die Äußerung treffen wollen.

Wie oben gesehen, denke ich, dass §532 vor allem im Zusammenhang mit den §§531 und 533 mehr Bedeutung bekommt. Allerdings gibt es meines Wissens wiederum so gut wie keine Literatur zu dem wichtigen und auch erklärungsbedürftigen §533.[16] Wenn es hingegen um §532 geht, beziehen sich Rhees[17] und Stroll[18] explizit auf „seinen damaligen Zustand" in (a) – in der englischen Übersetzung „his state at that time" in OC –. Hierbei deuten beide Autoren ohne genaue Prüfung den genannten Zustand einfach als „state of mind", ohne auf die Bemerkung in §589 über „Zustand des Wissens" einzugehen. Stroll sieht

---

[15] Dieser Ausdruck steht in §179.

[16] Ebenso gibt es im nennenswerten Sinn kaum Literatur zu den §§544, 549 und 578, die wir unten sehen werden.

[17] Rhees, R. (2003), S. 56 f.

[18] Stroll, A. (1994), S. 99 f. Dabei zitiert er auch §531 mit.

es dann als „Cartesian model"[19] an, Wissen und Seelenzustand gleichzusetzen, während Rhees diese Gleichsetzung als „a confusion in grammar"[20] bezeichnet. Will aber Wittgenstein wirklich Moores Konzeption des Wissens solch ein kartesisches Modell zuschreiben, wonach er Wissen und Psychologisches wie Gefühl oder Schmerzen gleichsetzt? Oder auch: Ist er in „eine Verwirrung in Grammatik" geraten – was auch immer sie heißen mag –, um dann beide für gleichartig zu halten? Ich denke, dass Moore doch wohl auch zwischen ‚Wissen' und ‚Glauben' unterscheidet.[21] Problematisch ist eher, dass Moore dabei den Gebrauch von „Ich weiß, …" so missversteht, als könne man mit „Ich weiß, …" zeigen, dass man ein gewisses Wissen besitzt. Und diesen falschen Gebrauch von „Ich weiß" kritisieren Wittgenstein sowie Malcolm in seinen Aufzeichnungen vor allem deswegen als Unsinn, weil man „Ich weiß" in unserem Sprachspiel nicht so gebraucht, wie Moore es tut. So gesehen geht es in §532 nicht um eine Identifikation jeglicher Art, sondern eher sozusagen um die sprachliche Verwirrung, die darin besteht, dass allein die Äußerung „Ich weiß" entgegen den Erwartungen nur auf „Ich glaube zu wissen", also nur auf ‚Glauben' hinauslaufen könnte.

Um dieser sprachlichen Verwirrung zu entkommen, benötigt man dann sorgfältige grammatische Untersuchungen: Unter welchen Umständen man was mit „Ich weiß" beschreiben kann; in welchen Zusammenhängen es sinnvoll ist, die Worte „Ich weiß" auszusprechen, ob man dabei einen Seelenzustand oder einen Wissenszustand beschreibt, etc. Meines Erachtens unternimmt Wittgenstein solche Untersuchungen vor allem in einigen umliegenden Paragraphen des §532 inklusive des §533, die auch in engen Verbindungen mit dem stehen, was in den früheren Paragraphen wie den §§464 und 466 bemerkt wird. Aus diesen Betrachtungen wird ersichtlich, dass Moore unseren Gebrauch von „Ich weiß"

---

[19] Siehe z. B., ebd., S. 99: "He [= Moore] thus seemed to Wittgenstein to be espousing a main feature of the Cartesian model – that knowledge is a mental state. […] It was the identification of knowledge as a mental state that he [= Wittgenstein] rejected".

[20] Siehe, Rhees, R. (2003), S. 56: "There is a confusion if you treat knowing as a state of mind – a confusion in grammar. And perhaps to assert 'I know that this is a tree' in such a context shows such a confusion. You can give examples of states of mind: e.g. feeling sad; but also, perhaps, believing, feeling doubtful and feeling certain or sure."

[21] Zumindest wird die Unterscheidung ersichtlich, wenn Moore z. B. sagt: "But do I really *know* all the propositions in (1) [= obvious truisms] to be true? Isn't it possible that I merely believe them? Or know them to be highly probable? In answer to this question, I think I have nothing better to say than that it seems to me that I *do* know them, with certainty" (Moore, G.E. (1925/1993), S. 118), und auch: "How absurd it would be to suggest that I did not know it [= that there were two hands], but only believed it, and that perhaps it was not the case!" (Moore, G.E. (1939/1993), S. 166.)

18.2 Die Kluft im Falle von „Ich weiß, wie ...

nicht richtig versteht, und nicht, dass er solch ein Kartesianer sei, für den ‚Wissen' und ‚Glauben' identisch sind. Denn Wittgensteins Kritik richtet sich, so scheint mir, nicht dagegen, dass man einfach solch eine philosophische Haltung hat, sondern eher dagegen, dass man dabei Wörter und Ausdrücke, etc. falsch gebraucht.

18.2 Die Kluft im Falle von „Ich weiß, wie ... heißt" im Hinblick auf Mooresche Sätze

Zu §544 (MS176, 57r)

[c.1.] ~~Es ist~~ Ich kann freilich wahr|-heitsgemäß| ~~für mich zu~~ sagen "Ich weiß, wie diese Farbe auf Deutsch heißt", indem ich z. B. auf die Farbe des frischen Blutes deute. [c.2.] Aber – – –

Man könnte sich vielleicht zunächst fragen wollen, ob es in §544 um zwei verschiedene Gegenstände, die die gleiche Farbe gemeinsam haben, oder nur um das frische Blut geht. Im ersten Fall gilt das Zeigen auf die Farbe des frischen Blutes etwa als Antwort auf die Frage, „Wie heißt diese Farbe auf Deutsch?", wobei der Gegenstand, direkt auf „diese Farbe" bezogen, nicht gleich dem frischen Blut ist. Im zweiten Fall könnte man §544 ungefähr so umformulieren: Wittgenstein kann, auf die Farbe des frischen Blutes zeigend, sagen, „Ich weiß, wie diese Farbe auf Deutsch heißt". Dieser Unterschied scheint mir aber die Pointe des §544 nicht zu ändern.

Da die Farbe des frischen Blutes auf Deutsch ohne Zweifel „rot" heißt, geht es in §544 ebenso wie in den §§530 f. erneut um den Satz „Diese Farbe heißt auf Deutsch ‚rot'". Und dieser Satz ist, wie oben gesehen, einer der Mooreschen Sätze, die für diejenigen, die Deutsch erlernt haben, unverrückbar feststehen. Zu den Namen solcher Grundfarben würde man aber, wie §546 hindeutet, nicht sagen, „Ich weiß, wie diese Farbe auf Deutsch heißt". Widerspricht dies aber nicht dem, was in (c.1.) steht?

Da Wittgenstein ein Deutsch spricht, kennt er natürlich die Farbe von Rot und kann das Wort „rot" richtig verwenden, um es weiterhin auf die Farbe des frischen Bluts anzuwenden. Es ist in diesem Sinne in der Tat wahr, dass er weiß, wie die Farbe des Blutes auf Deutsch heißt. Kann er aber, wie in (c.1.) gesagt, wirklich sagen, „Ich weiß, wie diese Farbe auf Deutsch heißt"? Mir scheint (c.2.) dagegen zu sprechen, also, der Zusatz „Aber – – –", der wahrscheinlich etwas später eingefügt worden ist.[22] Aufgrund dessen skeptischer Nuance verstehe ich ihn so, dass Wittgenstein die Frage aufwirft, ob diese Verwendung von „Ich weiß, wie ... heißt" wirklich eine Gängige ist. Eine gängige Verwendung ist, wie schon gesehen, so beschaffen, dass man nur dann sagt, „Ich weiß, wie ... heißt", wenn der Name nicht selbstverständlich ist, und man jemand anderem zeigen will, dass man ein gewisses Wissen besitzt. Und dieser Zweck wird erfüllt, wenn man wie im Falle der Kastanie in §591 z. B. zusätzlich sagt, „Die Farbe heißt auf Deutsch ‚smaragdgrün'", angenommen, dass nicht jeder diesen Farbnamen kennt. Im Falle Moorescher Sätze ist daher die „wahrheitsgemäße" Verwendung von „Ich weiß, wie ... heißt" eine Außergewöhnliche, und wahrscheinlich solch eine Philosophische, die Wittgenstein in TLP macht, um über Wahrheiten zu reden.

Zum Satz „Ich weiß, dass ich jetzt in einem Sessel sitze", dessen Gebrauch ebenso unsinnig ist, sagt Wittgenstein in §552:

> Aber wenn man's [= „Ich weiß, dass ich jetzt in einem Sessel sitze"] nun auch nicht sagt, *ist* es darum nicht so??

Dies verstehe ich ähnlich wie §466 etwa als die folgende Spannung: Obwohl man nicht sagt, „Ich weiß, dass ich jetzt in einem Sessel sitze", *ist* es doch so. Im Falle des §544 kann man also auf „wahrheitsgemäß" und Aber – – –" hin diese Spannung so beschreiben: Es **ist** zwar in der Tat **wahr**, dass kompetente Deutschsprechende wissen, wie die Farbe des frischen Blutes auf Deutsch heißt, während sie jedoch zur Beschreibung dieser Wahrheit **nicht** sinnvoll **sagen** können, „Ich weiß, wie diese Farbe auf Deutsch heißt". Und dies gilt auch im Falle anderer Sätze wie „Das ist ein Baum", wie in §532 thematisiert wird. An dieser Stelle kann man also eine Kluft einsehen, die zwischen der Sprachverwendung von „Ich weiß" und der wahrheitsgemäßen Tatsache, dass man das Wissen doch besitzt, liegt. Und wie in Kap. 15–17 gesehen, zeigt sich dieses Wissen vielmehr in seinem Handeln, und nicht in der Äußerung „Ich weiß", die man – entgegen dem (c.1.) – unter normalen Umständen eigentlich nicht sinnvoll machen kann.

---

[22] Aus dem MS kann man ersehen, dass in (c.2.) ein anderer Stift als in (c.1.) und den anschließenden Paragraphen verwendet worden ist.

18.3 Die Kluft im Falle von „Ich weiß" im Hinblick auf kontingente Sätze

Zu §549 (MS176, 57v)

[d.1.] Es wäre falsch zu sagen, ich könne nur dann sagen "Ich weiß, daß dort ein Sessel steht", wenn ein Sessel dort steht. [d.2] Freilich ist es nur dann wahr, aber ich habe ein Recht es zu sagen wenn ich sicher bin, es stehe einer dort, auch wenn ich unrecht habe.
18.4.
[e] |Die Prätensionen sind eine Hypothek auf |die| das Denken / die Denkkraft / des Philosophen. | belastet.|

Der veröffentlichte Text ist eigentlich in folgenden Punkten anders als die betreffende MS-Stelle. Erstens steht das Datum „18.4." im MS nicht zwischen (e) und §550, sondern vor (e). Zweitens ist (e) im Gegensatz zu §532 nicht mit „[" und „]", sondern zweimal mit „|" versehen. Einerseits könnte man wie Ellenbogen[23] vielleicht sagen wollen, dass (e) insbesondere auf (d.1.) bezogen wird, und, dass die falsche Sprachverwendung in (d.1.) mit „Prätension" gemeint sein soll. Andererseits könnte man vielleicht (e) noch allgemeiner so deuten wollen, dass sich (e) nicht bloß auf den Inhalt des Texts in ÜG bezieht, und fernerhin, dass (e) z. B. wie die Passage[24] im MS176, 55v, die auch mit „|" versehen ist, in VB hätte geschoben werden sollen. Wie (e) gelesen werden soll, ist jedoch für das Thema des Wahrheitsbegriffs irrelevant, und ich lasse daher (e) einfachheitshalber beiseite.

Ebenso wie in §547 gesehen, zeigt sich meines Erachtens in (d.1.) und (d.2.) eine Kluft zwischen einer wahrheitsgemäßen Tatsache und unserer Sprachverwendung. Diesmal wird aber eine andere Kluft wie folgt veranschaulicht: Es gibt nämlich solche Fälle, in denen man zwar dann nicht *wahrheits*gemäß sagen kann, „Ich weiß, dass …", aber die Äußerung selbst doch mit Recht machen kann, wenn man sich *sicher* ist. Mit anderen Worten: In diesen Fällen **ist** zwar **nicht wahr,** dass man es weiß, kann man doch **sagen,** „Ich weiß, dass …".

---

[23] Ellenbogen, S. (2003), S. 107: „It would be pretentious to claim that it is only correct to claim to know something if the statement we claim to know never requires revision. For given what our epistemic situation is, our language game of making knowledge claims cannot be like that".
[24] Die Passage: „|Man kann sich selbst nicht beurteilen, wenn man sich in den Kategorien |nicht| auskennt. (Freges Schreibart ist manchmal groß; Freud schreibt ausgezeichnet, & es ist ein Vergnügen, ihn zu lesen, aber er ist nie groß in seinem Schreiben.)|" bezieht sich offensichtlich nicht auf den Inhalt in ÜG, und findet sich in VB, S. 573.

Wie sehen aber diese Fälle aus? Wenn man, wie in (d.2.) gesagt, im Hinblick auf den Satz

(DS): „Dort steht ein Sessel"

überhaupt sinnvoll sagen kann, „Ich weiß, dass (DS)", dann geht aus den bisherigen Betrachtungen hervor, dass man (DS) im Gegensatz zu Mooreschen Sätzen in Zweifel ziehen kann. Es gibt nämlich bei (DS) eine Möglichkeit des Sich-Überzeugens, so dass man für (DS) Gründe oder Evidenz richtigerweise anführen kann.[25] Dieses „Ich weiß" wird also eigentlich im Sinne von „Ich bin sicher" oder im Sinne der Versicherung gebraucht. Auf diesen Punkt weisen die §§550–554 erneut, aber mit anderen Ausdrücken hin: In diesen Fällen geht es im Gegensatz zu denen in den §§532 und 544 nicht um Mooresche Sätze wie „Diese Farbe heißt auf Deutsch ‚rot'", bei denen es im Sprachspiel „ungerechtfertigt und anmaßend" (§553) ist, „ohne besondern Anlaß" (§553) oder „außerhalb seines Zusammenhangs" (§554) zu sagen, „Ich weiß, dass …". Es geht in §549 vielmehr um solche kontingenten Sätze, die so bezweifelbar sind, dass man die Aussage „Ich weiß" mit Recht machen kann, weil dort „ein Bedürfnis nach ihr [= dieser Aussage „Ich weiß"] vorhanden ist" (§553). So gesehen muss (DS) solch ein kontingenter Satz sein, in dem es z. B. unklar ist, was mit „dort" gemeint wird. (DS) verhält sich also in der in §549 vorgestellten Situation anders als der ähnlich konstruierte Satz „Ich sitze jetzt auf einem Sessel" in den §§552 f., der dort offenbar als ein Moorescher Satz behandelt wird, und nur in einem außergewöhnlichen Fall[26] die Aussage „Ich weiß …" zulässt.

Auf dieses „Ich weiß" im Sinne von „Ich bin sicher" muss dann, wie wir auch gesehen haben, die zusätzliche Angabe triftiger Gründe oder Evidenz folgen. Mit den Worten in §550 muss man eine Frage solcher Art wie „Wie weißt du?" beantworten können. Und nach §551 muss diese Antwort „nach allgemeinen anerkannten [oder Variante im MS176, 58r: festgelegten] Grundsätzen" vor sich gehen. Ähnliches besagt bereits BPP II §286:

> Auf die Aussage ‚Ich weiß, daß es so ist' folgt die Frage ‚Wie weißt du das?', die Frage nach der Evidenz.

---

[25] Siehe z. B. Kap. 1.

[26] Es geht z. B. etwa um den Fall wie in §413, in dem man mit einem „Blinden" redete und ihm sagte, „Ich weiß, dass ich jetzt auf einem Sessel stehe", wobei man selber dieser „Wahrheit nicht um ein Haar sicherer" als sonst ist, weil man sich darüber bereits vollkommen sicher ist.

In diesem Zusammenhang wird nahegelegt, dass unsere sichere Evidenz – Evidenz unseres Gedächtnisses oder unserer Sinne (vgl. §201), etc. – sozusagen als solch ein sogenannter Grundsatz, der in unserem Sprachspiel allgemein anerkannt oder festgelegt ist, angesehen werden kann.

Auch wenn die im Sprachspiel „festgelegten Grundsätze", unter denen ich sichere Evidenz in unserem Sprachspiel verstehe, vorhanden sind, heißt das nicht, dass man sich im Gegensatz zu Mooreschen Sätzen in kontingenten Sätzen wie (DS) nicht irren kann. Wenn man z. B. klarmachen will, was mit „dort" in (DS) gemeint wird, indem man dem Gegenstand näherkommt und ihn sieht, ist es nicht logisch ausgeschlossen, sich darin zu täuschen und z. B. eine Imitation eines Sessels als einen Echten zu betrachten. Es ist aber insofern kein falscher Gebrauch, im Falle von (DS) zu sagen, „Ich weiß", weil man über die in unserem Sprachspiel „festgelegten Grundsätze" – hier vor allem Evidenz unserer Sinne – verfügt und neben der Äußerung „Ich weiß" Gründe für (DS) angibt. So gesehen heißt das Wort „*sicher*" weder subjektives Glauben noch bloße Vermutung, sondern drückt die *Sicherheit* aus, die auf Begründung basiert. Zwar hat man also ein Recht, mit dieser *Sicherheit* im Sinne von „Ich bin sicher" zu sagen, „Ich weiß, dass (DS)", und zugleich Gründe dafür anzugeben, aber diese Aussage könnte doch falsch sein, wenn (DS) nicht *wahr* ist, wobei diese *Wahrheit* von anderen – eher in Übereinstimmung mit der Tatsache – mit Recht deklariert wird. An dieser Stelle kann man also wiederum eine Kluft feststellen zwischen der Äußerung „Ich weiß, dass es so ist" und der *Wahrheit*, dass es so ist.

18.4   Die Kluft im Falle von „Ich heiße N.N."

Zu §578 (MS176, 65r)

[f.1.] Aber könnte nicht eine höhere Autorität mich versichern, daß ich nicht die Wahrheit weiß? [f.2.] So daß ich sagen müßte "Lehre mich!" [f.3.] I Aber dann müßten mir die Augen aufgetan werden. I

18.4.1 Der eigentümliche Charakter von „Ich heiße N.N." und die Revidierbarkeit des Sprachspiels mit den Personennamen

Bei der Wahrheit in §578 geht es um den Satz, der einen Eigennamen aufweist: „Ich heiße N.N.". Das Sprachspiel, das mit eigenen Personennamen operiert, beschreibt Wittgenstein im Umkreis des §578 einmal generell wie folgt: Dass jeder seinen Namen weiß, ist deshalb selbstverständlich, weil er ihn unzählige Male verwendet (§568); jeder könnte, „[...] wenn jemand dies bestritte, [...] sofort unzählige Verbindungen schlagen, die ihn sichern" (§594); jeder weiß seinen Namen mit der größten Sicherheit (§579) oder mit voller Bestimmtheit, und würde sich „[...] weigern, irgendein Argument in Betracht zu ziehen, welches das Gegenteil zeigen wollte" (§577). Diese Beschreibungen sehe ich so gut wie als eine Wiederholung dessen an, was wir bereits in Kap. 17 gesehen haben. Mit anderen Worten: Solche Sätze, die Eigennamen aufweisen wie „Mein Name ist L.W." (siehe §515) zählen auch als Mooresche Sätze und haben den gleichen ›fundamentalen‹ Charakter wie allgemeine Mooresche Sätze wie „Die Erde existiert". Wenn sich dann der Satz „Ich heiße N.N." als falsch erwiese, könnte die Sicherheit sowie Gewissheit in Gefahr geraten, was bedeuten würde, dass alle Urteile inklusive „wahr" und „falsch" aufgegeben werden müssten. Ebenso wie andere Mooreschen Sätze gehören auch solche Sätze mit Eigennamen, wie in §161 gesagt, zu einer Unmenge von Dingen, die man gelernt und „auf die Autorität von Menschen angenommen" hat (vgl. auch §493).

Könnte sich aber der Satz „Ich heiße N.N." wirklich nicht als falsch erweisen, auch wenn jemand dieses „N.N." als seinen Namen unzählige Male verwendet und gehört hat? Auf diesen Fall verweist §580 ausdrücklich. Demzufolge könnte ihm „aufgezeigt" (§580) oder „versichert" (§578) oder ihm „gelehrt" (ebd.) werden, dass er eigentlich nicht die Wahrheit weiß, dass er eigentlich nicht N.N. heißt, und ihm könnte ein richtiger Name gelehrt werden. Dies geschieht dann diesmal, wie in §578 genannt, eher durch „eine höhere Autorität", also, die Autorität, die höher als diejenige ist, auf die hin er gelernt hat, dass er N.N. heiße. Dieses „Aufzeigen", die „Versicherung" und das „Lehren" beschreiben jedoch einen anderen Prozess als die Annahme einer Überzeugung, die durch das Anführen triftiger Gründe oder Evidenz begründet ist. Sie bezeichnen vielmehr „eine Art *Überredung*" (§262; vgl. die §§612 und 669) oder „eine Bekehrung besonderer Art" (§92; vgl. §612), die am Ende der Gründe steht und dazu dient, jemand anderem gleichsam ein neues Weltbild zu verleihen. Dabei müsste ihm

18.4 Die Kluft im Falle von „Ich heiße N.N."

laut (f.3.)[27] „die Augen aufgetan werden". Diese ,Augen'-Metapher lässt sich vor allem mit der Beschreibung der Bekehrung in §92 gut vereinbaren, nach der der König dazu gebracht würde, „die Welt anders zu betrachten" oder „zu dieser Anschauung überzugehen". Was bei der *Überredung* oder Bekehrung dieser Art vor sich geht, läuft nach §641 eigentlich auf eine Art *Entscheidung* hinaus, welche Evidenz gegen andere Evidenz weichen soll (§641; vgl. auch §619). Im Falle von „Ich heiße N.N." muss die Person, nämlich, „mit offenen Augen" einsehen, dass ihre bisherige Evidenz, dass sie ihren Namen unzählige Male verwendet hat, nicht mehr tauglich, sondern hinfällig ist, und, dass sie sich nach der Bekehrung eher auf neue entgegengesetzte Evidenz verlassen soll.

Es lassen sich in der Tat solche Leute vorstellen, die tatsächlich ihre richtigen Namen nicht kennen oder, etwa wie im Fall des §649, sich diese falsch gemerkt haben. Muss aber das ganze Sprachspiel mit Personennamen wirklich aufgegeben werden, wenn sich jemandes Name als falsch herausstellt? Besteht also die Gefahr, auf die Wittgenstein an mehreren Stellen[28] in ÜG hinweist, tatsächlich? Diesen Punkt erläutert er erst in §628 näher:

> Das Sprachspiel, das mit Personennamen operiert, kann wohl bestehen, wenn ich mich in meinem Namen irre, – aber es setzt voraus, daß es unsinnig ist zu sagen, die Mehrzahl der Menschen irre sich in ihren Namen.

Demzufolge wird dem Sprachspiel mit Personennamen selbst nicht geschadet, auch wenn sich der Satz „Ich heiße N.N." als falsch erweist, sofern dies bei den meisten Leuten nicht geschehen könnte. Dies betrifft meines Erachtens Mooresche Sätze der Art, die sich auf einzelne Sprecher beziehen, also auch z. B. den Satz „Ich war nie in Kleinasien", den derjenige, der bereits Kleinasien *besuchte* – genauer: besucht zu haben glaubt –, äußert. Auch wenn sich also dieser Satz als falsch herausstellte, würde sozusagen das Gedächtnis-Sprachspiel weder verletzt noch verändert werden. Anders gesagt: Es ist im Grunde genommen im Sprachspiel nicht ausgeschlossen, dass sich Sätze dieser Art, die sich bloß auf Individuen beziehen, bei einigen Leuten als falsch erweisen. Diese Beschreibung passt gut zu Wittgensteins Idee, dass z. B. der von ihm formulierte Satz „Ich heiße L.W." nicht zur „Logik" zählt, wobei was zu „Logik" gehört, zur Beschreibung des Sprachspiels gehört (§628; vgl. auch die §§51, 56 und 82). Mir scheint andererseits, dass andere Mooresche Sätze wie „Die Erde hat schon lange vor meiner Geburt existiert" oder „$12 \times 12 = 144$" nicht nur einzelne Sprecher betreffen, sondern sogar

---

[27] Aus dem MS ist ersichtlich, dass (f.3.) nachträglich eingefügt wurde.
[28] Siehe vor allem die §§419, 491–494 und 514 f. Vgl. auch Kap. 14 und 17.

zur Logik gehören, weil scheinbar das ganze Sprachspiel gefährdet wäre, wenn sie sich bei den meisten Leuten nicht unbedingt als falsch erwiesen. Hier möchte ich aber wegen des §578 die Diskussion auf das Thema von dem Sprachspiel mit Personennamen einschränken.

18.4.2 Die Fehlbarkeit in „Ich heiße N.N." vs. die Sicherheit, mit der auszusagen ist, „Ich kann mich nicht irren"

Dieser Charakter des Satzes „Ich heiße N.N." scheint aber in kleinem Widerspruch zur Beschreibung des Sprachspiels in §579 zu stehen: „Es gehört zu dem Sprachspiel mit den Personennamen, daß jeder seinen Namen mit der größten Sicherheit weiß", oder besser vielleicht: „dass die meisten ihren Namen mit der größten Sicherheit wissen". Meines Erachtens spielt hier vor allem der Ausdruck „mit der größten Sicherheit" eine wichtige Rolle, und dieses „Jeder weiß ..." lässt sich vielleicht vielmehr im Sinne von „Jeder *kann* sich nicht irren" verstehen (vgl. §8). Die in §579 ausgedrückte Sicherheit geht also mit der logischen Eigenschaft einher, dass es Unsinn ist, im Falle eigener Namen von „Irrtum" so zu reden, „Ich könnte mich vielleicht in meinem Namen irren", etc.[29], auch wenn sie sich in gewissen – außergewöhnlichen – Fällen doch als falsch erweisen könnten. Ich verstehe also diese Spannung wiederum als eine Kluft zwischen der Tatsache, dass der Name doch falsch sein könnte, und der Aussage, „Ich *kann* mich nicht in meinem Namen irren". Auch wenn sich eigene Namen als falsch herausstellen könnten, sagt Wittgenstein z. B. in §596: „[...] das nimmt der Frage»Kannst du dich ...« und der Antwort»Nein« nicht ihren Sinn". Es liegt also nahe, dass man auf die Frage „Kannst du dich ...?" mit „Nein" – nach §624 sogar nur mit „Nein"! – weiterhin mit Recht antworten könnte (vgl. auch §667), nämlich, mit „Ich kann mich darin nicht irren", auch wenn es in der Tat nicht wahr wäre.

Diesen Ausdruck „Ich kann mich nicht irren" nimmt Wittgenstein in §638 vor allem im Hinblick auf eine „Gewissheit" näher unter die Lupe:

> 638. »Ich kann mich darin nicht irren« ist ein gewöhnlicher Satz, der dazu dient den Gewißheitswert einer Aussage anzugeben. Und nur in seinem alltäglichen Gebrauch ist er berechtigt.

Daraus geht hervor, dass der genannte Ausdruck für gewöhnlich eher den Gewissheitswert einer Aussage wie „Ich heiße N.N." darstellt als die Tatsache, die sie

---

[29] Siehe etwa die §§228, 302, 629 und 659. Zum Zusammenhang zwischen „vollkommener Sicherheit" und der Logik, siehe Kap. 13.

18.4 Die Kluft im Falle von „Ich heiße N.N."

beschreibt. In §43 erwähnt er ebenso wie in §579, dass der Satz „Wir *können* uns in $12 \times 12 = 144$ nicht verrechnet haben" ein Satz der Logik sein muss. Solch einen logischen Satz verstehe ich nicht als Beschreibung einer Tatsache, sondern vielmehr als den Ausdruck für die höchste Sicherheit in Bezug auf die Wahrheit der Mooreschen Sätzen im Sprachspiel, in dem diesbezüglich kein „Irrtum" zugelassen ist. In dieser Hinsicht denke ich, dass §579 nicht *wahrheits*gemäß besagt, dass der Satz über den eigenen Namen „Ich heiße N.N." bei jedem immer wahr ist, sondern vielmehr, dass die größte Sicherheit im Für-wahr-halten der Sätze besteht, die man im Alltag unzählige Male gehört – gelernt – hat. Und dabei ist es nicht angemessen, dieses Sich-täuschen in Bezug auf den Satz „Ich heiße N.N." als „Irrtum" zu bezeichnen. Mit anderen Worten: Auch wenn der Satz **falsch sein** könnte, kann man im Sprachspiel mit Personennamen eigentlich so völlig sicher sein, wie man **sagen** könnte, man *könne* sich darin nicht irren. Wenn jemandem „aufgezeigt" würde, dass der Name, den er immer verwendet hat, nicht sein Richtiger wäre, dann würde jedoch die Sicherheit, mit denen er im Falle Moorescher Sätze Wissen besitzt, vielleicht beeinträchtigt werden. In diesem Fall könnte es sein, dass er seine anderen Maßstäbe und Urteile inklusive „wahr" aufgeben müssen, wie wir in Kap. 17 gesehen haben. Dies betrifft aber eher nur diese bestimmte Person, während das ganze Sprachspiel mit Personennamen, das andere zusammenspielen, nicht vernichtet werden müsste, sofern sich die Mehrzahl der Menschen in ihren Namen nicht irren.

§§602, 604 & 607

19

19.1 Der „Ich glaube"-„Ich weiß"-Kontrast

Zu §602 (MS176, 71v)

23.4.
Soll ich sagen "Ich glaube an die Physik", oder "Ich weiß, daß die Phys. wahr ist"?

In §602 geht es ebenso wie in §500 erneut um den „Ich glaube"-„Ich weiß"-Kontrast, obwohl hier nicht das Gesetz der Induktion, sondern diesmal die Physik ins Spiel gebracht wird. Den Kontrast dieser Art selbst diskutiert Wittgenstein an mehreren Stellen in ÜG. Allerdings wird, genauer betrachtet, nicht an allen Stellen der gleiche Punkt thematisiert. Es geht nämlich, so lese ich ihn, in den §§290–299 und §478 um dieselbe Unterscheidung wie in den §§500 und 602, während in den §§364 und 483–492 hingegen gefragt wird: „Weiß ich/Weißt du oder glaube ich/glaubst du **nur**?". Meines Erachtens hat Wittgenstein mit Absicht dieses „nur" hinzugefügt. Und beide Fragen – mit „nur" und ohne „nur"– haben dementsprechend verschiedene Sinne.

19.1.1 „Weiß ich oder glaube ich nur?"

Um der ersten für §500 sowie §602 relevanten Frageform gerecht zu werden, möchte ich zuerst kurz auf die Frageform: „Weiß ich oder glaube ich nur?" eingehen, damit Unterschiede zwischen beiden klar werden. Mir scheint, dass Wittgenstein in dieser Form zwei verschiedene Aspekte sieht und in den §§483–492 einzelne davon ans Licht bringt.

© Der/die Autor(en), exklusiv lizenziert an Springer-Verlag GmbH, DE, ein Teil 297
von Springer Nature 2022
S. Hashimoto, *Der Wahrheitsbegriff in Über Gewißheit*,
https://doi.org/10.1007/978-3-662-65684-6_19

19.1.1.1 Der erste Aspekt: Der falsche Gebrauch von „Ich weiß" im Sinne der Versicherung

Der erste Aspekt zeigt sich klar in §485:

> 485. Man kann sich auch einen Fall denken, in welchem Einer eine Liste von Sätzen durchgeht und sich dabei immer wieder fragt »Weiß ich das, oder glaube ich es nur?« Er will die Sicherheit jedes einzelnen Satzes überprüfen. Es könnte sich um eine Zeugenaussage vor Gericht handeln.

Moore ist genau die Person, die „eine Liste von Sätzen" aufstellen und darauf aufzählen wollte, was er als Binsenwahrheit („*truism*") weiß[1]. Wenn man sich – vielleicht anhand solch einer Liste – fragen sollte, „Weiß ich das, oder glaube ich es nur?", dann will man dabei, so Wittgenstein, eigentlich die Sicherheit jedes einzelnen Satzes überprüfen. Alleine die bloße Äußerung „Ich weiß" ist dann nicht hinreichend für die Überprüfung. Denn wo Sätze gerade zu begründen sind, z. B. bei ihrer Überprüfung oder bei einer Zeugenaussage vor Gericht, wie auch in §485 genannt, bringt diese Äußerung uns nicht weiter und ergibt keinen Sinn. Der Satz „Ich weiß" lässt sich zwar in der gegebenen Situation ausschließlich zur Versicherung des Wissens – laut §8 im Sinne von „Ich bin sicher", und nicht im Sinne von „Ich *kann* mich nicht irren"[2] – äußern, benötigt aber dann gemäß unserem Sprachspiel zusätzliche Begründungen. Auf diesen bisher oft in Betracht gezogenen Punkt greift Wittgenstein erneut in den §§483–492 zurück. Wie die §§483 f. argumentieren, muss man für gewöhnlich bei der Äußerung „Ich weiß" im genannten Sinne triftige Gründe dafür angeben oder angeben können[3]. Dass man etwas weiß, kann andersherum betrachtet dadurch nicht gezeigt werden, dass man nur sagt, man wisse es, oder, wie Moore, einfach aufzählt, was man alles *weiß* (§§487 f.). Damit kann man höchstens zeigen, dass man glaubt, etwas zu wissen, aber solche Beteuerungen gelten nicht als Rechtfertigungen dafür, dass man es weiß (vgl. §488). In diesem Zusammenhang liegt die Deutung nahe, dass mit „Ich weiß" hier eine bloße Versicherung ohne Begründung, also Moores falscher Gebrauch gemeint ist. Im Ausdruck „Ich glaube/Du glaubst nur" zeigt sich hingegen, wie das Wort „nur" suggeriert, eine bloße subjektive Vermutung oder ein geistiger Zustand des Glaubens. Die Aussage „Ich glaube nur" bedarf dann nicht unbedingt der Angabe eines Grundes sowie einer Evidenz, weil sie nur zur Beschreibung von Subjektivem dienen soll (vgl. §550).

---

[1] Siehe Moore, G.E. (1925/1993), S. 106–109.

[2] Zu dieser Unterscheidung, siehe Kap. 1.

[3] vgl. auch die §§18, 175, 243 und 550; BPP II §286.

19.1 Der „Ich glaube"-„Ich weiß"-Kontrast 299

Wie wir bereits in §500, in dem es auch um den Gerichtssaal geht, gesehen haben, kann man in der gegebenen Situation, in der man Gründe anführen muss, im Hinblick auf das Gesetz der Induktion oder Mooresche Sätze weder den Ausdruck „Ich weiß, ..." noch den Ausdruck „Ich glaube nur ..." im Sinne vom *Vermuten* verwenden. Mit diesem Punkt geht Wittgensteins zweifelnde Frage in §486 gut einher: „»Weißt du, oder glaubst du nur ..., daß du L.W. heißt?« Ist das eine sinnvolle Frage?". Vom Kontext her betrifft diese Frage nicht bloß eigene Namen, sondern generell Mooresche Sätze, die wir beim Spracherwerb unhinterfragt gelernt haben und die in unserem Sprachspiel unbegründet feststehen. Sofern es bei der Frage um Mooresche Sätze geht und nur diese zwei Antwortoptionen vorhanden sind, gibt es keine passende Antwort auf diese Frage. Genauer betrachtet, sind die Antworten in einer Weise falsch, in der anderen unsinnig: Falsch ist einerseits, im Falle Moorescher Sätze die Wendung „Ich glaube nur " verwenden, weil deren Wissen offenbar keine bloße subjektive Vermutung ist; unsinnig ist andererseits die bloße Äußerung von „Ich weiß". Denn dieses „Ich weiß" lässt sich in Anknüpfung an §485 im Sinne von „Ich bin sicher" verstehen, passt aber dann, wie oben gesehen, nicht zu Mooreschen Sätzen. Daraus geht lediglich hervor, dass die betreffende Frage im Falle Moorescher Sätze weder tauglich noch in diesem Sinne sinnvoll ist.

19.1.1.2 Der zweite Aspekt: Der richtige Gebrauch von „Ich weiß" im Hinblick auf Mooresche Sätze

Um sinnvoll beantwortet werden zu können, muss die Frage anders lauten. Wittgensteins Vorschlag in §491 wäre der Folgende:

> 491. »Weiß ich, oder glaub ich nur, daß ich L.W. heiße?« – Ja, wenn die Frage hieße »Bin ich sicher, oder vermute ich nur, daß ich ...?«, da könnte man sich auf meine Antwort verlassen. –

Unter diesem zweiten Aspekt der betreffenden Frage geht es um die zwei Antwortoptionen, sprich, „Ich bin sicher" und „Ich vermute nur". Da beide Ausdrücke kontrastiert werden, muss die Sicherheit bei den Worten „Ich bin sicher" etwas anderes als „Ich vermute nur" ausdrücken. Zu bemerken ist zunächst, dass es aufgrund des Wortes „nur" eigentlich nicht zweifelhaft ist, dass dieses „Ich vermute nur" als analog zu „Ich glaube nur" angesehen werden kann. Was bedeutet aber dieses „Ich bin sicher"? Da Wittgenstein darauf hindeutet, dass die Antwort auf diese Frage im Gegensatz zum ersten Aspekt verlässlich sein soll, ist es naheliegend, dass man auf sie mit der Option „Ich bin sicher" antworten kann. Und hierbei bezeichnet sie, wie mir scheint, den Zustand der Sicherheit im Falle Moorescher Sätze, der auch mit „Ich glaube, ..." in §500 ausgedrückt werden könnte, also die „vollkommene Sicherheit", die sich auf unser Sprachspiel bezieht (§404). Dieses „Ich bin sicher" erscheint mir aber vom Ausdruck her ziemlich irreführend, als bedeutete es möglicherweise die Verwendung von „Ich weiß" im Sinne von „Ich bin sicher", von der in §8 und in Malcolms Aufzeichnungen die Rede ist. Diese Deutung muss aber inhaltlich ausgeschlossen sein, weil sie ansonsten nicht anders als der erste Aspekt wäre, so dass die Antwort auf die Frage weder sinnvoll noch verlässlich sein könnte. Vielleicht könnte Wittgenstein diesen Unterschied mit dem allerletzten Gedankenstrich „–" andeuten, es ist aber hier nicht wichtig, auf die Frage genauer einzugehen, was er mit dem Gedankenstrich eigentlich meint.

In §492 formuliert Wittgenstein die betreffende Frage noch einmal um:

> 492. »Weiß ich, oder glaube ich nur, ...?« könnte man auch so ausdrücken: Wie, wenn es sich herauszustellen *schiene*, daß, was mir bisher dem Zweifel nicht zugänglich schien, eine falsche Annahme war? Würde ich da reagieren, wie wenn ein Glauben sich als falsch erwiesen hat? oder würde das den Boden meines Urteilens auszuschlagen scheinen? – Aber ich will hier natürlich nicht eine *Prophezeiung*.

Obwohl hier Wittgenstein die Frage anders ausdrückt, lese ich aufgrund des „auch so" diesen §492 parallel zu §491. Demgemäß verstehe ich dann §492 in der Weise, dass beide betreffenden Reaktionen angesichts des Falls, in dem sich Unbezweifelbares als falsch erweisen zu scheint, jeweils auf einer bloßen Vermutung und auf der Sicherheit im Falle Moorescher Sätze basieren. Die erste Reaktion zeigt sich lediglich im Fall, dass man sich im Glauben oder Vermuten, an dem man subjektiv festhielt, irrt, wobei von Mooreschen Sätzen nicht die Rede sein kann. Und es passiert natürlich häufig im Alltag, dass etwas, das man nur glaubt oder nur vermutet, sich als falsch erweist. Die zweite Reaktion hingegen geschieht, wie etwa in den §§419, 490 und 494 gesehen, vielmehr im außergewöhnlichen Fall, in dem sich z. B. der den eigenen Namen aufweisende Satz als falsch erwiese und folglich bei der betroffenen Person alle Maßstäbe sowie alle Urteile inklusive „wahr" gefährdet erschienen (vgl. auch die §§514 f.).

Nach Wittgenstein geht es hier dann nicht um „eine *Prophezeiung*". Wie ist sie dann zu verstehen? Sie lässt sich meines Erachtens analog zu der „ Form einer Vorhersage" in §385 verstehen, „die auf Erfahrung beruht // begründet ist

19.1 Der „Ich glaube"-„Ich weiß"-Kontrast 301

//"[4], und, wie in Malcolms Aufzeichnungen gesagt, zu einer „*psychological prediction*", von der Wittgenstein sagt: „If I say that I would not *call* anything ‚evidence' against that's being a tree, then I am not making a psychological prediction – but a *logical* statement"[5]. In dieser Hinsicht ist vor allem die zweite Reaktion keineswegs solch eine Prophezeiung, die auf Erfahrung begründet ist, oder, wie ich die „*psychological prediction*" ähnlich verstehe, von der man sich durch Erfahrung psychologisch zu überzeugen hat.[6] Sie entspricht dann vielmehr etwa der logischen Bemerkung: „Ich kann mich weder in Mooreschen Sätzen irren noch daran zweifeln, weil ansonsten der Boden meines Urteilens ausgeschlagen würde", wie in §494 ähnlich gesagt. So gelesen hat das in §492 ausgedrückte „Ich weiß" ebenso die logische Form wie die Aussage von „Ich weiß" in §8, die sich nur auf Mooresche Sätze bezieht und darauf hinausläuft, zu sagen „Ich *kann* mich nicht irren". Wenn man auf die Frage „Weißt du oder glaubst du nur …?" in diesem logischen Sinne antworten würde, „Ich weiß", um etwa auf den *logischen* – auf Sprachspiele bezogenen – Punkt hinzuweisen, dass der Boden des Urteils ausgeschlagen zu werden *schiene*, wenn man sich in Mooreschen Sätzen zu irren *schiene* oder sie sich als falsch herausstellen *schienen*, könnte diese Antwort zumindest verlässlich sein. Denn dieses „Ich weiß" wird dort weder als subjektive Vermutung noch zur Versicherung des Wissens im Falle Moorescher Sätze gebraucht.

19.1.2 „Weiß ich oder glaube ich?"

Soweit haben wir zwei verschiedene Aspekte der Frage „Weiß ich oder glaube ich nur …?" im Falle Moorescher Sätze gesehen. Deren Verwendung ist eigentlich je nachdem unterschiedlich, in welchem Sinn „Ich weiß" gebraucht wird, während „Ich glaube nur" immer eine bloße Vermutung beschreibt. Und man kann sich,

---

[4] Die dem §385 entsprechende ganze MS-Passage lautet: „Er [= Der Satz „Nichts auf der Welt wird mich vom Gegenteil überzeugen "] hat die Form einer Vorhersage, ist aber (natürlich) nicht eine, die auf Erfahrung beruht // begründet ist //. ‖ ist aber natürlich nicht gegründet auf Erfahrung. ‖" (MS175, 63r–63v). In der dritten Variante vermeidet Wittgenstein sogar den genannten Satz „eine Vorhersage" zu nennen.

[5] Malcolm, N. (2001), S. 72. Der Ausdruck „*psychological prediction*" lässt sich in Ansehung von ÜG, wie mir scheint, nicht nur als „psychologische Vorhersage", wie in der deutschen Übersetzung steht (Malcolm, N. (1987), S. 117), sondern auch als „psychologische Prophezeiung" übersetzen. Siehe auch §652.

[6] Eine psychologische Frage beschreibt Wittgenstein in PU §377 etwa als: „Wie *überzeugt* man sich davon?". Zum psychologisch/logischen Kontrast, siehe auch Kap. 9.

so Wittgenstein, auf die Antwort verlassen, wenn man im logischen Sinn sagt „Ich weiß", während es nichts bringt, wenn man wie Moore zur Versicherung sagt „Ich weiß". Wie sehen aber dann die vor allem für die §§290–299, 500 und 602 einschlägige Frage „Weiß ich oder glaube ich?" – also ohne „nur" – und deren Zusammenhang mit „der Physik" in §602 aus? Als Nächstes gehe ich auf die Fragen ein, welchen Status die Physik in unserem Sprachspiel besitzt, sowie, wie sie mit unserem ‚Lernen' zusammenhängt.

19.1.2.1 Experimentelle Sätze und unser Lernen

Es liegt z. B. laut §604 zunächst nahe, dass Wittgenstein den Satz:

(W100): „Wasser siedet bei 100 °C"

als Teil der Physik betrachtet. Wie wir gleich unten genauer sehen werden, kann man (W100) nach Malcolms Aufzeichnungen als solchen „experimentellen Sätzen" angehörend verstehen, von denen er schreibt: „Some experimental statements have this property", sprich, „the highest degree of certainty [, which] is nothing psychological but something logical: that there is a point at which there is neither any ‚making more certain' nor any ‚turning out to be false'"[7]. Diese Betrachtung richtet sich im Wesentlichen gegen die Meinung der „sceptical philosophers", von denen auch dort die Rede ist, dass „Ich weiß es" auf „Ich glaube es, und es ist wahr" hinauslaufe. Wittgenstein unterscheidet aber klar zwischen diesen beiden Ausdrücken, die er jeweils als auf *„certainty"* und *„conviction"* bezogen beschreibt, also, zwischen *Logischem* und *Psychologischem*.[8] Obwohl er an dieser Stelle eigens gegenüber diesem Sprachgebrauch der genannten skeptischen Philosophen kritisch eingestellt ist, kann man bereits hier einsehen, dass er ähnlich wie in §602 die Frage in Angriff nimmt, ob man im Falle einiger „experimenteller" Sätze zu Recht sagen kann, „Ich weiß" oder „Ich glaube".

Die Beschreibung von Malcolm und Wittgenstein könnte andererseits den Eindruck erwecken, als wollten sie bestimmte „experimentelle" Sätze wie (W100) mit solchen Mooreschen Sätzen wie „Die Erde existiert" gleichstellen. Allerdings sind dabei natürlich wesentliche Unterschiede zwischen beiden Satzarten zu beachten. (W100) lässt sich in gewisser Hinsicht nicht als so grundlegend wie einige Mooresche Sätze ansehen, weil es scheint, dass er – obwohl erstaunlicherweise – falsch sein könnte, ohne dass dabei „die Grundlage alles Urteilens

---

[7] Malcolm, N. (2001), S. 74.

[8] Zum Verhältnis zwischen *„certainty"* („Gewißheit", „Sicherheit") und *Logischem* im Kontrast mit *Psychologischem*, siehe z. B. Kap. 9. Vgl. auch Kap. 1.

19.1 Der „Ich glaube"-„Ich weiß"-Kontrast   303

entzogen" werden müsste, wie es auch Wittgenstein andeutet (§§613 f.). Zudem
gibt es im Bereich der Naturwissenschaften wie Physik und Chemie tatsächlich
solche Fälle, in denen man auch an bestimmten experimentellen Sätzen sinnvollerweise zweifelt und sie dann durch weitere Experimente als falsch erklärt. Man
könnte sich hier vielleicht fragen wollen: Hat Wittgenstein damals im Gespräch
mit Malcolm ein falsches Urteil gefällt, das er aber später etwa beim Hinschreiben
der §§613 f. geändert hat? Diese Deutung finde ich jedoch nicht richtig.

Betrachten wir zunächst, warum (W100) zu „experimentellen" Sätzen zählen kann. Im Gegensatz zu solchen Mooreschen Sätzen wie „Die Erde existiert"
lässt sich (W100) in der Weise charakterisieren, dass man in der menschlichen
Geschichte durch abermalige sachbezügliche Experimente zu dem Wissen gelangt
ist, bei wie großer Hitze reines Wasser siedet. Unter diesem Aspekt betrachtet
besitzt (W100) gewiss einen experimentellen Charakter. Meines Erachtens legt
Wittgenstein jedoch in Malcolms Aufzeichnungen sowie in ÜG nicht auf diesen
experimentellen Charakter den Fokus, sondern insbesondere auf die „logische"
Rolle, die solche „experimentellen" Sätze wie (W100) in unserem alltäglichen
Sprachhandeln spielen.

Inwiefern ist aber dann (W100) als „logisch" aufzufassen? Von (W100) lässt
sich andererseits auch sagen, dass bei der Celsius-Skala dessen Siedepunkt bei
einem Luftdruck von 1013 einfachheitshalber als „100 °C" und dessen Gefrier-
punkt als „0 °C" bestimmt worden sind. Als Definition wäre dann (W100)
natürlich etwas ‚Logisches' und kein ‚experimenteller' Satz mehr. Mir scheint
jedoch nicht, dass Wittgenstein an dieser Stelle (W100) als einen ‚logischen'
Satz im Sinn der Definition betrachten will. Wie in Malcolms Aufzeichnungen
ausgedrückt, bezieht sich (W100) vielmehr auf die Sicherheit („*certainty*"), die
wir ebenfalls über Mooresche Sätze haben. Wie bereits gesehen, ist es *logisch*
– im vorliegenden Sprachspiel – unmöglich, unter normalen Umständen an Mooreschen Sätzen zu zweifeln bzw. von ihnen zu sagen, „Man *kann* sich darin irren".
Meines Erachtens wird im vorliegenden Kontext gerade in diesem Sinne gemeint,
dass „experimentelle" Sätze wie (W100) diesen *logischen* Charakter Moorescher
Sätze besitzen. Auch auf dieser Perspektive stellen solche Sätze wie (W100)
natürlich nicht so etwas dar, was wir nur vermuten, sondern etwas *Logisches*, was
im Sprachspiel fest angelegt ist, so wie es Malcolm und Wittgenstein bemerken.

Dieser *logische* Charakter von (W100) rührt dann nach meiner Lesart nicht
von einer Definition her, sondern hängt vielmehr mit dem für den Sprachspielbe-
griff wichtigen ‚Lernen'-Aspekt eng zusammen, den wir bereits gesehen haben
(z. B. §206) und auch in mehreren Bemerkungen im Umkreis der §§602 und
604 finden. Wird (W100) ebenso wie – andere – Mooresche Sätze als mit einer
Unmenge des Gelernten verwoben betrachtet, so ist auch die Sicherheit über

(W100) im vorliegenden Sprachspiel als so stark verankert anzusehen, dass man an (W100) im alltäglichen Sprachhandeln nicht zweifelt. Es hat dann innerhalb dieses Sprachspiels keinen Sinn, zu sagen, „(W100) vergewissert sich noch mehr" oder „(W100) stellt sich als falsch heraus", wie in Malcolms Aufzeichnungen ausgedrückt. An diesem „Punkt", an dem diese Äußerungen keinen Sinn ergeben, lassen sich auch die „experimentellen" Sätze, die nicht denselben Grundlagen-Charakter wie „Die Erde hat existiert" zu besitzen scheinen, gleichwohl als Mooresche Sätze betrachten, die das Sprachspiel ausmachen. Wir werden weiter unten die Details veranschaulichen, wobei ich mich entsprechend eigens auf diesen *logischen* Aspekt der Physik sowie einiger „experimenteller" Sätze wie (W100) fokussieren werde. Es erscheint mir ohne Berücksichtigung ihres *logischen* Charakters wenig sinnvoll, was Wittgenstein sowohl in Malcolms Aufzeichnungen als in den §§602–612 bemerkt.

Wie (W100) entstanden ist, sowie, ob (W100) vielleicht einmal umstritten war, ist demnach im jetzigen Kontext eigentlich nicht wichtig, sondern eher dass (W100) im vorliegenden Sprachspiel für das *Gerüst* der Betrachtungen sowie Forschungen konstitutiv ist (vgl. §211). Unabhängig davon, wie die Vorgeschichte von (W100) genau aussieht, könnte man als Kind beim Erwerben unseres – gegenwärtigen – alltäglichen Sprachspiels sowohl Mooresche Sätze wie „Die Erde existiert" als auch (W100) unhinterfragt als dessen Basis lernen, weil Mooresche Sätze einschließlich (W100) im Grunde genommen keine *epistemischen* Gründe, die solche Vorgeschichten anbieten könnten, benötigen.[9]

An mehreren Stellen in ÜG weist Wittgenstein auf Verwandtschaften zwischen dem experimentellen Satz (W100) und anderen Mooreschen Sätzen hin. Wie §293 ausdrücklich besagt, verhält sich (W100) ähnlich wie „Die Erde ist rund" (§291), und vom Kontext her auch wie die induktive Handlungsweise (§287) – oder in der Satzform formuliert, etwa wie: „Was immer geschehen ist, wird wieder geschehen" (vgl. §135) –, „Die Erde ist ein großer Körper" (§288) etc. Man kann laut den §§287–299 solche Sätze als darin analog ansehen, dass wir ihr Glauben (oder ihr Wissen) zwar ohne Beweis oder Rechtfertigung erworben haben, aber sie für

---

[9] Brice befasst sich unter dem Schlagwort „‚The earth exists' vs. ‚Water boils at 100 °C'" mit der Unterscheidung zwischen zwei verschiedenen Arten der Sicherheit/Überzeugung („certainty/conviction"), deren eine „something we unreflectively begin with" ist, und, deren andere „something we ‚arrive at'" ist, so wie laut ihm Rhees, Winch und D. Z. Phillips auch diese Unterscheidung machen (siehe etwa: Brice, R. G. (2014), S. xii–xv, 24, 30, 33, 36, 38, 49, 96 und 98; zu „‚The earth exists' vs. ‚Water boils at 100 °C'", siehe S. 41). Für meine Arbeit ist jedoch nicht wichtig, *wie* die Sicherheit entstanden ist, sondern vielmehr bloß die Tatsache, dass (W100) unter normalen Umständen im vorliegenden Sprachspiel ebenso wie „Die Erde existiert" vom Zweifel ausgenommen ist.

19.1 Der „Ich glaube"-„Ich weiß"-Kontrast   305

unsere Weltbilder, unsere Betrachtungsweisen oder unsere Sprachspiele konstitutiv und basal sind. Mit anderen Worten: Wittgenstein sieht grundsätzlich (W100)
als das an, was wer unser Sprachspiel kennt, *weiß*, oder, über was er sich so sicher
wie die soeben genannten Mooreschen Sätze ist (vgl. die §§338, 555, 558 und
599). So wie er sagt, „[…] wir *wissen*, daß es [= Wasser] sich bis jetzt in unzähligen Fällen *so* verhalten hat" (§558), haben wir dieses *Wissen* oder diesen Glauben
durch unzählige Erfahrungen durch Hören, Sehen, oder ggf. das Experiment in
der Schule gewonnen (vgl. die §§240 und 599). Diesen Erwerb beschreibt er
dann einmal so: „Erfahrung hat es uns gelehrt" (§555; vgl. §240), und einmal als
„»Erfahrungsmäßige Begründung«" mit Anführungszeichen (§296). Diese»Erfahrungsmäßige Begründung« zählt aber, wie gesehen, weder zu einem *Beweis* noch
zur *epistemischen* Rechtfertigung (§295; vgl. §240). (Und es erscheint selbstverständlich, warum diese Erklärungsweise im Alltag weder als *Beweis* noch als
epistemische Rechtfertigung gilt: Angenommen, dass zu erklären ist, warum es
keine positiven ganzen Zahlen A, B und C gibt, die die Gleichung $A^3 + B^3$
$= C^3$ erfüllen, bringt es nichts, nur zu sagen, „Weil ich unzählige Verbindungen
meiner Erfahrungen mit diesem Satz schlagen kann" oder „Denn ich habe gehört,
gesehen, gelesen".) Solche keinen *Beweis* stiftenden Erfahrungen taugen jedoch,
so Wittgenstein, als „vielerlei Bestätigungen" (§288), oder „Bewähren" unseres
Vertrauens (§603) etc. (vgl. §295). Da es am Grund im *epistemischen* Sinn fehlt,
liegt (W100) gleichsam am Ende *epistemischer* Rechtfertigung. Er lässt sich aber
auf Grund unzähliger Verbindungen mit den bisherigen Erfahrungen sowie dem
vorherigen Lernen als im vorliegenden Sprachspiel so feststehend wie andere
Mooresche Sätze betrachten.

19.1.2.2 Ähnlichkeiten zwischen der Physik und dem Gesetz der Induktion

Die oben geschilderte Beschreibung gilt nicht nur bei einzelnen experimentellen Sätzen wie (W100), sondern auch sozusagen bei solchen Gattungsbegriffen
wie der Physik, der Geographie, zu denen sie gehören. Anhand des Beispiels
von Lehrbüchern der Experimentalphysik weist Wittgenstein in §600 meines
Erachtens erneut auf den engen Zusammenhang zwischen unserer Sicherheit im
Hinblick auf die Physik im Allgemeinen und dem ‚Lernen' hin:

600. Was für einen Grund habe ich, Lehrbüchern der Experimentalphysik zu trauen?
Ich habe keinen Grund, ihnen nicht zu trauen. Und ich traue ihnen. Ich weiß, wie
solche Bücher entstehen – oder vielmehr, ich glaube es zu wissen. Ich habe einige
Evidenz, aber sie reicht nicht weit und ist von sehr zerstreuter Art. Ich habe Dinge
gehört, gesehen, gelesen.

Wenn man hier einfach den Wortlaut nimmt, heißt es in §600, dass man keinen Grund hat, „Lehrbüchern", oder besser, allgemein akzeptierten Lehrbüchern der Physik inklusive der Experimentalphysik nicht zu trauen, wenn man an unserem Sprachspiel der Physik nicht zweifeln würde. Es gibt zwar Evidenz, die in unserem Sprachspiel als sicher und richtig anerkannt ist, man kann aber, so lese ich Wittgenstein, unter deren Zuhilfenahme höchstens zeigen, dass man weiß, wie solche Bücher entstehen, oder sogar vielmehr nur, dass man glaubt, es zu wissen. Da die dafür angeführte Evidenz nicht weit reicht und „von sehr zerstreuter Art" ist, lässt sich durch sie wesentlich nicht zeigen, warum man den Lehrbüchern und fernerhin der Physik traut. Was für einen „Grund" man für dieses Trauen hat, äußert sich, wie §600 andeutet, eher in zweierlei: Zum einen darin, keinen Grund dagegen zu haben, oder ähnlich wie in §477 gesagt, dass „Erfahrung später nicht das Gegenteil erweise"[10]; und zum anderen darin, „Dinge gehört, gesehen, gelesen" zu haben (vgl. auch §281). Unser Glaube oder unser Trauen gründet nämlich auf einer Unmenge von Dingen, die wir unhinterfragt gelernt – gehört, gesehen, gelesen – haben. Konkreter gesagt kann man Verbindungen zwischen Dingen, die man bis jetzt tausendfach gehört, gesehen, gelesen hat, und den Lehrbüchern und auch dem, was man mit ihnen lernt, schlagen. Dieser „Grund" oder diese „Erfahrung" gilt jedoch, wie ich auch §240 verstehe, weder als *epistemische* Rechtfertigung noch als irgendein „Beweis" dafür, dass man der Physik und deren Lehrbüchern traut. Und wegen der Parallelität muss dies nicht nur bei der Physik gelten, sondern auch bei weiteren Fachbereichen wie der Geographie (§§162 und 167) und auch bei dem Gesetz der Induktion, das in §500 thematisiert wird.

Aus bisherigen Betrachtungen ist ersichtlich, dass sich die Physik und das Gesetz der Induktion in gewisser Hinsicht parallel verhalten: Beide stehen gleichsam am Ende der Begründung im *epistemischen* Sinn, aber sind in unzähligen Verbindungen mit dem, was wir unzählige Male „gehört, gesehen, gelesen" haben, so sicher wie Mooresche Sätze wie „Die Erde existiert". Betrachten wir dann nun genauer, wie die Frage „Weiß ich oder glaube ich …?" im Falle der Physik beantwortet werden könnte. Die Antwort auf sie ist eigentlich nicht trivial, und mir scheint, dass sie je nachdem unterschiedlich ist, wie die Frage gedeutet wird.

---

[10] Die §§477 und 600 lese ich analog so, dass das Sprachspiel inklusive der Physik nicht auf einem Wissen beruht, sondern dass es insofern harmlos gespielt werden kann, als nichts es beeinträchtigt (vgl. auch den allerletzten Paragraphen in PU §693).

19.1 Der „Ich glaube"-„Ich weiß"-Kontrast   307

19.1.3 Antworten auf die Frage in §602

Den Ausdruck „Ich glaube" in §602 verstehe ich ebenso wie in §500 aufgrund
des Wegfalls von „nur" mit einer Bedeutung von ‚glauben', die „nichts mit
vermuten zu tun hat" (§500), also nichts mit *Psychologischem* im Sinne, dass
„die skeptischen Philosophen" in Malcolms Aufzeichnungen den Wissenszustand
Moorescher Sätze als bloßes Vermuten beschreiben wollen. Wie in Kap. 17 gesehen, könnte man dann mit Wittgenstein als therapeutische Maßnahme sagen:
Richtiger wäre im Falle Moorescher Sätze die Aussage „Ich glaube, ..." als die
Versicherung des Wissens mit der Aussage „Ich weiß, ...", während Wittgenstein
selbst in vielen Paragraphen in ÜG im Falle Moorescher Sätze die Wendung „Ich
glaube ..." verwendet.[11]

Was „Ich weiß" anbetrifft, so ist bemerkenswert, dass gerade in §602 im
Gegensatz zu den §§485 und 500 gar kein Hintergrund eingezeichnet wird, in dem
man wie im Gerichtssaal versichern muss, dass man etwas weiß. Die Äußerung
„Ich weiß" bedeutet daher im Falle des §602 nicht unbedingt „Ich bin sicher",
wobei man zur Versicherung des Wissens zusätzlich gute Gründe muss anführen können, sondern könnte, wie mir scheint, auch im logischen Sinn verwendet
werden. Dieses „Ich weiß, dass p" könnte nämlich als logische Bemerkung bedeuten, wie in §8 gesagt, „Ich *kann* mich in p nicht irren", oder wie bzgl. des §492
gesehen etwa „Wenn sich p als falsch herauszustellen *schiene*, dann würde das
den Boden meines Urteilens auszuschlagen scheinen". Wenn „Ich weiß" in §602
gleich wie in §500 im Sinne von diesem „Ich bin sicher" gebraucht werden sollte,
dann ist es ebenso Unsinn, im Falle der Physik, die auch als im Sprachspiel unbegründet feststehend anzusehen ist, die Wendung „Ich weiß, ..." zu gebrauchen.
Diese Option wäre, wie gesehen, weniger richtig als zu sagen, „Ich glaube", wo
es nichts mit *vermuten* zu tun hat.

Wie sieht es aber aus, wenn man im Falle des §602 im logischen Sinne sagt
„Ich weiß, daß die Physik wahr ist", also etwa, „Ich *kann* mich in der Wahrheit nicht irren" bzw. „Wenn sich die Physik nicht als wahr herauszustellen
schiene, würde das den Boden meines Urteilens auszuschlagen scheinen"? Vielleicht könnte man sich hier am Wort „wahr" stören und die Frage aufwerfen
wollen „Ist die Physik wahr?", ebenso wie die Frage in §162 „Ist mein Weltbild
wahr oder falsch" oder auch „Ist das Gesetz der Induktion wahr oder falsch?".
Alleine aus der Sicht, dass die Fundamente oder sozusagen die „Angeln" in unserem Sprachspiel vor allem wegen ihrer Unbegründetheit weder wahr noch falsch

---

[11] Siehe etwa die §§159, 173, 234, 239 f., 252 f., 281, 288 und 291; vgl. auch die §§141,
170 f., 240 ff., 245, 279, 284 ff., 263, 277, 323, 326 f., 340 und 675.

seien,[12] müsse es unrichtig sein, zu sagen „Ich weiß, daß die Physik wahr ist". Allerdings muss das Wahre nicht das Begründete sein, so wie die Wahrheit Moorescher Sätze nicht sinnvoll zu begründen ist (siehe z. B. Kap. 9). Sofern man sinnvoll sagen kann, „Ein Weltbild ist wahr" bzw. „Das Gesetz der Induktion ist wahr", kann man meines Erachtens ebenfalls die Physik als wahr bezeichnen, ohne sich dabei durch die – zum Teil in der Sekundärliteratur herrschende – Idee ablenken zu lassen, dass das Wahre weder unbegründet noch *nichtprospositional* noch normativ etc. sei.[13] So gesehen lässt sich mit Wittgenstein weiterhin zu Recht sagen, dass man sich auf die Aussage „Ich weiß, daß die Physik wahr ist" im logischen Sinn zumindest in den Punkten verlassen kann, in denen sie weder mit bloßer Vermutung noch mit der Versicherung des Wissens im Falle Moorescher Sätze zu tun hat.

In Anbetracht bisheriger Untersuchungen lässt sich ähnlich wie in §500 als therapeutische Maßnahme sagen, dass es richtiger wäre, zu sagen „Ich glaube an die Physik", wo „glauben" keine bloße *Vermutung* ist, als zur Versicherung zu sagen, „Ich weiß, daß die Physik wahr ist". Diese Äußerung „Ich glaube an die Physik" ist jedoch ebenso wie die Äußerung „Ich glaube an das Gesetz der

---

[12] Wie auch in Kap. 17 zitiert, deutet Coliva einige Paragraphen in ÜG wie folgt: „It remains, however, that several other ones [= passages] suggest the idea that for Wittgenstein truth is epistemically constrained. Therefore hinges couldn't be either true or false (OC 162–3, 204–205, 222, 404, 500)" (Coliva, A. (2013a), S. 5, Fn.8). Da die §§162 f. und 500 jeweils von Weltbildern und dem Gesetz der Induktion handeln, liegt nahe, dass Coliva nicht nur konkrete Mooresche Sätze, sondern etwas Allgemeineres wie Weltbilder zu diesen „nicht epistemisch eingeschränkten", sprich, nicht sinnvoll zu begründenden „Angeln" („*hinges*") rechnet. So gesehen scheint mir dann ebenfalls, dass die Physik in §602 in ihren Augen zu den Angeln zählen könnte, obwohl sie im Zitat „OC 602" nicht aufführt. Genau diese Idee scheint Morawetz im Sinn zu haben, wenn er vor allem folgendes bemerkt:

I can say of particular claims which I am able to support with grounds that they are true, but I cannot say this about the practice of history any more than I can say that history is true. By analogy, Wittgenstein questions the intelligibility of "I know that physics is true" (passage 602).

Within physics and history matters are proved, disproved, questioned, and known through the application of procedures for finding out, procedures that themselves change over time. Hypotheses are found to be true or not, but the enterprise [gemeint: physics and history] itself is not said to be true or false [Morawetz, T. (1978), S. 21].

Zwar ist es, wie wir es gleich sehen werden, fraglich, ob man im Alltag sinnvoll sagen kann, „Ich glaube an die Physik" sowie „Ich weiß, dass die Physik wahr ist", aber dies liegt nach meiner Lesart nicht darin begründet, dass es dabei an Begründungen – „*grounds*" sowie „*being proved/disproved/...*" – fehlt, wie es Morawetz anzudeuten scheint.

[13] Meines Erachtens gelten die Diskussionen, ob ein Weltbild wahr oder falsch ist, auch im Falle des Gesetzes der Induktion sowie der Physik. Zu diesen Diskussionen, siehe Kap. 8. Vgl. auch Kap. 9.

19.1 Der „Ich glaube"-„Ich weiß"-Kontrast 309

Induktion" in §500 aus zweierlei Gründen verdächtig. Erstens ist es auch im Falle des §602 fragwürdig, ob man dort „bereits einen Hintergrund, eine Umgebung für diese Äußerungen eingezeichnet" (§350) hat. Es ist außer angemessenem Zusammenhang ebenso wenig sinnvoll, diese Aussagen zu machen, wie mitten im Gespräch zu sagen, „Grüß Gott" (vgl. §464). Zweitens lässt sich alleine durch die Äußerung von „Ich glaube", wie ich §501 deute, nicht beschreiben, was die Logik ist, sprich, wie unsere Sprachspiele aussehen (woran wir da ohne Zweifel glauben, etc.), sondern dies ist vielmehr zusammen aus unserer „Praxis der Sprache" (§501) sowie unseren Handlungen (z. B. §431) zu entnehmen. Wie ich §601 lese, beschreibt Wittgenstein auch dort die Betrachtung der Praxis als nötig dafür, die „Bedeutung" zu erkennen, nämlich, meines Erachtens nicht nur, wie wir in unserem Sprachspiel Wörter, Ausdrücke etc. gebrauchen, sondern auch, was wir als Wahrheit *wissen*.[14]

Bedenklich finde ich dann aus diesen zwei Gründen ebenfalls die Aussage „Ich weiß, daß die Physik wahr ist" im logischen Sinn. Wittgenstein beschreibt sie einmal, wie in §491 gesehen, als „verlässlich" und scheint sie auch an anderen Stellen für legitim zu halten. Ist es aber nicht zusammenhanglos, wenn man in der Situation in §604, die eigentlich von Wittgenstein gar nicht präzisiert ist, sagt „Ich weiß, …"? An dieser Stelle kommen wir wiederum auf die Frage zurück, ob es wirklich sinnvoll ist, im Alltag selbst im logischen Sinne zu äußern „Ich weiß, …". Mir scheint, dass Wittgenstein nicht viel dazu erwähnt, und ich lasse wegen der Unklarheit diese Frage offen. Auch wenn diese logische Verwendung von „Ich weiß" sinnvoll sein sollte, denke ich, dass man doch nicht bloß durch die Äußerung von „Ich weiß" aufzählen kann, was man *weiß*, so wie es Moore eigentlich tut. Denn, wie oben gesehen, lässt sich unsere Logik am Schluss nicht beschreiben, sondern zeigt sich in der Praxis der Sprache sowie in unserem Handeln. In Ansehung des engen Zusammenhangs zwischen der Praxis und der Logik, der auch in §601 zu sehen ist, lässt sich meines Erachtens die Frage „Soll ich …?" in §602 eigentlich besser im Folgenden beantworten. Man *soll* nämlich die Aussagen in §602 nicht tätigen, um die Logik einfach dadurch zu beschreiben, dass man etwa sagt, „Ich *kann* mich in der Wahrheit der Physik nicht irren", „Ich glaube an

---

[14] Auf der linken Seite der dem §601 entsprechenden MS-Passage steht ein lang gezogenes „S", das nach D. G. Stern für gewöhnlich als Abkürzung des Urteils „schlecht" gedeutet wird (Stern, D. G. (2010), S. 117; zur MS-Passage, siehe MS176, 71v). Falls §601 von Wittgenstein „schlecht" formuliert sein sollte, denke ich wegen der Parallelität zu anderen Paragraphen wie die §§431 und 501 nicht, dass das Urteil „schlecht" seine Betrachtung über „Praxis" und unsere Logik betrifft.

die Physik", etc., auch wenn man die genannte Physik sowie einige experimentelle Sätze wie (W100) in gewisser Hinsicht z. B. wegen ihres Eingebettetseins in unsere Lebenspraxis als Teil der Logik behandeln könnte.

19.2 Die Annahme, dass man dem Satz „Wasser kocht bei ca. 100 °C" misstraute

Zu §604 (MS176, 72v)

[a] In einem Gerichtssaal würde die Aussage eines Physikers, daß ~~w~~ Wasser bei ca. 100° C koche, unbedingt als Wahrheit angenommen.
[b] Wenn ich dieser Aussage nun mißtraute, was könnte ich tun, um sie zu entkräften? ~~Auch~~ lSelbstl Versuche anstellen? ~~Aber~~ wlWlas würden die beweisen?

19.2.1 Die drei entstehenden Fragen

Wie zu Beginn von 19.1.2.1. erwähnt, geht es hier erneut insbesondere um den Satz (W100): „Wasser kocht bei ca. 100 °C". Aus obigen Betrachtungen geht hervor, dass er als einer der Mooreschen Sätze, die in unserem Sprachspiel unverrückbar feststehen, anzusehen ist, wobei wir unzählige Verbindungen zwischen ihm und dem, was wir bis jetzt erfahren haben, schlagen können.

Bevor ich auf (a) eingehe, möchte ich zunächst (b) näher betrachten. Das Wort „Aussage" mit einer Wellenlinie bezieht sich in der Tat auf die Aussage des Physikers in (a), sprich, (W100). Es muss aber in (b), so wie ich die von Wittgenstein gezogene Wellenlinie verstehe, nicht unbedingt als eine Aussage noch ein Aussprechen noch „statement" – obwohl Moyal-Sharrock dies hervorhebt[15] – etc., sondern kann einfach grob als ein Satz verstanden werden. In (b) thematisiert Wittgenstein die Frage, wie es aussähe, wenn solch ein sicherer Satz wie (W100) in Zweifel gezogen würde. Diesen (W100) könnte z. B. ein „primitives" Volk, das statt des Physikers eher ein Orakel befragen oder sich nach einer Feuerprobe richten wollte, vielleicht als Aberglauben ansehen und ihm misstrauen (vgl. die

---

[15] Moyal-Sharrock, D. (2004a), S. 194 und 233 (Fn.18). Ob (W100) eine Aussage oder etwas anderes ist, interessiert vielleicht eigens diejenigen, die sozusagen Formen dessen unterscheiden wollen, über was man sich sicher ist, so wie sie folgendes sagen wollen: „Wittgenstein's view here is pluralistic: certainties may take the form of action (OC §204), dispositions (OC §337), expectations, laws, rules, propositions (OC §608), belief (in the sense of 'faith,' see OC §602), and even 'unconditional truth' (OC §604)" (Sandis, C./Tejedor, C. (2017), S. 583). Diese Differenzierung ist aber für die jetzige Diskussion irrelevant.

19.2 Die Annahme, dass man dem Satz ... 311

§§605 und 609). An dieser Stelle peilt Wittgenstein eigens etwa die folgenden drei Fragen an: 1) Was könnte man tun, um (W100) zu entkräften?; 2) Könnte man dafür selbst Versuche anstellen?; 3) Was würden diese Versuche beweisen?

19.2.2 Die Notwendigkeit eines Systems für das Beweisen und das Entkräften

Wittgensteins Antworten laufen auf das Folgende hinaus: Die selbst angestellten Versuche würden in diesem Fall nichts beweisen, weshalb sie dafür nicht ausreichen würden, (W100) zu entkräften. Der Grund hierfür klärt sich schön in §603. Hier ist ein Zitat seines ersten Abschnitts:

> 603. Man lehrt mich, daß unter *solchen* Umständen *dies* geschieht. Man hat es herausgefunden, indem man den Versuch ein paarmal gemacht hat. Das alles würde uns freilich nichts beweisen, wenn nicht rund um diese Erfahrung andere lägen, die mit ihr ein System bilden. So hat man nicht nur Fallversuche gemacht, sondern auch Versuche über den Luftwiderstand, u. a. m.

Im ersten Satz sind mit dem Satz „*Dies* geschieht unter *solchen* Umständen" wohl regelmäßige Naturtatsachen gemeint. Es wird dann aufgrund der Wörter „Fallversuche" und „Luftwiderstand" nahegelegt, dass Wittgenstein zu ihnen z. B. die physikalische Tatsache zählt, dass die Geschwindigkeit des fallenden Körpers bei einem Fall in Erdnähe ohne Luftwiderstand um 9,81 m/s pro Sekunde zunimmt. Zu dieser Tatsache ist man natürlich nicht nur durch Fallversuche eines Körpers, sondern auch durch andere Versuche, z. B. über den Luftwiderstand gelangt. Alle diese Versuche sind im – Newtonschen – physikalischen System verbunden oder bilden das System zusammen mit anderen Versuchen bzw. Erfahrungen. Mit anderen Worten: Sie ergeben innerhalb des vorliegenden Systems im Zusammenhang mit den um sie herumliegenden Versuchen und Erfahrungen Sinn. Wenn sie daher losgelöst von diesen anderen Versuchen sowie vom System gemacht würden und von ihnen isoliert wären, könnten sie weder im System als Prüfung wirken noch sogar in Gebrauch sein. Dies geht nämlich mit der Idee in §105: „Alle Prüfung, alles Bekräften [sic: Bekräftigen bzw. Bestätigen] und Entkräften einer Annahme geschieht schon innerhalb eines Systems" gut einher.

Vom Kontext her gilt diese Idee in §105 auch beim (W100). In unserem Darstellungssystem des Wärmegrades spielt (W100) oder die Bestimmung des Siedepunkts von Wasser als „100 °C" eine zentrale Rolle. Bei der Maßeinheit des Grades Celsius und der Celsius-Skala kann man z. B. sinnvoll sagen, dass

Ethanol bei ca. 78,3 °C siedet, oder dass Methanol bei ca. 64,7 °C siedet. Alle diese Sätze bilden zusammen unser Darstellungssystem und sind darin miteinander verbunden. Wenn man jedoch das Celsius-System beibehält und trotzdem versucht, nur (W100) zu entkräften, dann gilt dieser Versuch nicht als Prüfung in diesem System, beweist also darin nichts. Denn rund um ihn oder in seiner Umgebung liegen keine anderen Erfahrungen, die für das System konstitutiv sind. Ein bloßes Misstrauen gegen (W100) ist von unserem alltäglichen Handlungssystem abgekoppelt und könnte ihn insofern nicht entkräften. Im System könnte man vielleicht höchstens nur von seinem Bewähren so reden, dass sich sein Vertrauen in unserem System durch unsere alltäglichen Erfahrungen bewährt hat, so wie der zweite Abschnitt des 603 dies andeutet.

Soweit ist klar, dass (W100) sozusagen durch einen punktuellen Zweifel z. B. von einem Volk, das sich nicht auf unser System stützt, in unserem System nicht zu entkräften ist und allein bei solchen Zweifeln weiterhin unverrückbar feststeht. Denn um generell eine Annahme beweisen oder entkräften zu können, muss man gemäß §105 das, was innerhalb eines vorliegenden Sprachspiels als ‚Beweise‘ oder ‚Entkräftung‘ gilt, aufführen können. Die oben gestellten Fragen: 1) „Was könnte man tun, um (W100) zu entkräften?“; 2) „Könnte man dafür selbst Versuche anstellen?“; 3) „Was würden diese Versuche beweisen?“ lassen sich dann in der Weise beantworten: Um (W100) zu entkräften, könnte man lediglich solche Versuche anstellen, die innerhalb des vorliegenden Sprachspiels als ‚Entkräftung‘ gegen (W100) gälten, egal ob man sie selbst anstellte oder nicht, und diese Versuche würden in diesem Sprachspiel beweisen, dass (W100) falsch wäre. Wer unser Sprachspiel spielt, kann jedoch weder diese Versuche anstellen noch dadurch beweisen, dass (W100) falsch sei, weil diese Versuche in unserem Sprachspiel anderen Erfahrungen und Versuchen schlicht widersprechen und dann weder als ‚Beweis‘ noch als ‚Entkräftung‘ gelten. Das Sprachspiel, in dem man (W100) mit Recht misstrauen könnte, könnte also nicht unser alltägliches Sprachspiel sein, sondern z. B. ein anderes ausgereiftes physikalisches System oder das Sprachspiel einer Feuerprobe (§605) bzw. eines Orakels (§608). Unabhängig davon, wie das Sprachspiel aussieht, zählt es aber weder zur Entkräftung noch zum Beweis, von dem System losgelöst Versuche anzustellen.

In (a) bringt Wittgenstein dann die Szene ins Spiel, in der (W100) in einem Gerichtssaal, in dem gefragt würde, ob (W100) oder ähnliche Sätze wahr sind, unbedingt als Wahrheit angenommen würde. Wie ist aber dieses „unbedingt“ zu verstehen? Was wir bzgl. des (b) oben gesehen haben, scheint mir ausreichend darzulegen, warum ein bloß punktueller Zweifel nichts beweist, aber nicht zu

19.3 Die Wahrheit Moorescher Sätze ohne Bedingung   313

zeigen, warum (W100) „unbedingt wahr" sein soll. Ich interpretiere dieses „unbedingt" eher in Anknüpfung an §607, den man auf das dortige Wort „Richter"
hin in einen Zusammenhang mit dem „Gerichtssaal" in §604 bringen könnte.

19.3   Die Wahrheit Moorescher Sätze ohne Bedingung

Zu §607 (MS176, 73r)

> Der Richter könnte ja sagen "Das ist die Wahrheit, – soweit ein Mensch sie erkennen
> kann." – Aber was würde dieser Zusatz leisten? ("beyond all reasonable doubt")

19.3.1 Die „R-Bedingung" und zwei Fälle

Der Zusatz in der Aussage des Richters bringt, wenn man es so nennen will, eine
Art Bedingung mit sich, unter der gegebene Sätze, die hier mit „das" gemeint
werden, wahr sind (fortan „R-Bedingung"). Und Wittgenstein fragt sich, was sie
leisten würde. Meines Erachtens sind passende Antworten darauf von Fall zu Fall
unterschiedlich. Betrachten wir zunächst die folgenden zwei Fälle.

Zum einen kann man sich übliche Gerichtsverfahren vorstellen, in denen z. B.
beurteilt wird, ob eine Person A ein Verbrechen begangen hat. Und man denke
nun daran, dass der Satz (AS): „A hat eine Straftat verübt" in Frage kommt und
dieser Verdacht vor Gericht gebracht wird. In diesem Fall hat die R-Bedingung
eine beträchtliche Auswirkung auf das Verurteilen. Man könnte sie nämlich so
verstehen, dass es wahr ist, soweit Zeugnisse – ein Zeuge, eine Überwachungskamera, etc. – vorhanden sind, und somit erkennbar ist, dass A ein Straftäter
ist. Durch solche zwingenden Zeugnisse kann man (AS) nachweisen und daraus
schlussfolgern, dass (AS) wahr ist. Dieses Verfahren ist sicherlich eine normale
Vorgehensweise vor Gericht, und in diesem Fall ist der Zusatz des Richters
sinnvoll. *Mehr* darf man nicht verlangen.

Zum anderen kann man sich weiterhin solche Fälle denken, in denen jemand
alle Zeugnisse sowie den durch sie geradezu bewiesenen (AS) – endlos – bezweifeln wollte und letztlich vielleicht etwa auf kindische Weise auf den Vorwurf
käme, ein Doppelgänger von A habe jene Straftat begangen. Man könnte solche
Menschen, die an allem zu zweifeln versuchen, mit Wittgenstein „unvernünftig"

nennen.[16] Obwohl man ihren Zweifel nicht ernstnehmen müsste, könnte man ihn in der Tat strenggenommen durch irgendeine Überzeugung ebenso wenig zurückweisen wie den König in §92 oder den wilden Volksstamm in §264. Und bloß aus der extrem skeptischen Perspektive, dass selbst die normalerweise offensichtlichen Zeugnisse als ungültig angesehen werden sollen, könnte man weder nachweisen noch erkennen, dass A der Straftäter ist. Alleine von diesem Standpunkt könnte nämlich die R-Bedingung nicht erfüllt werden. Wie sähe es dann aus, wenn es in unserem Gerichtssaal nur solche Menschen gäbe, die behaupten würden, (AS) nicht zu erkennen? Aus der R-Bedingung müsste folgen, dass (AS) nicht für wahr gehalten werden könnte, was aber für uns *absurd* wäre. Wie sollte solch ein Zweifel behandelt werden?

19.3.2 »beyond all reasonable doubt«

Betrachten wir nun den in Klammern gesetzten Ausdruck „»beyond all reasonable doubt«". Diesen Ausdruck o.ä. schreibt Wittgenstein nicht nur in diesem §607, sondern auch an ein paar anderen Stellen mit Bezug auf „unvernünftige Zweifel" auf Englisch hin (§416; LS II, S. 80; vgl. auch §299).[17] Es gibt, so denke ich, gewisse Gründe, warum er den englischen Ausdruck verwendet, obwohl Kober ohne auf diesen Punkt einzugehen lediglich erwähnt: „sie [= einige der Urteile] bleiben (zumindest zunächst einmal) einem Zweifel entzogen und fungieren insofern als ‚certain beyond all reasonable doubt'"[18]. Meines Erachtens greift Wittgenstein sicherlich auf den juristischen Terminus „Reasonable Doubts" oder dessen abgekürzte Form „BRD" in den angelsächsischen Gesetzen, der von den Worten „We are satisfied beyond a reasonable doubt" herrührt, zurück. Dieses BRD-Prinzip bezeichnet sich als den Evidenzstandard, gemäß dem ein Angeklagter, grob gesagt, als schuldig behandelt wird, sofern Zweifel an seiner Schuld nicht als „vernünftig", folglich nicht als geltende Evidenz angesehen werden, auch wenn noch Raum für Zweifelsmöglichkeiten besteht. Nach diesem Prinzip

---

[16] Wittgenstein gebraucht in diesem Sinne häufig in ÜG das Wort „vernünftig". Siehe die §§19, 108, 219 f., 252, 254, 261, 323–7, 334, 336, 452 ff., 556 f. und 559.

[17] Interessant ist, dass auch Russell im Hinblick auf unser Wissen einmal einen ähnlichen Ausdruck verwendet: „In this case, what we really know beyond reasonable doubt is that certain men, A, B, C, were mortal, since, in fact, they have died." (Russell, B. (1914/2001), S. 44.)

[18] Kober, M. (1993), S. 173; vgl. auch Kober, M. (1996), S. 422. An beiden Stellen verweist Kober nicht nur auf §416 und 607, in denen der genannte englische Ausdruck vorkommt, sondern auch auf §380, aber der Grund ist mir unklar, weil §380 ihn nicht enthält.

19.3 Die Wahrheit Moorescher Sätze ohne Bedingung 315

wird zwar nicht geleugnet, dass man in der Tat „absurde" Zweifel endlos aufwerfen kann, aber lediglich festgesetzt, dass der Gerichtssaal einfach keinen Raum für solche „unvernünftigen" Zweifel (*„unreasonable doubts"*), z. B. ob ein Doppelgänger ein Verbrechen begangen hat, zulässt. Dieses juristische Prinzip wurde bereits im späten 18. Jahrhundert in die Englischen Gesetze, *Common-Law*, eingeführt. Nicht allein aus dem Grund, dass Wittgenstein lange in England gelebt hat, ist es eigentlich nicht verwunderlich, dass er es zur Kenntnis nahm.

Nach diesem BRD-Prinzip erkennt man das obige ‚Doppelgänger-Argument' nicht für Recht, weil es unter normalen Umständen für „unvernünftig" gehalten wird, obwohl man es zugleich, wie gesagt, strenggenommen nicht leugnen kann. Wie ist aber sein Zusammenhang mit der R-Bedingung: „soweit ein Mensch die Wahrheit erkennen kann" zu verstehen? – Um mit diesem Zusammenhang, also auch dem ganzen §607 zurechtzukommen, ist es meines Erachtens nötig, einzusehen, dass das BRD-Prinzip eigentlich nicht ablehnt, dass es andere Sprachspiele gibt, in denen man „unvernünftige Zweifel" anmeldet. Hier könnte man sich also diejenigen vorstellen, die mit dem ‚Doppelgänger-Argument' (AS) bezweifeln und nicht erkennen wollten. Dabei muss aber dann die R-Bedingung eigentlich wegfallen, weil (AS) ihr zufolge unter diesen Leuten nicht als wahr gewertet werden könnte, aber (AS) ungeachtet dieses Urteils in unserem Sprachspiel nach wie vor wahr bleibt. So gesehen kann man das BRD-Prinzip auch als Zurückweisung der R-Bedingung ansehen.

19.3.3 Der Zusammenhang zwischen den §§604 und 607

In §607 will Wittgenstein natürlich nicht nur eine juristische Geschichte erzählen, sondern, so scheint mir, eine Verbindung zwischen diesem juristischen Szenario und dem §604 schlagen. Und was oben gesehen wurde, gilt auch bei Mooreschen Sätzen, die in unserem Sprachspiel unverrückbar feststehen, während auch der Satz (W100): „Wasser kocht bei ca. 100 °C" im vorliegenden Kontext angesichts der genannten logischen Rolle als dazugehörend zu betrachten ist. Wie im Falle des BRD-Prinzips könnte man sich hier auch andere Sprachspiele vorstellen, in denen man, wie in §609 genannt, „statt des Physikers etwa ein Orakel" befragen und nach dem Orakel Mooresche Sätze bezweifeln würde. Wenn es vor allem allein um experimentelle Sätze wie (W100) geht, könnte man sogar an ihnen in der Weise zweifeln, dass man weder nachweisen noch erkennen könnte, dass Wasser immer auch in Zukunft bei ca. 100 °C kocht, weil es keinen direkten Zugang zu den künftigen Tatsachen gibt. Und man kann auch einige Mooresche

Sätze nicht unmittelbar erkennen, sondern weist eher sozusagen auf indirekte historische Dokumente hin, z. B. dass die Erde in den letzten 100 Jahren existiert hat (vgl. §138), wobei in anderen Sprachspielen doch gezweifelt werden könnte, ob diese Dokumente wirklich zuverlässig sind. Zu diesen Mooreschen Sätzen lassen sich auch solche Weltbild-Sätze wie „Dieser Tisch bleibt hier stehen, wenn niemand auf ihn achtgibt" (§163) zählen, wobei niemand unter der Annahme dieses Satzes den genannten Tisch wesentlich erkennen kann.[19] Aus Sicht dieser anderen Sprachspiele könnte dann wiederum die R-Bedingung nicht erfüllt werden. Dies heißt aber nicht, dass unsere Mooreschen Sätze für nicht wahr gehalten werden sollen, sondern vielmehr, dass sie ungeachtet der R-Bedingung wahr sind, obwohl es andere Sprachspiele, die sich unserem Sprachspiel entgegensetzen, geben kann. Mit anderen Worten: Das BRD-Prinzip besagt nur, dass gewisse Zweifel in unserer Gerichtssprache als „unvernünftige Zweifel" ungültig sind, und nicht, dass andere Sprachspiele abgelehnt werden sollen.

In dieser Hinsicht verstehe ich den Ausdruck „unbedingt als Wahrheit annehmen" in §604 wie folgt: Mooresche Sätze wie (W100) fallen in unseren Sprachspielen nicht unter irgendeine Bedingung, die mit „soweit" oder „sofern" bezeichnet wird, sondern sind über solch eine Bedingung hinausgehend, sprich, unbedingt wahr.[20] Hierbei muss man aber natürlich zwischen Fällen kontingenter Sätze und Fällen Moorescher Sätze genau unterscheiden. Im Spiel ist in den §§604 und 607 geradezu solch ein juristisches Szenario, das darauf Anspruch erhebt, durch die Angabe triftiger Evidenz sowie Gründe darzulegen, dass ein gegebener Satz wahr ist. Unter diesen Umständen lassen sich zwar Mooresche Sätze in unserem Sprachspiel ohne Bedingung als wahr bezeichnen, aber solche Bedingungen wie der Zusatz in §607 „soweit ein Mensch die Wahrheit erkennen kann" können im Falle kontingenter Sätze, die zu begründen sind, wohl gelten.[21] Der im §483 genannte kontingente Satz „N.N. war gestern zu Hause" lässt sich z. B. so beschreiben, dass er im gegebenen Gerichtssaal wahr ist, weil

---

[19] Zu Weltbild-Sätzen, siehe Kap. 3.

[20] Der Ausdruck „unbedingt wahr" weist hier also nicht auf denselben Punkt hin wie in §403 (sowie §425), dem zufolge ein Moorescher Satz nur insofern die Wahrheit ist, als er „eine unwankende Grundlage" der Sprachspiele ist. Genaueres dazu, siehe Kap. 13 und 14.

[21] Über den Zusatz in §607 erwähnt Ellenbogen z. B.: „Once we have said 'That is the truth,' there is no point in adding the qualifier, 'so far as a human being can know it.' What makes it correct to predicate 'is true' of a statement is our normative agreement on the grounds on which we are willing to affirm our statements". Im Falle kontingenter Sätze ist es doch, wie mir scheint, z. B. im genannten juristischen Szenario nicht unbedingt müßig, bestimmte Bedingungen, die z. B. der Zusatz in §607 zum Ausdruck bringt, hinzuzufügen, wobei Ellenbogen zwischen Fällen kontingenter Sätze und Fällen Moorescher Sätze nicht explizit unterscheidet.

19.3 Die Wahrheit Moorescher Sätze ohne Bedingung   317

er die Bedingung erfüllt, dass ein Mensch diese Wahrheit erkannt hat, wobei dies zugleich als guter Grund für sie gilt. Im Gegensatz dazu müssen Mooresche Sätze keine solche Bedingung, die als Grund für ihre Wahrheit gelten soll, erfüllen, weil ihre Wahrheit im Sprachspiel im Wesentlichen nicht sinnvoll zu begründen ist. Hierfür spielt es demnach eigentlich keine Rolle, ob es um juristische Szenarien o.ä. geht, wo es prinzipiell erforderlich sein soll, triftige Evidenz bzw. Gründe anzuführen, um gegebene Sätze als wahr aufzuzeigen.

Schluss

Im Folgenden werde ich erstens die für den Wahrheitsbegriff wichtigen Ergebnisse dieser Arbeit zusammenfassend und übersichtlich darstellen, und zweitens mit diesen Ergebnissen abschließend auf die für Wahrheitstheorien relevante Frage eingehen: Ist Wittgenstein ein Deflationist der Wahrheit?

Zusammenfassung der Ergebnisse dieser Arbeit

– *Die Wahrheit kontingenter Sätze und die Versicherung mit „Ich weiß" (Kap. 1, 11 & 14)*

Nach Wittgenstein lassen sich zwei verschiedene Gebrauchsweisen von „Ich weiß" grob unterscheiden. Eine Verwendung von „Ich weiß" bezieht sich auf Mooresche Sätze, die im Sprachspiel bzw. Sprachsystem unverrückbar feststehen, und der Ausdruck „Ich weiß, dass p" wird hier im *logischen* Sinn oder zur Verstärkung von p gebraucht. Er bedeutet dabei etwa, „Ich *kann* mich in p nicht irren" oder einfach „p! Und das ist keine bloße Vermutung". Im Gegensatz dazu sagt man im Sinne der Versicherung, „Ich weiß, dass p", um jemandem zu zeigen, dass man Wissen im Hinblick auf kontingente Sätze besitzt, und dieser Gebrauch bedeutet dann so viel wie „Ich bin sicher".

Der richtige Gebrauch von „Ich weiß, dass p" im Sinne von „Ich bin sicher" hat die folgenden drei Bedingungen. Erstens muss es *logisch*, sprich, im Sprachspiel möglich sein, die Wahrheit von p durch angemessene Methoden zu zeigen. Zweitens muss es im Hinblick auf p die Möglichkeit des Sich-Überzeugens geben, damit man sich davon *epistemisch* durch Gründe, Evidenz, Beweise, etc. überzeugen kann, dass man weiß, dass p. Drittens muss man bei diesem

---

© Der/die Herausgeber bzw. der/die Autor(en), exklusiv lizenziert an Springer-Verlag GmbH, DE, ein Teil von Springer Nature 2022
S. Hashimoto, *Der Wahrheitsbegriff in Über Gewißheit*,
https://doi.org/10.1007/978-3-662-65684-6

319

Gebrauch von „Ich weiß" zusätzliche triftige Gründe für dieses Wissen anführen können, und die anzugebenden Gründe für p müssen sicherer sein als p selbst. Diese Bedingungen erfüllen keine Mooreschen Sätze, sondern vielmehr kontingente Sätze, die *epistemisch* sinnvoll zu begründen sind. Ihre Wahrheit ist im Wesentlichen sinnvoll begründbar.

– *Die Rolle des Wortes „wahr" in Verbindung mit dem Wort „Irrtum" (Kap. 2 & 5)*

Das Wort „wahr" spielt in unserem Sprachspiel eine effiziente Rolle für Prüfverfahren: Wenn man einen Satz p einmal als wahr deklariert hat, dann kann man seine Wahrheit als gegeben ansehen und ihn weiterhin anwenden, ohne ihn erneut prüfen oder korrigieren zu müssen, sofern p sich nicht als falsch erweist. Insofern kann p innerhalb des Sprachspiels keinen Irrtum darstellen.

In Ansehung der Tatsache, dass es für den ‚Irrtum' charakteristisch ist, dass man ihn korrigieren kann, um den Irrenden zur Wahrheit zu führen, lässt sich die Rolle des Wahrheitsbegriffs auch wie folgt beschreiben: Der Wahrheitsbegriff ermöglicht uns, einen gewissen falschen korrigierbaren Glauben als „Irrtum" zu bezeichnen. Da die Korrektur eines Irrtums sich an der „Wahrheit" orientiert, benötigt man dazu im Vorhinein den Wahrheitsbegriff. Kurz gesagt: Es gibt logisch keinen Irrtum, wo es an Wahrheit fehlt.

– *Die Wahrheit Moorescher Sätze (Kap. 2, 5–10 & 12–19)*

Im Gegensatz zu den Lesarten, dass Mooresche Sätze nicht wahr oder höchstens im minimalen Sinn wahr seien, weil sie unbegründet, *nichtpropositional* – nicht in Form von ‚Glaube', ‚Sätzen', ‚Wissen', etc. – oder nicht deskriptiv, sondern normativ seien, nehme ich vor allem die §§83 und 403 so ernst, dass ich sie als wahr auffasse. Als Beispiele betrachten wir nun einfachheitshalber Mooresche Sätze solcher Art, die im Sprachspiel eine besonders fundamentale, grundlegende Rolle spielen, etwa „Die Erde existiert". Dabei ist klar ersichtlich, dass es im vorliegenden Sprachspiel weder die Möglichkeit des Irrtums noch passende Gründe/Evidenz für ihre Wahrheit gibt, sondern dass sie darin einfach unverrückbar feststehen. Ihre Wahrheit lässt sich also nicht sinnvoll begründen, sondern im Sprachspiel ohne Rechtfertigungsbedarf als „objektiv gewiß" beschreiben. Diese Grundlosigkeit bleibt auch in solchen Fällen wie in einem Gerichtssaal aufrechterhalten, in denen generell zwingende Gründe anzugeben sind. Selbst in solch einem Sprachspiel des Gerichtssaals werden die Mooreschen Sätze *unbedingt* als wahr bezeichnet, nämlich, ohne irgendeiner begründungsbezogenen Bedingung – z. B., „sofern ein Mensch die Wahrheit erkennen kann" – zu bedürfen. Hierbei gilt also die in §205 dargestellte Idee nicht, dass das Wahre das Begründete sei, während Wittgenstein im MS die dem §205 entsprechende Passage klarerweise gestrichen hat.

Mooresche Sätze stehen jedoch nicht „an sich offenbar oder einleuchtend" (§144) fest, wie Moore und Russell sagen würden, sondern werden mit einer Menge von Dingen, die man als Kind gelernt hat, verbunden und von ihnen festgehalten. M.a.W.: Sie sind nicht isoliert betrachtet selbstverständlich wahr, sondern erst im Zusammenhang mit verschiedenen Dingen/Sätzen/... im Sprachsystem wahr. Sie werden nicht von anderen Sätzen vorausgesetzt, als ruhten sie *einseitig* auf ihnen, sondern sie stützen sich *gegenseitig*.

Mooresche Sätze sind im Sprachsystem nicht nur wahr, sondern haben gewisse Funktionen. Zu Mooreschen Sätzen gehören auch Weltbild-Sätze, die ein Weltbild zum Ausdruck bringen, und sie haben eher einen *methodischen* Charakter. Sie stellen die *Methode* dafür bereit, wie wir die Welt betrachten, und charakterisieren die Art und Weise, wie wir urteilen. Diese Charakterisierung rührt aber nicht von irgendeiner *Interpretation* her, sondern steht eher am Ende der Interpretationen. Übliche Mooresche Sätze wie „Hier sind zwei Hände" haben in unserem Sprachspiel zumindest auch die Funktion, uns dazu zu bringen, dass wir uns auf bestimmte Evidenz wie die Evidenz unserer Sinne, auf die sie verweisen, verlassen, und sie zur Prüfung weiterer anderer Sätze anwenden können.

Der logische – auf Sprachspiele bezogene – Charakter Moorescher Sätze lässt sich auch wie folgt beschreiben: Falls man sich in ihnen irren könnte, wären alle anderen Urteile inklusive der Wahrheitsurteile unsicher. Der Charakter unseres Sprachspiels könnte vor allem dann sogar gänzlich verändert werden, wenn Mooresche Sätze mit dem Grundlagen-Charakter wie „Die Erde existiert" *nicht* wahr wären. Es ist im Sprachspiel Unsinn, unter normalen Umständen anzunehmen, Mooresche Sätze wären nicht wahr, oder man könnte sich in ihnen irren. Unter solchen *müßigen* Annahmen wären, weil die Sicherheit im Sprachspiel in Gefahr geraten würde, weder Methode noch Evidenz dafür vorhanden, bestimmte Begriffe wie „Fehler", „Irrtum", „Korrektur", „wahr" sinnvoll zu gebrauchen.

– Die Wahrheit eines Weltbildes bzw. unseres Handelns (Kap. 3, 8 & 10)

Zu beachten ist nicht nur, dass die Wahrheit Moorescher Sätze mit dem Sprachsystem, in dem sie und andere Sätze verwoben sind, zusammenhängt, sondern auch dass die ‚*propositional*'-‚*nichtpropositionale*' Dichotomie im Falle Moorescher Sätze verschwommen ist. Unter diesem Aspekt ist es hinfällig, zu sagen, dass Weltbilder weder wahr noch falsch sind, weil sie nicht *propositional* sind. Meines Erachtens besteht sogar die Möglichkeit, sie wahr zu nennen, so wie Wittgenstein „unser *Handeln*, welches am Grunde des Sprachspiels liegt" (§204) in §206 als wahr bezeichnet, falls die Weltbilder ebenso nicht *isoliert*, sondern auf ein Sprachsystem bezogen betrachtet werden.

– *Die Fehlbarkeit (Kap. 2, 13, 14, 16 & 18)*

Es ergibt, wie gesehen, keinen Sinn, unter normalen Umständen zu sagen oder anzunehmen, man *könne* sich in Mooreschen Sätzen irren. Die Sicherheit, die man über sie besitzt, ist weder bloß subjektiv noch psychologisch, sondern vielmehr logisch im Sinne als sie sich auf das zugrundeliegende Sprachspiel bezieht. Dies heißt aber nicht, dass man darin unfehlbar ist. Es ist nämlich nicht ausgeschlossen, dass sie sich als falsch entpuppen könnten. Das „Fehlgehen" hat zwar keinen Platz im Sprachspiel, aber könnte regelwidriger Weise geschehen. Und dieses „Fehlgehen" u. a. in Mooreschen Sätzen mit dem Grundlagen-Charakter könnte, wie auch oben gesehen, „den Charakter des Sprachspiels gänzlich verändern" (§646), während im „Revisionsfall" alle anderen Urteile einschließlich Wahrheitsurteile mitgerissen oder verändert würden. Kurzum: Es ist zwar logisch – im vorliegenden Sprachspiel – unmöglich, dass sie sich als falsch erweisen, aber das „Fehlgehen" darin könnte doch geschehen, obwohl es keinen Platz in den Sprachspielen hat.

Allerdings ist dabei auch zu beachten, dass sich einige Mooresche Sätze wie „Wasser kocht bei ca. 100 °C" anders verhalten. Die Sicherheit, die wir über sie haben, ist ohne Zweifel weder bloß subjektiv noch psychologisch. Sie scheinen aber keinen solchen Grundlagen-Charakter wie „Die Erde existiert" zu besitzen. Denn alle anderen Urteile im vorliegenden Sprachspiel müssten, wie mir scheint, nicht unbedingt mitgerissen werden, auch wenn sie falsch wären. Andersherum betrachtet sind sie doch wahr, obwohl sie in diesem strengen Sinn nicht grundlegend sind. Es passt in dieser Hinsicht eher zu solchen Mooreschen Sätzen wie „Die Erde existiert", was in §403 bemerkt wird: „Es ist die Wahrheit nur insofern, als es eine unwankende Grundlage seiner Sprachspiele ist".

So gesehen kann es auch von Sprachspiel zu Sprachspiel unterschiedlich sein, welche Sätze als wahre Mooresche Sätze betrachtet werden. Man kann auch jemanden zu einer anderen Betrachtung – einem anderen Sprachspiel sowie Weltbild – bekehren, aber diese Bekehrung ist nicht immer solch eine Überzeugung, die innerhalb desselben Sprachspiels erfolgt, sondern eher eine *Überredung*, die nichts mit *Epistemischem* wie Begründung oder Evidenz zu tun hat.

Schluss   323

An dieser Stelle findet sich die sprachliche Spannung, dass man innerhalb
des vorliegenden Sprachspiels nicht – im Ernst – sagen oder nicht einmal richtig
annehmen kann, dass Mooresche Sätze darin nicht wahr seien bzw. dass man
sich in ihnen irren könnte, obwohl sie sich außerhalb dessen als falsch erweisen
könnten. M.a.W.: Auch wenn Mooresche Sätze **falsch sein** könnten, ist man im
Sprachspiel eigentlich so völlig sicher, dass man **sagen** könnte, man *könne* sich
darin nicht irren.

– *Unüberbrückbare Klüfte zwischen Tatsachen und unserer Sprachverwendung
(Kap. 13, 15–18)*

Bei unserem Sprachgebrauch finden sich auch andere unüberbrückbare Klüfte.
Obwohl Mooresche Sätze **wahr sind**, ist es ebenso wenig sinnvoll, in alltäglichen Situationen und Gesprächen Mooresche Sätze zu **äußern**, wie mitten im
Gespräch zu sagen, „Grüß Gott". Wenn es um den Ausdruck „Ich weiß" geht,
gerät man auch in die Spannung: Es **ist** zwar in der Tat **wahr**, dass man hinsichtlich Moorescher Sätze über Wissen verfügt, aber es ist so, dass man ihn
nicht durch die Worte „Ich weiß" **ausdrücken** kann, sondern nur den seelischen Zustand, auch wenn man wie Moore – sozusagen philosophierend – die
Worte „Ich weiß" so verwenden will. Diese Äußerungen können unter normalen
Umständen nur dann sinnvoll sein, wenn sie z. B. so interpretiert werden, dass
man die Aussage als Witz macht (§463), beim Aussprechen schwärmt (§465),
beim Aussprechen in einer Trance ist (ebd.), philosophiert (§467), die Aussage
als Ausruf oder als Erklärung der deutschen Grammatik macht (§468), oder sie in
irgendeinem Zusammenhang mit dem Gesprächspartner macht (§469). Eine ähnliche sprachliche Kluft findet sich auch im Falle kontingenter Sätze: Man kann
sinnvoll **sagen**, „Ich weiß, dass p", wenn man sich *sicher* ist und – scheinbar
triftige – Gründe dafür hat, obwohl es **falsch sein** könnte, dass p.
   Wie unsere Logik aussieht, – unser Wissen im Hinblick auf Mooresche Sätze,
ihre Wahrheit – lässt sich außerdem nicht durch bloße sprachliche Erklärungen
wie „Ich weiß", „Ich glaube" beschreiben, sondern ist vielmehr unserer „Praxis
der Sprache" (§501) sowie unseren Handlungen zu entnehmen. M.a.W.: Sie *zeigt*
sich tagtäglich durch Handlungen und auch im Reden, und nicht in der Aussage
„Ich weiß, …" auch im Sinne der ‚logischen Rechtfertigung'.

– *Wahrheitstheorien (Kap. 4, 9 & 19)*

Bei der Rede von den Eigenschaften der Wahrheitstheorien wie „Übereinstimmung" bei der Korrespondenztheorie muss man klar unterscheiden, ob es um

einen *metalogischen* oder normalen Gebrauch geht, und zudem, ob es um Mooresche Sätze oder kontingente Sätze geht. Wenn das Wort „Übereinstimmung" *außersprachlich* oder metalogisch verwendet wird, und dessen Gebrauch im vorliegenden Sprachspiel gar keinen Platz hat, dann findet es keine Anwendung, egal ob es um kontingente Sätze oder Mooresche Sätze geht. Hingegen ist es jedoch wohl anwendbar, wenn in unserem normalen Sprachspiel bereits bestimmt ist, wie wir es gebrauchen.

Im Falle Moorescher Sätze ist aber fraglich, ob es eine richtige und klare Anwendung von „Es stimmt mit der Wirklichkeit überein" gibt, und, wie sie aussieht. Erstens lässt sich diese Übereinstimmung u. a. im Hinblick auf solche Mooreschen Sätze wie „Dieser Tisch verschwindet nicht, wenn ihn niemand betrachtet" (vgl. §214) ihrem Inhalt nach zumindest aus alltäglicher Sicht, wie darin ausgedrückt, von *niemandem* richtig überprüfen. Zweitens ist zweifelhaft, welchen Nutzen dieser Ausdruck im Falle Moorescher Sätze hat. Es fehlt im Alltag am Hintergrund dafür, z. B. den Mooreschen Satz „Die Erde existiert" zu äußern, und diese Äußerung ergibt unter normalen Umständen wegen dieser Unaussprechbarkeit schlicht keinen Sinn. Aus demselben Grund muss es dann ebenso wenig sinnvoll sein, im Alltag zu sagen, „Dass die Erde existiert stimmt mit der Wirklichkeit überein".

Stellen wir uns aber solch einen außergewöhnlichen Fall vor, in dem jemand, der ein von unserem grundverschiedenes Sprachsystem besäße, an unserem Mooreschen Satz „Die Erde existiert" zweifelte und von uns triftige Gründe für dessen Wahrheit verlangte. Da wäre in der Tat ein angemessener Hintergrund dafür eingezeichnet worden, nicht nur ihn auszusprechen, sondern zu erwartende Gründe anzuführen. Allerdings könnten jegliche Gründe, die in unserem Sprachspiel als gute Evidenz gelten, keineswegs für diejenigen, die daran gänzlich zweifelten, überzeugend sein. So gesehen würde es auch nichts nutzen, ihnen gegenüber zu äußern, „Dass die Erde existiert stimmt mit der Wirklichkeit überein", um den Mooreschen Satz als wahr zu bezeichnen. Wir sind selbst nicht nach dem Erwerb unseres Sprachspiels mittels der darin verfügbaren Untersuchungsmethode zur Wahrheit Moorescher Sätze gelangt. Wir haben vielmehr das Sprachspiel, für das sie konstitutiv sind, ohne zu hinterfragen gelernt und erworben. Erst dann wird innerhalb des erworbenen Sprachspiels bestimmt, wie da Wörter wie „Übereinstimmung", „untersuchen" gebraucht werden.

Hingegen kann man im Falle kontingenter Sätze sinnvolle und korrekte Verwendungen der Wörter wie „Übereinstimmung" wohl finden. In solchen Situationen wie im Gerichtssaal, in denen Gründe für gegebene Sätze verlangt werden, hat es ohne Zweifel guten Nutzen, das Wort „Übereinstimmung" als Evidenz zu

Schluss 325

gebrauchen, um zu rechtfertigen, dass sie wahr sind. Denn zu solchen Sprachspielen wie dem Sprachspiel des Gerichtssaals passt eigentlich die Beschreibung kontingenter Sätze, dass das Begründete als das Wahre gilt, oder auch, wie im Nebensatz des §205 ausgedrückt, dass das Wahre das Begründete ist. Auf kontingente Sätze lassen sich dann eigentlich nicht nur das Wort „Übereinstimmung", sondern auch verschiedene Wörter wie „nützlich/kohärent/konsensual/…, von denen die Wahrheitstheoretiker reden wollen, sinnvollerweise anwenden, wenn ihr Gebrauch im Sprachspiel klar ist.

An dieser Stelle könnten sich die Fragen stellen, ob Wittgenstein ein Relativist ist, der sagen will, dass was wahr ist, relativ zu Sprachsystemen ist und dass es keine objektive Wahrheit gibt. Beim Gebrauch der Wörter „objektiv" und „relativ" ist wiederum zwischen metalogischem und normalem Gebrauch genau zu unterscheiden. Es ist ein normaler Gebrauch, wenn man auf ein System bezogen sagt, ob was wahr ist, relativ zu Systemen ist, während es ein metalogischer Gebrauch ist, wenn man auf kein System bezogen von „objektiv/relativ wahr" spricht. Wegen dieser sogenannten ‚Systemlosigkeit' ist beim metalogischen Gebrauch nicht bestimmt, wie die Wörter wie „objektiv", „relativ wahr" im vorliegenden Sprachspiel gebraucht werden, und, was darin als „Argument" – „Prüfung", „Bekräftigen/Bestätigen", „Entkräften" „Beweisen", etc. – gilt, wobei dies erst im Sprachsystem bestimmt wird. M.a.W.: Man kann erst mit der Bestimmung des Sprachgebrauchs innerhalb des Sprachsystems richtig argumentieren, und darin haben Wörter und Ausdrücke Sinn. So gesehen ist es eigentlich eine ungültige metalogische Aussage, wenn man mit philosophischer Absicht trachtet, über alle Sprachsysteme hinausgehend zu sagen, dass was wahr ist, relativ zu Sprachsystemen wahr sei oder objektiv wahr sei, um diese philosophische These allgemeingültig aufzustellen. Es ist ebenfalls eine metalogische philosophische Äußerung, ähnlich zu sagen, dass es hinter allen Sprachspielen die *physikalische* Möglichkeit dafür gebe, dass das ganze Sprachspiel und Mooresche Sätze revidiert werden, um Wittgenstein eine Art Fallibilismus zuzuschreiben. Wenn man dabei ein philosophisches System aufbaute, um eine relativistische/antirelativistische These o. ä. gelten zu lassen, dann müsste sie *nur* relativ zu diesem System gültig sein, wobei dies ihrer Allgemeingültigkeit, sprich, der über *alle* Sprachsysteme hinausgehenden Gültigkeit schlicht widerspräche. Wenn also die relativistische These unsystematisch ist, hat sie keinen Sinn, und wenn sie systematisch ist, lässt sich ein Widerspruch aus ihr ableiten.

– *Eine tabellarische Übersicht über die Wahrheit Moorescher und kontingenter Sätze*

Im Folgenden soll wegen der Übersichtlichkeit in einer Liste veranschaulicht werden, wie der Wahrheitsbegriff nicht nur im Falle Moorescher Sätze, sondern auch im Falle kontingenter Sätze aussieht. In ÜG werden einige Punkte vor allem über den Wahrheitsbegriff im Hinblick auf kontingente Sätze nicht explizit erläutert, aber sie lassen sich im Kontrast zu Mooreschen Sätzen meines Erachtens wohl ergänzen.

Unterschiede im Hinblick auf Wahrheit

Mooresche Sätze	Kontingente Sätze
Mooresche Sätze stehen im Zusammenhang mit einer Unmenge von Dingen im Sprachsystem unhinterfragt als wahr fest. Dies gilt auch in solchen Fällen wie im Gerichtssaal, in denen prinzipiell Gründe verlangt werden. (z. B. §§144/153 und 604)	Die Wahrheit ist im Sprachspiel *epistemisch* – durch Evidenz, Beweise, etc. – sinnvoll begründbar. In gewissen Sprachspielen, z. B., im Sprachspiel des Gerichtssaals kann das Begründete als das Wahre festgelegt werden. (§§21, 205 und 243)
Die Wahrheit basiert auf keiner Interpretation. (§145)	Die Wahrheit kann auf Interpretationen basieren.
Die Wahrheit wird von anderen Sätzen nicht vorausgesetzt, als ruhten sie auf ihr *einseitig*. (§§153 und 162 f.)	Die Wahrheit kann zur Prüfung anderer kontingenten Sätze vorausgesetzt werden.
Es ist Unsinn, – im Ernst – zu sagen oder anzunehmen, dass Mooresche Sätze nicht wahr sind oder dass man sich in ihnen irren kann. Sonst wäre im Extremfall nichts – weder Methoden noch Evidenz, etc. – zu trauen. (z. B. §§300–305).	Auch wenn man annimmt, dass kontingente Sätze nicht wahr sind oder dass man sich in ihrer Wahrheit irren kann, werden dabei offensichtlich weder Sicherheit noch Methoden noch Evidenz im Sprachspiel gefährdet.
Es hat unter normalen Umständen keinen Sinn, Mooresche Sätze zu äußern, obwohl sie wahr sind bzw. dass man es weiß. (z. B. §§464 und 466)	Auch unter normalen Umständen lassen sich Zusammenhänge finden, in denen man sinnvoll äußern kann, dass kontingente Sätze wahr sind bzw. dass man es weiß.
Was als wahrer Moorescher Satz im vorliegenden Sprachspiel feststeht und dass wer es spielt, dies weiß, zeigt sich nicht in sprachlichen Ausdrücken, sondern in der Praxis der Sprache und in den Handlungen (z. B. §§395, 426 und 501)	Es lässt sich durch die Angabe triftiger Gründe sprachlich erörtern, dass kontingente Sätze im vorliegenden Sprachspiel – etwa des Gerichtshofs – wahr sind und dass man es weiß. (§§21 und 243)
Als Evidenz für die Wahrheit gilt keine Rede von „mit Tatsachen übereinstimmen", „kohärent", „konsensual", etc. (§§197, 199 f., 191/203 und 214 f.	Man kann die Ausdrücke „mit Tatsachen übereinstimmen", „kohärent", „konsensual", etc. als Hinweis auf die gültige Evidenz für die Wahrheit sinnvoll verwenden.

Schluss 327

Zum Deflationismus

In der Sekundärliteratur ist es nicht ungewöhnlich, dem späten Wittgenstein einen Deflationismus zuzuschreiben.[1] Diese Deutung rührt insbesondere von dem Schema her, das er in PU §136 sowie in BGM I, Anhang III, §6[2] darstellt:

›p‹ ist wahr = p.

Kann man aber allein aus den Bemerkungen in den genannten Paragraphen schlussfolgern, dass Wittgenstein auch in ÜG eine deflationäre Theorie der Wahrheit vertrete? Um der Frage, ob er ein Deflationist ist, gerecht zu werden, muss man meines Erachtens auf die Ergebnisse dieser Arbeit hinsichtlich des Wahrheitsbegriffs achten. Wichtig sind vor allem die folgenden Punkte:

1. Der Gebrauch des Wortes „wahr" ist im alltäglichen Sprachgebrauch vielfältig.
2. Es ist zwischen dem metalogischen und dem normalen Gebrauch des Ausdrucks und zwischen Mooreschen und kontingenten Sätzen zu unterscheiden.
3. Es ist unter normalen Umständen Unsinn, Mooresche Sätze zu äußern, es sei denn, dass man diese Äußerung als Witz meint, dabei bloß philosophiert, die deutsche Sprache unterrichtet, etc.
4. Wahrheitstheoretische Erläuterungen nützen im Falle Moorescher Sätze nichts. Denn wie unsere Logik aussieht, – unser Wissen im Hinblick auf sie, ihre Wahrheit – lässt sich nicht durch bloße sprachliche Ausdrücke beschreiben, sondern ist vielmehr unserer Praxis des Sprachgebrauchs im Verbund mit unseren Handlungen zu entnehmen.

Angesichts dieser Punkte möchte ich nun erwägen, inwiefern es sich sagen lässt, dass Wittgenstein ein Deflationist ist.

1. Ist bei deflationären Theorien bestimmt, wie man „›p‹ ist wahr = p" gebraucht ?
Die Interpreten, die dem späten Wittgenstein einen Deflationismus zuschreiben, behaupten auch, dass Wittgenstein dabei eine Haltung gegen die metaphysische *Essenz* vertrete, die Sätze sozusagen *wahrmacht*, um andere Wahrheitstheorien

---

[1] Es gibt zahlreiche Sekundärliteratur, die diese Lesart anbietet. Siehe z. B. Glock, H.-j. (1996), S. 366 f.; Glock, H.-j. (2004a), S. 19–22; Hamilton, A. (2014), S. 114.
[2] BGM, S. 117.

328   Schluss

wie die Korrespondenztheorie zurückzuweisen.[3] Und im Gegensatz zu anderen
Wahrheitstheorien sieht das deflationistische Schema eigentlich sehr simpel aus.
Mir scheint jedoch, dass es nicht nur auf verschiedene Weisen gedeutet werden kann, sondern auch in bestimmten Fällen keine klare Anwendung hat, wie
wir unten sehen werden. Dasselbe Schema wird in der Tat in verschiedenen Formen – als ‚Redundanztheorie‘, ‚Disquotationstheorie‘, ‚Minimalistische Theorie‘,
‚Performative Theorie‘, ‚Prosententiale Theorie‘, etc. – aufgefasst. Unabhängig
davon, wie das Schema beschrieben wird, bleibt uns nur sein *metalogischer*
Gebrauch, wenn seine Anwendung im Sprachspiel nicht klar ist. Wenn nicht
bestimmt ist, wie man dieses Schema gebraucht, dann lässt sich dieser *metalogische* Ausdruck von „›p‹ ist wahr = p" weder bei Mooreschen Sätzen noch
bei kontingenten Sätzen verwenden. Wenn wir mit dem Schema „›p‹ ist wahr =
p" nichts anzufangen wissen, ist es sozusagen nur ein ‚leerlaufendes Rad‘, mit
dem sich nichts in unserer Sprache mitbewegt.[4]

2. Ein Beispiel von Wittgensteins Gebrauchsweise

Wie wir oben gesehen haben, findet sich das deflationistische Schema in den
Bemerkungen in PU §136 und in BGM I, Anhang III, §6. Zu beachten ist aber,
dass es hierzu verschiedenen Vorgängerversionen in Wittgensteins *Nachlass* gibt,
und, dass vor allem die jüngste Version der Passage in PU §136 im MS 142, also,
bereits so früh wie ungefähr 1936 zu finden ist.[5] Wie gebraucht Wittgenstein aber
dieses Schema? Betrachten wir nun, was er in diesem Zeitraum darüber erzählt.
    Im MS113 aus dem Jahre 1932 schreibt Wittgenstein z. B.: „‚p ist wahr‘ sagt
dasselbe wie ‚p‘"[6]. Meines Erachtens erklärt er dies in den 1934–35 gehaltenen
Vorlesungen genauer:

> The words „true" and „false" are two words on which philosophy has turned, and it is
> very important to see that philosophy always turns upon nonsensical questions. Dis-
> cussion of these words is made easier once it is realized that the words „true" and
> „false" can be done always with altogether. Instead of saying „*p* is true" we shall say

---

[3] Siehe z. B. Glock, H.-J. (2004a), S. 22; Hamilton, A. (2014), S. 114.

[4] Siehe dazu Wittgensteins Bemerkung über den Ausdruck „Das Nichts nichtet", die ich in
Kap. 4 zitierte (VW, S. 72). Zum Wort „leerlaufen", siehe auch PU §§88, 132 und 507.

[5] Wittgenstein diskutiert das Schema: „‚p‘ ist wahr = p" selbst bereits in der frühen Phase
seiner Philosophie im Jahr 1914 (TB, S. 97, datiert vom 6.10.14; TB, Anhang II (April 1914),
S. 216) und auch in der späten Phase schon im Jahr 1930 (siehe MS108, 194). Die jüngste
Version der Passage in BGM I, Anhang III, §6 steht im MS118, 108r aus dem Jahre 1937.

[6] MS113, 96r. Siehe auch z. B. TB, S. 97, datiert vom 6.10.14; MS108, 194 (1930); MS154,
31r (1932), etc.

Schluss 329

„*p*", and instead of „p is false", „not-*p*". That is, instead of the notions of *truth* and *falsity*, we use *proposition* and *negation*.[7]

Demzufolge kann man anstelle von „p ist wahr" einfach sagen, „p". Das Schema „›p‹ ist wahr = p" lässt sich unter diesem Aspekt so verstehen, dass es unter gewissen Umständen gleichbedeutend ist, zu sagen, „p ist wahr" und zu sagen, „p", oder anders gesagt, dass man den Ausdruck „p ist wahr" einfach durch „p" ersetzen kann. Wichtig ist es zum jetzigen Ziel natürlich nicht, zu diskutieren, ob Wittgenstein in der Zeit eine Art der Redundanztheorie, dass der Ausdruck „ist wahr" überflüssig ist, vertreten hat, um ihm eine Wahrheitstheorie zuzuschreiben, sondern einzusehen, dass dies *eine* Gebrauchsweise des Ausdrucks „ist wahr" unter seinen vielfältigen möglichen Verwendungen ist.

Zudem findet sich in den Schriften: The Voices of Wittgenstein, die laut dem Herausgeber Gordon Baker aus in den Jahren 1928–1939 geschriebenen Texten bestehen[8], Wittgensteins nennenswerte Bemerkung über die Wahrheit. Dort bringt er ein Gespräch mit demjenigen, der Wahrheitstheorien wie die Korrespondenztheorie vertritt, ins Spiel, um gegen ihn das Schema „›p‹ ist wahr = p" im gerade genannten Sinn zu verteidigen:

Wir würden ihm dann zunächst verschiedene Fragen vorlegen: 'Willst du mit den Worten "p ist wahr" etwas anderes sagen als mit p? Worin sollte denn der Unterschied bestehen? Wann würdest du z. B. den einen Satz aussprechen und wann den andern? Kannst du einen Fall angeben, in welchem du den einen Satz bejahen, den andern verneinen würdest?'. Durch die Antworten, die er gibt, würde ihm allmählich klar werden, dass er mit den Worten 'p ist wahr' auch nicht mehr mitgeteilt hat als mit p, d. h. er würde nun zugeben, dass die Regel besteht 'p ist wahr = p'.[9]

Dieses Zitat legt zwar die Deutung nahe, dass die Antworten auf die gestellten Fragen dafür zu sprechen scheinen, dass beide Ausdrücke „p" und „p ist wahr" *immer* gleichbedeutend seien, aber meines Erachtens sind diese Fragen wichtig für die richtige Anwendung des Schemas. In solchen Fällen, in denen die Bedingungen, die sich in den Fragen zeigen, nicht erfüllt werden, findet es wesentlich keine Anwendung. In der Situation des Gerichtssaals z. B., die nicht selten in ÜG ins Spiel kommt, werden normalerweise Gründe für das verlangt, was wir behaupten und verteidigen wollen. In diesem Sprachspiel des Gerichthofs geht es

---

[7] AWL, S. 106.
[8] VW, S. xvi.
[9] Ebd., S. 492.

geradezu um die Praxis, dass wir bei der Behauptung, ein bestimmter kontingenter Satz sei wahr, eine Begründung für die Behauptung erwarten. Das Schema „‚p' ist wahr = p" reicht uns in diesem Sprachspiel nicht aus. Wenn es noch zu untersuchen ist, ob ein kontingenter Satz p wahr oder falsch ist, dann heißt es nicht das Gleiche, zu sagen, dass p, und zu sagen, dass p wahr ist.[10] In diesem Falle ist es informativer, zu sagen, dass p wahr ist, als einfach zu sagen, dass p. Solch einen ähnlichen Fall nennt bereits auch Frege.[11] In solchen Fällen kann dieses „p ist wahr" eigentlich sehr Verschiedenes bedeuten: Es kann einmal „p stimmt mit den Tatsachen überein", einmal „p ist kohärent", etc. heißen, um dabei zugleich zur Begründung für p dienen zu können. Wenn man trotzdem etwa im Sprachspiel des Gerichthofs das deflationäre Schema gelten lassen will, muss ein kontingenter Satz p in dieser Hinsicht bereits begründet sein und sich als wahr erwiesen haben.

Das Schema „›p‹ ist wahr = p" dient in diesem Fall wohl eigentlich als eine *sprachliche* Beschreibung der Wahrheit eines kontingenten Satzes p. Die Wahrheit von p lässt sich nämlich durch die Aussage von p beschreiben. Dass wir im Falle gewisser kontingenter Sätze anstelle von „p ist wahr" sagen, „p", ist, wie gesagt, *ein* Gebrauch des Schemas „›p‹ ist wahr = p", den Wittgenstein uns in den obigen zwei Zitaten vor Augen führt. Hierbei lässt sich vermuten, dass er diese Gebrauchsweise auch beim Hinschreiben der frühsten Version des §136 in PU aus dem Jahre 1936 im Sinn hatte. Dabei habe ich nicht die Absicht, zu sagen, dass dies der *einzige* Gebrauch dieses Schemas sei, den man nicht nur bei

---

[10] In den 1931 gehaltenen Vorlesungen erwähnt Wittgenstein:
  A proposition is an expression to which the rules of the True and False game apply in a particular way. T and F can only be correctly used as part of a notation for truth-functions, and indeed we could do away with them entirely if we define p as meaning p is true and ~p as p is false [LWL, S. 51 f.].
  Man denke an der jetzigen Stelle eher an die Fälle, in denen es nicht definiert ist, dass „p" heißt: „p ist wahr".

[11] Frege, G. (1918–19), S. 61 f. (nach der Originalpaginierung):
  Beachtenswert ist es auch, daß der Satz „ich rieche Veilchenduft" doch wohl denselben Inhalt hat wie der Satz „es ist wahr, daß ich Veilchenduft rieche". So scheint denn dem Gedanken dadurch nichts hinzugefügt zu werden, daß ich ihm die Eigenschaft der Wahrheit beilege. Und doch! ist es nicht ein großer Erfolg, wenn nach langem Schwanken und mühsamen Untersuchungen der Forscher schließlich sagen kann „was ich vermutet habe, ist wahr"? Die Bedeutung des Wortes „wahr" scheint ganz einzigartig zu sein. Sollten wir es hier mit etwas zu tun haben, was in dem sonst üblichen Sinne gar nicht Eigenschaft genannt werden kann?
  In üblichen Fällen erwähnt Frege aber hingegen: „Ob das Wort ‚wahr' dabei gebraucht wird, ist unerheblich. So erklärt es sich, daß dem Gedanken dadurch nichts hinzugefügt zu werden scheint, daß man ihm die Eigenschaft der Wahrheit beilegt." (Ebd., S. 63).

Schluss 331

Wittgenstein, sondern auch in unserem alltäglichen Sprachgebrauch finden kann. Zu betonen ist, dass dieser Gebrauch ein Beispiel für richtige Verwendungen von „›p‹ ist wahr = p" gibt.

3. Im Falle Moorescher Sätze

Wie sieht es dann im Falle Moorescher Sätze aus? Da sie im Sprachsystem als wahr feststehen, könnte man vielleicht dazu geneigt sein, zu denken, dass das Schema „›p‹ ist wahr = p" im Falle Moorescher Sätze wie (E): „Die Erde existiert" immer gültig sei. Kann man aber anstelle von „(E) ist wahr" einfach auf (E) überhaupt sinnvoll verweisen, so wie wir es oben in gewissen Fällen kontingenter Sätze gesehen haben? Im Falle Moorescher Sätze scheint mir hingegen im alltäglichen Sprachgebrauch keine passende Anwendung des Schemas „›p‹ ist wahr = p" auffindbar zu sein, unabhängig davon, in welchem Sinne – also nicht nur im bereits oben betrachteten Sinne – es gedeutet werden mag. Auch wenn aus deflationistischer Sicht der Ausdruck „ist wahr" einem Satz p gar keine Eigenschaft hinzufügen sollte, lässt es sich zumindest als eine *sprachliche* – möglicherweise überhaupt nicht informative – Beschreibung der Wahrheit von p ansehen. Wenn also dieses Schema im Allgemeinen gälte und die Funktion hätte, dann müsste man dementsprechend auch „(E) ist wahr" durch Verweis auf (E) ausdrücken können. Ist aber im Hinblick auf Mooresche Sätze solch ein simpler Austausch beider Ausdrücke sinnvoll brauchbar? Dies ist parallel zur falschen Anwendung des Ausdrucks „mit den Tatsachen übereinstimmen" auf Mooresche Sätze eher zweifelhaft.

Es ist unter normalen Umständen ebenso Unsinn, Mooresche Sätze zu äußern, wie wenn man mitten im Gespräch sagte, „Grüß Gott". In dieser Hinsicht ist es im Alltag eigentlich ebenso wenig sinnvoll, unter normalen Umständen auszusprechen, „(E) ist wahr" = „(E)", oder auch nach diesem Schema anstelle von „(E) ist wahr", zu sagen, „(E)" bzw. durch Verweis auf (E) zu beschreiben, „(E) ist wahr". Wenn es überhaupt sinnvoll sein sollte, dieses Schema zu gebrauchen, müssen zunächst solche Zusammenhänge konstruiert werden, in denen es sinnvoll wäre, Mooresche Sätze zu äußern. Beispielsweise kann man sie als Witz oder im Deutschunterricht äußern und dann weiterhin auch, „›Die Erde existiert‹ ist wahr = Die Erde existiert". Diese Zusammenhänge nimmt man aber normalerweise so gut wie nicht an, wenn man das deflationäre Schema im Sinn hat.

Besonders wichtig am deflationären Schema finde ich wiederum solch einen außergewöhnlichen Fall, in dem jemand – z. B. ein Außerirdischer –, der ein von unserem grundverschiedenes Sprachsystem besäße, unsere Mooreschen Sätze anzweifelte und uns dazu aufforderte, ihre Wahrheit zu begründen. In diesem Fall bestünde in der Tat ein guter Zusammenhang dafür, Mooresche Sätze wie

(E) auszusprechen. Hierbei würde es aber erneut nichts nutzen, ihm zu äußern, „(E) ist wahr = (E) oder einfach (E), um (E) als wahr zu bezeichnen. Denn im Sprachspiel, das er spielte, bedeutete (E) keineswegs, „(E) ist wahr". An dieser Stelle muss man auch darauf achten, dass, wie die Logik aussieht, z. B., dass Mooresche Sätze wahr sind, wesentlich nicht bloß durch *sprachliche* Ausdrücke beschrieben werden kann. So gesehen lässt sich auch sogar nicht einmal bloß durch Verweis auf (E) beschreiben, dass (E) in unserem Sprachspiel wahr ist. Dass (E) wahr ist, *zeigt* sich in unserer Praxis der Sprache und in unseren Handlungen, und, wer unser Sprachspiel kennt, kann unseren Handlungen entnehmen, was wir *wissen*, was darin als wahrer Moorescher Satz feststeht. Außerdem ließe sich die Wahrheit von (E) selbst weder der Sprachpraxis derjenigen, die ein extrem verschiedenes Sprachspiel spielten, noch ihren Handlungen entnehmen. Unter Absehung von der zugrundeliegenden Praxis der Sprache sowie ihrer Verschiedenheit und Vielfalt bringt es uns dann nicht weiter, einfach sprachlich auszudrücken, „(E) ist wahr = (E)". In diesem Sinne hat das Schema „›p‹ ist wahr = p" eigentlich keine klare Anwendung auf Mooresche Sätze und lässt sich bei ihnen schlicht als „leerlaufend" ansehen, wie dies bei der Anwendung von „Übereinstimmung" auf Mooresche Sätze der Fall ist.

4. Fazit

Beim Gebrauch des Schemas „›p‹ ist wahr = p" muss man ebenfalls zwischen dessen metalogischem und normalem Gebrauch und auch zwischen Mooreschen und kontingenten Sätzen klar unterscheiden. Soweit es im Sprachspiel unklar ist, wie man das Schema genau anwenden kann, ist dessen Gebrauch nur metalogisch, unabhängig davon, welche deflationäre Theorie dabei angesprochen wird.

Obwohl Wittgenstein an manchen Stellen in seinen Schriften das deflationistische Schema ins Spiel bringt, trachtet er dabei meines Erachtens nicht danach irgendeine philosophische deflationäre Theorie der Wahrheit aufzustellen. Er weist vielmehr einfach darauf hin, dass es in unserem normalen Sprachgebrauch solche Fälle gibt, in denen man z. B. bei gewissen kontingenten Sätzen sagen kann: Es ist gleichbedeutend, zu sagen, „p", und zu sagen, „p ist wahr"; oder man kann anstelle von „p ist wahr" sagen, „p". Und dies lässt sich nur *eine* der vielfältigen möglichen Verwendungen von „ist wahr" in unserem normalen Sprachgebrauch bezeichnen. Andersherum betrachtet kann der Ausdruck „p ist wahr" je nach Sprachspiel und Gegebenheiten Verschiedenes wie „p stimmt mit den Tatsachen überein", „p ist kohärent" etc. bedeuten und deshalb informativer als eine bloße Äußerung von „p" sein. Im alltäglichen Sprachgebrauch ist die Verwendung von „ist wahr" reichhaltiger und vielfältiger als dessen deflationäre Auffassung.

Schluss

Das Schema „›p‹ ist wahr = p" findet außerdem aus alltäglicher Sicht nicht unbedingt eine klare Anwendung im Sprachspiel. Es scheint insbesondere im Falle Moorescher Sätze, die unter normalen Umständen nicht auszusprechen sind, nichts zu nutzen und da uns nicht weiterzubringen. Wittgensteins Bemerkungen in ÜG ist zu entnehmen, dass der Gebrauch von „Übereinstimmung" im Falle Moorescher Sätze angesichts dessen, dass er im Sprachspiel schlicht „leerläuft", nichts anderes als metalogischer Unsinn ist. Von diesem Standpunkt aus muss ebenfalls die Anwendung des deflationären Schemas auf Mooresche Sätze aus demselben Grund letztlich als Unsinn der gleichen Art beurteilt werden. Die Interpretation, dass der späte Wittgenstein die Korrespondenztheorie zurückweise und stattdessen eine Art Deflationismus vertrete, bleibt in dieser Hinsicht fragwürdig. Die Gleichung „›p‹ ist wahr = p" ist unter den praxisbezogenen Aspekten des Wittgensteinschen Denkens eigentlich ebenso wie der Gebrauch von „Übereinstimmung" nicht als allgemeingültig anzusehen.

Literaturverzeichnis

Schriften und Vorlesungen Wittgensteins und ihre Abkürzungen

AWL *Wittgenstein's Lectures, Cambridge 1932–35, from the notes of Alice Ambrose and Margaret MacDonald,* hg. v. A. Ambrose, Oxford: Blackwell, 1979.

BF *Bemerkungen über die Farben,* hg. von G. E. M. Anscombe, R. Rhees, G. H. von Wright. In: *Ludwig Wittgenstein: Werkausgabe,* Bd. 8, Frankfurt am Main: Suhrkamp Verlag, 1984, S. 7–112; Teil I und Teil III abgekürzt als BF I und BF III.

BlB *The Blue and Brown Books*; Preliminary Studies for the „Philosophical Investigations"; Oxford: Blackwell, 1958, second edition 1969.

BGM *Bemerkungen über die Grundlagen der Mathematik.* In: *Werkausgabe,* Bd. 6, Frankfurt am Main: Suhrkamp Verlag, 1984; zitiert nach Seitenzahlen.

BFGB *Bemerkungen über Frazers ‚Golden Bough'.* In: *Synthese* 17, 1967, S. 233–53.

BPP I *Bemerkungen über die Philosophie der Psychologie Band I.* In: *Werkausgabe,* Bd. 7, Frankfurt am Main, Suhrkamp Verlag, 1984, S. 7–216.

BPP II *Bemerkungen über die Philosophie der Psychologie Band II.* In: *Werkausgabe,* Bd. 7, Frankfurt am Main, Suhrkamp Verlag, 1984, S. 217–346.

BT *The Big Typescript: TS 213,* kritische zweisprachige Ausgabe Deutsch–Englisch, hg. und übers. v. C. G. Luckhardt & M. A. E. Aue, Oxford: Blackwell, 2005; zitiert nach den Seitenzahlen von TS 213, die in dieser Ausgabe angegeben sind.

LFM *Wittgenstein's Lectures on the Foundations of Mathematics, Cambridge 1939,* hg. v. C. Diamond, Sussex: The Harvester Press, 1976.

LPP *Wittgenstein's Lectures on Philosophy of Psychology* 1946–7, notes by P. T. Geach, K. J. Shah, A. C. Jackson, hg. v. P. T. Geach, H. Wheatsheaf & H. Hempstead, Sussex: The Harvester Press, 1988.

LS I *Letzte Schriften über die Philosophie der Psychologie.* In: *Werkausgabe,* Bd.7, Frankfurt am Main: Suhrkamp Verlag, 1984, S. 347–488.

LS II *Letzte Schriften über die Philosophie der Psychologie: Das Innere und das Äußere, 1949–1951,* hg. v. G. H. von Wright & H. Nyman, Frankfurt am Main: Suhrkamp, 1993.

LWL *Wittgenstein's Lectures, Cambridge 1930–32, from the Notes of John Kind and Desmond Lee,* hg. v. Desmond Lee, Blackwell, 1980.

MS Manuskripte aus dem Nachlaß Wittgensteins, numeriert und zitiert nach der *Bergen Electronic Edition,* Oxford: Oxford University Press, 2000.

OC *On Certainty,* hg. v. G. E. M. Anscombe & G. H. von Wright, übers v. D. Paul & G. E. M. Anscombe, Oxford: Blackwell, 1969.

© Der/die Herausgeber bzw. der/die Autor(en), exklusiv lizenziert an Springer-Verlag GmbH, DE, ein Teil von Springer Nature 2022
S. Hashimoto, *Der Wahrheitsbegriff in Über Gewißheit,*
https://doi.org/10.1007/978-3-662-65684-6

PB *Philosophische Bemerkungen*. In: *Werkausgabe*, Bd. 2, Frankfurt am Main: Suhrkamp Verlag, 1984.

PU *Philosophische Untersuchungen*. In: *Werkausgabe*, Bd. 1, Frankfurt am Main: Suhrkamp Verlag, 1984, S. 235–618.

ÜG *Über Gewißheit*. In: *Werkausgabe*, Bd. 8, Frankfurt am Main: Suhrkamp Verlag, 1984, S. 113–257.

TS Typoskripte aus dem Nachlaß Wittgensteins, numeriert und zitiert nach der *Bergen Electronic Edition*, Oxford: Oxford University Press, 2000.

VB *Vermischte Bemerkungen*. In: *Werkausgabe*, Bd.8, Frankfurt am Main: Suhrkamp Verlag, 1984, S. 445–575.

VW *The Voices of Wittgenstein: The Vienna Circle*, notes taken by F. Waismann, hg. v. G. Baker, London: Routledge, 2003.

WWCL *Wittgenstein's Whewell's Court Lectures Cambridge, 1938–1941 From the Notes by Yorick Smythies*, hg. v. V. A. Munz & B. Ritter, Maldan, MA: Wiley Blackwell, 2017.

Z *Zettel*. In: *Werkausgabe*, Bd. 8, Frankfurt am Main: Suhrkamp Verlag, 1984, S. 259–443.

Weitere Literatur

Albritton, R. (1959), 'On Wittgenstein's Use of the Term „Criterion"'. In: *Journal of Philosophy*, 56 (22), S. 845–857.

Aristoteles (1993), *Analytica Posteriora*, Aristoteles: Werke, hg. v. H. Flashar, Band 3, Teil II, übersetzt und erläutert v. W. Detel, erster Halbband, Berlin: Akademie Verlag.

Baldwin, T. (2011). 'Wittgenstein and Moore'. In: Kuusera, O. & McGinn, M. (hg.) (2011), S. 550–569.

Beermann, W. (1999), *Die Radikalisierung der Sprachspiel-Philosophie: Wittgensteins These in „Über Gewissheit" und ihre aktuelle Bedeutung*, Würzburg: Königshausen & Neumann.

Bogen, J. (1986), 'Wittgenstein and Skepticism'. In: Shanker, S. (Hg.) (1986), S. 319–327.

Boghossian, P. (2006), *Fear of Knowledge*, Oxford: Oxford University Press.

Boncompagni, A. (2016), *Wittgenstein and Pragmatism. ON CERTAINTY in the Light of Peirce and James*, London: Palgrave Macmillan.

Brenner, W. H. (2005), 'Wittgenstein's 'Kantian Solution''. In: Moyal-Sharrock, D., & Brenner, W. H. (hg.) (2005), S. 122–141.

Brice, R. G. (2014) *Exploring Certainty. Wittgenstein and Wide Fields of Thought*, Lanham: Lexington Books.

Child, W. (2011), *Wittgenstein*, London: Routledge.

Coliva, A. (2010), *Moore and Wittgenstein: Scepticism, Certainty, and Common Sense*. London: Palgrave Macmillan.

Coliva, A. (2012), 'Moore's Proof, Liberals, and Conservatives – Is There a (Wittgensteinian) Third Way?'. In: *Mind, Meaning, and Knowledge: Themes from the Philosophy of Crispin Wright*, hg. v. A. Coliva, Oxford: Oxford University Press, S. 323–351.

Coliva, A. (2013a), 'Hinges and Certainty. A Précis of *Moore and Wittgenstein. Scepticism, Certainty and Common Sense*'. In: *Philosophia*, 41, Springer Science + Business Media Dordrecht, S. 1–12.

Coliva, A. (2013b), 'Replies'. In: *Philosophia*, 41, Springer Science + Business Media Dordrecht, S. 81–96.

Literaturverzeichnis 337

David, M. (2015), 'The Correspondence Theory of Truth'. In: *The Stanford Encyclopedia of Philosophy*, hg. v. E.N. Zalta, unter: http://plato.stanford.edu/entries/truth-correspon dence/ (abgerufen am 10.04.2022).

Dolby, D. (2017), 'Wittgenstein on Truth'. In: Glock, H.-J. & Hyman, J. (2017), S. 433–442.

Dummett, M. (1978), 'Truth'. Nachgedruckt in: *Truth and Other Enigmas*, Cambridge, Mass.: Harvard University Press, S. 1–24.

Einstein, A. (2009), *Über die spezielle und die allgemeine Relativitätstheorie*, 24. Auflage, Berlin & Heidelberg: Springer.

Ellenbogen, S. (2003). *Wittgenstein's Account of Truth*, Albany: State University of New York Press.

Ertz, T.-P. (2008), *Regel und Witz: Wittgensteinsche Perspektiven auf Mathematik, Sprache und Moral*, Berlin & New York: Walter de Gruyter.

Forster, M. N. (2017), 'The Autonomy of Grammar'. In: Glock, H.-J. & Hyman, J. (Hg.) (2017), S. 269–277.

Frege, G. (1892), ‚Über Sinn und Bedeutung'. In: *Zeitschriften für Philosophie und Philosophische Kritik*, NF 100, S. 25–50.

Frege, G. (1893), *Grundgesetze der Arithmetik*, Bd. I., reprographischer Nachdruck bei G. Olms, Hildesheim, 1966.

Frege, G. (1897), ‚Logik'. In: Frege, G. (1969), S. 137–163.

Frege, G. (1906), ‚Kurze Übersicht meiner logischen Lehren'. In: Frege, G. (1969), S. 213–218.

Frege, G. (1918–19). ‚Der Gedanke. Eine logische Untersuchung'. In: *Beiträge zur Philosophie des deutschen Idealismus*. Band I, S. 58–77.

Frege, G. (1969), *Nachgelassene Schriften*, Bd.I, hg. v. H. Hermes, F. Kambartel & F. Kaulbach, Hamburg: Felix Meiner Verlag.

Garber, N. (1996), 'Philosophy as grammar'. In: Sluga, H. & Stern, D. G. (Hg.) (1996), S. 139–170.

Gennip, K. v. (2008), *Wittgenstein's ON CERTAINTY in the Making: Studies into Its Historical and Philosophical Background*, Doktorarbeit, Rijksuniversiteit Groningen.

Giehring, S. (2005), *Wittgensteins Wahrheitsverständnis: Zugleich Entwurf einer Grammatik von »wahr« und »Wahrheit« auf der Grundlage der Spätphilosophie Wittgensteins*, Frankfurt am Main: Humanities Online.

Glock, H.-J. (1996). *A Wittgenstein Dictionary*. Oxford: Blackwell.

Glock, H.-J. (2004a), 'Wittgenstein on truth'. In: *Knowledge and Belief: Wissen und Glauben*, hg. v. W. Loffler & P. Weingartner, Vienna: öbv & hpt, S. 13–31.

Glock, H.-J. (2004b), p.76. 'Knowledge, Certainty and Scepticism: In Moore's Defence'. In: Moyal-Sharrock, D. (Hg.), (2004), S.63–78.

Glock, H.-J. & Hyman, J. (Hg.) (2017), *A Companion to Wittgenstein*, Oxford: Wiley Blackwell.

Glüer, K. (2000): 'Wittgenstein and Davidson on Agreement in Judgment'. In: *From the Tractatus to the Tractatus (and other Essays)*, (Wittgenstein Studies 2, 2000), hg. v. G. Oliveri, Frankfurt am Main: Peter Lang, S. 81–103.

Goethe, J. W. v. (1989). ‚Studie nach Spinoza'. In: *Sämtliche Werke. Briefe, Tagebücher und Gespräche I. Abt., Bd. 25: Schriften zur Allgemeinen Naturlehre, Geologie und Mineralogie*, hg. v. W. v. Engelhardt & M. Wenzel, Frankfurt am Main: Deutscher Klassiker Verlag, S. 14–17.

Haller, R. (1995), 'Was Wittgenstein a relativist?'. In: *Wittgenstein: Mind and Language*, hg. v. R. Egidi, Dordrecht: Kluwer, S. 223–231.

Hamilton, A. (2014). *Wittgenstein and ON CERTAINTY*, London & New York: Routledge

Hashimoto, S. (2016), ,Moore-Sätze – Normen auf totem Gleis?'. In: *Ästhetik heute Zeitgenössische Zugänge zur Ästhetik der Natur der Künste, Beiträge des 39. Internationalen Wittgenstein Symposiums, Band XXIX*, hg. v. S. Majetschak & A. Weiberg, Kirchberg am Wechsel: ÖLWG, S. 94–96.

Hermann, J. (2015), *On Moral Certainty, Justification and Practice: A Wittgensteinian Perspective*, Basingstoke: Palgrave Macmillan.

Hintikka M. B. & Hintikka J. (1986), *Investigating Wittgenstein*, Oxford: Blackwell.

Huemer, W. (2006), 'The Transition from Causes to Norms: Wittgenstein on Training'. In: *Grazer Philosophische Studien*, 71:1, S. 205–225.

Hutto, D. D. (2004), 'Two Wittgensteins Too Many: Wittgenstein's Foundationalism'. In: Moyal-Sharrock, D. (Hg.), (2004), S. 25–41.

Kober, M. (1993). *Gewißheit als Norm: Wittgensteins erkenntnistheoretische Untersuchungen in ÜBER GEWIßHEIT*, Berlin; New York: De Gruyter.

Kober, M. (1996). 'Certainties of a World-Picture: The Epistemological Investigations of *On Certainty*'. In: Sluga, H. & Stern, D. G. (Hg.) (1996), S. 411–443.

Kuusera, O. & McGinn, M. (Hg.) (2011), *The Oxford Handbook of Wittgenstein*, Oxford: Oxford University Press.

Kölbel, M. & Weiss, B. (Hg.) (2004), *Wittgenstein's Lasting Significance*, London: Routledge.

Krebs, A. (2007), *Worauf man sich verlässt: Sprach- und Erkenntnisphilosophie in Ludwig Wittgensteins »Über Gewißheit«*, Würzburg: Verlag Königshausen & Neumann GmbH.

Künne, W. (2010), *Die Philosophische Logik Gottlob Freges. Ein Kommentar; mit den Texten des Vorworts zu GRUNDGESETZE DER ARITHMETIK und der LOGISCHEN UNTERSUCHUNGEN I-IV*, Frankfurt am Main: Vittorio Klostermann.

Kusch, M. (2010), 'Kripke's Wittgenstein, *On Certainty*, and Epistemic Relativism'. In: *The Later Wittgenstein on Language*, hg. v. D. Whiting, London: Palgrave-Macmillan, S. 213–230.

Lukes, S. (1982), 'Relativism in its place'. In: *Rationality and Relativism*, hg. v. M. Hollis & S. Lukes, Oxford: Blackwell, S. 261–305.

Malcolm, N. (1949): 'Defending Common Sense'. In: *Philosophical Review* 58, S. 201–220.

Malcolm, N. (1977), 'Moore and Wittgenstein on the sense of "I know"'. In: *Thought and Knowledge*, Ithaca and London: Cornell University Press, S. 170–198.

Malcolm, N. (1986), 'Wittgenstein: The Relation of Language to Instinctive Behaviour'. In: Shanker, S. (Hg.) (1986), S. 303–318.

Malcolm, N. (1987): *Erinnerungen an Wittgenstein*, aus dem Englischen von C. Frank & J. Schulte, Frankfurt am Main: Suhrkamp.

Malcolm, N. (2001), *Ludwig Wittgenstein: A Memoir*, second edition, Oxford: Oxford University Press.

McGinn, M. (1989), *Sense and Certainty. A Dissolution of Scepticism*, Oxford: Basil Blackwell.

McManus, D. (Hg.), (2004), *Wittgenstein and Scepticism*, London & New York: Routledge.

Minar, E. (2005), 'On Wittgenstein's Response to Scepticism: The Opening of *On Certainty*'. In: Moyal-Sharrock, D., & Brenner, W. H. (2005), S. 253–274.

Literaturverzeichnis   339

Moore, G. E. (1925/1993), 'A Defence of Common Sense'. In: Moore, G. E. (1993), S. 106–133.
Moore, G. E. (1939/1993), 'Proof of an External World'. In: Moore, G. E. (1993), S. 147–170.
Moore, G. E. (1949): 'Letter to Malcolm'. In: Moore, G. E. (1993), S. 213–216.
Moore, G. E. (1953/1993), ‚Sense-Data'. In: Moore, G. E. (1993), S. 45–58.
Moore, G. E. (1993), *G. E. Moore: Selected Writings*, hg. v. T. Baldwin, London: Routledge.
Moyal-Sharrock, D. (Hg.), (2004), *The THIRD Wittgenstein: The Post-Investigations Works*, Hampshire: Ashgate.
Moyal-Sharrock, D. (2004a), *Understanding Wittgenstein's ON CERTAINTY*. Basingstoke: Palgrave Macmillan.
Moyal-Sharrock, D. (2004b) 'On Certainty and the Grammaticalization of Experience'. In: Moyal-Sharrock, D. (Hg.), (2004), S. 43–62.
Moyal-Sharrock, D. (2005), 'Unravelling Certainty'. In: Moyal-Sharrock, D., & Brenner, W. H. (2005), S. 76–99.
Moyal-Sharrock, D. (2013), 'On Coliva's Judgmental Hinges'. In: *Philosophia*, 41, S. 13–25.
Moyal-Sharrock, D. (2017), 'Wittgenstein on Knowledge and Certainty'. In: Glock, H.-J. & Hyman, J. (Hg.) (2017), S. 547–562.
Moyal-Sharrock, D., & Brenner, W. H. (Hg.) (2005), *Readings of Wittgenstein's On Certainty*, Basingstoke: Palgrave Macmillan.
Morawetz, T. (1978), *Wittgenstein and Knowledge: The Importance of ON CERTAINTY*, Amherst MA: the University of Massachusetts Press.
Morawetz, T. (2005), 'The Contexts of Knowing'. In: Moyal-Sharrock, D., & Brenner, W. H. (Hg.) (2005), S. 165–188.
Mühlhölzer, F. (2010), *Braucht die Mathematik eine Grundlegung? Ein Kommentar des Teils III von Wittgensteins BEMERKUNGEN ÜBER DIE GRUNDLAGEN DER MATHEMATIK*, Frankfurt: Vittorio Klostermann.
Nietzsche, F. (1999), *Jenseits von Gut und Böse: Zur Genealogie der Moral*, Kritische Studienausgabe, hrsg. v. G. Colli & M. Montinari, Deutscher Taschenbuch Verlag, Berlin & New York: Walter de Gruyter.
Phillips, D. Z. (1977), *Wittgenstein and Scientific Knowledge*, London: Macmillan.
Pleasants, N. (2008), 'Wittgenstein, Ethics and Basic Moral Certainty'. In: *Inquiry* 51, no. 3, S. 241–267.
Pritchard, D. (2011), 'Wittgenstein on Scepticism'. In: Kuusera, O. & McGinn, M. (Hg.) (2011), S. 523–549.
Pritchard, D. (2012), 'Wittgenstein and the Groundlessness of our Believing'. In: *Synthese*, 189, S. 252–272.
Pritchard, D. (2016), *Epistemic Angst: Radical Skepticism and the Groundlessness of Our Believing*, Princeton & Oxford: Princeton University Press.
Pritchard, D. (2017), 'Wittgenstein on Skepticism'. In: Glock, H.-J. & Hyman, J. (Hg.) (2017), S. 563–575.
Rhees, R. (2003), *Wittgenstein's ON CERTAINTY: There – Like Our Life*, hg. v. D. Z. Phillips, Oxford: Blackwell.
Rothhaupt, J. G. F., A. Seery & D. McManus (Hg.) (2001/2002), 'George Edward Moore/Norman Malcolm: Correspondence (1937–1958)'. In: *Wittgenstein Jahrbuch*, hg. v. W. Lütterfelds, A. Roser & R. Raatzsch, Frankfurt am Main: Peter Lang, S. 245–295.

Rorty, R. (1979), *Philosophy and the Mirror of Nature*, Princeton: Princeton University Press.

Rudd, A. (2005), 'Wittgenstein, Global Scepticism and the Primacy of Practice'. In: Moyal-Sharrock, D., & Brenner, W. H. (2005), S. 142–161.

Russell, B. (1910), 'Knowledge by Acquaintance and Knowledge by Description'. In: *Proceedings of the Aristotelian Society*, 11, S. 108–128.

Russell, B. (1914/2001), *The Problems of Philosophy*, hg. v. J. Skorupski, Oxford: Oxford University Press.

Ryle, G. (1949), *The Concept of Mind*, London: Hutchinson.

Sandis, C. & Tejedor, C. (2017), 'Wittgenstein on Causation and Induction'. In: Glock, H.-J. & Hyman, J. (2017), S. 576–586.

Searle, J. (1992), *The Rediscovery of the Mind*, London: MIT Press.

Schulte, J. (1988), 'World-picture and Mythology'. In: *Inquiry* 31, S. 323–334.

Shanker, S. (Hg.) (1986), *Ludwig Wittgenstein: Critical Assessments: Volume Two From Philosophical Investigations to On Certainty: Wittgenstein's Later Philosophy*, London: Routledge.

Sluga, H. (2011), *Wittgenstein*, Maldan, MA: Wiley-Blackwell.

Sluga, H. & Stern, D. G. (Hg.) (1996), *The Cambridge Companion to Wittgenstein*, Cambridge: Cambridge University Press.

Stern, D. G. (1996), 'The availability of Wittgenstein's philosophy'. In: Sluga, H. & Stern, D. G. (Hg.) (1996), S. 442–476.

Stern, D. G. (2010), 'Tracing the Development of Wittgenstein's Writing on Private Language'. In: *Wittgenstein After His NACHLASS*, hg. v. N. Venturinha, London: Palgrave Macmillan, S. 110–127.

Strawson, P. F. (1950), 'On Refering'. In: *Mind*, New Series, Vol. 59, No. 235, S. 320–344.

Stoutland, F. (1998), 'Wittgenstein: On Certainty and Truth'. In: *Philosophical Investigations* 21:3 July, Blackwell Publishers, S. 203–221.

Stroll, A. (1994), *Moore and Wittgenstein on* Certainty, Oxford: Oxford University Press.

Stroll, A. (2004), 'Wittgenstein's Foundational Metaphors'. In: Moyal-Sharrock, D. (Hg.), (2004), S. 13–24.

Stroll, A. (2005), 'Why *On Certainty* Matters' In: Moyal-Sharrock, D., & Brenner, W. H. (Hg.) (2005), S. 33–46.

Sundholm, G. (2004), 'Antirealism and the Roles of Truth'. In: *Handbook of Epistemology*, hg. v. I. Niiniluoto, M. Sintonen and J. Woleński, Dordrecht: Springer Science + Business Media, S. 437–466.

Tolksdorf, S. (2017), ‚Wittgenstein, Wissen und die Gnade der Natur'. In: *Conceptus*, Band 42, Heft 101–102, Berlin/Boston: Walter de Gruyter GmbH, S. 93–107.

Williams, M. (2004a), 'Wittgenstein, Truth and Certainty'. In: Kölbel, M. & Weiss, B. (Hg.) (2004), S. 249–284.

Williams, M. (2004b), 'Wittgenstein's Refutation of Idealism'. In: McManus, D. (Hg.), (2004), S. 76–97.

Williams, M. (2005), 'Why Wittgenstein Isn't a Foundationalist'. In: Moyal-Sharrock, D., & Brenner, W. H. (Hg.) (2005), S. 47–58.

Williams, M. (2007), 'Why (Wittgensteinian) Contextualism Is Not Relativism'. In: *Episteme*, Volume 4, Issue 01, February 2007, S. 93–114.

Winch, P. (1964), 'Understanding a primitivesociety', nachgedruckt in: Winch, P., *Ethics and Action*, London: Routledge, 1972, S. 8–49.

Literaturverzeichnis   341

Winch, P. (1988) 'True or False?'. In: *Inquiry* 31, S. 265–276.
Wright, C. (1985), 'Facts and certainty'. In: *Proceedings of the British Academy*, 71, S. 429–472.
Wright, C. (2004a), 'Warrant for nothing (and foundations for free)?'. In: *Aristotelian Society Supplement* 78/1, S. 167–212.
Wright, C. (2004b), 'Wittgensteinian certainties'. In: McManus, D. (Hg.), (2004), S. 22–55.
Wright, C. (2004c), 'Scepticism, certainty, Moore and Wittgenstein'. In: Kölbel, M. & Weiss, B. (Hg.) (2004), S. 228–248, abgekürzte Version von Wright, C. (2004b).
Zambito, P. (2018), '„Eine Art Relativitätstheorie der Sprache" – Wittgenstein and Einstein'. In: *Philosophy of Logic and Mathematics. Contributions to the 41. International Wittgenstein Symposium, Vol. XXVI*, G. M. Mras, P. Weingartner & B. Ritter (Hg.), Kirchberg am Wechsel: ÖLWG, S. 294–296.

CPSIA information can be obtained
at www.ICGtesting.com
Printed in the USA
LVHW022036260722
724434LV00002B/140